有刺鉄線内の市民的自由

日系人戦時集合所と言論・報道統制

水野剛也
Takeya Mizuno

最愛の妻・智江に本書を捧げる。

有刺鉄線内の市民的自由——日系人戦時集合所と言論・報道統制◉目次

まえがき……3

第一部　研究の基本的手続き

第一章　本書の目的、意義、方法、その他の諸点……9

はじめに……9

第一節　本書の目的と背景……10

本書の目的　11
日系アメリカ人——一世・二世・帰米　12
強制立ち退き・収容　14

集合所――最初期の臨時収容施設　18
第二節　本書の意義　24
第三節　研究方法とその他の諸点　26
研究対象　27
時間枠　29
主な一次史料　29
用語の説明　31
構　成　33

第二章　先行研究のレヴュー　43

はじめに　43
第一節　強制立ち退き・収容と集合所　44
第二節　集合所における新聞発行と検閲　48
第三節　戦時下における「言論・報道の自由」と統制　54

第二部　日系アメリカ人集合所における言論・報道統制

第三章　集合所前夜――日米開戦から立ち退きまで　69

はじめに　69

第一節　日米開戦とアメリカの日本語新聞　70

アメリカにおける日本語新聞の発展と影響力　71

日米開戦時の日本語新聞　76

第二節　開戦直後の政府による統制　80

編集幹部の一斉連行と発行停止命令　80

日本語記事の英訳提出命令　82

事前の内偵　84

強いられた「自己規制」　86

日本語新聞を継続させ利用　89

第三節　政府と日本語新聞の不均衡な相互依存関係　90

日本語新聞の「メッセンジャー」化　90

政府と日本語新聞の利害一致　92

不均衡な相互依存関係　95
第四節　立ち退きによる最終的な発行停止……97
政府内の意見対立とその結末　98
日本語新聞の続刊交渉とその失敗　99
不均衡な相互依存関係の終焉　102
本章のまとめ……103

第四章　集合所の規則と管理・運営……113
はじめに……113
第一節　陸軍管理当局——ＷＣＣＡ（戦時民間人管理局）とＷＤＣ（西部防衛司令部）……114
軍隊的体質と差別感情　114
軍と文民当局のかい離　118
第二節　集合所規則……124
規則の成立　125
日本語による出版・印刷物の禁止　126
日本語による集会・会合、および結社の禁止　131

信仰・宗教活動の制限　135
本章のまとめ　139

第五章　日本語による出版・印刷物の禁止　147

はじめに　147
第一節　日本語ニュースの排除　148
集合所長の権限と集合所による若干の差異　148
「敵国語」の厳格な取り締まり　149
キャンプ新聞による日本語報道とその禁止　151
渦巻く不満と混乱　162
日本語新聞を求める署名運動と主導者の処罰　166
第二節　日本語書籍・印刷物等の排除・没収　169
日本語書籍等の排除・没収　169
日本語による公的情報伝達の統制　181
第三節　郵便物の統制・検閲　188
外部の日本語新聞の購読禁止　188

家宅捜索による「禁制品」の没収　194
私信の検閲　200
日本語新聞など外部マス・メディアへの寄稿・投稿の禁止　207
本章のまとめ……215

第六章　キャンプ新聞の検閲……237

はじめに……237
第一節　キャンプ新聞の発行……238
十五のキャンプ新聞　238
迅速な新聞発行　239
ストレート・ニュース中心の紙面　242
「道具」として実益を求める当局　244
政府への全面的な依存　245
第二節　検閲の全体像……248
事前検閲　248
恣意的な検閲とつのる不満　249
事前検閲の実例──『マンザナー・フリー・プレス』　252

事前検閲の実例――『フレズノ・グレープヴァイン』 253
事前検閲の実例――『キャンプ・ハーモニー・ニューズ＝レター』 256
事後検閲 260
検閲による弊害 265
第三節 『タンフォラン・トータライザー』 266
当局のすばやい発行許可 267
事前検閲の開始 269
ふり回される編集部 271
集合所長の「回収」命令 273
意図的な情報の隠蔽《いんぺい》と提供 275
強いられた「自己検閲」 277
第四節 『サンタ・アニタ・ペースメーカー』 280
理想と現実のかい離 281
事前検閲とその弊害 282
強いられた「自己検閲」 283
つのる不満と逆効果 285
本章のまとめ 287

第七章　集合所におけるその他の言論統制　301
はじめに　301
第一節　集会・会合、および結社の統制　302
集合所規則　302
忠実な規則執行　305
ポートランドの「二世フォーラム」　310
タンフォランの「タウン・ホール・ミーティング」　313
規則違反者の処罰――サンタ・アニタの日本語集会と「行政布告第十三号」　319
萎縮効果　327
外部訪問者に対する統制――「全国学生転住委員会」を中心に　330
第二節　信仰・宗教活動の統制　339
集合所規則　340
日系人と仏教――その意義と社会的位置づけ　342
統制の実態　347
萎縮効果――強いられた「自粛」「改宗」　351
クリスチャンが受けた統制　358

第三節　娯楽・文化・教育活動、その他の言論統制……361
娯楽・文化活動の統制　362
教育活動の統制　376
「アメリカ化」（アメリカナイゼーション）政策の推進　377
「非日本化」と表裏一体の「アメリカ化」　381
本章のまとめ……385

第三部　結論

終章　戦時民主主義の「限界」と「矛盾」……409
はじめに……410
第一節　知見の総括……411
「敵国語」の徹底的な排除　412
言論・報道の自由　413
集会・会合・結社の自由　414

信仰・宗教の自由　415
その他の言論・表現の自由、異議申し立てをする権利など　415
第二節　知見の位置づけと歴史的教訓……417
戦時日系人政策全体における位置づけ　417
戦時下の市民的自由と統制　420
将来にむけた教訓　421
あとがき――謝辞にかえて　425
事項索引　v
人名索引　i

凡例

◎日本語新聞など古い日本語文献からの引用は、基本的に原文を尊重しつつ、読みやすさ、わかりやすさを優先させ、旧字体の漢字は新字体に、カタカナはひらがなに、その他、現代では使われない用字やかなづかいなどは現代的なものに直すなど、適宜、手を加えてある。
◎同様の理由で、適宜、句読点やルビをほどこしてある。
◎引用部分だけでは理解しにくいと思われる箇所などは、［ ］のなかで語句や説明を補足してある。
◎引用符が付された文章を再引用する場合は、原文中の引用符を〈 〉で表記してある。
◎日本語新聞の記事などで明らかに誤字や誤植と思われる箇所は、「ママ」をつけずに訂正してある。
◎記事などの見出しは、本文中で直接引用したものについては、註のなかで副見出しも表記してある。本文中で引用していないものについては、基本的に主見出しだけとし、必要に応じて適宜、副見出しも表記してある。
◎註は各章ごとに、末尾に一括して示してある。少なくない学術研究書は、註釈とは別に、引用したり参考にした史・資料や文献のすべてを参考文献一覧（bibliography）としてまとめ直して巻末に付している。しかし、本書の場合、そこで示されるはずの内容のほとんどは註と重複するため、参考文献一覧は省略する。その代わり、同一の史・資料や文献を複数の章にまたがって引用・参照する場合でも、各章ごとに初出として扱い、すべての書誌情報を示してある。

左に示すのは、註、および写真・図表の説明文のなかで使う略語である。

ACLU Papers, Princeton: American Civil Liberties Union（ACLU）: The Baldwin Years 1917-1950, Public Policy Papers, Department of Rare Books and Special Collections, Princeton University Library（アメリカ自由人権協会文書、稀少本課・スペシャル・コレクションズ、プリンストン大学図書館）

Bancroft, UCB: The Bancroft Library, University of California, Berkeley（バンクロフト図書館、カリフォルニア州

立大学バークレー校）

DPL: Western History/Genealogy Department, Denver Public Library（アメリカ西部史・系図学課、コロラド州デンヴァー市立図書館）

Hamilton, UH: Archives & Manuscripts Department, Hamilton Library, University of Hawai'i, Mānoa（公文書・史料部、ハミルトン図書館、ハワイ州立大学マノア校）

Hoover, Stanford: Hoover Institution Archives, Stanford University（フーヴァー研究所文書館、スタンフォード大学）

IHRC, UM: Immigration History Research Center, University of Minnesota（移民史研究センター、ミネソタ州立大学）

LC: Library of Congress（アメリカ連邦議会図書館）

Marriott, UU: Manuscripts Division, J. Willard Marriott Library, University of Utah（史料部、J・ウィラード・マリオット図書館、ユタ州立大学）

NA: National Archives and Records Administration（アメリカ国立公文書館）

Record Group（RG）28: Records of the Post Office Department（郵政省）

RG 60: General Records of the Department of Justice（司法省）

RG 65: Records of the Federal Bureau of Investigation（ＦＢＩ＝連邦捜査局）

RG 107: Records of the Office of the Secretary of War（陸軍長官）

RG 208: Records of the Office of War Information（ＯＷＩ＝戦時情報局）

RG 210: Records of the War Relocation Authority（ＷＲＡ＝戦時転住局）

RG 216: Records of the Office of Censorship（検閲局）

RG 220: Records of the Commission on Wartime Relocation and Internment of Civilians, in Records of Temporary Committees, Commissions, and Boards（ＣＷＲＩＣ＝戦時民間人転住・抑留調査委員会）

RG 319: Records of the Army Staff（陸軍参謀本部）

RG 338: Records of the Western Defense Command and Fourth Army（ＷＤＣ＝西部防衛司令部・第四陸軍）（RG 338は二〇〇一年にRG 499: Records of U.S. Army Defense Commands［World War II］に移されているが、本書で使用する史料はすべてそれ以前に収集したものである。したがって、本書では古い分類番号であるRG 338をそのまま用いている。）

NJAHS: National Japanese American Historical Society（全米日系アメリカ人歴史協会）

OHS: Oregon Historical Society（オレゴン州歴史協会）

ONLC: Oregon Nikkei Legacy Center（オレゴン州日系レガシー・センター）

Papers of the CWRIC: Papers of the U.S. Commission on Wartime Relocation and Internment of Civilians, Part 1: Numerical File Archive（ＣＷＲＩＣ文書、マイクロフィルム版）

Public Hearing of the CWRIC: Public Hearing of the Commission on Wartime Relocation and Internment of Civilians（ＣＷＲＩＣ公聴会証言録、マイクロフィルム版）

Records of the WRA: Records of the War Relocation Authority 1942–1946: Field Basic Documentation Located at the National Archives, Washington, D.C.（アメリカ国立公文書館所蔵、ＷＲＡ基礎文書、マイクロフィルム版）

Resource Center, JCCH: Tokioka Heritage Resource Center, Japanese Cultural Center of Hawai'i（トキオカ・ヘリテージ・リソース・センター、ハワイ日系文化センター）

Special Collections, UW: Special Collections, University of Washington Libraries（スペシャル・コレクションズ、ワシントン州立大学図書館）

WRA Community Analysis Reports: Community Analysis Reports and Community Analysis Trend Reports of the War Relocation Authority 1942–1946, National Archives and Records Service, General Services Administration, Washington, D.C.（アメリカ国立公文書館所蔵、ＷＲＡコミュニティ分析レポート、マイクロフィルム版）

Young, UCLA: Department of Special Collections, Charles E. Young Research Library, University of California, Los Angeles（スペシャル・コレクションズ、チャールズ・Ｅ・ヤング研究図書館、カリフォルニア州立大学ロサンゼルス校）

有刺鉄線内の市民的自由——日系人戦時集合所と言論・報道統制

まえがき

本書は、二〇〇五年と二〇一一年に上梓した二冊の自著に引きつづき、第二次世界大戦時におけるアメリカ合衆国本土の日系人（日本人移民とその子孫）、とくに彼らの「言論・報道の自由」について論じた、筆者にとって三冊目の単著である。なお、二〇一四年にも『「自由の国」の報道統制――大戦下の日系ジャーナリズム』（吉川弘文館）と題する単行本を出版しているが、ここでは触れない。学術的な手続きと体系化を尽くした本格的な研究書というよりは、わかりやすい記述を旨とする、幅広い読者にむけた入門書に近いからである。

前二冊の内容をごく簡潔に要約すると、次のようになる。

一冊目の『日系アメリカ人強制収容とジャーナリズム――リベラル派雑誌と日本語新聞の第二次世界大戦』（春風社、二〇〇五年）は、大戦時にアメリカで発行されていたリベラル派雑誌と日本語新聞を二例ずつ取りあげ、それらが日系人の強制立ち退き・収容についてどのような報道・論評をしていたのかを質的に分析している。

まず、二つのリベラル派雑誌『ニュー・リパブリック』（*New Republic*）と『ネーション』（*Nation*）は、日米開戦の前後とも社会的弱者として日系人を擁護しようとした一方、基本的に「リベラル」な現政権を信頼し、政府の国防・安全保障政策を市民的自由よりも優先させる傾向があった。この価値観を背景として、開戦後に実施された立ち退き・収容政策の正当性を根本から問うことはなかった。戦時の切迫した状況下で、政府の権力濫用を正し、社会的弱者の人権を守るというジャーナリズムの番犬機能は明らかに低下していた。

他方、二つの日本語新聞『ユタ日報』と『日米』は、日系人のためのジャーナリズム機関として日系人社会に奉仕しつづけたが、とくに日米開戦後はアメリカ連邦政府に追従せざるをえず、立ち退き・収容についても全面的に支持・協力する報道に徹した。排日気運が猛威をふるっていた当時のアメリカ社会では、日系人から市民的自由を奪う政府の政策に反発するよりも、それを受忍することで発行の継続を優先させることのほうが、「敵国語」新聞にとってはより現実的で合理的な選択肢であった。

続編である二冊目の『「敵国語」ジャーナリズム——日米開戦とアメリカの日本語新聞』（春風社、二〇一一年）は、分析の射程を報道機関だけでなく連邦政府にも広げ、日米開戦から立ち退き実施までの約半年間におこなわれた日系人の「敵国語」新聞に対する統制、および統制する政府と統制される日系新聞人との相互関係に光をあてている。

まず、日米開戦直後の政府の基本方針は、「民主主義の防衛」という戦争大義にかんがみ日本語新聞を力ずくで駆逐するのではなく、むしろ彼らを存続させ、ある程度の統制を加えながら戦時政策に利用することであった。より具体的には、「情報の提供」に「監視」と「接触」を連動させた三位一体のあわせ技を駆使し、日系新聞人が「自発的」に協力・規制するよう仕むけることで、日本語新聞を実効的に統制・利用した。政府にとってこの手法は、あからさまな「検閲」を課すことなく、かつ思いどおりに日本語新聞を操れる一石二鳥の統制法であった。

これに対し、あらゆる面で不利な立場に追いやられていた日本語新聞は、政府に追従し、しばしば「自己規制」せざるをえなかったが、だからといって一方的に統制・利用されるだけの「被害者」というわけでもなかった。政府に統制・利用されることで得られる恩恵も多分にあったからである。取りえる選択肢が極端に限られていたなかで、日系人社会に奉仕しつづけるために、そして何よりも自身の存続・延命をはかるために、日本語新聞はきわめて現実的で合理的、かつ巧妙な生き残り戦略を選んでいた。

右の知見にもとづき日米開戦後の連邦政府と日本語新聞との関係を一般化すれば、両者の間には「不均衡な相互依存関係」が成立していたといえる。それは、「統制する側とされる側」という一方向的・固定的な主従関係ではなく、ある程度一致する利害をかかえ、相互に依存・利用しあう双方向的な協力関係である。

ただし、両者はけっして対等ではなく、終始一貫して連邦政府が圧倒的に優位な立場にあったことを忘れてはならない。つまり、その関係は本質的に「不均衡」であった。このことは、政府の「メッセンジャー」として懸命に働いたにもかかわらず、西海岸の日本語新聞のすべてが立ち退き命令により発行停止に追いやられた事実に集約されている。双方が相手を必要とし、かつ利用しあっていたことは間違いないが、「敵国語」新聞の命運は、あくまで連邦政府が握っていた。両者の相互依存関係は、いちじるしく均衡を欠く土台の上に成立していた。

二冊の前著では右のような知見を得ることができたが、学術研究の定めとして、解明できたこと以上に、新たに追究すべき問題が多く浮上した。そのなかでもっとも重要な課題の一つは、立ち退き後に日系人が隔離された「収容施設内」での政府による言論・報道統制である。開戦から立ち退きにいたる段階では、力ではるかに勝る政府は直接的な「検閲」を回避しながら日系人のジャーナリズムを巧みに統制・利用した。ではその後、日系人を遠隔地に追いやり、有刺鉄線で包囲してからは、政府はどのような政策を講じて彼ら「敵性外国人」の言論・報道活動を統制したのであろうか。

そこで本書では、西海岸から立ち退かされた日系人が最初に収容された「集合所」(assembly centers) に焦点をあて、そこで実施された言論・報道統制の実態を努めて多領域的、かつ実証的に明らかにする。日米開戦から立ち退きまでを射程とした二冊の前著に対し、本書はそれにつづく最初期の収容施設内部での統制に目をむける。これまでの研究に本書を追加することで、ジャーナリズム、そしてより広くは「言論・報道の自由」の統制という観点から、大戦時のアメリカ政府による日系人政策、ひいては戦時下の市民的自由のありようを、いっそう体系的、かつ立体的に解明することができるはずである。

なお、本書を理解するために、必ずしも右で要約した前二冊を通読しておく必要はない。たとえ前著を読んでいなくても、あるいは日系アメリカ人の立ち退き・収容について詳しく知らなくても、十分に内容を理解できるように書いてある。

第一部　研究の基本的手続き

Part 1: Introduction to the Study

第一章　本書の目的、意義、方法、その他の諸点

我々が何を守ろうとしているか、忘れてはなるまい。それは、自由・節度・正義である。

フランクリン・D・ルーズヴェルト（Franklin D. Roosevelt）、大統領(1)

したがって、日系人の問題をいかに扱うかは、どのような対価を払ってもすべての人民に［アメリカの戦争大義である］四つの自由を適用するという、我々の意志を試す指標となる。

ケアリー・マクウィリアムズ（Carey McWilliams）、人権活動家(2)

収容された日系人は、憲法に保障された基本的な権利を否定されていた。［しかし］被害を受けたのは、キャンプにいる日系人たちだけでなく、我々も同じである。傷ついたのは、合衆国憲法であり、権利章典なのである。

アレックス・ゴトフリード（Alex Gottfried）(3)、ＡＣＬＵ（アメリカ自由人権協会、American Civil Liberties Union）

はじめに

本章では、学術研究の基本的な手続きとして、研究の目的・意義・方法を提示する。本書を読みすすめる上で知っておくことが望ましい歴史的背景や基本的事実、用語、全体の構成なども説明する。

第二章「先行研究のレヴュー」とともに、本章は課題に取り組むための土台づくりにあたるため、やや専門的、

かつ技術的な内容に傾くことを断っておく。

そうした学術的な手続きに関心がない、あるいは本書が扱う問題についてすでにある程度の知識を有している読者は、本論である第二部「日系アメリカ人集合所における言論・報道統制」(第三〜七章)から読みはじめても、本書の内容を十分に理解できるはずである。

また、第二部の各章では末尾の「本章のまとめ」で全体の内容を要約してある。そこだけを読んでも、本書の大まかな内容は把握できるようにしてある。

さらには、もっとも重要な知見を集約している「第三部　結論」(終章　戦時民主主義の「限界」と「矛盾」)に目を通すだけでも、本書の中核部分は無理なく理解できるはずである。

第一節　本書の目的と背景

本節では、まず本書の目的を明示し、次に本書を読みすすめる上で知っておくことが望ましい歴史的背景や基本的事実、とくに「日系アメリカ人」という人々と彼らが受けた「強制立ち退き・収容」について概説する。本書の研究対象である最初期の収容施設「集合所」(assembly centers)についても説明する。

本書の目的

アメリカ合衆国にとって、日本を含む全体主義的な枢軸国との戦いは、「自由」を希求する「よい戦争」のはずであった。象徴的な事実として、大統領をはじめとする指導者やマス・メディアは、ことあるごとに「四つの自由」（Four Freedoms）という戦時標語に言及している。彼らの見解では、アメリカが参戦に踏み切ったのは、あらゆる人民にとって根源的な自由――「言論・表現の自由」（freedom of speech and expression）、「信教の自由」（freedom to worship）、「貧困からの自由」（freedom from want）、「恐怖からの自由」（freedom from fear）――を死守するためであった。(4)

「自由のための正義の戦い」という認識は、大多数のアメリカ市民にも受け入れられていた。日本軍がハワイの真珠湾を爆撃してから約一年半後の一九四三年四月に実施された全国世論調査では、「アメリカは主に何のために戦っていると思いますか」という問いに対して、四人に三人強（七六％）が何らかの形で「自由」と答えている。「自由」という言葉を使わなかった人々にしても、その多くは「人道的理由」（八％）、「全体主義の打倒」（七％）など、「自由」と表裏一体の回答をしている。世界の民主主義陣営の要として、ある種の「自由」を守ることこそが、アメリカの参戦の本質的な目的である。社会全体でそう理解されていたことがわかる。(5)

ところが皮肉にも、アメリカが「よい戦争」に邁進する一方で、その大義名分であるはずの「自由」を真っ向から否定された人々が少なからずいた。その最たる例が日系アメリカ人である。詳しくは本節であらためて説明するが、日米開戦時にアメリカ本土の西海岸地域に住んでいた十二万人強の日系アメリカ人は、「敵国」である日本を出自とするがゆえに、住み慣れた居住地を追われ、戦中を通じて有刺鉄線で囲まれた収容施設に隔離された。これが、「強制立ち退き・収容」である。この戦時政策は、「四つの自由」をはじめ、およそあらゆる市民的自由を日系アメリカ人から奪っている。

このような背景をふまえ本書は、連邦政府当局が日系人の市民的自由、とくに「言論・報道の自由」をいかに統制し、それが日系人にどのような影響を及ぼしていたのかを、最初期の収容施設である「集合所」(assembly centers)に焦点をあてて努めて多領域的、かつ実証的に解明する。第三節「研究方法とその他の諸点」の「研究対象」で具体的にのべるが、本書が照射する「言論・報道の自由」には、アメリカ合衆国憲法修正第一条(First Amendment)に明記される諸権利が含まれる。

日系アメリカ人——一世・二世・帰米

研究の意義や方法の説明に移る前に、本書の主人公である「日系アメリカ人」について、基本的な事実や背景を示しておく。つづけて、「強制立ち退き・収容」と「集合所」についても説明をする。

まず、本書に登場する「日系アメリカ人」、もしくは「日系人」とは、日本を出自としながらアメリカに住む人々、つまり、日本から移民としてアメリカにわたった人々、およびその子孫のことである。ただし、「日系アメリカ人」「日系人」以外にも、本書が研究対象とする人々をさす呼称は複数ある。彼らの歴史的・政治的背景などを重視するエスニシティ研究などでは、それらの呼称が意識的に使いわけられることが多い。本書でも、文脈により複数の用語を選択的に使用することは不可能ではなかろう。しかし、戦時収容施設における言論・報道統制に焦点をあてる本書では、研究目的に照らしてそうする必要性は薄いし、かえって無用な混乱を招きかねない。そのため本書では、基本的に「日系アメリカ人」「日系人」という総称を用い、必要に応じて、次に示す「一世」「二世」「帰米」という、より細分化した呼称を使う。(6)

一九四一年十二月の日米開戦当時、アメリカ本土には西海岸の三州(カリフォルニア州・オレゴン州・ワシントン州)を中心に十二万人強の日系人がいたが、世代の観点から見ると、大まかに三つの集団——「一世」「二世」

「帰米」――にわかれていた。
最初のグループは、日本から移住してきた第一世代の日本人移民たちで、一般的に「一世」とよばれる。開戦当時、一世の圧倒的多数はアメリカ国籍をもつことを法的に許されない「帰化不能外国人」、つまり、アメリカ人としての市民権がない「外国人」(婉曲的に「非市民」ともよばれた)という弱い立場にあった。その上、出身国(日本)が居住国(アメリカ)の「敵国」となったことで「敵性外国人」の汚名を着せられ、真珠湾を急襲して戦争を仕掛けた「ジャップ」と同一視されることもしばしばであった。このとき、一世のほとんどは五十代から六十代と比較的高齢で、全日系人人口のおよそ三分の一(約四万七千人)を占めていた。[7]
もう一つのグループは、一世の息子・娘たち第二世代の日系人で、一般的に「二世」とよばれる。彼ら二世は、外見は「日本人」のようであっても、アメリカでうまれ育ち、アメリカ市民権を有する、アメリカ市民である。たとえ両親が「帰化不能外国人」の一世でも、合衆国憲法が定める生地主義により、アメリカで生誕した二世は自動的にアメリカ市民権を保有した。この点で二世は、帰化権が認められていなかった一世よりも、法的にはるかに有利な立場にあるはずであった。また、二世の大多数は他のアメリカ人と同じ公教育を受け、英語を母語とし、日本を訪れたこともなく、したがって日本語で思うように読み書きができる者は少数しかいなかった。そのため、日本からアメリカにわたってきた親世代の一世ほど、日本の生活習慣や価値観になじんでいたわけではない。開戦当時、二世のほとんどは十代から二十代の青年期にあり、全日系人人口のおよそ三分の二(約七万九千人)を占め、数の上では両親の世代を大きく上回っていた。[8]
最後に、二世のなかには「帰米」とよばれる人々がいた。帰米は、アメリカで出生した日本人移民の子供、つまり「二世」である。しかし、他の大多数の二世と異なるのは、教育を受けるなどの目的で日本にわたり一定期間滞在し、その後、アメリカに戻ってきた点である。このため、帰米のなかには日本語を母語のように使いこなせる者が多く、むしろ英語をほとんど解さない者も少なくなかった。「日本からアメリカへ帰ってきた」という意味で、「帰米二世」、あるいは単に「帰米」とよばれ、もっぱらアメリカでうまれ育った二世と区別される。日米開戦当時の帰米の正確な総数は定かでなく、そもそも対象に含まれる範囲がかなり曖昧であるが、連邦政府の史料・文献では数千人と見積もられている。(9)

強制立ち退き・収容

次に、大戦中に日系アメリカ人が受けた「強制立ち退き・収容」について概説する。

日米開戦前のアメリカ本土の日系人は、法的・社会的な差別を執拗に受けながらも、西海岸を中心に互助的なコミュニティを形成していたが、開戦を機に突然、長年にわたり築いてきた生活基盤のほとんどを失ってしまった。アメリカにとって日本が「敵国」となったことで、「日本人と同じ顔をした」日系人すべてが「潜在的に危険な敵性外国人」とみなされ、居住地からの集団立ち退きを政府に命じられ、ついには奥地の収容施設に隔離されてしまったからである。

とはいえ、日系人が違法行為をしていたというわけではない。彼らに何らかの「落ち度」があったとすれば、それはただ「日系人である」という事実だけであった。もちろん、アメリカ市民権の有無も問題にされなかった。アメリカ市民であろうとなかろうと、日本を出自とするだけで一様に危険人物とみなされた。

日米開戦のあおりが日系人社会に波及するまで、時間はほとんどかかっていない。まず、真珠湾攻撃の当日、一九四一年十二月七日(日本では八日)から、ＦＢＩ(連邦捜査局、Federal Bureau of Investigation)が指導的な立場にある日系人を一斉に逮捕・連行しはじめている。これは、一九三〇年代から秘密裡にすすめられていた調査にもとづく措置で、標的にされたのは、日本語学校の教師、日本人会や県人会の幹部、宗教指導者、報道関係者などである。逮捕・連行された日系人の数は、翌一九四二年二月までに二千人を超えている。その大多数は市民権のな

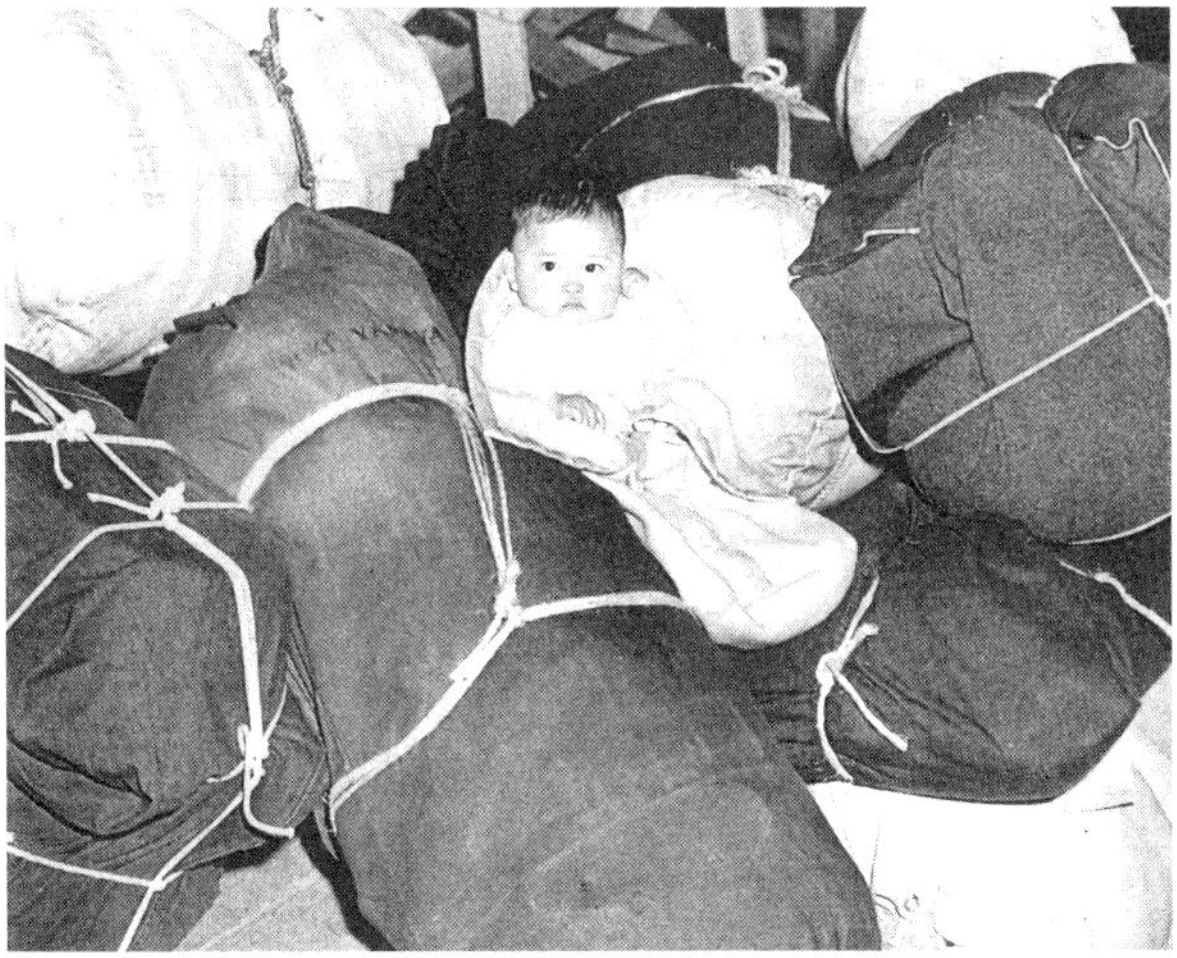

写真1　オレゴン州ポートランド（Portland）集合所にむかう途中、積みあげられた荷物の上に乗せられた生後9ヵ月の女児。（World War II Photographs Collection, MSS 36B, Box 12, Folder Japanese Aliens and Japanese American Citizens, Archives & Special Collections, University of Minnesota.）

い一世である。彼らはその後、司法省や陸軍省が管轄する収容施設などに送られ、多くは戦争終結までそこで暮らすことを強いられている。(10)

日系人の受難はFBIによる急襲だけでは終わらず、はるかに大規模な追い打ちを受けている。それが、「強制立ち退き・収容」である。一九四二年二月、アメリカ連邦政府は、西海岸の三州（カリフォルニア州・オレゴン州・ワシントン州）、およびアリゾナ州の一部に住むすべての日系人を強制的に立ち退かせ、より内陸の収容施設に隔離する決定を下した。この戦時政策により、日系人はそれまで営々と築いてきた生活基盤や財産のほぼすべてを失い、人力で運べるだけの荷物とともに、住み慣れた居住地を追われることになった（写真1・2）。

強制立ち退き・収容政策は、フランクリン・D・ルーズヴェルト（Franklin D. Roosevelt）大統領が署名した行政命令第九〇六六号にもとづいて実行され、戦中を通じて継続している。大統領が行政命令を発令したのは一九四二年二月十九日、日

写真2　集合所にむかうバスを待つ少女。(Still picture by Clem Albers, War Relocation Authority [WRA], April 1942, 210-G-2A-6, NA.)

米開戦から約二ヵ月半後のことである。立ち退かされた日系人のほとんどは、まず緊急につくられた「集合所」(assembly centers)に一時的に集められ、その数ヵ月後、恒久的な「転住所」(relocation centers)に移されている。日系人の人生を大きく狂わせた収容政策は終戦直後までつづいている[11]。

もっとも、既述のように、日系人が罪を犯したというわけではけっしてない。彼らがアメリカの「敵国」を利する反逆的で違法な活動を組織的に実行、あるいは画策していたことを示す証拠は、二十一世紀に入った現在にいたるまで見つかっていない。開戦の直前にルーズヴェルト大統領に提出されていた機密の調査報告書では、むしろ日系人の大半が親米的であり、少なくともアメリカの国益を傷つけるような集団ではないことが強調されている。立ち退き・収容には合理的な根拠がなかったのである[12]。

にもかかわらず、「軍事的必要性」を理由に連邦政府が国家政策として日系人を強制的に追放・隔離しえたのは、人種的・民族的属性を理由に彼

図1　ニューヨークの日刊紙『PM』（1942年2月13日号）に掲載された風刺漫画。西海岸の日系人が爆薬を手にし、「本国」である日本からの指令を待っている。当時のアメリカ社会で流布していた固定観念を凝縮したような報道事例である。（Richard H. Minear, comp., *Dr. Seuss Goes to War: The World War II Editorial Cartoons of Theodor Seuss Geisel* [New York: The New Press, 1999], 65.）

らを「潜在的に危険な敵性外国人」とみなす風潮がアメリカ社会全体に蔓延《まんえん》していたからである。象徴的な例として、根拠もなく日系人を第五列（スパイ・反逆的）行為と結びつける報道は、とくに日米開戦直後は日常茶飯事であった[13]（図1）。

実際、当時のアメリカ社会の大勢は日系人の立ち退き・収容に賛同していた。一九四二年三〜四月にOFF（事実統計局、Office of Facts and Figures）が全国的に実施した世論調査では、九三％もの人々が一世の立ち退きは「正しいこと」であると答え、他方、反対した者はわずか一％にすぎない。新聞・雑誌・ラジオなど主要な言論・報道機関も一様に政府の決定を支持し、その後、連邦最高裁判所も一連の判決で同政策の核心部分を追認している[14]。

ところが、戦後になると、立ち退き・収容政策に対する評価は反転し、アメリカ史のなかで特筆すべき「暗部」（dark spot）の一つとして認知されるようになっていく。首都ワシントンDCにあるアメリカ歴史博物館（Museum of American History）

は、日系人の過酷な戦時体験を常設展示で取りあげている。同様に、主要な歴史教科書の多くも、一定量の紙幅をさいて立ち退き・収容を批判的に記述している。(15)

この社会認識の転換は、一九七〇年代から八〇年代にかけて高まった「リドレス」(redress) 運動、つまり、政府に過ちを認めさせ被害を受けた日系人への謝罪・補償を求める社会運動が実を結ぶにつれ、進展していった。第二次大戦中に限らず、アメリカ連邦政府の政策でこれほど歴史的評価が一変した事例はそう多くない。(16)

リドレス運動の成功を決定づけたのは、連邦議会に委託され、立ち退き・収容政策について調査したCWRIC (戦時民間人転住・抑留調査委員会、Commission on Wartime Relocation and Internment of Civilians) がまとめた報告書と提言 (一九八二〜八三年) である。そのなかでCWRICは、立ち退き・収容政策は「人種的偏見、戦時ヒステリア、そして政治的指導者らの過失」により引き起こされたのであり、「軍事的必要性により正当化されるものではない」と結論づけた。これを受け、議会は一九八八年に「市民的自由法」(Civil Liberties Act) という名の補償法を成立させ、立ち退き・収容を受けたすべての存命の日系人に対し大統領名で謝罪し、一人につき一律二万ドルの補償金を支払うことを決定している。(17)

こうして、大戦中の立ち退き・収容政策が不当な差別的人権侵害であったことが、ルーズヴェルト大統領の行政命令から四十年以上を経て、公式に認定されたのである。(18)

集合所——最初期の臨時収容施設

もっとも、本書が光をあてるのは、立ち退き・収容政策の全期間ではなく、最初期の臨時収容施設である「集合所」(assembly centers)、さらにそこで政府当局が実施した「言論・報道の自由」の統制にかかわる諸政策である。したがって、日系人が集合所から恒久的な「転住所」(relocation centers) へ移されてからの政府の対応、また「言論・報道の自由」に直接的に関係しない事象については、基本的に本書の射程外である。この点については、第三節「研究方法とその他の諸点」であらためて説明する。

本書が照射する「集合所」は、立ち退かされた日系人を一時的に収容するための臨時施設で、一九四二年三月から陸軍により急造され、最終的に西海岸の四州に合計十六ヵ所設置されている（表1）。そのうち十三ヵ所はカリフォルニア州に置かれ、残りはアリゾナ州（メイヤー）、オレゴン州（ポートランド）、ワシントン州（ピュアラップ）にそれぞれ一ヵ所ずつ建設されている（図2）。皮肉にも、ほとんどの集合所は日系人が最終的に立ち退きを命じられた（立ち入ることが禁じられた）軍事指定地域内に建てられている。集合所の公式の定義は、「軍事指定地域外にある転住所へ整然と、かつ計画的に移動するまでの間、立ち退き者が軍事指定地域内で一時的に居住するに適した集合地点」である。管理・運営したのは陸軍の部局である。この集合所当局についても、第三節で一次史料についてのべる際に具体的に説明する。(19)

なお、本書で十六ヵ所すべての集合所を扱うことはできないし、またそうする必要もないので、とくに重要ないくつかの主要施設にしぼって論をすすめる。この点についても、第三節で研究方法を確定する際に詳しく説明する。

日系人が集合所に収容された時期は一九四二年三〜十月で、その間に順次、より内陸にもうけられた常設の「転住所」に移送されている。もっとも早く開設した集合所はカリフォルニア州オーウェンズ・ヴァレー（のちのマンザナー転住所）で三月二十一日、最後まで残ったのは同州フレズノで十月三十日に閉鎖されている。開設期間がもっとも短かったのはアリゾナ州メイヤーの一ヵ月弱、最長はカリフォルニア州サンタ・アニタの七ヵ月である（表1）。集合所における日系人の平均滞在期間は約百日であった。

集合所の生活環境は一様に劣悪であった。敷地には家畜の飼育場や競馬場、あるいは博覧会場や競技場などが転用され、しかもごく短期間で設営されている。そのため、地面は舗装されず、住居用に建てられたバラック

表1　16カ所の集合所（assembly centers）（Commission on Wartime Relocation and Internment of Civilians [CWRIC], *Personal Justice Denied: Report of the Commission on Wartime Relocation and Internment of Civilians* [Washington, D.C.: The Government Printing Office, 1982], 138の表に加筆・修正。）

	名　称	最大収容者数	開所期間（1942年）
アリゾナ州	メイヤー（Mayer）	245	5月7日～6月2日
カリフォルニア州	フレズノ（Fresno）	5,120	5月6日～10月30日
	メアリーズヴィル（Marysville）	2,451	5月8日～6月29日
	マーセッド（Merced）	4,508	5月6日～9月15日
	オーウェンズ・ヴァレー*（Owens Valley）	9,837	3月21日～6月1日
	パインデール（Pinedale）	4,792	5月7日～7月23日
	ポモナ（Pomona）	5,434	5月7日～8月24日
	サクラメント（Sacramento）	4,739	5月6日～6月26日
	サリナス（Salinas）	3,586	4月27日～7月4日
	サンタ・アニタ（Santa Anita）	18,719	3月27日～10月27日
	ストックトン（Stockton）	4,271	5月10日～10月17日
	タンフォラン（Tanforan）	7,816	4月28日～10月13日
	テュレーリ（Tulare）	4,978	4月20日～9月4日
	ターロック（Turlock）	3,661	4月30日～8月12日
オレゴン州	ポートランド（Portland）	3,676	5月2日～9月10日
ワシントン州	ピュアラップ（Puyallup）	7,390	4月28日～9月12日

* オーウェンズ・ヴァレーの管理当局は1942年6月に陸軍の下部組織から文民機関のWRA（戦時転住局、War Relocation Authority）に移り、その後はWRAの下、1945年11月21日までマンザナー転住所（Manzanar Relocation Center）として存続している。

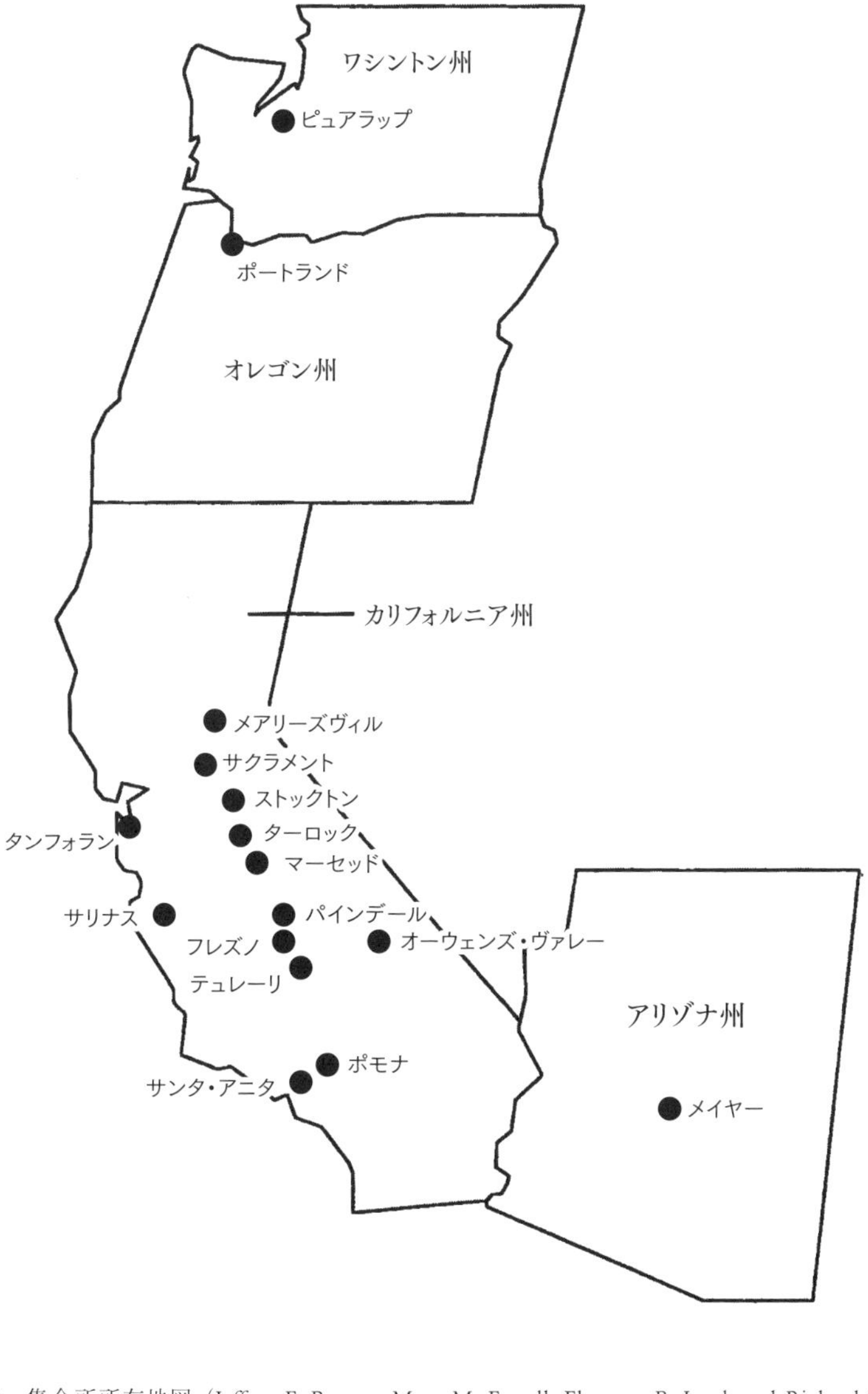

図2　集合所所在地図（Jeffery F. Burton, Mary M. Farrell, Florence B. Lord, and Richard W. Lord, with a new foreword by Tetsuden Kashima, *Confinement and Ethnicity: An Overview of World War II Japanese American Relocation Sites* [Seattle, WA: University of Washington Press, 2002], 35を一部改変。）

図3　二世の画家ミネ・オオクボ（Miné Okubo）が暮らしたカリフォルニア州タンフォラン（Tanforan）集合所の部屋。元競馬場の馬屋に住んだ。（Miné Okubo, *Citizen 13660* [New York: Columbia University Press, 1946], 35.）

は隙間だらけで、砂埃や害虫などが頻繁に侵入してきた。部屋は狭く、かつ薄い木材でへだてられ、ときに複数の家族が一つの部屋を共有することさえあり、プライヴァシーはないに等しかった（図3）。馬屋を改装した部屋では異臭がただよった。トイレやシャワー室はきわめて不衛生で、囲いや仕切りさえない場合も多々あり、感染症などが蔓延《まんえん》する危険とつねに隣りあわせであった（図4）。大戦時に日系人を擁護・支援した数少ない団体であり、大半の集合所を訪問してもいるアメリカ・フレンズ（フレンド派）奉仕団（The American Friends Service Committee）は、内部の報告書で次のように指摘している。「物理的な不便さや過密状態が相まって、すでに集団的な立ち退きで痛めつけられていた収容者は、さらに甚大な打撃を受けることになった[20]」。

　生活環境の改善は、本来なら全責任をもつべき当局ではなく、もっぱら日系人自身にまかされていた。戦後、連邦議会に調査を委託されたＣＷＲＩＣ（戦時民間人転住・抑留調査委員会）の報

図4　他者の視線にさらされながら、故障してばかりの不衛生なトイレを使わざるをえなかった。（Okubo, *Citizen 13660*, 72.）

告書は、ある日系人の次のような証言を引用している。「二ヵ月ほど経ってようやく、半分だけ文明的といえる暮らしができるようになりました(21)」。

劣悪な居住環境もさることながら、集合所への収容は精神的・心理的にも多大な苦痛を日系人に強いている。施設の多くは有刺鉄線で包囲され、夜間は武装した兵士が監視塔からサーチライト（投光照明）で所内を照らした。カリフォルニア州ポモナ（Pomona）集合所に送られたエステル・イシゴウ（Estelle Ishigo）は、「タワーからの監視は二十四時間、ゆるむことはありませんでした。フェンスを越えようとする者がいれば、いつでも機関銃を発砲できるよう準備ができていました」と記している(22)。

実態を総合的、かつ客観的に評価すれば、右の段落で引用したイシゴウを含め多くの収容者や研究者が指摘しているように、集合所はある種の「強制収容所」（concentration camp）、あるいは「刑務所」に比類するものであったといえる。立ち退き命令に背いて実際に逮捕・収監された経験をもち、連邦政府を相手どり最高裁まで争ったフレッド・コレマツ（Fred Korematsu）は、改造された馬屋に住まわされた集合所に比べ「刑務所のほうが快適だった」と証言している[23]。

そして、集合所における生活の過酷さには、当局による「言論・報道の自由」の統制も含まれる。本書が順次明らかにしていくように、集合所を管轄した陸軍の部局は、日系人の言論・報道活動全般を厳格に規制していた。

第二節　本書の意義

本書にはいくつかの重要な意義があるが、なかでも特筆すべきものとして、次に示す諸点をあげることができる。なお、主要な先行研究が示している知見やそのなかでの本書の位置づけは第二章「先行研究のレヴュー」で詳説するため、本節では意義のみに焦点をあて、簡潔な指摘にとどめる。

第一に、立ち退き・収容についてはすでに膨大な量の研究が蓄積されているものの、日系人が最初に押し込められた「集合所」における政府当局の諸政策の実態は、これまでほとんど明らかにされてこなかった。その理由は複数あるはずであるが、もっとも有力な要因として、臨時施設である集合所は比較的に短期間で閉鎖されているため、はるかに長く存続した常設の「転住所」に研究者の関心が集中してしまった、と考えられる。開設期間が長ければ、それだけ解明すべき事象や問題も多くなるし、関係する史料や証言も豊富にうみだされ、結果として研究環境が整う。先学のほとんどが転住所を中心に研究をすすめてきたのは、むしろ自然ななりゆきであったとさえいえる。しかし、その反面、立ち退き・収容に関する既存の知見が、もっぱら転住所に偏ってしまったことも事実である。本書には、これまでほぼ手つかずであった「集合所」という未開拓の研究領域を埋める大きな意義がある。

右に関連して第二に、収容政策の最初期である集合所に着目する本書は、その後、終戦直後までつづく収容政策のより総合的な理解に貢献できる。確かに、集合所は最短の施設でわずか一ヵ月弱、最長でも半年強しか存続しておらず、収容政策全体に占める時間的な割合はけっして大きくない。しかし、集合所が運営された期間は、その後三年以上もつづく収容政策の基礎となり、かつそのゆくえを方向づけた第一段階としてきわめて大きな意味をもつ。政府当局だけでなく日系アメリカ人にとっても、居住地から追い立てられ最初に押し込められた施設として、過酷な戦時体験を象徴する濃密な時間を過ごした場所であり、将来にわたり多大な影響を残す出発点となっている。第二章で紹介するように、収容政策を基礎づけたという意味での集合所の重要性は、多くの先行研究、また一次史料も指摘している。比較的に短い期間ではあるが、集合所は日系人の立ち退き・収容全体を理解する上で見落とせぬ、実に意義深い研究対象なのである。

第三に、とくに集合所における「言論・報道の自由」の統制に光をあてる本書は、立ち退き・収容政策のより体系的、かつ立体的な解明に資することができる。過去あまたの研究が、立ち退き・収容がいかに日系アメリカ人の市民的自由を不当に侵害したかを批判的に検証してきた。しかし、そのほとんどは、同政策による自由の侵害を全般的・総合的な見地から論じている。対して本書は、集合所内部で実際におこなわれた特定の政策を綿密に検討することで、巨視的な意味での市民的自由の剝奪にとどまらず、立ち退き・収容という大枠のなかで、より個別的に「言論・報道の自由」にかかわる諸活動がどのように制約されていたのかを実証的に解明する。市民的自由の実態を先行研究よりもはるかに精緻、かつ具体的に検証することで、立ち退き・収容の理解にいっそうの奥行きを加えることができる。

最後に、「戦時下の市民的自由と統制」という、およそ全人類にとって普遍的な研究課題に取り組む上でも、本書には他に類のない意義、および独創性がある。「言論・報道の自由」が基本的人権のなかでも中核をなすという概念は、これまでアメリカをはじめ近代的な民主主義社会では広く受け入れられてきた。戦後の日本でも同様である。ところが、かように重視される「言論・報道の自由」でさえ、歴史をふり返ると、とくに戦時など有事の際にはくり返し、かつ大幅な後退を強いられてきた。なかでも社会的少数派・弱者が犠牲になりやすいことは世界の歴史が示すとおりであり、「自由」のための「よい戦争」で人権を否定された日系人はその典型である。そして、これまでいく度もアメリカ、そして日本を含む民主国家・社会を悩ませてきたこの問題は、いまだ完全には解決されておらず、これからもそうありつづけるであろう。戦時下でいかに市民的自由を維持するかという、全人類に共通するこの難題に立ちむかう上でも、本書は有用、かつ比類のない判断材料を提供することができる。

第三節　研究方法とその他の諸点

本書の主題は、日系人が最初期に収容された集合所における言論・報道統制であるが、該当する事象を網羅的に扱うわけではない。本節では、研究対象・時間枠の確定など研究の方法を説明し、さらに学術的な手続きとしてふむべきその他の諸点についてものべる。

研究対象

まず、再三説明しているとおり、本書の研究対象は立ち退かされた日系人が最初に押し込められた「集合所」（assembly centers）での政府当局の政策、とくに「言論・報道の自由」に対する統制とその影響である。臨時施設の集合所で数ヵ月を過ごしたのち、日系人は別の政府機関が管理・運営する恒久的な「転住所」（relocation centers）に移されているが、本書では転住所における事象は基本的に扱わない。

集合所に入る以前、つまり日米開戦から日系人が立ち退かされるまでの期間も本書の射程外であるが、集合所にいたる経緯の理解は不可欠であるため、西海岸で発行されていた日本語新聞に対する政府の統制に的をしぼり、大まかな流れを跡づける（第三章）。本書が解明しようとする集合所での言論・報道統制は、開戦直後から立ち退きにかけて実施された「敵国語」新聞の統制と地つづきであり、両者のつながりを無視することはできないからである。

研究対象を「集合所」に限定してもなお、政府が建設した十六ヵ所を網羅することはできないし、またそうする必要もないので、規模・収容期間や入手できる史・資料の質・量を勘案し、複数の主要な施設を中心に論じつつ、必要に応じて他の場所にも手を広げる。

本書がとくに頻繁に取りあげるのは、次に示す集合所である。

カリフォルニア州　フレズノ（Fresno）
オーウェンズ・ヴァアレー（Owens Valley）（マンザナー［Manzanar］）
ポモナ（Pomona）
サンタ・アニタ（Santa Anita）

オレゴン州　　　　　　　　　タンフォラン（Tanforan）
　　　　　　　　　　　　　　ポートランド（Portland）
ワシントン州　　　　　　　　ピュアラップ（Puyallup）

もちろん、他の集合所についても、検討に値する事象は適宜、分析に加える。

次に、本書が照射する「言論・報道の自由」とは、もっぱらアメリカ合衆国憲法修正第一条（First Amendment）が明記する諸権利のことである。分析の中心となるのは、新聞・書籍・手紙など「読み」「書き」による「言論・報道」活動（第五・六章）であるが、それらに加えて、集会・会合・結社、信仰・宗教、政府に対する異議申し立て（第七章など）も射程に入れる。さらに、修正第一条に列挙されているわけではないが、隣接・付随する領域として娯楽・文化・教育活動の統制（第七章）にも手を伸ばす。換言すれば、公式・非公式の場において、一般人が日常的におこなう主要な「表現」活動全般を扱う[24]。

研究対象について最後に、本書では集合所の次に日系人が入所した「転住所」は基本的に分析から除外する点を再度、断っておく。既存の立ち退き・収容研究において「集合所」の検討が抜け落ちており、かつそれが開拓されるべき意義のある領域であることは第二節で指摘したとおりである。しかし、比較的に充実している「転住所」に関する研究においてさえ、実のところ、言論・報道統制についてはいまだに未知の部分が多く残されたままなのである（第二章）。とはいえ、「転住所」に関して本書がおこなうのと同程度の分析をするには、独立した別個の研究が必要である。そもそも、「転住所」についての考察を深めるには、その前提として、日系人がそれ以前に隔離されていた「集合所」の実態を理解する作業が不可欠である。その意味で本書は、「転住所」における言論・報道統制の解明につながる研究としても位置づけられる。

時間枠

本書の研究時間枠は、基本的に一九四二年三〜十月である。始点を一九四二年三月としたのは、集合所への日系人の移送が同月から開始されているからである。終点を一九四二年十月としたのは、同月末までに日系人が「転住所」に移され、オーウェンズ・ヴァレー（マンザナー）を除くすべての集合所が閉鎖されているからである。本書が解明すべき事象のほとんどは、この時間枠内に起きている。

ただし、右の時間枠以外でも、検討に値する事象は必要に応じて適宜、分析に加える。とくに第三章では、真珠湾攻撃による日米開戦までさかのぼり、日系人が西海岸の居住地を立ち退かされ、集合所に収容されるまでの政府の言論・報道統制を概説する。

主な一次史料

本書は実証性を最大限に重視し、大量の一次史料を使用するが、それらのほとんどは二種類、つまり軍を含む連邦政府と日系アメリカ人の記録に大別できる。なお、本書が引用・参照する一次史料には、先行研究で一度も使われていないものが多く含まれていることを付言しておく。

まず、連邦政府の史料で中心となるのは、日系人の立ち退き・収容に直接的にかかわった陸軍の部局の記録である。

なかでもとくに重要度が高いのは、集合所を管理・運営したＷＣＣＡ（戦時民間人管理局、Wartime Civil Control Administration）、およびＷＣＣＡの上部組織であり、立ち退き・収容政策を実行したＷＤＣ（西部防衛司令部・第四陸軍、Western Defense Command and Fourth Army）の内部文書である。前者のＷＣＣＡは、文字どおり「民間人」（日系人）を扱うための組織で、職員の多くも民間人であったが、その本質はまぎれもなく「軍」であった。陸軍の部局であるＷＤＣに指揮され、ＷＣＣＡ局長をはじめ、集合所内の主要な役職にも軍人が配置されているからである。実際の政策を見ても、本書が順次明らかにするように、日系人の市民的自由を尊重しようとする姿勢に欠け、一方的、かつ強権的な軍隊方式の統制を実施している。いずれにせよ、本書の知見の多くは、陸軍の部局であるＷＣＣＡとＷＤＣの史料に依拠している。

陸軍ほどではないにせよ、「転住所」を運営・管理したＷＲＡ（戦時転住局、War Relocation Authority）の内部文書も価値が高い。日系人は一時的に仮設の「集合所」に収容されたのち、恒久的な常設の「転住所」に移送されている。つまり、ＷＲＡはＷＣＣＡから日系人収容者を引き継いだ政府組織である。したがって、ＷＲＡは集合所内の政策には直接的に関与していないが、それでも少なくない史料が集合所の内状を記録している。なお、ＷＣＣＡが軍の下部組織であるのに対し、ＷＲＡは完全な文民組織である。以後、各章で指摘するが、組織としての体質の差は、市民的自由に対する両者の考え方の違いを理解する上で看過できない重要な要素である。

それら以外にも日系人の立ち退き・収容にかかわった政府組織は多数あり、そのため本書が使用する史料も広範囲にわたっている。たとえば、「敵性外国人」を取り締まった司法省とＦＢＩ、戦時下のプロパガンダ・情報政策を担当したＯＦＦ（事実統計局、Office of Facts and Figures）とＯＷＩ（戦時情報局、Office of War Information）の記録である。これら以外の有用な史料としては、郵便規制を通して日本語新聞に影響を及ぼした郵政省（Post Office Department）、国内の報道規制を担当した検閲局（Office of Censorship）などの内部文書がある。

右で列挙した政府史料のほとんどは、首都ワシントンＤＣ（メリーランド州カレッジ・パークも含む）にあるアメリカ国立公文書館（National Archives and Records Administration）、およびアメリカ連邦議会図書館（Library of Congress）で所蔵・公開されている。

他方、日系人関係の史料で中心となるのは、集合所内で発行されていた「キャンプ新聞」等の刊行物、集合所外で発行されていた日本語新聞、日記、書簡、各種の未刊行文書、証言・インタヴュー、手記、回顧録、自叙伝などである。なかでもとくに重要なのは、立ち退き・収容政策に関する大型研究プロジェクト、JERS（日系アメリカ人立ち退き再定住研究、Japanese American Evacuation and Resettlement Study）の記録である。カリフォルニア州立大学バークレー校（University of California, Berkeley）の日系人学生などが現地調査員となり、集合所の内部で見聞した情報などを記した大量の文書群である。また、当時のアメリカで全国的に認知・組織化されていた唯一の日系人（二世）団体、JACL（日系市民協会、Japanese American Citizens League）の内部史料も使用する。これら日系人関係の史料は、前述したアメリカ国立公文書館・連邦議会図書館をはじめ、全米各地の大学図書館や研究機関等で所蔵・公開されている。その一覧は、註の略語とともに巻頭で示してある。

一次史料に加えて、必要に応じて各種の文献も用いるが、いずれにせよ、引用・参照した史・資料の出典は章ごとに後註で示す。

用語の説明

本書で頻出するいくつかの用語についても、若干の説明をしておく。

まず、本章の冒頭でのべたように、日本からアメリカにわたってきた日本人の移民とその子孫を「日系アメリカ人」、あるいは「日系人」と総称する。日本うまれの第一世代の移民、つまり「一世」の圧倒的多数は、大戦時にはアメリカ市民権をもつことができない「帰化不能外国人」であったため、厳密には「日系人」ではなく「日本人」、あるいは「日本人移民」「在米日本人」などとよぶべきかもしれない。アメリカ市民権をもつ「二世」にしても、彼ら自身のアイデンティティなどを考慮すれば、複数のよび方が可能であろう。しかし、本書の場合、いくつもの呼称を選択的に併用する必要性は薄いし、かえって内容の理解をさまたげかねない。また、当時のアメリカ社会の一般的認識では、一世と二世の差異（またその他の属性）はさして問題とされず、現実として、市民権の有無などにかかわらず日系人全体が立ち退き・収容を強いられている。これらの諸点にかんがみ、本書では彼らの総称として「日系アメリカ人」「日系人」を用いる。

なお、本書では以後、「日系アメリカ人」と「日系人」を同義語として使用する。通常は「日系人」を使うが、「アメリカ」に住む日本人移民やその子孫であることを強調、あるいは再確認したりする場合などに「日系アメリカ人」を用いる。

第一世代と第二世代を区別する必要がある場合などは、前者を「一世」、後者を「二世」とよぶ。教育を受けるなどの目的で幼年・青年期を日本で過ごしてからアメリカに帰国した二世は「帰米二世」、あるいは単に「帰米」とよぶ。

「強制立ち退き・収容」政策は、英語では複数の言葉があてられ論争を引き起こす場合もあるが、既存の文献を見る限り、日本語訳でそれらの差違が強調されることは少ない。したがって、本書では主要な先行研究にならい「強制立ち退き・収容」、あるいは「立ち退き・収容」で統一する。

やや難しいのは、立ち退かされた日系人が隔離された収容施設の呼称である。この問題については、アメリカはもちろん、日本の研究者の間でも用語の選択をめぐり諸説がある(25)。

結論からいえば、本書では二冊の前著を踏襲し、"assembly centers"を「集合所」、"relocation centers"を「転住所」、"reception centers"を「受入所」、そして司法省・陸軍省管轄の"internment camps"を「収容所」とよぶ。それぞれの収容施設を明確に区別することを優先したいからである。ただし、本書で頻出するのは最初の「集合所」であり、これらの呼称が乱立することはない。いずれにせよ、使用する際には、混乱を招かぬようできるだけ個別に説明をほどこす。

最後に、日系人が日米開戦以前から発行していた新聞を「日本語新聞」、彼らが収容施設内で発行した新聞を

「キャンプ新聞」と総称する。前者のほとんどは英語面・欄を併設していたため、厳密には「日系新聞」、あるいは「日英語新聞」とよぶべきかもしれない。少なくとも、紙面のすべてが日本語だけで埋め尽くされていたわけではない。しかし、当時の政府や日系人自身の認識、また本書の主題に照らして、もっとも適切、かつ理解しやすい呼称として「日本語新聞」を用いる。ただし、文脈によっては、日本語を交戦国の言語とみなすアメリカ政府・主流社会の視点に立ち、「敵国語」新聞という表現を使う場合もある。

その他、とくに説明を要すると思われる事象や語句については、適宜、本文や註のなかで説明を加える。

構成

本書は、全体で三部・八章からなっている。

第一部「研究の基本的手続き」は、本論に入る前の導入部（イントロダクション）で、第一章と第二章からなる。第一章（本章）では、これまでのべてきたように、本書の目的、意義、方法、および本書を読みすすめる上で知っておくことが望ましいその他の諸点を説明している。

第二章「先行研究のレヴュー」では、主要な既存文献の知見を紹介・整理し、その作業を通して本書の意義・位置づけを明確にする。具体的には、まず日系人の強制立ち退き・収容政策、とくに「集合所」に関する研究、次に集合所における新聞発行と検閲に関する研究を概観した上で、本書を包摂するより大きな枠組みとして、戦時下における「言論・報道の自由」と統制に関する先学の主要な知見を紹介する。

第二部「日系アメリカ人集合所における言論・報道統制」から本論に入り、集合所における各種の市民的自由の統制について分析を開始する。第二部は、第三〜七章からなる。

第三章「集合所前夜——日米開戦から立ち退きまで」では、日系人が集合所に送られる以前、とくに真珠湾攻撃による開戦から立ち退きまでの期間、西海岸で発行されていた日本語新聞に対し政府がいかなる統制をしていたのかを素描する。集合所での言論・報道統制は、何の前触れもなく突如としてはじまったわけではなく、遅くとも日米開戦直後までさかのぼる一連の統制の延長線上にあった。

第四章「集合所の規則と管理・運営」からいよいよ集合所それ自体の分析に移るが、本章ではその第一歩として、集合所を統括した陸軍の部局とその特徴、および集合所の日系人に課された「集合所規則」(center regulations) など諸規則の内容を示す。その際、本書の主題にもっとも近接する三つの領域(日本語による出版・印刷物、日本語による集会・会合・結社、信仰・宗教活動) にわけて検討する。第五章以降で論じる各種の言論・報道統制も、基本的にこれらの規則にもとづいて実施されている。

第五章「日本語による出版・印刷物の禁止」では、前章で概説した「集合所規則」を大枠として、当局がいかに「敵国語」である日本語による「読み」「書き」を禁じていたのかを三つの対象 (ニュース、書籍・印刷物等、郵便物) に焦点をあてて具体的に検討する。場合によっては規則を越える統制がおこなわれていた事実も紹介する。

第六章「キャンプ新聞の検閲」では、当局の統制が日本語による言論・報道活動のみならず、英語で発行された「キャンプ新聞」にも深く及んでいたことを、検閲の実例を多数あげて明らかにする。「集合所規則」はもっぱら「敵国語」である日本語の統制に主眼を置いていたが、実際には、使用する言語を問わず日系人の言動全般が大幅に制限されている。

第七章「集合所におけるその他の言論統制」では、第五・六章で論じた「読み」「書き」だけでなく、「集まる」「話す」「聞く・聴く」、さらには「信じる」「見る」「楽しむ」「学ぶ」といった諸相にまで射程を広げて統制の実態を解明する。当局による市民的自由の制約は、集会・会合・結社、信仰・宗教、娯楽・文化・教育まで、およそあらゆる領域に波及している。

最後の第三部「結論」には、終章「戦時民主主義の『限界』と『矛盾』」のみを置いている。それまでの分析から得た知見を簡潔にまとめ、より広範で普遍的な研究課題、すなわち、アメリカ連邦政府の日系人政策全体における位置づけ、戦時下の市民的自由と統制のありよう、そして将来に引き継ぎえる教訓について、本書の知見から導きだせる考察や示唆を提示する。

註

（1） Samuel I. Rosenman, comp., *The Public Papers and Addresses of Franklin D. Roosevelt* 1942 Volume: Humanity on the Defensive（New York: Harper & Brothers, 1950）, 6.

（2） Carey McWilliams, Statement at the Blue Network Radio Broadcast, "America's Town Meeting of the Air: Shall All Japanese be Excluded from the Pacific Coast?" July 18, 1943, Record Group（RG）338, Entry 2, Box 4, Folder 000.77, NA.

（3） Alex Gottfried, American Civil Liberties Union（ACLU）, Testimony to the Commission on Wartime Relocation and Internment of Civilians（CWRIC）, Seattle, WA, September 11, 1981, Reel 4, Public Hearing of the CWRIC.

（4） フランクリン・D・ルーズヴェルト（Franklin D. Roosevelt）大統領が「四つの自由」についてはじめて公的に語ったのは、一九四一年一月六日の連邦議会における演説であるが、その後、「四つの自由」は第二次大戦期を通じて戦争標語として頻繁に使われるようになった。（Samuel I. Rosenman, comp., *The Public Papers and Addresses of Franklin D. Roosevelt* 1940 Volume: War and Aid to Democracies [London: Macmillan, 1941], 672.）

ただし、第二次大戦がアメリカにとって「よい戦争」と形容されるようになったのは、戦後、とくに一九八四年にスタッズ・ターケル（Studs Terkel）による同名の著作が出版されてからである。（Studs Terkel, *"The Good War": An Oral History of World War II* [New York: The New Press, 1984].）

（5） Hadley Cantril, ed., *Public Opinion: 1935–1946*（Princeton, NJ: Princeton University Press, 1951）, 1079.

（6）「日本を出自とする人々」の呼称の使いわけ、および人種的・民族的集団としての彼らのとらえ方についてとくに参考になる文献として、南川文里『「日系アメリカ人」の歴史社会学――エスニシティ、人種、ナショナリズム』（彩流社、二〇〇七年）、Eiichiro Azuma, *Between Two Empires: Race, History, and Transnationalism in Japanese America*（New York: Oxford University Press, 2005）、東栄一郎、飯野正子監訳『日系アメリカ移民　二つの帝国のはざまで――忘れられた記憶１８６８―１９４５』（明石書店、二〇一四年）、がある。なお、日系人はアメリカ本土だけでなく、ハワイ諸島、アラスカ、カナダ、中南米諸国などにも居住している。

（7）日米開戦にいたるまでのアメリカにおける日系人、とくに一世の歴史について論じた先行研究として、次のようなものがある。Carey McWilliams, *Prejudice: Japanese Americans, Symbol of Racial Intolerance*（Boston, MA: Little, Brown, 1944）; Roger Daniels, *The Politics of Prejudice: The Anti-Japanese Movement in California and the Struggle for Japanese Exclusion*（Berkeley and Los Angeles, CA: University of California Press, 1962）; John Modell, *The Economics and Politics of Racial Accommodation: The Japanese of Los Angeles, 1900–1942*（Urbana and Chicago, IL: University of Illinois Press, 1977）; Yuji Ichioka, *The Issei: The World of the First Generation Japanese Immigrants, 1885–1924*（New York: Free Press, 1988）; Ronald Takaki, *Strangers from a Different Shore: A History of Asian Americans*（Boston, MA: Little, Brown, 1989）; Brian Masaru Hayashi, *'For the Sake of Our Japanese Brethren': Assimilation, Nationalism, and Protestantism among the Japanese of Los Angeles, 1895–1942*（Stanford, CA: Stanford University Press, 1995）; Paul R. Spickard, *Japanese Americans: The Formation and Transformations of an Ethnic Group*（New York: Twayne Publishers, 1996）; Azuma, *Between Two Empires*（2005）.

（8）とくに二世に焦点をあてた先行研究として、次のようなものがある。Yamato Ichihashi, *Japanese in the United States*（Stanford, CA: Stanford University Press, 1932）; Edward K. Strong, Jr., *Vocational Aptitudes of Second-Generation Japanese in the United States*（Stanford, CA: Stanford University Press, 1933）; Reginald Bell, *Public School Education of Second-Generation Japanese in California*（Stanford, CA: Stanford University Press, 1935）; Forrest E. LaViolette, *Americans of Japanese Ancestry*（Toronto, Canada: Canadian Institute of International Affairs, 1945）; Bill Hosokawa, *Nisei: The Quiet Americans*（New York: William Morrow, 1969）; Jere Takahashi, "Japanese American Responses to Race Relations: The Formation of Nisei Perspectives," *Amerasia Journal* 9（1982）: 29–57; Paul R. Spickard, "The Nisei Assume Power: The Japanese American Citizens League, 1941–1942," *Pacific Historical Review* 52（May 1983）: 147–174; Jerrold Haruo Takahashi, *Nisei/Sansei: Shifting Japanese American Identities and Politics*（Philadelphia, PA: Temple University Press, 1997）; David K. Yoo, *Growing up Nisei: Race, Generation, and Culture among Japanese Americans of California, 1924–49*（Urbana and Chicago, IL: University of

Illinois Press, 2000).

(9) War Relocation Authority (WRA), Community Analysis Section, "Japanese Americans Educated in Japan: The Kibei," Community Analysis Report No. 8, January 28, 1944, Reel 1, WRA Community Analysis Reports; U.S. Department of the Interior, *The Evacuated People: A Quantitative Description* (Washington, D.C.: The Government Printing Office, 1946), 83-88; Commission on Wartime Relocation and Internment of Civilians (CWRIC), *Personal Justice Denied: Report of the Commission on Wartime Relocation and Internment of Civilians* (Washington, D.C.: The Government Printing Office, 1982), 40. 帰米の自叙伝や伝記は一定数あるが、帰米に焦点をあてた学術研究は少ない。本章の註7・8で列挙している文献等が部分的に言及している。

(10) 日米開戦前のFBIによる調査、とくに日本語新聞の関係者に対する内偵、および開戦後の一斉逮捕・連行については、水野剛也『「敵国語」ジャーナリズム――日米開戦とアメリカの日本語新聞』(春風社、二〇一一年)が詳細に論じている。日系人に対するFBIの活動については、次のような文献も参考になる。J. Edgar Hoover, "Alien Enemy Control," *Iowa Law Review* 29 (March 1944): 369-408; Bob Kumamoto, "The Search for Spies: American Counterintelligence and the Japanese American Community, 1931-1942," *Amerasia Journal* 6 (Fall 1979): 45-75; CWRIC, *Personal Justice Denied* (1982); Pedro A. Loureiro, "Japanese Espionage and American Countermeasures in Pre-Pearl Harbor California," *Journal of American-East Asian Relations* 3 (Fall 1994): 197-210; Tetsuden Kashima, *Judgment without Trial: Japanese American Imprisonment during World War II* (Seattle, WA: University of Washington Press, 2003)、村川庸子『境界線上の市民権――日米戦争と日系アメリカ人』(御茶の水書房、二〇〇七年)。

(11) 日系人の強制立ち退き・収容に関する先行研究は数多いが、主要な英語文献として次のようなものがある。Morton Grodzins, *Americans Betrayed: Politics and the Japanese Evacuation* (Chicago, IL: The University of Chicago Press, 1949); Jacobus tenBroek, Edward Norton Barnhart, and Floyd W. Matson, *Prejudice, War, and the Constitution* (Berkeley, CA: University of California Press, 1954); Roger Daniels, *Concentration Camps, USA: Japanese Americans and World War II* (New York: Holt, Rinehart & Winston, 1971); Roger Daniels, *The Decision to Relocate the Japanese Americans* (New York: J. B. Lippincott, 1975); Michi Weglyn, *Years of Infamy: The Untold Story of America's Concentration Camps* (New York: Morrow, 1976); CWRIC, *Personal Justice Denied* (1982); Peter Irons, *Justice at War: The Story of the Japanese-American Internment Cases* (New York: Oxford University Press, 1983); Greg Robinson, *By Order of the President: FDR and the Internment of Japanese Americans* (Cambridge, MA: Harvard University Press, 2001); Brian Masaru Hayashi, *Democratizing the Enemy:*

The Japanese American Internment (Princeton, NJ: Princeton University Press, 2004); Greg Robinson, *A Tragedy of Democracy: Japanese Confinement in North America* (New York: Columbia University Press, 2009).

(12) 立ち退き・収容に関する研究でしばしば引用されるカーティス・バートン・マンソン (Curtis Burton Munson) の報告書は、カリフォルニア州の日系人の大多数が親米的であると指摘した上で、「西海岸地域において日系人〈問題〉は存在しない」と結論づけている。この報告書は、マンソンが一九四一年十月から十一月にかけて西海岸とハワイで実施した調査（ホワイトハウスが秘密裡に依頼）にもとづくもので、大統領をはじめ政府の高官に読まれたと考えられている。(Weglyn, *Years of Infamy*, 33-53; CWRIC, *Personal Justice Denied*, 51-53.) 報告書の全文は、史料集であるRoger Daniels, ed., *American Concentration Camps: A Documentary History of the Relocation and Incarceration of Japanese Americans, 1942-1945* Vol. 1: July, 1940-December 31, 1941 (New York: Garland Publishing, 1989) に収録されている。

(13) 日本人、および日系人に対する否定的なイメージやステレオタイプについては、次のような文献が総合的に論じている。Dennis M. Ogawa, *From Japs to Japanese: An Evolution of Japanese-American Stereotypes* (Berkeley, CA: McCutchan Publishing, 1971); Eugene Franklin Wong, *On Visual Media Racism: Asians in the American Motion Pictures* (New York: Arno Press, 1978); John W. Dower, *War without Mercy: Race and Power in the Pacific War* (New York: Pantheon Books, 1986); Roger Daniels, *Concentration Camps, North America: Japanese in the United States and Canada during World War II* revised ed. (Malabar, FL: Krieger Publishing Company, 1993); Jordan Braverman, *To Hasten the Homecoming: How Americans Fought World War II through the Media* (New York: Madison Books, 1996); Robert G. Lee, *Orientals: Asian Americans in Popular Culture* (Philadelphia, PA: Temple University Press, 1999); Krystyn R. Moon, "'There's no Yellow in the Red, White, and Blue': The Creation of Anti-Japanese Music during World War II," *Pacific Historical Review* 72 (August 2003): 333-352.

(14) Office of Facts and Figures (OFF), "The Japanese Problem: The Answer to a Series of Questions Asked of a Nation-Wide Cross-Section of 3471 Adult Persons," April 21, 1942, RG 210, Entry 16, Box 511, Folder 81,402, NA. 主要なマス・メディアの報道姿勢については、水野剛也『日系アメリカ人強制収容とジャーナリズム――リベラル派雑誌と日本語新聞の第二次世界大戦』(春風社、二〇〇五年) が広範な先行研究の知見を要領よくまとめている。連邦最高裁の判決は、*Kiyoshi Hirabayashi* v. *United States*, 320 U.S. 81 (1943); *Toyosaburo Korematsu* v. *United States*, 323 U.S. 214 (1944); *Ex parte Mitsuye Endo*, 323 U.S. 283 (1944) で示されている。

（15）一九九三年、アメリカ歴史家学会（Organization of American Historians）が同学会誌『ジャーナル・オブ・アメリカン・ヒストリー』（*Journal of American History*）の定期購読者を対象におこなったアンケート調査では、「アメリカ史におけるダーク・スポット（暗部）は何ですか」との質問に対し、「日系アメリカ人の収容」は第八位（五・三％）に位置づけられている。（David Thelen, "The Practice of American History," *Journal of American History* 81 [December 1994]: 931-960, 1175–1217.）

（16）リドレス運動について詳しくは、次に示す文献が参考になる。William M. Hori, *Repairing America: An Account of the Movement for Japanese American Redress*（Pullman, WA: Washington State University Press, 1988）; Leslie T. Hatamiya, *Righting a Wrong: Japanese Americans and the Passage of the Civil Liberties Act of 1988*（Stanford, CA: Stanford University Press, 1993）; Don T. Nakanishi, "Surviving Democracy's 'Mistake': Japanese Americans & the Enduring Legacy of Executive Order 9066," *Amerasia Journal* 19（1993）: 7–35; Charles McClain, ed., *The Mass Internment of Japanese Americans and the Quest for Legal Redress*（New York: Garland, 1994）; Mitchell T. Maki, Harry H. L. Kitano, and S. Megan Berthold, *Achieving the Impossible Dream: How Japanese Americans Obtained Redress*（Urbana and Chicago, IL: University of Illinois Press, 1999）; Robert Sadamu Shimabukuro, *Born in Seattle: The Campaign for Japanese American Redress*（Seattle, WA: University of Washington Press, 2001）; Alice Yang Murray, *Historical Memories of the Japanese American Internment and the Struggle for Redress*（Stanford, CA: Stanford University Press, 2008）.

（17）CWRIC, *Personal Justice Denied*, 18; CWRIC, *Personal Justice Denied: Report of the Commission on Wartime Relocation and Internment of Civilians* Part 2: Recommendations（Washington, D.C.: The Government Printing Office, 1983）, 4-5.

（18）とはいえ、非学術的な立場から立ち退き・収容政策を擁護・正当化しようとする論者も、ごく少数ながら存在する。代表例として次に示す文献があるが、日米両国の学会はもちろん、広く社会的に等閑視されている。Lillian Baker, *The Concentration Camp Conspiracy: A Second Pearl Harbor*（Lawndale, CA: AFHA Publications, 1981）; Lillian Baker, *Dishonoring America: The Collective Guilt of American Japanese*（Medford, OR: Webb Research Group, 1988）; Michelle Malkin, *In Defense of Internment: The Case for "Racial Profiling" in World War II and the War on Terror*（Washington, D.C.: Regnery Publishing, 2004）.

（19）集合所については、第二章の註5で列挙している史料や文献が参考になる。なお、一九四二年五月八日に開所したアリゾナ州のパーカー・ダム（Parker Dam）も、当初は「集合所」に準じる「受入所」（reception center）として位置づけられたが（オーウェンズ・ヴァレーも同様）、本書の分析対象からは除外している。ＣＷＲＩＣ（戦時民間人転住・抑留調査委員会、Commission on Wartime Relocation and Internment of Civilians）の調査報告書をはじめ、ほとんどの文献が「集合所」に含めていないからである。開所から一ヵ月もしないうちに「ポストン（コロラド・リヴァー）転住所」（Poston［Colorado River］Relocation Center）に名称が変更されたこと、またアメリカ原住民（インディアン）保護区内に立地していたため、同所の管理・運営には陸軍ではなく内務省のＯＩＡ（インディアン事務局、Office of Indian Affairs）があたっていたことがその理由である。ＯＩＡの関与は一九四三年末までつづき、その後は他の転住所と同じくＷＲＡ（戦時転住局、War Relocation Authority）が単独で管轄している。

（20）Homer L. and Edna W. Morris to the Board of Directors of the American Friends Service Committee, "Memorandum on Problems Caused by Evacuation Orders Affecting Japanese and Problems of Organization of the American Friends Service Committee Work on the Pacific Coast," October 5, 1942, Records of the American Friends Service Committee, Midwest Branch, Advisory Committee for Evacuees, 1942-1963（Accession #4791-001), Box 1, Folder 14, Special Collections, UW.

（21）CWRIC, *Personal Justice Denied*,（1982), 141.

（22）CWRIC, *Personal Justice Denied*,（1982), 138-140; Estelle Ishigo, *Lone Heart Mountain*（Los Angeles, CA: Anderson, Ritchie & Simon, 1972), 15.

（23）"Japanese American Internment: An Interview with Fred Korematsu," *Boston University Public Interest Law Journal* 3（Spring 1993): 102. このような理由から、日系人を収容した施設にどのような言葉をあてるかについて、これまで数々の議論が交わされてきた。この点については、本章の註25で列挙している文献が参考になる。

（24）憲法修正第一条の全文とその日本語訳は次のとおりである。

Congress shall make no law respecting an establishment of religion, or prohibiting the free exercise thereof; or abridging the freedom of speech, or of the press; or the right of the people peaceably to assemble, and to petition the Government for a redress of grievances.

連邦議会は、国教を定める、自由な宗教活動を禁止する、言論、または報道の自由を制限する、ならびに人民が平和的に集会をし、苦痛の救済を求めて政府に異議申し立てをする権利を制限する、法律をつくってはならない。

（25）強制立ち退き・収容政策や収容施設の呼称をめぐる議論については、水野『日系アメリカ人強制収容とジャーナリズム』（二〇〇五年）をはじめ、次に示す史料や文献が参考になる。とくに戦時中の日系人問題を英語で論じる場合、当時のアメリカ政府当局が用いた用語は婉曲的であり、そのまま借用すべきでないと考える論者は多い。Aiko Herzig-Yoshinaga, Research Staffer, to Paul Bannai, Executive Director, CWRIC, "Use of Term 'Concentration Camps,'" July 9, 1981, RG 220, Box 42, Folder Baker, Lillian, NA; Raymond Y. Okamura, "The American Concentration Camps: A Cover-Up through Euphemistic Terminology," *Journal of Ethnic Studies* 10（Fall 1982）: 95–109; James Hirabayashi, "'Concentration Camp' or 'Relocation Center': What's in a Name?" *Japanese American National Museum Quarterly* 9（October-December 1994）: 5–10; Lane Ryo Hirabayashi, "A Note on Transcription and Terminology," in Richard S. Nishimoto, *Inside an American Concentration Camp: Japanese American Resistance at Poston, Arizona*（Tucson, AZ: The University of Arizona Press, 1995）, xxi-xxii; "Concentration Camps," in Brian Niiya, ed., *Encyclopedia of Japanese American History: An A-to-Z Reference from 1868 to the Present* updated ed.（New York: Facts on File, 2001）, 142–144; Wendy Ng, *Japanese American Internment during World War II: A History and Reference Guide*（Westport, CT: Greenwood Press, 2002）, xiii-xiv; Roger Daniels, "Words Do Matter: A Note on Inappropriate Terminology and the Incarceration of the Japanese Americans," in Louis Fiset and Gail M. Nomura, eds., *Nikkei in the Pacific Northwest: Japanese Americans & Japanese Canadians in the Twentieth Century*（Seattle, WA: University of Washington Press, 2005）, 190–214; Eileen H. Tamura, *In Defense of Justice: Joseph Kurihara and the Japanese American Struggle for Equality*（Urbana, Chicago, and Springfield, IL: University of Illinois Press, 2013）, 6–7; Lane Ryo Hirabayashi and James A. Hirabayashi, "American-Style Concentration Camps," in Xiaojian Zhao and Edward J. W. Park, eds., *Asian Americans: An Encyclopedia of Social, Cultural, Economic, and Political History* Vol. 1（Santa Barbara, CA: Greenwood, 2014）, 47–50; Harry N. Scheiber and Jane L. Scheiber, *Bayonets in Paradise: Martial Law in Hawai'i during World War II*（Honolulu: University of Hawai'i Press, 2016）, xvii-xviii. 日本語訳については、山倉明弘『市民的自由——アメリカ日系人戦時強制収容のリーガル・ヒストリー』（彩流社、二〇一一年）も参考になる。

第二章　先行研究のレヴュー

これらの場所［集合所］については、比較的にわずかな学術的関心しかむけられてこなかった。
ロジャー・ダニエルズ（Roger Daniels）、日系人史研究者（1）

はじめに

本論に入る前の準備段階として、本章では主要な先行研究の知見を紹介・整理し、その作業を通して本書の意義・位置づけを明確にする。先学によりすでに明らかにされていること、いまだ明らかにされていないことを見きわめることで、既存の研究と本書の関係、ひいては本書の独創性や特長を浮かびあがらせる。

具体的には、まず第一節で日系人の強制立ち退き・収容政策、とくに「集合所」（assembly centers）に関する従来の研究をまとめ、第二節で集合所における新聞発行と「検閲」に関する既存の知見を素描し、最後の第三節では戦時下における「言論・報道の自由」、さらに政府権力による市民的自由の統制の方法に関する主要な研究を概説する。

本章で取りあげる各種の先行研究は、本書を包摂するより大きな枠組み、いわば外輪を形成するもので、それらの知見を関連づけて見直すことで、俯瞰的な構図のなかで本書を定位することが可能となる。

第一節　強制立ち退き・収容と集合所

本節では、第二次大戦中にアメリカ本土の日系人が隔離された収容施設、とくに最初期の「集合所」を扱った主要な先行研究を紹介する。集合所での言論・報道統制の実態を解明しようとする本書も、大きな枠組みでは、それら先学の業績に連なる事例研究の一つとして位置づけられる。

まず、強制立ち退き・収容に関する研究は、一九七〇年代から八〇年代にかけて高まった「リドレス」（redress）運動、つまり、同政策を実行した連邦政府に謝罪・補償を求める社会運動を契機として、急激に進展した。政府が日系人に対して公式に過ちを認め、戦時中に彼らが被った損害を償うためには、その前提として立ち退き・収容の詳細を総合的、かつ実証的に解明する必要があったからである。

リドレス運動において中核的な役割をはたしたのが、一九八〇年に連邦議会が設立した調査機関、ＣＷＲＩＣ（戦時民間人転住・抑留調査委員会、Commission on Wartime Relocation and Internment of Civilians）である。議会の委託を受けたＣＷＲＩＣは、それまでに刊行された文献を全般的に点検し、また政府の記録や日系人の私文書など大量の一次史料を発掘・渉猟《しょうりょう》し、さらに多くの当事者・関係者から証言を集め、その成果を報告書と提言（一九八二～八三年）にまとめている。そこで下された、立ち退き・収容は「軍事的必要性により正当化されるものではない」という結論にもとづき、存命の日系人収容者に対し政府が大統領名で公式に謝罪し、一律二万ドルの補償金を支払うことが決定されている。(2)

ＣＷＲＩＣの報告書は、日系人が押し込められた各種の収容施設について、基本的な背景や事実を正確に記し、かつその実態を多角的にまとめている。本書の主題である「集合所」についても、それ以前に刊行された文献に加え、収容者の証言やアメリカ赤十字（American National Red Cross）の現地調査報告書などを参照しながら、管理・運営にあたった陸軍の担当部局（戦時民間人管理局、WCCA＝Wartime Civil Control Administration）、建設地とその選定の経緯、施設の規模、収容期間、所内の設備や生活環境、食料事情、医療行為、信仰・宗教活動、娯楽・余暇活動、学校教育、就労、「自治」制度、治安などについて概説している(3)。

しかし、二十一世紀に入った現在でもなお集合所に関する最重要文献といえるCWRICの報告書でさえ、本書の主題である「言論・報道統制」にはほとんど言及していない。報告書の具体的な記述は本章の第二節で紹介するが、集合所で発行されていた「キャンプ新聞」の「検閲」や日本語の使用禁止について、ごく簡素に触れているにすぎない(4)。

集合所について記述している他の主要な文献を見わたしても、言論・報道の自由、あるいは広く市民的自由の実態を論じている部分は皆無か、あってもごくわずかで、CWRICの報告書を凌駕する知見は示せていない(5)。付言しておくと、右と同じ問題は、集合所につづく「転住所」（relocation centers）に関するCWRICの記述、および転住所を扱ったあまたある後続の研究群にもあてはまる。たとえば、法的な観点から立ち退き・収容の問題点を指摘した研究、また転住所内の生活の過酷さをつまびらかにした文献は、実体験者である日系人自身によるものを含め多数ある。しかし、言論・報道の自由など特定の市民的自由にしぼって政府の統制政策を体系的に究明する試みは、いまだ手つかずのままである。最初期にしか存在しなかった臨時の「集合所」のみならず、終戦直後まで存続した常設の「転住所」についてさえも、その内部で日系人の言論・報道活動がいかに制限されていたのかという研究課題は、ほぼ放置されつづけているのである。もっとも、「転住所」の分析は本書の射程を越えたあまりに大きな課題であるため、独立した別個の研究に委ねざるをえない(6)。

そもそも、従来の研究では、仮設の「集合所」は常設の「転住所」に比べはるかに影が薄い。一例として、ジョン・タテイシ（John Tateishi）が一九八四年に編集・刊行したオーラル・ヒストリー（聴きとり調査）では、インタヴューを受けた三十人近くの日系人の誰一人として「集合所」での収容体験について詳しく語っていない。同じく、ブライアン・ニイヤ（Brian Niiya）が編纂した、日系人史を全般的に紹介・解説した百科事典（二〇〇一年の改訂版）でも、「集合所」に関する記述はわずか一ページにすぎない。他方、「転住所」にあたる「強制収容所」の項目には三ページがさかれている。それから十年以上後、二〇一四年に刊行されたアジア系アメリカ人に関する百科事典でも状況はまったく変わらない。前述のタテイシは、日系人の立ち退き・収容は「最近まで、合衆国の歴史上もっとも知られていなかったエピソード」であると書いているが、「集合所」はそのなかでもさらに見落とされがちな存在であり、二十一世紀に入った現在でも基本的にそうありつづけているのである。(7)

もちろん、集合所で起きた事象に分析する価値がない、というわけではけっしてない。むしろ、集合所に関する探究が欠落しており、その充実が枢要な課題の一つであることは、この分野の第一人者や主要な研究が一様に認めている。その一人、島田法子は一九九五年の著書のなかで、「短期間の仮収容所〔集合所〕期であったが、強制立ち退き・収容に対する初期の日系人の動きを知るうえで重要な期間である」と論じている。その翌年にアメリカ内務省（Department of the Interior）が刊行したカリフォルニア州マンザナー（Manzanar）転住所に関する報告書も、「〔集合所での〕体験は、彼ら〔日系人〕が転住所にもち込むことになる苦渋・失望・絶望という感情を植えつけ、かつ助長した」と位置づけている。同じくグレッグ・ロビンソン（Greg Robinson）も二〇〇九年に出版した研究書において、「日系アメリカ人の基本的な心証を形成する上で、集合所は鍵となっていた」とその重要性を指摘している。さらにもう一人の研究者の表現を借りれば、日系人はそこで「収容政策による最初のトラウマ」に直面したのである。(8)

以後、本書が各所で引用・参照する一次史料にも、日系人の収容体験の第一段階として集合所に大きな意味を見いだしているものが多くある。代表的な例をあげると、カリフォルニア州サンタ・アニタ（Santa Anita）集合所を去るにあたり、ある一世（第一世代の日本人移民）は「この集合所の生活に依って受けた所の物心両面の変化は、必ずや今後の我々の人格の上にも影響するであろう事は容易に首肯し得る」と書いている。集合所の次に日系人が移送された転住所当局の分析官たちも、それぞれ次のように指摘している。

転住所にやってくる立ち退き者の態度や行動をより深く理解するには、集合所での出来事や運営方法を研究する必要がある。集合所は立ち退き初期の体験を象徴する。

いくつかの集合所において立ち退き者は、尊厳を傷つける侮辱的な扱いをいく度も受けてきた。政府官憲が許可もなく自宅に侵入し、……面会にきた友人とも看守の横でわずかな時間しか話せない。馬小屋に住まわされた精神的打撃は、現在もまったく克服されていない。

たとえ期間は短くても、集合所期を一過性のものとして軽んじることはできないのである(9)。

本節で指摘すべき本書の意義・独自性をいま一度まとめ直すと、これまでいちじるしく手薄であった集合所に焦点をあて、かつ政府当局による言論・報道統制を照射することで、日系人に多大な被害を及ぼした強制立ち退き・収容政策のより体系的、かつ立体的な解明に資することができる。最初期の集合所における市民的自由のありように光をあてることができれば、それにつづく転住所を含めた政府の日系人政策のより十全な理解にもつながるはずである。

第二節　集合所における新聞発行と検閲

本節では、集合所に関する先行研究のなかで、とくに所内での「キャンプ新聞」の発行と「検閲」について検討しているものを素描する。それらは、集合所における言論・報道統制に焦点をあてる本書にもっとも近接する文献群である。キャンプ新聞の検閲は本書の中核をなす研究課題の一つであり、第五・六章で詳細に分析することになる。

まず、集合所で日系人が新聞を発行し、かつ政府当局がそれらを「コントロール」していた事実は、立ち退き・収容政策が依然として継続している戦時中にすでに政府自身が公的に認めている。集合所を直接的に管理・運営したＷＣＣＡ（戦時民間人管理局、Wartime Civil Control Administration）の最上部組織である陸軍省は、一九四三年に刊行した最終報告書で次のように書いている。

> ［新聞を］発行する権限は、編集と頒布に関する指導とともに、ＷＣＣＡ局長が発する指令に含まれた。……発行に必要な施設・物資は［集合］所長により提供された。……ニュース記事は［日系人］立ち退き者の実益（actual interest）にかなうものに限られた。コントロールする最終的な権限は［集合］所長に帰属していた。［傍点は引用者］

集合所での新聞発行が政府の責任者の「権限」で許されており、したがって報道内容も政府官憲が発する「指令」により「コントロール」され[10]、その結果として日系人の「実益」に資する範囲（もちろんその判断は当局が下す）に限られていたことがわかる。

戦後、立ち退き・収容に関する研究が徐々に進展してくると、集合所当局による新聞の「コントロール」は「検閲」という言葉に置き換えられ、より批判的で、かつ実情に則した文脈で理解されるようになっていった。たとえば、立ち退き・収容に関する本格的な学術書としては最初期のもので、後続の研究でもしばしば引用される一九五四年のジェイコブス・テンブロック（Jacobus tenBroek）らの著書は、「［集合所当局は］立ち退いた日系人に所内で新聞を発行する許可を与えたが、注意深く検閲をした〔傍点は引用者〕」と記している。この著作を含め立ち退き・収容を論じている文献の圧倒的多数は（本書も同様に）、同政策は不当な人権侵害であった、という認識に立脚している。当局が「コントロール」と婉曲的に称した行為を明確に「検閲」と特徴づけている箇所には、立ち退き・収容そのものに対する批判的、かつ実証主義的な視座が如実にあらわれている。[11]

しかし、「検閲」の実態の本格的な解明は、テンブロックらの著作を含め、その後も長らく試みられることがなかった。多少なりとも関連する記述を含む文献にしても、当局の行為を具体的、かつ体系的に検証しているわけではない。一例として、オードリー・ガードナー（Audrie Girdner）とアン・ロフティス（Anne Loftis）は、一九六九年の著作で次のように指摘している。

検閲を受けなければならない決まりであった。……集合所長が認めない情報が新聞に掲載されることは一切なかった。国際情勢に関する議論、戦争のニュース、［アメリカの］国内ニュース、さらには［日系人の］出身地域のニュースや政治情報でさえタブーであった。

「検閲」の対象とされた情報の種類を大まかに示してはいるものの、記述している内容は陸軍省の報告書やテンブロックらの著作と大差ない。なお、「タブー」という言葉を含む最後の一文は、本書が第二部以降（とくに第六章）で明らかにするように、実際の「検閲」に照らしてやや誇張した部分もあるといわざるをえない。ともあれ、

「検閲」の内実を綿密に検討しているわけではない[12]。

連邦議会の意を受けてＣＷＲＩＣ（戦時民間人転住・抑留調査委員会）がまとめた報告書（一九八二年）でさえも、本章の第一節で指摘したとおり、集合所での言論・報道統制について画期的な知見を示しているわけではない。キャンプ新聞とその検閲について論じている箇所は、次に引用する部分だけである。

［集合所の新聞は］十五紙あった。それらは、ＷＣＣＡの広報担当者の「指導」（guidance）のもと、英語で書かれた。担当者は、記事を［日系人］立ち退き者の「実益」（actual interest）にかなうものだけに限定した。

「実益」の部分は、前述した陸軍省の報告書（一九四三年）からの引き写しである。このことからもわかるように、日系人に対する政府の正式な謝罪・補償が決定づけられた時点でも、集合所における新聞発行については、戦時中に公にされた範囲を越える内容は実質的に知られていなかったのである[13]。

なお、ＣＷＲＩＣの報告書は、集合所当局が「日本語の使用を一般的に禁止していた」という事実にもごく簡単に触れているが、これは本書にとって看過しえぬきわめて重要な問題である。しかも、キャンプ新聞の検閲と同様、日本語統制に関するＣＷＲＩＣの指摘は右の引用部分にほぼ限られており、具体的にどのような方法でどの程度まで禁じられたのか、母語を使えなくなった日系人（とくに一世）はどのような反応を示し、かつどのような影響を受けたのか、などの子細は一切記述されていない。特定の言語の使用禁止は、言論・報道を含む市民的自由の根幹を揺るがす政策であり、新聞検閲とともに本書にとって中心的な課題の一つである。とくに第四・五・七章はその解明にあてられる[14]。

謝罪・補償を求めるリドレス運動が成果をあげ一九九〇年代に入ると、新聞発行を含む集合所内部の言論・報道活動にも多少は関心がむけられるようになってきたが、それでも研究が劇的に進展したわけではない。たとえば、一九九一年に田村紀雄が刊行した『アメリカの日本語新聞』では、集合所の新聞について書かれているのは、次に引用する部分だけである。

［集合所に］集められた日系人をまとめる上からも、米国政府は独自の新聞の発行を必要と考えていた。［カリフォルニア州サンタ・アニタ集合所では］『ペースメーカー』というガリ版刷り四ページの小さな英字新聞の発行が許されていた。それも経費、米国政府持ちである。日本語新聞の計画も［ロサンゼルスで発行されていた日本語新聞である］『同胞』関係者の手で進められたが、許可されなかった。

内容はCWRICの報告書と大同小異である。サンタ・アニタ集合所での検閲については、田村が言及している「日本語新聞」発行の試みとその頓挫も含めて、第五・六章で論じる。なお、田村は一九八二年に発表した論文でも、カリフォルニア州ストックトン（Stockton）集合所の新聞『エル・ウオーキン』（*El Joaquin*）について、「おおむね［集合所］当局の方針に沿って、その予算内で発行された」と指摘している。しかし、当局の統制に関してそれ以上の具体的な内容を記述しているわけではない[15]。

一九九三年にサンドラ・C・テイラー（Sandra C. Taylor）が刊行した研究書も、当局の検閲に日系人が反感をいだいていたという観点を加えてはいるものの、言論・報道統制の実像に迫っているわけではない。テイラーは、カリフォルニア州タンフォラン（Tanforan）集合所で発行された『タンフォラン・トータライザー』（*Tanforan Totalizer*）の検閲を、「自由であるべき人々を収容することに内在する矛盾」と批判的に特徴づけ、こう論じている。

当局者たちは……タンフォランの新聞をWCCAの発表を掲載するだけの機関紙以上のものにしようとは

考えなかった。〔日系人〕スタッフはそれ以上のものにしようとしたが……当然のように白人〔当局者〕の意見が幅を利かせ、日系人は立腹させられていた。

統制される側に反抗心のような感情が芽生えていたという指摘には、それ自体は容易に推論できるとはいえ、新奇性がなくもない。しかし、具体的な証言や事例をあげているわけではなく、もちろん言論・報道活動にかかわる政府の諸政策を緻密に検証しているわけでもない。[16]

なお、テイラーの研究はカリフォルニア州サンフランシスコ周辺の日系人の戦時体験に焦点をあてたもので、彼らの多くが収容されたタンフォラン集合所についても一章をさいて比較的広範に言及している。概要の域を越えるものではないが、集合所の管理・運営にあたったWCCAの組織や大まかな方針、所内での諸規則、日系人と白人当局者との関係、収容者の日常生活、食料事情、医療行為、信仰・宗教活動、娯楽・余暇活動、学校教育、制限つきの「自治」制度、治安などについて一貫して批判的な筆致で解説している。本書もそれらの側面のいくつかを照射するが、テイラーの研究と本質的に異なるのは、とくに言論・報道統制に的をしぼって政府当局の政策とその影響を詳細に分析する点である。[17]

集合所における新聞検閲についてある程度まとまった知見をはじめて提示したのは、一九九五年に出版された島田法子の著作『日系アメリカ人の太平洋戦争』である。島田はそれ以前の主要な先行研究をふまえ、かつ信頼度の高い一次史料を追加することで、テイラーが扱ったのと同じ『タンフォラン・トータライザー』が「厳しい検閲」を受けていた事実、およびその背景・目的・方法などを明らかにしている。島田の著書は、これまで日米両国で刊行された文献のなかで、本書の主題にもっとも肉薄した業績である。[18]

とはいえ、きわめて独創性の高い島田の研究でさえも、タンフォラン以外の集合所、また新聞検閲以外の言論・報道統制までを射程に含めているわけではない。そもそも、島田の主たる関心はタンフォランにおける「革新派二世」の政治的活動であり、新聞検閲、ましてや言論・報道統制の全体像の把握を目的としているわけではない。『トータライザー』を取りあげたのは、革新派二世のなかに新聞の発行・編集にたずさわる者がいたからである。島田自身も認めているように、集合所に関する研究それ自体が「ほとんど無い」のが当時の（またその後も基本的に現在まで長くつづいている）実状であり、取り組むべき課題があまりにも多く、かつ大きいなかでの先駆的な研究であったといえる。(19)

最後に、二〇〇九年にルイス・フィセット（Louis Fiset）が刊行した著書は、立ち退き・収容から六十年以上の歳月を経て、ようやく集合所の実態の一部を克明に描いた成果として意義深い。フィセットの主題は、ワシントン州シアトルの日系人指導者が政府当局と連携していかに集合所の管理・運営に関与していたか、である。著者はこの問題を、とくに医療や公衆衛生の問題に着目して解明しようとしている。フィセット自身が書いているように、部分的ではあれ集合所内部の事象を一冊の著書で集中的に検討した「はじめて」の試みといえ、集合所に関する既存の研究を大幅に前進させている。(20)

フィセットが取り組んだ課題は、より大きな観点でとらえれば、本書の主題である言論・報道統制とも無関係ではない。それまで西海岸を中心に発行されていた日本語新聞の多くは、日米開戦後、連邦政府に統制・利用されながら立ち退き・収容政策の効率化・円滑化に協力していたし（第三章）、集合所に入ってからも、一部の日系人は新聞を発行することで政府当局の集合所運営に手を貸していたといえるからである。(21)

実際、ごく一部ではあるが、フィセットの著作には新聞検閲に触れている部分があり、そこで取りあげられている事例の一つは本書が第六章で詳しく検討することにもなる。記述量は限定的であるが、フィセットの著作は、新聞検閲をはじめとする言論・報道統制が集合所の実像に迫る上で無視できない枢要な問題であることを例証している。(22)

とはいえ、分析対象とする政策をもっぱら医療や公衆衛生に限定している点、さらに合計十六ヵ所あった集合所のなかでワシントン州のピュアラップ（Puyallup）しか取りあげていない点で、フィセットの業績とて本書の関心を十分に満たしてはいない。フィセットの著作に「まえがき」をよせた日系人史研究の権威、ロジャー・ダニエルズ（Roger Daniels）の言葉を借りれば、フィセットの著作は「［ピュアラップの］歴史の詳細をはじめて提示するばかりでなく、研究者たちが他の［集合所］について検討するための出発点を与えるもの」である。つまり、集合所に関する本格的な研究は、フィセットの成果をもってしても、ようやく端緒についたにすぎないのである。(23)

本節で紹介した先行研究に照らし、あらためて本書の意義・独自性を定位すると、集合所における市民的自由、とくに言論・報道の統制というほぼ未知の問題にはじめて実証的な光をあて、かつ複数の集合所を横断的に比較検討することで、先学がいまだ踏破していない領域を体系的に開拓する試みであるといえる。

第三節　戦時下における「言論・報道の自由」と統制

本節では、前二節よりもさらに大きな見地に立ち、戦時下における「言論・報道の自由」と統制に関する主要な先行研究を概説する。第二次世界大戦時における日系人の収容施設を題材とする本書も、より大きな枠組みでは、戦時下の市民的自由と統制という全人類にとって普遍的な課題に挑む事例研究の一つとして位置づけられる。

まず、もっとも基本的な前提として、建国以来、アメリカ合衆国では「言論・報道の自由」がもっとも価値の高く、かつ根源的な国家的理念・原則の一つでありつづけてきた事実を確認しておく。その源泉は遅くとも、一七九一年に合衆国憲法に追加された修正第一条（First Amendment）にさかのぼる。「連邦議会は……言論、または報道の自由を制約する法律……をつくってはならない」と明確にうたうこの条項は、戦時か平時かを問わず、二十一世紀に入った現在にいたるまで、一字一句たりとも変更されずに効力を発揮しつづけている。アメリカのジャーナリズム、マス・メディアが世界でも屈指の活発さと影響力を誇るのは、成文化された憲法が自由を保障し、かつそのことが歴史的・文化的に深く根づいているからである。第一章の冒頭で指摘したように、第二次大戦時に頻繁にとなえられた標語「四つの自由」(Four Freedoms) でも、筆頭にあげられているのは「言論・表現の自由」(freedom of speech and expression) である。(24)

とはいえ、アメリカの歴史をふり返れば容易に知りえるように、言論・報道の自由はつねに安定して享受されてきたわけではなく、とくに戦時下では、くり返し何らかの統制を受けてきた。たとえ憲法に明記されていても、およそあらゆる市民的自由は自動的、かつ無制限に保護されるわけではなく、むしろ何らかの制約や圧力に絶え間なくさらされる。そして、自由を制限するその力は、平時よりも、戦争など国家や社会が危機に直面している場面で強まる傾向がある。

有事に際して言論・報道の自由が後退しやすいことは、これまで数多くの先学も指摘している。その代表格といえる一人、フレドリック・シートン・シーバート (Fredrick Seaton Siebert) は一九五二年の著作で、非常時における市民的自由について次のような歴史的法則を提示している。「政府の安定性と社会構造に対する重圧が増すにつれて、自由の領域は縮小し、かつ規制の発動は増大する」。つまり、国家や社会が安定性を欠くと、それだけ言論・報道の自由も危うくなる、というのである。シーバートの研究それ自体はイギリスの歴史を三百年間にわたり跡づけたものであるが、彼が示した知見はアメリカ史の研究でも一般性の高い理論として広く受け入れられている。(25)

そのためか、アメリカにおける言論・報道の自由に関する研究史を概観すると、安定時の「自由」よりも、むしろ戦争など不安定時の「不自由」に着目した研究のほうがはるかに優勢である。本書が扱う第二次大戦に限っても、幅広く、かつ層の厚い研究群が存在する。とくに真珠湾攻撃による日米開戦後、連邦政府が国内外でいかに言論・報道機関を統制しようとしたかを検討した著書や論文は枚挙にいとまがない(26)。

当然のことながら、危機に直面した政府が自由を統制する方法についても豊富な知見がうみだされている。政府が採用する代表的な統制法としては、既存の法規の執行、新たな法規の制定・執行、裁判所による命令・判決、課税や郵便制度上の規制など経済的な制裁、情報の提供・秘匿、言論・報道機関や個人への直接的・間接的な接触などが指摘されている(27)。

統制の方法に関して本書にとってとくに重要な点は、アメリカのように「民主主義」を標榜する国家の政府の場合、露骨に強権を発動し有無をいわせず弾圧するよりも、言論・報道機関から自発的な協力や規制を引きだすなど、表面的にはより穏やかな手段をとる場合が多い、ということである。イスラエルにおける軍の検閲を五十年間にわたり跡づけた研究は、「検閲」には大まかに三つの種類があると指摘している。つまり、政府官憲が法令など強制的な手段に訴える「外的」な検閲、政府と言論・報道機関が相互に協力しあう「合意的」な検閲、ジャーナリズム、マス・メディアが自発的におこなう「内的」な検閲である。この分類に従えば、アメリカで主流をなすのは「合意的」、あるいは「内的」な統制である(28)。

実際、第二次大戦中のアメリカ政府は、「自発的な検閲」を報道機関等に要請することを基本方針とし、全体的にほぼ思惑どおりの成果をあげている。象徴的な例が、フランクリン・D・ルーズヴェルト（Franklin D. Roosevelt）大統領が開戦直後に設立した検閲局（Office of Censorship）である。検閲局は、その名称とは裏腹に強圧的な「検閲」は実施せず、あくまでマス・メディア側に「自発的な検閲」をうながすだけであった。一九四二年一月十五日に検閲局が公布したいわゆる「プレス・コード」も、各種報道機関に遵守を求めるもので、強制力をもっていたわけではない。「民主主義の防衛」、そして既述の「四つの自由」を大義として参戦した以上、連邦政府は憲法に明らかに抵触するような言論・報道統制はできなかったし、するつもりもなかった。そして、マイケル・S・スウィーニー（Michael S. Sweeney）らが綿密に論証しているように、アメリカ国内のマス・メディアの大多数は、むしろ検閲局の活動に積極的に協力していた。[29]

これらの先行研究を念頭に置けば、日米開戦からアメリカ本土の日系人が強制立ち退きを受け集合所に収容されるまでの期間、政府と日本語新聞との間に「不均衡な相互依存的な関係」が成立していたことも何ら不自然ではない。この問題は二〇一一年に上梓した前著『「敵国語」ジャーナリズム』で詳説しているし、本書でも第三章であらためて指摘するが、簡潔にいえば、政府は開戦直後の一時期こそ発行停止に直結するような強硬手段に訴えたものの、その後はある程度の統制を加えながら日本語新聞が「自発的」に協力・規制するよう仕むけ、彼らを戦時政策の遂行に利用する方針をとっている。日本をはじめファシズム諸国を敵に回し「民主主義の防衛」を旗印として戦う上で、そのような「合意的」「内的」な統制は、理想としての「言論・報道の自由」を維持しながら日本語新聞を思いどおりに操れる、実に都合のよい方法であった。とはいえ、真珠湾攻撃直後にいくつかの日本語新聞を発行停止に追い込んでいる点、また立ち退き政策の実施により一九四二年五月中旬までに西海岸の日本語新聞を全滅にいたらしめている点など、日系人に対する政府の統制にはかなり特異な側面もある。[30]

いずれにせよ、戦時下における言論・報道など市民的自由とその統制が、アメリカをはじめ近代社会の「民主主義」の本質を活写するという意味できわめて意義深く、かつ今後も連綿と考究されつづけるであろう、全人類にとって永遠の研究課題であることは間違いない。既述のとおり、言論・報道の自由はアメリカの民主主義の中核をなす国家理念であり、憲法によって明示的に保障されながら、戦争など有事の際にはことごとく制約を受けてきた。憲法学者のジョフリー・R・ストーン（Geoffrey R. Stone）が指摘しているように、戦時下において人民の自由と国家・社会の安全をいかに両立するかは、「建国時から我々とともにある……アメリカのジレンマ」であり、程度の差こそあれ、同じ問題は戦後の日本を含む近代的な民主社会全般にあてはまる。[31]

そして、集合所内での日系人の言論・報道統制を分析する本書も、戦時下の市民的自由という全人類にとって普遍的な問題に挑むための一事例研究として位置づけられる。アメリカ政府は「民主主義の防衛」を大義名分に掲げて参戦し、終始「自由」を国是としてファシズム体制の枢軸国に立ちむかっている。ときとして、大戦が「よい戦争」と表現されるゆえんである。しかし、日米開戦を契機にアメリカ政府は、確たる根拠もなく日系人全体を「潜在的に危険な敵性外国人」とみなし、居住地から強制的に立ち退かせ、集合所に押し込めてしまった。このような戦争大義と矛盾する政策を実行する上で、政府は日系人の言論・報道活動をいかに統制したのであろうか。この問いを解明する本書も、より大きな視座に立てば、戦時下における市民的自由と統制、ひいては近代的な「民主主義」の本質を考究する試みの一つなのである。[32]

註

（1）Roger Daniels, "Foreword," in Louis Fiset, *Camp Harmony: Seattle's Japanese Americans and the Puyallup Assembly Center*（Urbana and Chicago, IL: University of Illinois Press, 2009）, xiii.

（2）Commission on Wartime Relocation and Internment of Civilians（CWRIC）, *Personal Justice Denied: Report of the Commission on Wartime Relocation and Internment of Civilians*（Washington, D.C.: The Government Printing Office, 1982）, 18; CWRIC, *Personal Justice Denied: Report of the Commission on Wartime Relocation and Internment of Civilians* Part 2: Recommendations（Washington, D.C.: The Government Printing Office, 1983）, 4-5.

（3）CWRIC, *Personal Justice Denied*,（1982）, passim.

（4）CWRIC, *Personal Justice Denied*,（1982）, 145-146.

（5）集合所について一定量の紙幅をさいている英文の史料や文献として、次に列挙するものがある。そのなかのいくつかは本書にとってとくに有用な記述を含んでおり、随所で最大限に活用している。それらの知見は、本章ではなく、今後、各章において引用・参照することで紹介しておく。Miné Okubo, *Citizen 13660* (New York: Columbia University Press, 1946); Monica Sone, *Nisei Daughter* (Boston, MA: Little, Brown, 1953); Audrie Girdner and Anne Loftis, *The Great Betrayal: The Evacuation of the Japanese-Americans during World War II* (Toronto, Canada: Macmillan, 1969); Anthony L. Lehman, *Birthright of Barbed Wire: The Santa Anita Assembly Center for the Japanese* (Los Angeles, CA: Westernlore Press, 1970); Charles Kikuchi, *The Kikuchi Diary: Chronicle from an American Concentration Camp: The Tanforan Journals of Charles Kikuchi* John Modell, ed. (Urbana and Chicago, IL: University of Illinois Press, 1973); Michi Weglyn, *Years of Infamy: The Untold Story of America's Concentration Camps* (New York: Morrow, 1976); Lester E. Suzuki, *Ministry in the Assembly and Relocation Centers of World War II* (Berkeley, CA: Yardbird Publishing, 1979); Raymond Okamura and Isami Arifuku Waugh, "The Temporary Detention Camps in California: Registered State Historical Landmarks," 1980, a paper submitted to the CWRIC, Reel 25, Papers of the CWRIC; Saku Tomita, Zuigaku Kodachi, and Jan Heikkala, trans., Janet Cormack, ed., "Portland Assembly Center: Diary of Saku Tomita," *Oregon Historical Quarterly* 81 (Summer 1980): 149-171; Yoshiko Uchida, *Desert Exile: The Uprooting of a Japanese American Family* (Seattle, WA: University of Washington Press, 1982); Sandra C. Taylor, *Jewel of the Desert: Japanese American Internment at Topaz* (Berkeley and Los Angeles, CA: University of California Press, 1993); Harlan D. Unrau, *The Evacuation and Relocation of Persons of Japanese Ancestry during World War II: A Historical Study of the Manzanar War Relocation Center* Vol. 1 (Washington, D.C.: United States Department of the Interior, 1996); Jeffery F. Burton, Mary M. Farrell, Florence B. Lord, and Richard W. Lord, with a new foreword by Tetsuden Kashima, *Confinement and Ethnicity: An Overview of World War II Japanese American Relocation Sites* (Seattle, WA: University of Washington Press, 2002); Wendy Ng, *Japanese American Internment during World War II: A History and Reference Guide* (Westport, CT: Greenwood Press, 2002); Brian Masaru Hayashi, *Democratizing the Enemy: The Japanese American Internment* (Princeton, NJ: Princeton University Press, 2004).

(6) 本章の他の註で列挙している文献以外で、立ち退き・収容の法的な問題点を批判的に検討している主要な研究として、次のようなものがある。Nanette Dembitz, "Racial Discrimination and the Military Judgment: The Supreme Court's Korematsu and Endo Decisions," *Columbia Law Review* 45 (March 1944): 175-239; Eugene V. Rostow, "The Japanese American Cases - A Disaster," *Yale Law Journal* 54 (June 1945): 489-533; Jacobus tenBroek, "Wartime Power of the Military over Citizen Civilians within the Country," *California Law Review* 41 (Summer 1953): 167-208; Jacobus tenBroek, Edward Norton Barnhart, and Floyd W. Matson, *Prejudice, War,*

and the Constitution (Berkeley, CA: University of California Press, 1954); Sidney Fine, "Mr. Justice Murphy and the Hirabayashi Case," *Pacific Historical Review* 33 (May 1964): 195–209; Frank F. Chuman, *The Bamboo People: The Law and Japanese-Americans* (Del Mar, CA: Publisher's Inc., 1976); Peter Irons, *Justice at War: The Story of the Japanese-American Internment Cases* (New York: Oxford University Press, 1983); Marc Hideo Iyeki, "The Japanese American Coram Nobis Cases: Exposing the Myth of Disloyalty," *New York University Review of Law & Social Change* 13 (Winter 1984–85): 199–221; Peter Irons, "Fancy Dancing in the Marble Palace," *Constitutional Commentary* 3 (1986): 35–45; Eric K. Yamamoto, "Korematsu Revisited – Correcting the Injustice of Extraordinary Government Excess and Lax Judicial Review: Time for a Better Accommodation of National Security Concerns and Civil Liberties," *Santa Clara Law Review* 26 (Winter 1986): 1–62; Peter Irons, ed., *Justice Delayed: The Record of the Japanese American Internment Cases* (Middleton, CT: Wesleyan University Press, 1989); Eric K. Yamamoto, Margaret Chon, Carol L. Izumi, Jerry Kang, and Frank H. Wu, eds., *Race, Rights and Reparation: Law and the Japanese American Internment* (New York: Aspen Publishers, 2001); Patrick O. Gudridge, "Remember *Endo*?" *Harvard Law Review* 116 (Spring 2005): 1933–1970; Special Issue, "Judgments Judged and Wrongs Remembered: Examining the Japanese American Civil Liberties Cases on their Sixtieth Anniversary," *Law and Contemporary Problems* 68 (Spring 2005); Roger Daniels, *The Japanese American Cases: The Rule of Law in Time of War* (Lawrence, KS: University Press of Kansas, 2013). 法制史（リーガル・ヒストリー）の観点から立ち退き・収容を本格的に論じた数少ない日本語文献として、山倉明弘『市民的自由——アメリカ日系人戦時強制収容のリーガル・ヒストリー』（彩流社、二〇一一年）がある。

　同じく、収容を体験した日系人の証言や手記を含む主要な文献として、次のようなものがある。Arthur A. Hansen and Betty E. Mitson, eds., *Voices Long Silent: An Oral Inquiry into the Japanese American Evacuation* (Fullerton, CA: Japanese American Project, California State University, Fullerton, 1974); Roger Daniels, Sandra C. Taylor, and Harry H. L. Kitano, eds., *Japanese Americans: From Relocation to Redress* (Salt Lake City, UT: University of Utah Press, 1986); Arthur A. Hansen, ed., *Japanese American World War II Evacuation Oral History Project* Part I: Internees (Westport, CT: Meckler, 1991); Ann Koto Hayashi, *Face of the Enemy, Heart of a Patriot: Japanese-American Internment Narratives* (New York: Garland Publishing, 1995); Yasuko Takezawa, *Breaking the Silence: Redress and Japanese American Ethnicity* (Ithaca, NY: Cornell University Press, 1995); David T. Yamada and Oral History Committee, MP/JACL, *The Japanese of the Monterey Peninsula: Their History & Legacy 1895–1995* (Monterey, CA: Monterey Peninsula Japanese American Citizens League,

1995); Bill Hosokawa, *Out of the Frying Pan: Reflections of a Japanese American* (Niwot, CO: University Press of Colorado, 1998); Lawson Fusao Inada, ed., *Only What We Could Carry: The Japanese American Internment Experience* (Berkeley, CA: Heyday Books, 2000); Japanese American National Museum, ed., *REgenerations Oral History Project: Rebuilding Japanese American Families, Communities, and Civil Rights in the Resettlement Era* Vols. 1-4 (Los Angeles, CA: Japanese American National Museum, 2000); Brian Komei Dempster, ed., *From our Side of the Fence: Growing up in America's Concentration Camps* (San Francisco, CA: Kearny Street Workshop, 2001); Erica Harth, ed., *Last Witnesses: Reflections on the Wartime Internment of Japanese Americans* (New York: Palgrave, 2001); Stephen S. Fugita and Marilyn Fernandez, *Altered Lives, Enduring Community: Japanese Americans Remember their World War II Incarceration* (Seattle, WA: University of Washington Press, 2004); Naomi Hirahara and Gwenn M. Jensen, *Silent Scars of Healing Hands: Oral Histories of Japanese American Doctors in World War II Detention Camps* (Fullerton, CA: Center for Oral and Public History, California State University, 2004); Mary Matsuda Gruenewald, *Looking Like the Enemy: My Story of Imprisonment in Japanese-American Internment Camps* (Troutdale, OR: NewSage Press, 2005).

最後に、本書のような目的と方法による取り組みはいまだに実現していないものの、「転住所」における「言論・報道の自由」に関する研究は皆無というわけではない。転住所での新聞発行やその他の言論・報道活動について論じている主要な英語文献として、次のようなものがある。John Stevens, "From behind Barbed Wire: Freedom of the Press in World War II Japanese Centers," *Journalism Quarterly* 48 (Summer 1971): 279-287; Jay Friedlander, "Journalism behind Barbed Wire, 1942-44: An Arkansas Relocation Center Newspaper," *Journalism Quarterly* 62 (Summer 1985): 243-246, 271; E. J. Friedlander, "Freedom of Press behind Barbed Wire: Paul Yokota and the Jerome Relocation Center Newspaper," *Arkansas Historical Quarterly* 44 (Winter 1985): 303-313; Lauren Kessler, "Fettered Freedoms: The Journalism of World War II Japanese Internment Camps," *Journalism History* 15 (Summer/Autumn 1988): 70-79; Barry Saiki, "WRA Camp Newspapers (letter to the editor)," *Pacific Citizen* October 13, 1989; James Omura, "Japanese American Journalism during World War II," in Gail M. Nomura, Russell Endo, Stephen H. Sumida, and Russell C. Leong, eds., *Frontiers of Asian American Studies: Writing, Research, and Commentary* (Pullman, WA: Washington State University Press, 1989), 71-77; Bill Hosokawa, "The Sentinel Story," in Mike Mackey, ed., *Remembering Heart Mountain: Essays on Japanese American Internment in Wyoming* (Powell, WY: Western History Publications, 1998), 63-73; Takeya Mizuno, "The Creation of the 'Free' Press in Japanese American Camps: The War Relocation Authority's Planning and Making of the Camp Newspaper Policy," *Journalism & Mass Communication Quarterly* 78

(Autumn 2001): 503–518; Catherine A. Luther, "Reflections of Cultural Identities in Conflict: Japanese American Internment Camp Newspapers during World War II," *Journalism History* 29 (Summer 2003): 69–81; Minako Waseda, "Extraordinary Circumstances, Exceptional Practices: Music in Japanese American Concentration Camps," *Journal of Asian American Studies* 8 (June 2005): 171–209; Takeya Mizuno, "Censorship in a Different Name: Press 'Supervision' in Wartime Japanese American Camps 1942–1943," *Journalism & Mass Communication Quarterly* 88 (Spring 2011): 121–141; Takeya Mizuno, "Press Freedom in the *Enemy's* Language: Government Control of Japanese-Language Newspapers in Japanese American Camps during World War II," *Journalism & Mass Communication Quarterly* 93 (Spring 2016): 204–228.

（7）John Tateishi, *And Justice for All: An Oral History of the Japanese American Detention Camps* (New York: Random House, 1984); ""Assembly centers,"" in Brian Niiya, ed., *Encyclopedia of Japanese American History: An A-to-Z Reference from 1868 to the Present* updated ed. (New York: Facts on File, 2001), 125; "Concentration camps," in Niiya, ed., *Encyclopedia of Japanese American History*, 142–144; Lane Ryo Hirabayashi and James A. Hirabayashi, "American-Style Concentration Camps," in Xiaojian Zhao and Edward J. W. Park, eds., *Asian Americans: An Encyclopedia of Social, Cultural, Economic, and Political History* Vol. 1 (Santa Barbara, CA: Greenwood, 2014), 47–50; John Tateishi, "Preface," in Tateishi, *And Justice for All*, vii.

従来の研究において、集合所と同程度、あるいはそれよりもなお言及されることが少ないのが「収容所」(internment camps)である。収容所には、大統領布告にもとづき開戦直後にＦＢＩ（連邦捜査局、Federal Bureau of Investigation）が逮捕した日系人などが収容され、管轄したのは司法省や陸軍である。この収容施設について本格的に論じている文献として、次のようなものがある。Tetsuden Kashima, "American Mistreatment of Internees during World War II: Enemy Alien Japanese," in Daniels, Taylor, and Kitano, eds., *Japanese Americans*, 52–56; John J. Culley, "The Santa Fe Internment Camp and the Justice Department Program for Enemy Aliens," in Daniels, Taylor, and Kitano, eds., *Japanese Americans*, 57–71; Tetsuden Kashima, *Judgment without Trial: Japanese American Imprisonment during World War II* (Seattle, WA: University of Washington Press, 2003); Bruce Elleman, *Japanese-American Civilian Prisoner Exchanges and Detention Camps, 1941–45* (London and New York: Routledge, 2006).

（8）島田法子『日系アメリカ人の太平洋戦争』（リーベル出版、一九九五年）、三七、Unrau, *The Evacuation and Relocation of Persons of Japanese Ancestry during World War II* Vol. 1, 76; Greg Robinson, *A Tragedy of Democracy: Japanese Confinement in North America* (New York:

Columbia University Press, 2009), 132; Anne M. Blankenship, *Christianity, Social Justice, and the Japanese American Incarceration during World War II* (Chapel Hill, NC: University of North Carolina Press, 2016), 50.

（9）馬場南斗「愚感」『ロッキー日本』一九四二年十一月九日、Anne O. Freed, Community Analysis Section, War Relocation Authority（WRA）, "Summary of Available Data on Assembly Centers," July 14, 1943, Reel 3, WRA Community Analysis Reports; John F. Embree, Community Analysis Section, WRA, "Causes of Unrest at Relocation Centers," Community Analysis Report No. 2, February 1943, Sandra C. Taylor Papers（Accn 1808）, Box 4, Folder 1, Marriott, UU.

（10）United States Department of War, *Final Report: Japanese Evacuation from the West Coast, 1942*（Washington, D.C.: U.S. Government Printing Office, 1943）, 213.

（11）tenBroek, Barnhart, and Matson, *Prejudice, War, and the Constitution*, 127.

（12）Girdner and Loftis, *The Great Betrayal*, 184.

（13）CWRIC, *Personal Justice Denied*,（1982）, 146.

（14）CWRIC, *Personal Justice Denied*,（1982）, 145.

（15）田村紀雄『アメリカの日本語新聞』（新潮社、一九九一年）、二一四、バリー・佐伯、田村紀雄、白水繁彦「アメリカ戦時収容所の新聞――『エル・ウォーキン』と『アウトポスト』」『東京経済大学　人文自然科学論集』第六二号（一九八二年十一月）：一七五～二〇八。

（16）Taylor, *Jewel of the Desert*, 79.

（17）Taylor, *Jewel of the Desert*, 62-88.

（18）島田『日系アメリカ人の太平洋戦争』四四～四八、四七。

（19）島田『日系アメリカ人の太平洋戦争』三七。本書の研究対象について詳細に扱っているわけではないが、集合所における二世の政治的活動や限定的な「自治」制度はHayashi, *Democratizing the Enemy*（2004）も論じている。

（20）Fiset, *Camp Harmony*, 5. フィセットは次に示す論文でも集合所における医療・公衆衛生の問題を検討している。Louis Fiset, "Public Health in World War II Assembly Centers for Japanese Americans," *Bulletin of the History of Medicine* 73（Winter 1999）: 565–584.

（21）日米開戦から立ち退きにいたる過程での政府と日本語新聞との関係については、水野剛也『「敵国語」ジャーナリズム――日米開戦とアメリカの日本語新聞』（春風社、二〇一一年）が詳しく論じている。同書の簡潔な概説を含む文献として、水野剛也『「自由の国」の報道統制――大戦下の日系ジャーナリズム』（吉川弘文館、二〇一四年）も有用である。

（22）Fiset, *Camp Harmony*, 128–131.

（23）Roger Daniels, "Foreword," in Fiset, *Camp Harmony*, xiii.

（24）「四つの自由」については第一章の本文と註4で説明してある。アメリカにおける「言論・報道の自由」の概念は憲法修正第一条の成立と同時に形づくられたわけではないが、それ以前の歴史的経緯は本書の射程を大きく越えるため、ここではもっとも著名な専門家の一人であるレオナード・W・レヴィー（Leonard W. Levy）による一連の著作を示すにとどめる。Leonard W. Levy, *Legacy of Suppression: Freedom of Speech and Press in Early American History* (Cambridge, MA: Belknap Press of Harvard University Press, 1960); Leonard W. Levy, ed., *Freedom of the Press from Zenger to Jefferson: Early American Libertarian Theories* (Indianapolis, NC: Bobbs-Merrill, 1966); Leonard W. Levy, *Emergence of a Free Press* (New York: Oxford University Press, 1985); Leonard W. Levy, *Origins of the Bill of Rights* (New Haven, CT: Yale University Press, 1999).

（25）Fredrick Seaton Siebert, *Freedom of the Press in England, 1476–1776: The Rise and Decline of Government Control* (Urbana, IL: The University of Illinois Press, 1952), 10.

（26）第二次大戦時のアメリカにおける言論・報道の自由に関する研究は網羅しえないほど多数あるが、とくに重要なものとして次の文献を列挙しておく。Theodore F. Koop, *Weapons of Silence* (Chicago, IL: University of Chicago Press, 1946); Robert L. Bishop and LaMar S. Mackay, "Mysterious Silence, Lyrical Scream: Government Information in World War II," *Journalism Monographs* 19 (May 1971): 1–39; Fee Finkle, *Forum for Protest: The Black Press during World War II* (Cranbury, NJ: Associated University Presses, 1975); Allan M. Winkler, *The Politics of Propaganda: The Office of War Information 1942–1945* (New Haven, CT: Yale University Press, 1978); Richard W. Steele, "News of the 'Good War': World War II News Management," *Journalism Quarterly* 62 (Winter 1985): 707–716, 783; Richard W. Steele, *Propaganda in an Open Society: The Roosevelt Administration and the Media, 1933–1941* (Westport, CT: Greenwood Press, 1985); Patrick S. Washburn, "FDR Versus his own Attorney General: The Struggle over Sedition, 1941–42," *Journalism Quarterly* 62 (Winter 1985): 717–724; Patrick S. Washburn, "J. Edgar Hoover and the Black Press in World War II," *Journalism History* 13 (Spring 1986): 26–33; Patrick S. Washburn, *A Question of Sedition: The Federal Government's Investigation of the Black Press during World War II* (New York:

Oxford University Press, 1986); Betty Houchin Winfield, *FDR and the News Media* (Urbana and Chicago, IL: University of Illinois Press, 1990); Athan Theoharis, "The FBI, the Roosevelt Administration, and the 'Subversive' Press," *Journalism History* 19 (Spring 1993): 3–10; Richard W. Steele, *Free Speech in the Good War* (New York: St. Martin's Book, 1999); Michael S. Sweeney, "Censorship Missionaries of World War II," *Journalism History* 27 (Spring 2001): 4–13; Michael S. Sweeney, *Secret of Victory: The Office of Censorship and the American Press and Radio in World War II* (Chapel Hill, NC: University of North Carolina Press, 2001); Michael J. Socolow, "'News is a Weapon': Domestic Radio Propaganda and Broadcast Journalism in America, 1939–1944," *American Journalism* 24 (Summer 2007): 109–131; Thomas B. Christie and Andrew M. Clark, "Framing Two Enemies in Mass Media: A Content Analysis of U.S. Government Influence in American Film during World War II," *American Journalism* 25 (Winter 2008): 55–72; Karen Slattery and Mark Doremus, "Suppressing Allied Atrocity Stories: The Unwritten Clause of the World War II Censorship Code," *Journalism & Mass Communication Quarterly* 89 (Winter 2012): 624–642; Michael S. Sweeney and Patrick S. Washburn, "'Aint Justice Wonderful': The *Chicago Tribune*'s Battle of Midway Story and the Government's Attempt at an Espionage Act Indictment in 1942," *Journalism & Communication Monographs* 16 (Spring 2014): 7–97.

また、第二次大戦も含め戦時における言論・報道の自由を通史的に扱った文献として、次のようなものがある。Paul L. Murphy, *The Meaning of Freedom of Speech: First Amendment Freedoms from Wilson to FDR* (Westport, CT: Greenwood Publishing Company, 1972); Margaret A. Blanchard, *Revolutionary Sparks: Freedom of Expression in Modern America* (New York: Oxford University Press, 1992); Lloyd Chiasson, Jr., ed., *The Press in Times of Crisis* (Westport, CT: Greenwood Press, 1995); Jeffery A. Smith, *War & Press Freedom: The Problem of Prerogative Power* (New York: Oxford University Press, 1999); Geoffrey R. Stone, *Perilous Times: Free Speech in Wartime: From the Sedition Act of 1798 to the War on Terrorism* (New York: W. W. Norton, 2004); Christopher M. Finan, *From the Palmer Raids to the Patriot Act: A History of the Fight for Free Speech in America* (Boston, MA: Beacon Press, 2007); Geoffrey R. Stone, *War and Liberty: An American Dilemma: 1790 to the Present* (New York: W. W. Norton, 2007).

(27) Pamela J. Shoemaker and Stephen D. Reese, *Mediating the Message: Theories of Influences on Mass Media Content* 2nd ed. (New York: Longman, 1996), 269–270.

(28) Hillel Nossek and Yehiel Limor, "Fifty Years in a 'Marriage of Convenience': News Media and Military Censorship in Israel,"

Communication Law and Policy 6 (Winter 2001): 1-35.

(29) Sweeney, "Censorship Missionaries of World War II" (2001); Sweeney, *Secret of Victory* (2001); Slattery and Doremus, "Suppressing Allied Atrocity Stories" (2012). 検閲局が正式に設立されたのは、一九四一年十二月十九日に発令された行政命令第八九八五号による。新聞・雑誌に対するコードの正式名称は「アメリカのプレスのための戦時行動指針」(Code of Wartime Practices for the American Press)で、一九四二年一月十五日付で検閲局のバイロン・プライス(Byron Price)局長により公表されている。

(30) 水野『「敵国語」ジャーナリズム』(二〇一一年)。

(31) Stone, *War and Liberty*, xiii.「アメリカのジレンマ」という表現は、黒人問題を論じた同タイトルの研究書が一九四四年に出版されて以来、とくに人種差別問題の根深さを指摘する際によく使用される。(Gunnar Myrdal, *An American Dilemma: The Negro Problem and Modern Democracy* [New York: Harper & Brothers, 1944].)

(32) 第一章の註4で説明したように、「よい戦争」という形容は、とくに一九八〇年代以降、アメリカで第二次大戦を論じる際にしばしば使われる。本書に関係する文献に限っても、次に示すように、「よい戦争」という表現をタイトルに用いているものが複数ある。Steele, "News of the 'Good War'" (1985); Roger Daniels, "Bad News from the Good War: Democracy at Home during World War II," in Kenneth Paul O'Brien and Lynn Hudson Parsons, eds., *The Home-Front War: World War II and American Society* (Westport, CT: Greenwood Press, 1995), 157-172; Steele, *Free Speech in the Good War* (1999); John E. Bodnar, *The "Good War" in American Memory* (Baltimore, MD: Johns Hopkins University Press, 2010).

第二部　日系アメリカ人集合所における言論・報道統制

Part 2: The Government Control of Speech and the Press
in Japanese American Assembly Camps

第三章　集合所前夜——日米開戦から立ち退きまで

合衆国に忠実であるすべての新聞は、いかなる言語で書かれていようとも、連邦政府からの干渉を恐れる必要はない。

アメリカ連邦政府司法省(1)

はじめに

第二部から本論に入るが、その先頭に位置する本章では、主題である「集合所」(assembly centers)にいたる以前のアメリカ連邦政府による日系人に対する言論・報道統制を概説する。より具体的には、真珠湾攻撃から日系人が立ち退き命令を受け、集合所に収容されるまで、つまり日米開戦から強制立ち退きまでの約半年間の、とくに西海岸で発行されていた日本語新聞に対する政府の統制政策を素描する。集合所内部の事象に関する分析は、第四章以降でおこなう。

本章に限り、時間枠は一九四一年十二月から翌年五月いっぱいまでの約半年間とする。始点は日本軍の真珠湾攻撃によりアメリカが参戦したとき、終点は立ち退き命令にともない西海岸のすべての日本語新聞が発行停止したとき、である。日本語新聞の消滅を前後して、十二万人以上もの日系人は臨時施設である集合所に収容されている。

本章を読まずに次章以降にすすむことは十分に可能であるが、留意すべきは、集合所における言論・報道統制がそれ以前からの統制の延長線上にあった、という点である。政府は開戦後、間髪を入れずに日系人を集合所に追いやったわけではない。同様に、彼らの言論・報道活動に対する統制も、集合所で突如としてはじまったわけではない。そこにたどり着くまでの経緯が存在する。しかも、日系人の強制立ち退き・収容を提言し、実際に立案・実行し、さらに日系人を押し込めた集合所を管理・運営したのは一貫して陸軍である。日米開戦から立ち退き、仮設の集合所、さらにその後、常設の「転住所」(relocation centers)へとつづく一連の流れは、それぞれが密接に関連しあった、地つづきの事象なのである。連続性を無視することはできない。

本章では以後、第一節で日米開戦にいたるまでのアメリカ本土の日本語新聞の歴史を概説した上で、第二節で開戦直後の連邦政府の一連の統制政策、第三節で政府と日本語新聞の相互関係を論じ、最後の第四節で立ち退き命令により西海岸の全紙が発行停止を余儀なくされるまでの経緯をまとめる。

なお、本章の内容の多くは二〇一一年に上梓した前著『「敵国語」ジャーナリズム』をもとにしているが、その後に入手した史・資料も随所に盛り込んである。両者を区別するため、註で出典を示すのは基本的に本書で新たに使う史・資料のみとし、前著と重複する部分については、直接的に引用する場合以外は省略することを断っておく(2)。

第一節　日米開戦とアメリカの日本語新聞

本節では、一九四一年十二月の日米開戦時にアメリカ本土の日本語新聞が直面していた状況を、日系人による新聞発行の歴史をまじえて手短に紹介する。開戦当時、日本語新聞は日系人社会に深く浸透しており、とくに日米が相互に宣戦布告をするような緊急時には、欠くことのできない社会的機関であった。たとえ主流社会から「敵国語」新聞と白眼視されても、十二万人以上の同胞をまとめる要として、あらゆる困難を押して発行をつづけなければならない「宿命」を背負っていた。

アメリカにおける日本語新聞の発展と影響力

アメリカ本土で日本語新聞が発行されはじめたのは一八八〇年代から九〇年代にかけて、地域的にはカリフォルニア州サンフランシスコ周辺から広まり、内容の面では事実中心のニュース報道よりも、むしろ政治的な意見表明を重視する傾向が強かった。当時、日本では自由民権運動がさかんで、明治政府に反発し、より自由な言動の場を求めた若手運動家などがアメリカへわたり、自己主張の手段として日本語で新聞をはじめたのである(3)。

しかし、日系人の人口が増加し、「リトル・トウキョウ」などとよばれる中心的な集落が形成され、さらにアメリカでの永住を決意する者が増えはじめると、不特定多数の読者を対象とする、より一般的な内容の新聞が各地で発刊されるようになってきた。それら一般紙の多くは、西海岸の大都市、およびその周辺で発行された。カリフォルニア州のサンフランシスコやロサンゼルス、ワシントン州のシアトルなどでは、複数の日本語新聞が併存するようになっている。その他の地域、たとえばユタ州やコロラド州などでも、現地の日系人むけに新聞が発行されている。

本書の射程外ではあるが付言しておくと、ハワイ諸島でも同時期に多くの日本語新聞がうまれている。同地で最初の日本語刊行物とされる『日本週報』が一八九二年六月に発行されて以来、日本人移民、および彼らの子孫が増えるにつれ、日本語の言論・報道機関も着実に成長していった。ハワイのジャーナリズム史研究者、ヘレン・ジェラシマス・チェイピン（Helen Geracimos Chapin）が特徴づけているように、二十世紀初頭までには、「ハワイ諸島の日本語新聞は、合衆国の外国語［非英語］プレスのなかでもっとも発展していた」。同地で最有力の日刊紙の一つ『日布時事《にっぷじじ》』を経営した相賀安太郎《そうがやすたろう》は、「海外各地に於て日本人の群居するところ、必ずそこに新聞がある」とのべている。(4)

とくに英語が不得意な第一世代の日本人移民（一世）にとっては、日本語新聞はアメリカで生きていく上での必需品であった。一世の大多数は青年期以降にアメリカに移住し、十分な英語教育を受ける機会にもめぐまれなかったため、母語である日本語でしか読み書きができなかった。異国の地で生活の基盤となる情報を得るためには、日本語新聞に頼らざるをえなかった。

実際、日系人の新聞閲読率は他の移民集団に比べいちじるしく高く、数紙を同時に購読する者もめずらしくなかった。十七歳で渡米した一世の石垣榮太郎は、「英語の解らない大部分の移民は、……沿岸で発行されている日本語の新聞を読んでおりました」と回顧している。ある日系人読者が詠んだ川柳、「邦字紙のお陰時勢に付いて行き」も、日系人にとって日本語新聞がいかに不可欠な情報源であったかを雄弁に物語っている。(5)

当然、日本語新聞は日系人間で絶大な影響力を誇っている。その存在の大きさを示す証言や史料は多い。象徴的な例として、一九四一年十二月七日午前、真珠湾爆撃の第一報をラジオなどで知った直後、にわかに事態を飲み込めず狼狽《ろうばい》した日系人の多くが、地域の日本語新聞にすがったことは広く知られている。ロサンゼルスで最大規模の日刊紙『羅府《らふ》新報』の従業員であった二世のヤス・ナカニシ（Yas Nakanishi）は、その日の午後早くに社にかけつけると、読者から「たくさんの電話がかかってきて」おり、「［攻撃は］ほんとう?」「どうしたらいいの?」など質問ぜめにあったとふり返っている。(6)

急遽、号外を発行して急変を知らせた新聞社もある。前述の『羅府新報』は十二月七日の午後二時と六時、二度にわたり号外を印刷し、日系人が密集するリトル・トウキョウの街中にも貼りだして速報に努めている（写

写真3　ロサンゼルスのリトル・トウキョウで号外（右）を壁に貼りだす『羅府新報』の社員。その左は『米國産業日報』の「筆書き」の号外。(World War II Photographs Collection, MSS 36B, Box 12, Folder Japanese Aliens and Japanese American Citizens, Archives & Special Collections, University of Minnesota.)

真3・4）。一九七五年に出版されたある著書は、「小東京〔リトル・トウキョウ〕のアジア商会の壁へ羅府新報の号外がはり出されて」いたという一世の言葉を紹介しているが、戦争から数十年経ってもなお記憶されるほど、新聞が強い存在感を発揮していたことがわかる。『羅府新報』以外にも、同じくロサンゼルスの『米國産業日報』や『同胞』が号外を配布し、困惑する日系人に情報を伝えている[7]。

以後、集団での立ち退き・収容を政府に命じられるまで、日系人読者の多くは次号の新聞が届けられるのを待ちわびる状態であった。ワシントン州シアトルでは主要な日本語新聞が途切れることなく発行を継続しているが、場所や場合によっては配達が遅れたり、休止することがあった。一世の画家でシアトル在住の時田亀吉は、真珠湾攻撃の当日からつけはじめた日記で次のように書いている。

日本〔語新聞〕も今日きりで一時中止になる

写真4　リトル・トウキョウで歩行者に号外を配る『羅府新報』の社員。（World War II Photographs Collection, MSS 36B, Box 12, Folder Japanese Aliens and Japanese American Citizens, Archives & Special Collections, University of Minnesota.）

そうだ［筆者補足――実際には発行継続している］。さびしい。（十二月九日）

開戦以来三日目、［戸別配達されないので］新聞社まで行って昨日の新聞を頂いてくる。……日本［語］新聞が来ない［の］では、さびしくって仕方が無い。（十二月十日）

どこの日本［語］新聞も発刊を停止され出した。……当地の新聞もその内には止められることだろう。（十二月二十日）

なお、シアトルの二大紙である『北米時事』と『大北日報』は、それぞれ一九四二年三月・四月に発行を停止しているが、時田はその際にも日本語でニュースが読めなくなることを嘆いている(8)。

地元紙が姿を消してしまった地域では、発行を継続している他所からわざわざ新聞を取りよせる者も少なくなかった。オレゴン州ポートランドの日系人社会で指導的地位にあった塩木《しおぎ》貞治《さだじ》はその一人で、居住地で日本語のニュースが読めなくなったため、ワシントン州シアトルの『北米時事』を郵送で購読している。しかし、同紙が一九四二年三月十二日号をもって発行を停止すると、頼れる言論・報道機関はもうなくなってしまった。三月十六日に最終号が送られてきた際には、「北米時事十二日発最後のもの来る」、さらにその数日後には「新聞も手紙も来らず淋し」と日記につづっている。(9)

日米開戦という歴史的な緊急事態に際して、日本語新聞が日系人社会の司令塔、頼みの綱としての役割をはたしていたことがよくわかる。当時、行動の指針や政府の方針、また日系人社会の動向などを日本語で伝えてくれる媒体がいかに重要であったかについて、二世のロイ・Y・ナカタニ（Roy Y. Nakatani）は戦後のインタヴューでこう語っている。「［日系人に関する事象について、一般の英字紙は］ほとんど書いてくれないわけです。真珠湾やどこそこの場所が爆破された、というニュースばかりが大きく報じられていました。……日本語新聞は非常に忙しくなりました」。ナカタニは当時、全国規模で活動していた唯一の日系人（二世）団体であるJACL（日系市民協会、Japanese American Citizens League）の会計担当役員兼サンフランシスコ副支部長を務めていた。(10)

なお、日本語新聞があいついで発行停止を余儀なくされるなか、JACLも有志をつのって政府が発表する情報などを日本語に翻訳し、『市協ニュース』（*Citizen News Service*）という名の出版物にまとめていた。前段落のナカタニもそう語っているし、JACLの会長であったサブロー・キド（Saburo Kido）も戦後のインタヴューで次のように証言している。

［開戦直後しばらくの間、サンフランシスコの］日本語新聞は閉鎖されてしまった。……そのため、JACLが［日本語で］謄写版を刷って各支部に送り、さらにそれを各支部が独自の謄写版にまとめ直していた。サンフランシスコでは、ボーイ・スカウトたちが各戸を回って配布していた。

日系人社会にとって、日本語の媒体はなくてはならぬものであった(11)。

日米開戦時の日本語新聞

日系アメリカ人社会の中枢をになっていた日本語新聞であるが、彼ら自身もまた、日米開戦により尋常でない打撃を受けている。

日米が交戦状態に入ったとき、アメリカ本土には西海岸を中心に約二十〜三十紙の日本語新聞が存在し、定期購読者数はのべ五〜六万人いたと考えられている。次に列挙するのは、開戦時に発行されていた主要紙である。

ワシントン州シアトル、およびその周辺
『大北日報』
『北米時事』
『タコマ週報』（タコマ）

オレゴン州ポートランド
『央州日報』
『コースト時報』

カリフォルニア州ロサンゼルス、およびその周辺
『加州毎日新聞』

『同胞』
『南加時報』
『米國産業日報』
『羅府《らふ》新報』
『南沿岸時報』（ロサンゼルス南方のターミナル島）

カリフォルニア州サンフランシスコ、およびその周辺
『新世界朝日新聞』
『太平洋時代』
『日米』
『北米評論』（オークランド）
『櫻府《おうふ》日報』（サクラメント）
『中加時報』（フレズノ）

コロラド州デンヴァー
『格州《かくしゅう》時事』
『ロッキー日本』（一九四三年四月十二日号から『ロッキー新報』に改題）

ユタ州ソルト・レイク・シティー
『ユタ日報』

ニューヨーク州ニューヨーク

『日米時報』

『紐育《ニューヨーク》新報』

これらの日本語新聞にとって、日本軍の「奇襲」による日米開戦は文字どおり青天の霹靂《へきれき》、かつみずからの命運を左右する一大事であった。日本がアメリカの「敵国」となったことで、日系人も一夜にして「敵性外国人」の汚名を着せられ、日本語新聞もまた「敵国語」新聞となってしまったからである。アメリカ全土に読者をかかえる最大規模の日刊紙、サンフランシスコの『日米』は、真珠湾攻撃の翌日付の十二月八日号の第一面で、「噫《ああ》！　破局は遂に来れり」という大見出しをかかげている（図5）。不意に最悪の事態に直面し、動揺し、途方に暮れる心情を読みとることができる。

しかし、いわば日系人社会の命綱であった日本語新聞は、いかに突然の開戦に虚を突かれようとも、あらゆる困難を押して発行を継続する「宿命」を背負っていた。前段落で引いた『日米』は、何としても責務を全うするその決意を次のように宣言している。

日米新聞社は、米国政府の指令に従い、万難を排して新聞を発行し、戦時下に於て時々刻々と公布さるる重要諸法令を迅速に一つ漏らさず報道なし、日本人間より一人の法律違反者をも出さない様に努力しているのです。

同じく、カリフォルニア州フレズノの週刊紙『中加時報』も、「時局に鑑み最善の努力を致すの秋《とき》を痛感す」と表明している。日系人社会を束ねる存在だけに、危機に直面したときこそ、日本語新聞はその存在意義を最大限

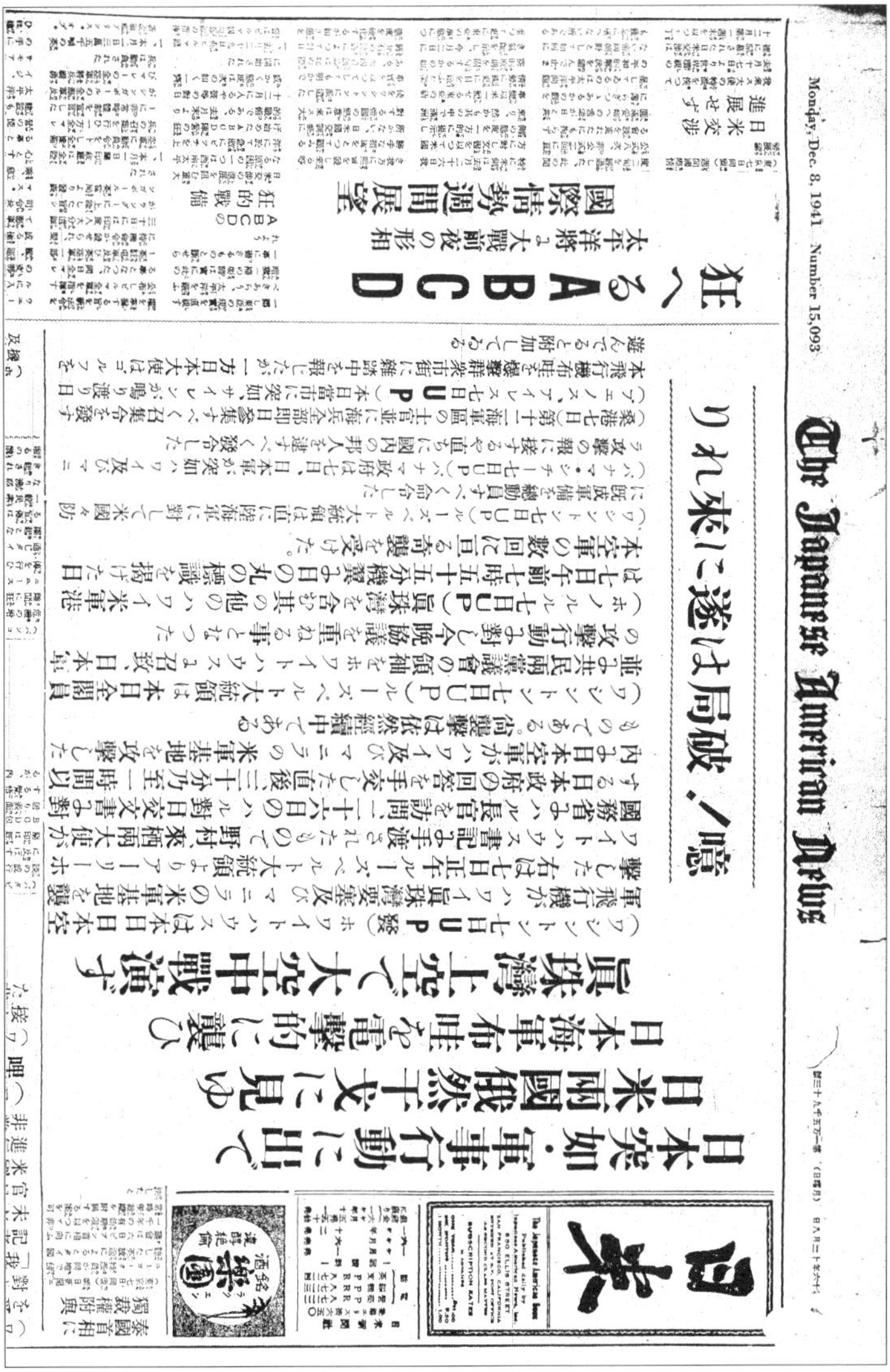
The Japanese American News
Monday, Dec. 8, 1941 Number 15,093
日米

図5　日米開戦を伝える『日米』(1941年12月8日号)。

に発揮しなければならなかったのである[12]。

第二節　開戦直後の政府による統制

本節では、日米開戦直後に、アメリカ連邦政府がいかに日本語新聞を統制したかを概観する。開戦前からすめていた内偵にもとづき、政府は開戦後すばやく統制に着手し、はるかに優位な立場を築いている。圧倒的な強者たる政府が、弱者である日系人の言論・報道活動に枠をはめる。この不均衡な関係は、開戦とほぼ同時にできあがっていた。ただし、政府は「敵国語」新聞を一網打尽にするのではなく、基本的に発行を継続させ、戦時政策に利用する方針をとっている。

編集幹部の一斉連行と発行停止命令

まず、政府による統制は、編集幹部の一斉逮捕・連行という形で真珠湾攻撃の当日から開始されている。実行したのは、主としてＦＢＩ（連邦捜査局、Federal Bureau of Investigation）である。

ロサンゼルスの『米國産業日報』を例にとると、ＦＢＩは開戦当日の一九四一年十二月七日中に編集長の加藤新一、さらにその約一ヵ月後には社長の村井蛟《むらいこう》を拘束している。二人ともアメリカ市民権をもたない一世である。ただし、市民権をもつ二世が経営者の地位を引き継いだため、『米國産業日報』は一九四二年四月中旬まで

写真5　戦前からFBIの内偵を受けていた『央州日報』の小山巖は、戦時中は司法省・陸軍省管轄の「収容所」(internment camp) に抑留されている。戦後はポートランドに戻り『央州日報』を再刊している。(Portraits – solo – Oyama, Iwao, OHS.)

発行を継続している。

他方で、政府は一部の新聞に対してはそれ以上の強硬姿勢でのぞみ、即時的な廃・停刊に追い込んでいる。たとえば、オレゴン州ポートランドの日刊紙『央州日報』は、真珠湾攻撃の当日に発行者の小山《おやま》巖《いわお》(写真5)が逮捕・連行され、さらに財務省に資産を凍結されたため、そのまま発行停止している。後述するように、FBIは開戦前からひそかに日本語新聞関係者の身辺調査をすすめていた。一九四一年一月に作成された内部報告書には、小山がポートランドの日本人会で指導的な立場にあったことなどが記されている。実際、一九四〇年の紀元二千六百年(神武天皇の即位を日本の紀元年とする暦法)祝典行事に際して、小山は日本政府から招かれた日系人有力者の一人であった。同行事にはハワイを含む他地域の新聞関係者も参加しているが、彼らの多くが同じようにFBIに拘束されている。開戦を機にそのまま閉鎖にいたった他の主要紙としては、ロサンゼルス南方のターミナル島で発行されていた『南沿岸時報』、サンフランシスコの『新世界朝日新聞』、ニューヨークの『日米時報』と『紐育《ニューヨーク》新報』などがある。(13)

なお、発行を停止させられたいくつかの日本語新聞の印刷設備はその後、連邦政府の手にわたり、戦時情報政策に利用されている。右の段落で論じたポートランドの『央州日報』の場合、海軍が対日プロパガンダ戦のために活字などを「接収」し、その後も返却されなかったという。実質的な「没収」である。発行継続中はもちろん、廃・停刊後もなお、政府は日本語新聞を利用しつづけていたわけである。(14)

完全に発行を停止させないまでも、一定の期間、政府が報道活動を休止させる場合もあった。代表例は、サンフランシスコの『日米』、ロサンゼルスの『加州毎日新聞』、ユタ州ソルト・レイク・シティーの『ユタ日報』である。これらの新聞は、開戦後しばらくの休刊を経て、発行を再開している。

いずれにせよ、ただでさえ予期せぬ開戦に慌てふためいていた日本語新聞は、政府当局が次々に打ちだす強硬策になすすべがなかった。以後、戦中を通じて政府は、日本語新聞に対し圧倒的に優位でありつづける。その力関係は、早くも開戦直後に確立していた。終始、主導権を握ったのは連邦政府であり、対照的に日本語新聞は、いわば「敵国人」の、「敵国人」による、「敵国人」のための「敵国語」新聞として、四面楚歌のような状態であった。

日本語記事の英訳提出命令

政府当局は、発行者や編集者を逮捕・連行するだけでなく、いくつかの新聞に対しては記事の英訳提出を命じてもいる。日本語は政府にとって理解不能な「敵国語」であり、報道内容を統制する、あるいは監視の目を意識させる上で、英語への翻訳命令は有効であると考えられた。

基本的に、英訳は新聞を配達・発送する前に郵便局など地域の政府当局に提出しなければならず、「事前検閲」とほぼ同じ意味をもった。そもそも、この命令は一九一七年十月六日に成立した「対敵国通商禁止法」

（Trading-with-the-Enemy Act）にもとづく措置であり、罰則をともなう強制力の強い、かつ負担の大きい統制方法であった。第一次世界大戦中に制定されたこの連邦法は、当時の「敵国語」であるドイツ語の出版物などを取り締まることを主たる目的としていた。しかし、同法は一九四一年の日米開戦当時も存続していたため、政府はこれを日本語新聞に適用したわけである。

ここで興味深いのは、ロサンゼルスの『羅府《らふ》新報』が紙面の一部を「白紙」で発行した事例である。真珠湾攻撃の当日、一九四一年十二月七日に社長や編集長をＦＢＩに奪われた同紙は、翌八日号の休刊を余儀なくされ、十二月九日号から四ページだてで発行を再開している。しかし、掲載できたのは英文記事のみで、日本語記事が印刷されるはずの二・三ページは「白紙」のままであった。たとえ部分的であれ、「白紙」のまま新聞が発刊されるのはきわめて異例である。『羅府新報』の創刊百周年記念誌はその理由を、「締め切りまでにＦＢＩの検閲官が日本語記事を検査することができなかった」からだと説明している。つまり、英語への翻訳ができなかった、あるいは間にあわなかったわけである。もっとも、その翌日の十二月十日号からは、「二ヶ国語のできる編集者が毎日警察に出向き口頭で翻訳をしたため、白紙ページを印刷することはなかった」[15]。

なお、当時の連邦政府には日本語能力をもつ人材がほとんどいなかったため、翻訳の正確性を確認するためには、結局のところ「敵国語」を操れる日系人に頼らざるをえなかった。英訳点検の実務を担当したのは、たとえば、政府と協力関係にあったＪＡＣＬ（日系市民協会）の「母国語プレスをコントロールする小委員会」（Control of the Vernacular Press Committee）である。前述したＪＡＣＬのサブロー・キド会長は、英訳提出命令を「検閲」と称し、次のようにのべている。「［ロサンゼルス周辺の日本語新聞は］検閲を受けながら発行していた。報道内容を監督するため、数人の二世が任命された」。日本語新聞を統制するにあたり、政府は当事者である日系人自身をも利用していたわけである[16]。

いずれにせよ、くる日もくる日も最新の情報を満載する新聞にとって、一つひとつの記事を別の言語に翻訳し、事前に当局に照会する作業は途方もなく大きな負担となる。第一次世界大戦中は、この命令から逃れるために、多くの新聞・雑誌が戦争について報道すること自体を避けたほどである。英訳を義務づけられたのは、政府の戦争政策や国際情勢に関する記事に限られたからである。しかし、日本とアメリカの戦争や関連する政府の政策について日本語新聞が報道しないわけにはいかず、発行を継続したいのであれば、多大な負担を受忍して英訳を提出しつづけるほかなかった。

もちろん、英訳の提出を拒否することは論外である。法律違反を問われ、郵便配達を拒絶されたり、料金が割り引かれる郵便特権を剝奪されてしまうからである。こうした懲罰は、日米開戦直後にある研究者が指摘しているように、資金力が乏しく配達の多くを郵便に依存する大多数の外国語（非英語）マス・メディアにとっては「事実上の死刑宣告」に等しかった。第一次大戦中には、多くのドイツ語出版物が郵便配達の対象から除外されたり、自己規制を強いられるなどしている。(17)

もっとも、英訳提出命令は政府にとって「示威行為」としての意味あいが強く、ほとんどの場合、開戦から一ヵ月もしないうちに解除されている。連邦政府の政策の大枠は、日本語新聞をやみくもに弾圧するのではなく、適度に統制しながら利用することであった。したがって、英訳提出命令の究極的なねらいも、不適切な記事を見つけだし処罰することよりも、監視の目を意識させることで日本語新聞に「自己規制させる」ことにあった。そして、後述するように、その目的は十分に達成されていた。

事前の内偵

ところで、これまで論じてきたように政府が開戦直後からすばやく始動できたのは、日本を含む枢軸国との交戦を想定し、一九三〇年代から秘密裡に調査をすすめていたからである。政府当局にとって日本語新聞に関係する日系人は、その実態はともあれ、いざというときにアメリカの国益を害し「敵国」日本を利する危険のある要注意人物であり、ＦＢＩを中心に開戦前から水面下で監視していたのである。もちろん、各紙の報道内容にも目を光らせていた。

政府当局は日米開戦の一年以上も前から特定の個人に関する内偵や紙面分析を本格化させ、真珠湾攻撃の数ヵ月前には、有事の際にどの新聞のどの人物を逮捕・連行するかを大まかに決定していた。既述のとおり、人物の内偵を担当したのは主としてＦＢＩである。他方、日本語新聞を含む「外国語」（非英語）出版物の翻訳・内容分析は、司法省の別の部署が中心となり一九四〇年後半から組織的に開始され、開戦時までにその対象は約七百紙・誌に達している。そして一九四一年八月には、「敵性外国人に対する［開戦の際の］行動の手順と指針は、事前に策定済みである」という文書が司法省幹部に提出されている。開戦直後のＦＢＩによる逮捕・連行など一連の統制は、日系新聞人にとっては寝耳に水であったが、実施した政府当局にとっては綿密に準備・計画された予定どおりの行動だったのである[18]。

事前の内偵の好例を示してくれるのが、ＦＢＩのシアトル支部が作成した一九四一年一月十四日付の内部報告書である。報告書は、現地の日系人が発行していた複数の新聞について、記事の英訳、部数、発行者や編集幹部の氏名、彼らの住所や渡航歴などを詳しく記録している。たとえば、『北米時事』の経営者について報告書は、「在シアトルの日本人領事の親友であり、彼の新聞は明らかに親日的な論調である」と断定している。シアトルのもう一つの日刊紙『大北日報』についても、「編集方針が親日的」と特徴づけている。より小規模な週刊邦字紙『大衆』や二世むけの英字週刊紙『ジャパニーズ・アメリカン・クーリア』（*Japanese American Courier*）についても、同様の分析をおこなっている[19]。

政府当局はまた、日本語新聞の報道を注視することで、日本政府の対外政策や日米関係に対する日系人一般の認識、ひいては彼らの政治的傾向を見きわめようともしていた。実際、その試みは相当の成果をあげている。開戦前の日本語新聞の多くが、日本のアジア侵出をかなり率直に支持・擁護、あるいは同情的に報じ、ときに日本の国策を認めようとしないアメリカ政府を強く批判してさえいたからである。「［日米開戦前の］一世たちは、アメリカで発行される日本語新聞や、日本からくる雑誌などで、勇ましい祖国を偲び、いわゆる必勝の信念を燃やしていた」。一世の白井昇がそう指摘しているように、日本うまれの一世の多くはアジアにおける母国の膨張政策に期待をかけ、日本語新聞も彼らのナショナリスティックな心情を代弁・鼓舞する傾向が強かった。日本軍のための慰問袋や恤兵《じゅっぺい》金の送付を熱心によびかける新聞もあった。アメリカ政府は、日本語新聞を監視することで、日系人の政治的動向をもつぶさに観察できていたわけである。[20]

こうした周到な事前調査があったからこそ、日本軍から先制攻撃を受けるという緊急事態に際しても、連邦政府は難なく日本語新聞を統制することができた。前述したターミナル島の『南沿岸時報』はその好例である。一九四一年八月の時点でＦＢＩは、同紙の社長兼編集者が日本海軍協会という親日的な団体の会員勧誘にかかわっていたことなどを詳細な報告書にまとめている。はたして、その人物、平賀重昌《ひらがじゅうしょう》は真珠湾攻撃の当日にＦＢＩに拘束され、『南沿岸時報』もそのまま廃刊に追い込まれている。予期せぬ開戦に際し、それまで着々と準備をすすめていた政府に日本語新聞が手玉にとられたのも無理はない。[21]

強いられた「自己規制」

ここまで論じてきた一連の初期統制は十分な効果をあげ、以後、政府は日系新聞人が「自発的」に協力・規制するよう仕むけることで、日本語新聞を思いどおりに操っている。両者の間には一種の主従関係が確立し、たとえ政府が直接的な統制をせずとも、日本語新聞が政府の意向を忖度《そんたく》し「自己規制」するようになった。

日本語新聞による「自己規制」の好例として、フレズノの『中加時報』が一九四二年一月八日号に掲載した社告がある。「云《い》う迄《まで》もなく紙上に掲くる記事は勿論《もちろん》、広告に至る迄《まで》全部を英文に翻訳して其《その》都度当局に提示し、許可を得るに非《あ》らずんば刊行発送し能《あた》はざるのである」と断った上で、同紙は「言動を慎む」必要性を次のように訴えている。「吾人《ごじん》は此《この》際、常に言動を慎み克《よ》く米国の示達を守り、在留民として奉公の義務を怠らず協力一致、至誠を尽くすべきであると思うのである」。社告は別の箇所でこう断ってもいる。「凡《すべ》てが米国の戦時体制に順応し、与えられたる範囲に於て発刊するの外なく、従って広汎に渉《わた》る記事の充実が不可能となることを諒察され御寛容を願う次第である」。アメリカ政府の意をくむことこそが編集の指針となっていたことがわかる。(22)

「自己規制」をより実体的に例証する事実もある。多くの日本語新聞が、開戦を機にそれまで親日的だった論調を急激に反転させているのである。

日米が開戦する以前、主要紙の多くは日本のアジア侵出を好意的に受けとめ、それを容認しようとしないアメリカやイギリス政府に批判的でさえあった。日系人の立ち退き・収容政策を実行した陸軍のＷＤＣ（西部防衛司令部・第四陸軍、Western Defense Command and Fourth Army）は、真珠湾攻撃前の日本語新聞が共通して推進していた運動として、日本軍への献金、天皇の崇拝、日本政府と日系人の関係強化の三点をあげている。紙名は明らかにしていないものの、四つの主要日本語新聞を調査した司法省の内部文書も、各紙が「確信的に親日的な見方」をしていると結論づけている。(23)

参考までに補足しておくと、開戦前に親日的な言動をくり返していたのは、何も日本語新聞に限ったことではない。アメリカ社会でことごとく差別・排斥されつづけてきた日系人の歴史を考えれば、とくに帰化を許されていなかった一世の多くが、出身国である日本に強い愛着をもちつづけたことには無理からぬ側面がある。

彼らの親日的感情は各種の史料・文献からも裏づけられる。たとえば、日系人が立ち退き・収容を受けた直後に収容施設を訪問・調査したアメリカ・フレンズ（フレンド派）奉仕団（The American Friends Service Committee）は、「一世の多くは、［アメリカで］差別を受けているため、日本に忠誠心をいだいたままである」と指摘している。アメリカ史研究者の米山裕《よねやまひろし》も、「移民やその子供達は、ある意味で二等市民であった。差別を受ければ受けるほど、彼らは誇るべきものを必要とした。〈故国〉はその誇るべきシンボルとして最も強力であった」と論じている。(24)

ところが、一九四一年十二月七日を境にそれまでの親日的な報道姿勢はとたんに影をひそめ、紙面はほぼ親米一色に染まってしまった。ロサンゼルスの『米國産業日報』を例にとると、司法省の調査報告書は同紙の論調の急変について次のように記している。「［真珠湾攻撃］以前は、この新聞の記事の九〇％以上は親日的な論調であった。［開戦後］この新聞の管理は一世から二世に移された。経営者が交代したことで、ニュース報道の方針にも変化が起こった。開戦以後、［司法省が］受けとっている全号において、日本語・英語両面ともに、親連合国的な傾向が見られる(25)」。

論調の急転換は、同じくロサンゼルスの『羅府新報』においても確認できる。

まず、日米が敵国同士になる以前の同紙は、日本の情勢をつねに注視し、機会をとらえて日本に尽力しようと努めていた。前述した米山が指摘しているように、アメリカ国内で日本の対中国政策が批判されるなかでも、日本の戦いを「価値ある聖戦」として支持しつづけ、一九四一年新年（元旦）号では「大東亜共栄圏」建設のために日系人も「一億一心」の精神で貢献するべきだと訴えている。(26)

しかし、日米が相互に宣戦布告するや、『羅府新報』は徹底して唯親米路線を歩むようになった。一九四一年十二月十日号の社告は、「在米同胞は……米国に報恩感謝の誠心を尽し、百パーセント協力［し］、ロー［ズ］ヴエルト大統領の下、挙国一致の体制に即応しなければならない」と主張している。同じ趣旨の記事・論説はその後もくり返し掲載されている。(27)

もちろん、非常事態にあり多くの制約を受けたがゆえの、「強いられた自己規制」であったことは間違いない。攻撃的な排日世論に包囲され、かつ政府当局の統制を意識しながらの言論・報道活動であり、混乱をきたす日系人社会の公的な指導機関としても、発信しえる内容にはおのずから限界があった。このときの日本語新聞の役割について『羅府新報』は、「戦時下、米国の諸法規を厳守し、デモクラシー防衛のため米国政府に百%協力し、皆様と共に全力を挙げてこの国の政策を支持する事に努め」ることだと明言しているが、換言すれば、この目的に合致しない情報や見解を掲載することはきわめて難しかった[28]。

意図して書かない、あるいは書けない内容があったことは、複数の日系報道人も率直に認めている。当時、『羅府新報』の記者であった「帰米二世」（日本で教育を受けた二世）のジョー・イノウエ（Joe Inoue）は、「僕達は最後まで頑張りました。というのは、統制下にあって英語を読めない人達がいましたから、アメリカ政府と協力して政府の指令とかをできるだけ書きました。日本軍がどうしたということは書きませんでした」と述懐している。コロラド州デンヴァーの『ロッキー日本』でコラムニストをしていた一世の兒玉初一郎《こだまはついちろう》も、窮屈で重苦しい言論・報道環境を次のようにつづっている。「筆を執って、何か書かんとすると、私は自分の境遇を顧みて、筆は萎縮する、想も畏縮して来る。之《こ》れは、自分は敵国人であるとの自覚から来るもので、縦横に筆を走らすことも、放胆なる論議も出来ない境地に立って居るからである[29]」。

日本語新聞を継続させ利用

他方、連邦政府も日本語新聞を必要としており、彼らを利用するため基本的に発行を継続させる方針をとっていたことにも留意すべきである。確かに、いくつかの新聞は即時的に廃・停刊させられている。しかし、たとえFBIに幹部を奪われ、一時的に業務を停止させられても、主要紙の多くは遅かれ早かれ発行再開にこぎつけている。前段落で引いた『中加時報』がそうであるし、ロサンゼルスの『羅府新報』や『米國産業日報』も、アメリカ市民権をもつ二世が経営者の地位を引き継ぎ、一九四二年四月まで発行を継続している。同じくサンフランシスコの『日米』も、約三週間の停刊を強いられはしたものの、一九四一年十二月末には再刊をはたし、翌年五月中旬まで発行をつづけている。当然、政府もそのことを把握している(30)。

それ以前からの内偵にもとづき、連邦政府は開戦直後から迅速に統制に乗りだしたが、かといって「敵国語」新聞を根絶しようとする意図はなく、圧倒的に優位な立場から日本語新聞を利用しつづけている。政府にとって日本語新聞は、規制・監視すべき「敵国語」新聞であると同時に、いやそれ以上に、「敵国語」で書かれているがゆえに、きわめて利用価値の高い戦時資源となっていたのである。

第三節　政府と日本語新聞の不均衡な相互依存関係

本節では、連邦政府が日本語新聞を統制しながら存続させ、あらゆる機会をとらえて彼らを利用し、また日本語新聞も政府に利用されることで一定の恩恵を受けていた実態を示す。政府と日本語新聞の力関係は、けっして対等なものではなかった。しかし、バランスを欠きながらも、両者の間には相互に協力・利用しあう関係、いわば「不均衡な相互依存関係」が成立していた。

日本語新聞の「メッセンジャー」化

まず、戦時政府の基本方針は、日本語新聞を力ずくで駆逐するのではなく、ある程度の統制を加えながら翻訳機能つきの「メッセンジャー」として利用することであった。日本語新聞側もすすんでこれに協力している。ロサンゼルスの『羅府《らふ》新報』は創刊百周年記念誌において、「開戦と同時に〔日本軍の〕戦闘に関する記事はぱったりと止まってしまった」こと、そして「それ以降、『羅府新報』はアメリカ政府および軍の命令を知らせる伝送路となった」ことを認めている。サンフランシスコの『日米』で記者をしていた池添一馬も、開戦後は政府に対して「批判的な記事は書」かないよう自粛し、「アメリカの御用新聞みたいな色彩」になったと回顧している。池添はまた、『日米』は政府から指令・通達等を受けわたされ、それらを翻訳し掲載することで、「いわば当局の伝達・情報機関として機能」していたとも語っている(31)。

政府の基本方針が「統制」と「利用」にあったことは、ロサンゼルスの『加州毎日新聞』が発行した号外を見てもよくわかる。一九四一年十二月二十八日付の号外は、司法省から電報で要請を受け発行されたもので、同紙はそのいきさつを次のように説明している。

> 昨廿《にじゅう》七日午後四時、本紙土曜新聞を刊行した後、首都ワシントンの合衆国検事総長フランシス・ビッドル〔Francis Biddle〕閣下から本社に宛、左の如《ご》き長文の〔英文〕電報が参りましたので、本紙は取り敢えず日曜〔二十八日〕朝十一時号外を発行して、読者諸賢の御参考に供する事にしました。何事も、米国政府の御指図通りに行動して下さい。

報道内容は、短波ラジオやカメラの所持を一世に禁じる司法省の命令である。なお、シアトルの『大北日報』も同日、まったく同じ要請を司法省から受けて号外を発行している。政府にとって日本語新聞は、翻訳まで代行してくれる、この上なく便利な連絡媒体となっていたわけである(32)。

日系人の強制立ち退き・収容がはじまると、連邦政府はますます「メッセンジャー」としての役割を日本語新聞に期待するようになっていく。そもそも、十二万人以上もの特定の集団全体を居住地から追放し収容施設に隔離するという企ては、前例もなく、多くの困難が予想される、きわめて複雑で大がかりな政策であった。これを成功裡に実行するためには、多数の命令や通達を正確に、迅速に、もれなく、しかも英語だけではなく、日本語でも周知させる必要がある。ところが、政府には日本語を思いどおりに操れる人材はほとんどいない。印刷設備も、配布する手段もない。日系人社会に深く浸透している日本語新聞の利用価値が高まるのは必然であった。

皮肉ではあるが、立ち退き・収容は日本語新聞の協力があればこそ実現可能であった、とさえいえる。小平尚道は次のように指摘している。

英字新聞を読まない一世は邦字新聞がないと、日本人社会になにが起きているかはもちろん、日本人がどう行動すればよいかも分らず、ずいぶん混乱しただろう。新聞の発行は、日本人社会のために絶対に必要だった。特にアメリカ政府の命令を伝達するパイプとして欠くことのできない存在だった。

少なくとも、日本語新聞がなければ、連邦政府の日系人政策は実際よりもはるかに手間どっていたはずである。(33)

政府と日本語新聞の利害一致

ただし、戦時政府による日本語新聞のコントロール政策を十全に理解するためには、政府に統制・利用されることが、日本語新聞に一定の恩恵をもたらしていた側面にも目をむける必要がある。視点を反転させれば、日本語新聞のほうこそ、したたかに政府の力を逆利用していたともいえる。両者の関係は、「統制する側とされる側」という一方向的なものでは必ずしもなく、ある程度一致する利害をかかえ、相互に協力・利用しあう性質を多分に含んでいた。

利害一致の最たる例をあげると、緊急時に政府の「メッセンジャー」として利用されることは、日本語新聞にとっての根源的な責務の遂行を格段に容易にしている。その責務とは、日系人が知るべき重要な情報、とくに政府が発表する命令や通達を正確、かつ迅速に伝えることである。読者の人生を左右しかねない政府発の情報を間違いなく、すばやく、遺漏なく報道することは、当時の日本語新聞にとって最大の存在意義であったといっても過言ではない。政府の情報伝達網に組み込まれることには、突然の開戦により窮地に立たされていた「敵国語」新聞にとって、はかり知れない利点があった。

さらに、政府の政策や意向を伝える媒体となることで、日本語新聞は日系人社会で指導的な地位を保ち、かつ外部の主流社会に対してもその存在意義を主張することができた。そもそも、日本語新聞の役割とは、単に発生した出来事を忠実に伝えることだけではない。読者に行動の指針や規範を示し、また外部社会に対して自集団の存在を認めさせることも、エスニック・ジャーナリズムとしての重要な使命である。連邦政府に利用価値を認められ、戦時政策に積極的に協力することで、日本語新聞はみずからの指導的地位・存在意義を内外にむけて顕示することができた。

政府に利用されることで社会的地位を急激に高めていた新聞として、ロサンゼルスのオピニオン紙『同胞』はとくに注目に値する。一九三七年創刊の『同胞』は、アメリカ本土の日本語新聞としてはめずらしく、共産主義的な立場から日本政府を一貫して批判する論陣を張っていた。そのため、開戦前の日系人社会ではとかく異端視される存在であった。ところが開戦後は、活動停止するどころか連続して号外を発行し、また政府とも緊密に協力しあうようになったことで、社会的認知度を急上昇させている。創刊当初より会計を担当していたジェイムズ・オダ（James Oda）は、開戦直後の周囲の急変ぶりを次のように回顧している。「本社は……平常はヒッソリとして誰もいなかった。ところが、開戦になると、この事務所は訪問客で満員という盛況ぶりであった。そのほとんどは見知らぬ人達であった」。人々が『同胞』に殺到した理由についてオダは、『同胞』社に出入りしていることは本人が反軍部であり親米派であることを証左するものと思ったのであろう」と説明している。[34]

前段落に補足をすると、当時、日本語新聞は「敵性文化」の象徴として排日勢力の格好の標的とされていたため、連邦政府との協力関係は敵対的な世論に対抗する自衛手段としても有効であった。実際、「敵国語」新聞の即時発禁を求める声は数多く発せられている。一例として、サンフランシスコ市、およびサンフランシスコ郡の監督官委員会（Board of Supervisors）は、一九四二年三月二十三日に「日本語新聞の発行停止」を求める決議案を可決している。この決議は二日後にサンフランシスコ市長の承認を受け、連邦政府、州政府、軍などにも通告されている。発行停止を求めるほどでなくとも、カリフォルニア州ではその後も「外国語」（非英語）で発行される出版物に対しすべての記事の英訳提出を義務づける法案が州議会に提出されているし、同様の法案はニューヨーク州など他州の議会でも検討されている。もっとも、アメリカ合衆国憲法修正第一条（First Amendment）が明確に「言論・報道の自由」を保障していることから、こうした法案が実際に可決・成立し、執行されることはなかった。[35]

もう一つ、政府による統制・利用が日本語新聞にもたらした重要な利点として、発行を継続する「お墨つき」が得られた点を見逃すことはできない。つまり、その命運を連邦政府に握られていた「敵国語」新聞にとっては、忠実な「メッセンジャー」として政府のために働くことが、もっとも賢明な、かつほぼ唯一の生き残り戦略となっていたのである。さらにいえば、政府に統制・利用されながら、政府の権力をうまく逆利用していたと見ることもできる。

政府への協力が日本語新聞の生存を助けていたことは、開戦直後に発行を停止させられていた『日米』が再刊にこぎつけた背景を見るとわかりやすい。カリフォルニア州サンフランシスコの『日米』は真珠湾攻撃の一報を伝える一九四一年十二月八日号を発刊後、約三週間にわたりＦＢＩと財務省に発行を停止させられてしまった。しかし、さまざまな形で政府当局に協力・貢献できることを交渉を通じて積極的に訴えたことで、約三週間後、十二月二十九日号から発行を再開することができた。

利用価値を政府に認めてもらうことで、発行を継続する「お墨つき」を首尾よく取りつけていたわけである。この点について編集長の浅野七之助《あさのしちのすけ》は、「今、戦争で日本人社会は非常に混乱して［いるため］軍部としても邦字新聞は一つくらいはあった方が軍令が徹底するんだから、というようなことを誓願［ママ］しましたら戦争の年、すぐ、一九四一年の十二月にもう新聞を再刊してもいいといわれまして」と回顧している(36)。

興味深いことに、『日米』はアメリカが参戦する以前から、もし日米両国が戦争をはじめても、アメリカ政府は日系人に情報を伝えるチャンネルとして日本語新聞を存続させるだろうと予測していた。真珠湾攻撃の約二ヵ月前、一九四一年九月二十三日号の社説は、未来を見通すかのようにこう指摘している。

> かりに米国に於て、在留同胞［による］邦字［紙］の発刊機関を禁止したとしたならば、在留同胞の不便は絶対的であるが、米当局としても広範に散在している同胞居住者に政府の方針なる指令を徹底せしむる上に於て、非常なる困難は免れない事である。然《しか》れば、米当局［にとって］は常に邦字新聞と協調［することが］得策である……。

この社説からも、政府が彼らの力を必要としていることを見抜いた上で統制・利用されるという、日本語新聞のしたたかな生存戦略を見てとることができる。あらためて、両者は相互依存的な関係にあったのである(37)。

不均衡な相互依存関係

とはいえ、政府に利用価値を認められることで日本語新聞が存続している限り、両者の力関係は対等にはなりえず、したがって彼らの相互依存関係は本質的に「不均衡」であった。日本語新聞がしたたかに政府の権力を逆利用していたといっても、自身の運命を独力で切り開けたわけではない。生き残れるか否かは、結局のところ政府次第であった。両者の関係には、確かに相互依存的な側面があったが、それはいちじるしく均衡を欠く土台の上に成立していた。

日本語新聞もみずからの非力さはよく理解していた。既述の「お墨つき」にも通じる点であるが、「敵国語」新聞である自分たちが発行を継続できているのは、「民主主義」を信奉する「公正」で「寛大」なアメリカ政府のお陰である、という趣旨の指摘がしばしばなされている。たとえば、一九四一年十二月十三日号の『羅府新報』に掲載された社告「皆様へのお願ひ」は、次のように「言論・報道の自由」を尊重する連邦政府を賞賛している。

本紙は……〔十二月〕八日休刊致しましたのみで、引続き発行して居ります。これは、言論出版の自由を確保されているデモクラシーの米国であればこそ許されることで、同胞皆様と共に、この国の公正なる建前に満腔《まんこう》の敬意を表し、今後益々《ますます》、政府の方針に協力すべきことは勿論《もちろん》であります……。

社告が認めているとおり、『羅府新報』は十二月八日号を休刊させられはしたものの、翌九日号からは「米国政府当局と相談の上」で発行再開を許可されている(38)。

同じような言説はその後もたびたびくり返されているが、逆にいえば、これは戦時下のアメリカで「敵国語」の新聞を発行することが、いかに不安定で緊張を強いられる営為であったかを物語っている。もう一例をあげると、一九四二年一月十二日号の『羅府新報』のコラムは、「我々も〈敵国外人〉と云《い》う地位に立つに至った」と前置きした上で、次のようにアメリカの「胆ッ玉」をたたえている。

だが併《しか》し、何処《どこ》の世界に我々をアメリカ程厚遇して呉《く》れる国があるだろう。敵国外人に敵国語の新聞の発刊を許すことは奇跡的のことで、米国の胆ッ玉の底が知れないことに感心させられる。

であるがゆえに、日本人移民はアメリカに報恩し、忠誠を尽くすべきであると、このコラムはさらにこうつづけている。「何《いず》れにしても、在米日本人はアメリカの地にあり、アメリカの恩を受けているのであり、アメリカの養子となっているのである。このことを毎日一度宛《ずつ》想起すべきだ」[39]。

第四節　立ち退きによる最終的な発行停止

本節では、開戦直後から確立していた「不均衡な相互依存関係」が、一九四二年五月、立ち退き政策の実施によりあえなく終焉してしまうまでの経緯を明らかにする。日米開戦以来、窮地に立たされた日本語新聞は政府と協働しながら存続してきたが、最終的には陸軍の立ち退き命令により発行停止に追い込まれてしまう。つまるところ、両者の関係は本質的に不均衡であり、「敵国語」新聞の行くすえを決定する権限は、力で圧倒的に勝る政府が握っていたのである。そして、あらゆる面で優位に立つ戦時政府が日系人の言動を統制するという構図は、西海岸の日本語新聞が消滅したのちも、本書の主題である「集合所」へと引き継がれていくことになる。

政府内の意見対立とその結末

開戦後、日本語新聞を巧みに統制しながら利用してきた連邦政府であったが、実のところ内部では、文民当局と軍部が真っ向から対立していた。引きつづき日本語新聞を利用したい文官幹部に対し、陸軍の首脳は全面的な廃刊を求めていた。

開戦当初こそ統制と利用の両道をすすむ前者の方針が優先されたものの、日本語新聞の今後を決定する上で、軍人の反対意見はきわめて重大な意味をもっていた。なぜなら、一九四二年二月に大統領が立ち退き・収容政策を決定した際、それを実施する権限をほかならぬ陸軍に与えたことで、少なくとも西海岸では「敵国語」新聞の続刊に関しては、軍人が最終的な決定権を握ることになったからである。

政府として方針を統一する試みはなされたが、民主主義の原則を維持しながら実利を得たい文官と強硬策を志向する軍部の溝は容易には埋まらず、実質的には物別れに終わっている。お互いがお互いの権限内で、みずからの主張を貫徹したのである。

まず、もっとも重要な点として、少なくとも西海岸では日本語新聞の続刊をめぐる最終的な決定権は文官ではなく軍人が握っている。既述のとおり、大統領が日系人を立ち退かせる権限を陸軍に与えたからである。大統領が発した行政命令により、陸軍は独自の判断で西海岸一帯を軍事地域に指定し、そこから日系人を追放することができた。日系人が立ち退かされれば、当然、彼らの手で編集・発行される日本語新聞も姿を消さざるをえない。

つまり、軍部は立ち退き・収容政策を実施することで、その副産物として西海岸の「敵国語」新聞を一掃することができ、実際にそうしたわけである。文官幹部のなかには日系人の立ち退き・収容それ自体に反対する者もいたが、最終的に大統領を説きふせることはできなかった。大統領が同政策を承認し、その実施権限を陸軍に与えた瞬間、西海岸のすべての日本語新聞はいずれ発行停止に追い込まれることを運命づけられていたことになる。

その流れに対し日系新聞人はほとんど無力であった。この事実から、あらためて政府と日本語新聞の相互依存関係がいかに不均衡であったかがわかる。西海岸で最後まで残った日本語新聞が発行を停止したのは、一九四二年五月中旬である。

もっとも、文官たちによる軍部への抵抗により、アメリカ本土の日本語新聞がかろうじて全滅を免れていた事実も軽視できない。西海岸の軍事指定地域以外で発行されていた新聞は、たとえその数はわずかでも、陸軍の立ち退き命令には直接的な影響を受けず、そのまま存続できたからである。文民当局の努力がすべて水泡に帰したわけではない。

立ち退きを免れ、戦中を通じて発行を継続できた日本語新聞は三紙ある。『ユタ日報』、『格州時事《かくしゅう》』、『ロッキー日本』である。前者はユタ州ソルト・レイク・シティー、後者の二紙はコロラド州デンヴァーで発行されている。内陸に位置するユタ州とコロラド州は軍事地域に指定されず、現地の日系人は立ち退きを強制されていない。第四章以降で論じるように、立ち退かされた日系人は収容施設である「集合所」や「転住所」のなかで新聞を発行しているが、それら「キャンプ新聞」以外で戦時を通じて発行できた日本語新聞は、右の三紙だけである。なお、『ロッキー日本』は一九四三年四月十二日号から『ロッキー新報』に改題されている。(40)

もちろん、かろうじて生き残った三紙にしても、「言論・報道の自由」を無制限に享受できたわけではなく、戦中を通じてさまざまな形で政府当局に統制・利用されている。収容施設の内外を問わず、戦争が終わらぬ限り、日系人の「敵国語」新聞は政府との不均衡な相互依存関係から完全には脱却できなかった。

日本語新聞の続刊交渉とその失敗

連邦政府内部での意見対立とは別に、日本語新聞の側も、ただ漫然と運命に身を委ね発行停止の日を迎えていたわけではない。西海岸のいくつかの主要紙は、立ち退き後も発行を継続しようと積極的に、かつしたたかに政府に働きかけている。「仕方がない」と簡単に泣き寝入りしたのではない(41)。

一例として、シアトルの『北米時事』は、特例として発行を継続する許可を現地の政府当局に申請している。結局は受け入れられなかったが、同紙が購読者に送った文書には次のような記述がある。

米日開戦以来、西北部同胞社会の報道機関としての責任を果たすべく、経済的、肉体的困難を冒《おか》して全社員、悪戦苦闘を続けて来ました北米時事社は、去る［一九四二年］三月十二日、豫て《かね》申請中の特別営業ライセンス下付を拒絶されたのであります。其の《そ》後、再刊を期して努力しましたが物にならず、茲《ここ》に四十年の歴史を誇つた本紙は廃刊の已《や》むなきに至りました。

同紙は一九四二年三月十二日号を最後に発行停止しているが、一縷《いちる》の望みを捨てずに最後の最後まで手を尽くしていたことがわかる(42)。

交渉の手法は新聞により多少異なるが、全体として共通するのは、開戦以来の「相互依存関係」を逆手にとり、忠実な「メッセンジャー」として今後も政府の役に立てる、と訴えていたことである。ロサンゼルスの『羅府《らふ》新報』のように、「言論・報道の自由」を事実上放棄し、みずから積極的に「検閲」を求めた新聞さえある。弱者のきわみともいえる「敵国語」新聞は、圧倒的な強者たる政府に統制・利用されることそれ自体に活路を求めざるをえなかった。

しかし、既述のとおり、日本語新聞の努力が実を結ぶことはなかった。

交渉を不首尾に終わらせた最大の要因は、立ち退き地域の全権を握るＷＤＣ（西部防衛司令部）のジョン・Ｌ・デウィット（John L. DeWitt）将軍が「敵国語」新聞の存続を頑として許さなかったことである。ルーズヴェルト政権下の比較的にリベラルな文官とは対照的に、軍人であるデウィットは「戦争の勝利」や「軍事的必要性」や「治安維持」ばかりを「国益」とみなしていた。他方、アメリカの戦争大義である「民主主義の防衛」や「四つの自由」(Four Freedoms)、そして憲法が保障している「言論・報道の自由」は一顧だにしていない。加えて、将軍はもともと日本人・日系人に強烈な差別感情をいだいていた。この点については、第四章であらためて論じる[43]。

日系人を「潜在的に危険な敵性外国人」とみなす軍人が、自身の管轄地域内で嫌悪する「ジャップ」の「敵国語」新聞の発行継続を認めるわけがなかった。「検閲」に服してまで生き延びようとした『羅府新報』とて例外ではなく、一九四二年四月四日号をもって発行を停止している。「又重要事件のあった場合は各地区に貼出し、又は謄写版刷ニュースを配布する準備をしております」と、未練を残しての「休刊」であった[44]。

かくして、日米開戦から半年もしないうちに、西海岸からすべての日本語新聞が消滅することになった。当然、日系人社会にとっては大きな痛手である。当時、全国規模で活動していた唯一の日系人(二世)団体、JACL(日系市民協会)の事務局長を務めていたマイク・マサオカ(Mike Masaoka)は、一九九〇年のインタヴューで次のように語っている。「政府は日本語新聞を閉鎖してしまった[筆者補足――正確には立ち退きの強制により発行停止に追い込む]。しかし、日系人社会には比較的に多数の一世がおり、彼らは日本語しか話すことができない。[日本語の媒体を発行してもらうよう]陸軍に働きかけたが、受け入れられず、情報を行きわたらせるのに大変な苦労をした[45]」。

立ち退き命令が発せられた西海岸で最後まで発行をつづけたのは、半世紀近くの歴史をもつサンフランシスコの『日米』である。最終号となった一九四二年五月十六日号には次のような社告が掲載されており、意に反し使命遂行を断念せざるをえない無念さを伝えている。「沿岸同胞殆《ほとん》ど全部立退きが完了し、今日、本社も其《そ》の殿《しんがり》を承《うけたまわ》り、新聞として最後まで報道の使命を果し、茲《ここ》に一先《ひとまず》休刊するに至りました事は誠に感慨無量であります……。茲《ここ》に涙を振るって休刊の言葉とする次第であります[46]」。

不均衡な相互依存関係の終焉

本章を締めくくるにあたり、あらためて日米開戦から立ち退きまでの流れを見わたすと、戦時政府と日本語新聞が一貫して「不均衡な相互依存関係」にあったことがわかる。まず、両者の間には、お互いがお互いを必要とし、利用しあう関係が成立していた。しかし、統制する側の政府と統制される側の日系新聞人が、まったく対等でいられたはずがない。つまるところ、四面楚歌の「敵国語」新聞の命運は、力ではるかに勝る政府が掌握していた。

実際、日本語新聞は実に従順に「自己規制」に励み、惜しみなく戦時政策に協力しているが、最終的には政府が決定した立ち退き・収容政策により発行を停止させられている。かろうじて生き残ったのは内陸部の三紙だけで、ほぼ全滅である。土台が不均衡であるがゆえに、両者の相互依存関係は政府の一存であえなく終焉してしまった。

そして、圧倒的な強者である政府が弱者たる日系人を統制するという構図は、本書の主題である「集合所」へと引き継がれていくことになる。日系人の言論・報道活動に対する政府の統制は、集合所で突如としてはじまったわけではない。開戦以来の一連の事象の延長線上にあったのである。

本章のまとめ

真珠湾攻撃後、連邦政府はすばやく日本語新聞の幹部を逮捕・連行し、一部の主要紙を発行停止に追い込むなど、一気呵成に主導権を握った。以後、日系人の「敵国語」新聞に対し、政府はつねに優位を保つことになる。ただし、連邦政府の基本方針は、日本語新聞を駆逐するのではなく、適度に統制しながら国策に利用することであった。日本語を理解できる人材をほとんどもたなかった当時の政府にとって、日本語新聞は規制・監視すべき対象である以上に、積極的に利用すべき貴重な戦時資源であった。とくに、英語を十分に理解できない日系人に正確、迅速、かつ網羅的に情報を伝達するためには、日本語新聞は翻訳機能つきの「メッセンジャー」として実に便利な媒体であった。また、日本語新聞は日系人社会の動向を把握する上でも貴重な情報源となっていた。「敵国語」新聞を力ずくで根絶やしにすることは、政府にとって何ら得策ではなかった。

他方、日本語新聞の側にも、連邦政府に統制・利用されることには少なからぬ利点があった。たとえば、情報の収集・伝達が格段に容易になる、日系人社会内外での指導的な地位や存在意義を獲得・維持・補強できる、敵対的な世論に対する自衛手段となる、発行継続の「お墨つき」を得られる、などである。視点を反転させれば、四面楚歌の日本語新聞のほうこそ、したたかに政府の力を逆利用していたともいえる。連邦政府と日本語新聞の関係は、「統制する側とされる側」という一方向的なものでは必ずしもなく、一致する利害をかかえ、相互に依存・利用しあう双方向的な性質を多分に含んでいた。

しかし、政府と日本語新聞がお互いを必要としていたとはいえ、両者の関係は本質的に均衡を欠くものであった。戦時政府は「敵国語」新聞に対し圧倒的に優位な立場にあり、いつでも発行停止に追い込むことができた。生殺与奪の権を握っていたわけである。実際、陸軍が立ち退き政策を実施したことで、西海岸の日本語新聞はすべて一九四二年五月中旬までに姿を消している。いくら政府の「メッセンジャー」として懸命に働いたところで、「敵国人」の、「敵国人」による、「敵国人」のための「敵国語」新聞は、みずからの運命を単独で切り開く力をもちえなかった。両者は「不均衡な相互依存関係」にあったのである。

そして、日米開戦以来の政府と日本語新聞の不均衡な関係は、次章以降で検討する「集合所」での言論・報道統制と地つづきなのであった。

註

（1）Press Release, Department of Justice, April 28, 1942, Record Group (RG) 208, Entry 222, Box 1081, Folder Press Control, NA.

（2）水野剛也『「敵国語」ジャーナリズム――日米開戦とアメリカの日本語新聞』（春風社、二〇一一年）。この著書の知見を圧縮した内容を含み入れた水野剛也『「自由の国」の報道統制――大戦下の日系ジャーナリズム』（吉川弘文館、二〇一四年）にも、本章と重複する箇所が多くある。

（3）特定の時代・地域・人物などに限らず、広く日系人のジャーナリズムに関する史料・文献を紹介・解説している主要な書誌的論考として、次のようなものがある。粂井輝子「ジャーナリズム」、移民研究会編『日本の移民研究――動向と目録』（日外アソシエーツ、一九九四年）、八一～八三、水野剛也「マスメディア、ジャーナリズム」、移民研究会編『日本の移民研究――動向と文献目録II　一九九二年十月～二〇〇五年九月』（明石書店、二〇〇八年）、一〇一～一一二、神繁司『移民ビブリオグラフィー――書誌でみる北米移民研究』（クロスカルチャー出版、二〇一一年）、水野剛也「《メディア史料案内》アメリカ合衆国の日本語新聞――日本国内の主要所蔵機関を中心に」『メディア史研究』第四〇号（二〇一六年十月）：一一〇～一四〇、水野剛也「《メディア史料案内》ハワイの日系新聞・雑誌――ハワイ州立大学マノア校ハミルトン図書館の主要所蔵品を中心に」『メディア史研究』第四四号（二〇一八年十一月）：一二三～一二六〇。

（4）Helen Geracimos Chapin, *Shaping History: The Role of Newspapers in Hawai'i* (Honolulu: University of Hawai'i Press, 1996), 118、相賀

安太郎『五十年間のハワイ回顧』（ホノルル：「五十年間のハワイ回顧」刊行會、一九五三年）、六九三。
　これら以外に日米開戦後のハワイ諸島の日本語新聞について論じている主要な日本語文献として、次のようなものがある。村山有「苦闘する邦字紙——布哇タイムスの六十周年」『新聞研究』第五七号（一九五六年四月）：一四〜一五、ハワイ日本人移民史刊行委員会編『ハワイ日本人移民史——ハワイ官約移住75年祭記念』（ホノルル：布哇日系人連合協会、一九六四年）、田丸忠雄『ハワイに報道の自由はなかった——戦時下の邦字新聞を編集して』（毎日新聞社、一九七八年）、高須正郎「アメリカ——西海岸・ハワイの邦字新聞視察記」『総合ジャーナリズム研究』第八六号（一九七八年十月）：三八〜四七、春原昭彦「ハワイの日系紙——その生い立ちと活動」『別冊新聞研究　聴きとりでつづる新聞史』第九号（一九七九年十月）：一一六〜一一八、「山本常一」「平井隆三」『別冊新聞研究　聴きとりでつづる新聞史』第九号（一九七九年十月）：一一九〜一六一、島田法子『戦争と移民の社会史——ハワイ日系アメリカ人の太平洋戦争』（現代史料出版、二〇〇四年）、白水繁彦『エスニック・メディア研究——越境・多文化・アイデンティティ』（明石書店、二〇〇四年）。同じく、主要な英語文献としては、次のようなものがある。Jim A. Richstad, "The Press under Martial Law: The Hawaiian Experience," *Journalism Monographs* 17 (November 1970): 1-41; Helen G. Chapin, *Guide to Newspapers of Hawai'i: 1834-2000* (Honolulu: Hawaiian Historical Society, 2000); Harry N. Scheiber and Jane L. Scheiber, *Bayonets in Paradise: Martial Law in Hawai'i during World War II* (Honolulu: University of Hawai'i Press, 2016).
　なお、日本軍から直接攻撃を受けたハワイでは戒厳令（martial law）が発令され、『日布《にっぷ》時事』と『布哇《ハワイ》報知』の二紙（前者は一九四二年十一月二日号から『布哇《ハワイ》タイムス』に改題、後者は同年十月二十三日号から英語面でのみ従来の "*Hawaii Hochi*" に加えて "*Hawaii Herald*" を併用）だけが軍事政府の検閲下で発行をつづけることを許され、他の日本語新聞はすべて発行を停止させられている。
（5）石垣榮太郎「アメリカ放浪四十年」『中央公論』第六七巻・第七号（一九五二年六月）：二〇五、伊藤一男『北米百年桜』（北米百年桜実行委員会、一九六九年）、六九〇に引用。
（6）The Rafu Shimpo, ed., *The Rafu Shimpo 100* (Los Angeles, CA: Rafu Shimpo, 2003), 30.
（7）高知新聞社編集局編『アメリカ高知県人』（高知新聞社、一九七五年）、一六八。『羅府新報』の二つの号外は、現在日米両国で入手できるマイクロフィルムには収められていないが、最初の号外の写真が同紙の百周年記念誌に採録されている。（The Rafu Shimpo, ed., *The Rafu Shimpo 100*, 31.）また、号外を配布している様子は本章の**写真3・4**から見てとることができる。

（8） Diaries in Japanese, Kamekichi Tokita Papers (microfilm), Archives of American Art, Smithsonian Institution; Barbara Johns, *Signs of Home: The Paintings and Wartime Diary of Kamekichi Tokita* (Seattle, WA: University of Washington Press, 2011), 112–113, 166, 179.

（9） Sadaji Shiogi's Diary, March 16 and 21, 1942, Lury Shiogi Sato Collection (Coll.7), Box 1, Folder Notes in Japanese – Sadaji Shiogi (14/23), ONLC.

（10） Roy Y. Nakatani, January 12, 1988, Interviews with Japanese in Utah (Accn 1209), Box 2, Folder 8, Marriott, UU.

（11） Interview of Saburo Kido and Mike Masaoka by Bill Hosokawa, Joe Grant Masaoka, and Harry Honda, n.d., Bill Hosokawa Papers (MSS WH1085), Box 16, Folder Masaoka-Kido Interview, Tape 1, DPL.『市協ニュース』の実物はワシントン州立大学図書館で確認している。(Japanese American Citizens League [JACL], Seattle Chapter Records [Accession #0217-006], Box 18, Folder Ephemera 1942-50, Special Collections, UW; James Y. Sakamoto Papers [Accession #1609-001], Box 10, Folder 9, Special Collections, UW.)

（12）「善良なる定住者たるには……日米新聞をお読み下さい……」『日米』一九四二年一月十一日、「感」『中加時報』一九四二年一月八日。

（13） Deena K. Nakata, *The Gift: The Oregon Nikkei Story Retold* (Place of publication not identified: D. K. Nakata, 1995), 30. 日系人と紀元二千六百年祝典行事については、山下草園『奉祝紀元二千六百年と海外同胞』（奉祝紀元二千六百年と海外同胞刊行會、一九四一年）が詳しい。

（14） Doug Katagiri, ed., *Nihonmachi: Portland's Japantown Remembered* (Portland, OR: Oregon Nikkei Legacy Center, 2002), 8. 日本語新聞の印刷設備と同様に、政府は日系人が所有していた日本映画のフィルムも接収・没収し、戦時中にさまざまな目的で利用している。この点については、板倉史明『映画と移民――在米日系移民の映画受容とアイデンティティ』（新曜社、二〇一六年）が実証的に明らかにしている。

（15） The Rafu Shimpo, ed., *The Rafu Shimpo 100*, 32.

（16） Interview of Kido and Masaoka by Hosokawa, Masaoka, and Honda.

（17） Russell I. Thackrey, "Legal Controls of Communications as America Enters World War II," *Journalism Quarterly* 19 (March 1942): 27.

（18） Lawrence M. C. Smith, Chief, Special Defense Unit, Department of Justice, to Acting Attorney General, "Material on Work of the Special Defense Unit," August 14, 1941, RG 60, Entry Special War Policies Unit (SWPU), Box 16, Folder Reports to Attorney General on the Work of the Unit, NA.

(19) R. L. Flanders, Agent, Seattle Field Division, Federal Bureau of Investigation (FBI), "General Japanese Intelligence Survey, Seattle Field Division," January 14, 1941, Yuji Ichioka Papers (242), Box 90, Folder 2, Young, UCLA. 『ジャパニーズ・アメリカン・クーリア』については、次の論文が詳しい。Mayumi Tsutakawa, "The Political Conservatism of James Sakamoto's Japanese American Courier," M.A. thesis, University of Washington, 1976; Yuji Ichioka, "A Study in Dualism: James Yoshinori Sakamoto and the *Japanese American Courier*, 1928–1942," *Amerasia Journal* 13 (1986–87): 49–81.

(20) 白井昇『カリフォルニア日系人強制収容所』(河出書房新社、一九八一年)、一一。日本の対外政策や日米関係に対する日系人の考え方を日本語新聞に依拠して分析している史料は多いが、代表的なものとしてCommandant, Thirteen Naval District, Seattle, to Chief of Naval Operation (Director of Naval Intelligence), "Japanese Propaganda," March 17, 1939, Yuji Ichioka Papers (242), Box 90, Folder 5, Young, UCLA がある。

　開戦前の日本語新聞の論調については、水野剛也『日系アメリカ人強制収容とジャーナリズム――リベラル派雑誌と日本語新聞の第二次世界大戦』(春風社、二〇〇五年)、水野剛也「在米日本語新聞とナショナリズムの相克――日米開戦直後におけるロサンゼルスの日本語紙『羅府新報』を事例として」『メディア史研究』第二四号(二〇〇八年八月):六一～九二、が実証的に論じている。

　日中戦争に対するハワイの日本語新聞の論調を分析した研究としては、Edwin G. Burrows, *Chinese and Japanese in Hawaii during the Sino-Japanese Conflict* (Honolulu: American Council, Institute of Pacific Relations, 1939) がある。

(21) F. J. Holmes, Los Angeles, FBI, "Dr. Takahashi Furusawa, alias Dr. T. Furusawa; Mrs. Sachiko Furusawa, alias Mrs. T. Furusawa, Koko, Ko, Yukiko; Nippon Kaigun Kyokai, also known as Kaigun Kyokai [Japanese Navy Association], Sakura Kai," August 26, 1941, Yuji Ichioka Papers (242), Box 76, Folder 1, Young, UCLA.

(22)「感」『中加時報』一九四二年一月八日。

(23) William A. Boekel, Lt. Col., Assistant, Assistant Chief of Staff, to Karl R. Bendetsen, Col., G.S.C., Assistant Chief of Staff, Civil Affairs Division, Western Defense Command and Fourth Army (WDC), "Inductive Study of Japanese Language Newspapers for Detention of Subversive Activities of Individuals and Organizations," September 25, 1942, Reel 12, Papers of the CWRIC; Elizabeth C.

Ito, Analyst, Special War Policies Unit (SWPU), Department of Justice, "Memorandum for Lawrence M. C. Smith, Chief, Special War Policies Unit, Re: Japanese Activities on the West Coast Prior to and Immediately after Pearl Harbor," April 23, 1943, Reel 8, Papers of the CWRIC.

(24) Homer L. and Edna W. Morris to the Board of Directors of the American Friends Service Committee, "Memorandum on Problems Caused by Evacuation Orders Affecting Japanese and Problems of Organization of the American Friends Service Committee Work on the Pacific Coast," October 5, 1942, Records of the American Friends Service Committee, Midwest Branch, Advisory Committee for Evacuees, 1942-1963 (Accession #4791-001), Box 1, Folder 14, Special Collections, UW、米山裕「第二次世界大戦前の日系二世と『アメリカニズム』」『アメリカ研究』第二〇号（一九八六年三月）：一〇一。

(25) Special Defense Unit, Department of Justice, "Japanese Press in the United States," April 20, 1942, RG 60, Entry SWPU, Box 75, Folder 148-303-1, Section 2#3, NA.

(26) 米山「第二次世界大戦前の日系二世と『アメリカニズム』」一〇二、「迎春の辭」『羅府新報』一九四一年一月一日（新年號）。

(27) 「在米同胞諸氏へ警告」『羅府新報』一九四一年十二月十日。『羅府新報』の論調の急変ぶりについては、水野「在米日本語新聞とナショナリズムの相克」（二〇〇八年）が詳しく分析している。

(28) 「皆様の新聞『羅府新報』　月曜から八頁刊行　時局に鑑み筆の奉仕へ邁進」『羅府新報』一九四二年一月十日。

(29) 林かおり『日系ジャーナリスト物語――海外における明治の日本人群像』（信山社、一九九七年）、二二八に引用、児玉初一郎「絡機片々」『ロッキー日本』一九四二年五月一日。

(30) もっとも、最終的には再刊できたとはいえ、『日米』が発行停止を強いられた約三週間、サンフランシスコを本拠とする日本語新聞が一紙も発刊されなかったことは同地周辺の日系人にとって大きな痛手であった。この点について、キリスト教徒の慈善家で日系人の擁護に熱心だったギャレン・M・フィッシャー（Galen M. Fisher）は、「英語を読めない日系人にとって情報を得る媒体がなかったことは……彼らを途方に暮れさせた」と述懐している。ロサンゼルスやシアトルの日本語新聞はほぼ中断することなく発行を継続できたことから、フィッシャーは、サンフランシスコにおける情報の空白は政府の「戦略的な誤り」であったと指摘している。（Galen M. Fisher, "Japanese in Northern California since the War Began," n.d., Pacific Coast Committee on American Principles and Fair Play Records, BANC MSS C-A 171, Carton 1, Folder 50, Bancroft, UCB.）

（31）The Rafu Shimpo, ed., *The Rafu Shimpo 100*, 32、「池添一馬」『別冊新聞研究　聴きとりでつづる新聞史』第九号（一九七九年十月）：三五。

（32）「米國司法省から同胞へ注意　短波受信器を有する日本人一世は月曜十一時迄に警察へ差出せ［傍点は原文］」『加州毎日新聞』一九四一年十二月二十八日（号外）、『大北日報』一九四一年十二月二十八日（号外）in James Y. Sakamoto Papers (Accession #1609-001), Box 6, Folder 19, Special Collections, UW.

（33）小平尚道『アメリカ強制収容所——戦争と日系人』（玉川大学出版部、一九八〇年）、九一。

（34）ジェイムズ・オダ『邂逅はしたけれど』（自作小冊子、作成地・年は不明）、四二 in Yuji Ichioka Papers (242), Box 119, Folder 6, Young, UCLA.

（35）"Suppression of Japanese News: Resolution No. 2517," approved on March 25, 1942, Japanese American Evacuation and Resettlement Records, BANC MSS 67/14c, Reel 5, Folder A15.12, Bancroft, UCB; "Senate Bill No. 273: An Act Relating to the Publication and Disposal of Newspapers Printed in Foreign Languages," n.d., attached to Victory Council of the Foreign Language Press of New York, "Proposed Curb of Foreign Language Press in California: Threat to Freedom of Every Publication in United States," June 3, 1943, Common Council for American Unity Papers, Box 119, Folder 12（Service to the Foreign Language Press – Correspondence, Reports, Memoranda, etc., 1942）, IHRC, UM; New York State Bill 1541, n.d., Common Council for American Unity Papers, Box 121A, Folder 10（State Bill 1541, Concerning Foreign Language Publications – Legislation 1942, Copy of Bill）, IHRC, UM; Read Lewis, Executive Director, Common Council for American Unity, to Foreign Language Newspapers in New York State, March 13, 1942, Common Council for American Unity Papers, Box 119, Folder 12（Service to the Foreign Language Press – Correspondence, Reports, Memoranda, etc., 1942）, IHRC, UM.

（36）浅野七之助『在米四十年——私の記録』（有紀書房、一九六二年）、七二、「浅野七之助」『別冊新聞研究　聴きとりでつづる新聞史』第九号（一九七九年十月）：一四。浅野の人生・功績については、水野剛也「浅野七之助——日本にも影響与えた日系人ジャーナリスト」、土屋礼子・井川充雄編・著『近代日本メディア人物誌——ジャーナリスト編』（ミネルヴァ書房、二〇一八年）、二一七～二二八が要領よくまとめている。

（37）「ブラジルの邦字紙發禁」『日米』一九四一年九月二十三日。

(38)「皆様へのお願ひ」『羅府新報』一九四一年十二月十三日、「皆様への御注意」『羅府新報』一九四一年十二月十一日。

(39)「凡鐘」『羅府新報』一九四二年一月十二日。

(40) ユタ州・コロラド州の三紙に関して日本語で書かれた主要な文献として、次のようなものがある。小玉美意子・田村紀雄「コロラド日系新聞小史――戦時下『格州時事』の日文・英文ページを中心に」『東京経済大学　人文自然科学論集』第六四号（一九八三年七月）：一〇一～一五七、田村紀雄・東元春夫「移民新聞と同化――『ユタ日報』の事例を中心に」『東京経大学会誌』第一三八号（一九八四年十一月）：一八三～二一八、上坂冬子『おばあちゃんのユタ日報』（文藝春秋、一九八五年）、田村紀雄編『復刻「ユタ日報」一九四〇～一九四五』（五月書房、一九九二年）、本郷文男『松本市・ソルトレークシティ姉妹提携35周年を迎えて――「ユタ日報」寺沢国子さんを偲んで』（松本市ソルトレークシティ姉妹提携委員会、一九九三年）、ユタ日報復刻松本市民委員会編『「ユタ日報」復刻版』全七巻（ユタ日報復刻松本市民委員会、一九九四年）、水野『日系アメリカ人強制収容とジャーナリズム』（二〇〇五年）、水野剛也「アメリカの日系新聞にみる『終戦』記念日」、川島真・貴志俊彦編・著『資料で読む世界の8月15日』（山川出版社、二〇〇八年）、五五～六六、水野『「敵国語」ジャーナリズム』（二〇一一年）。これらに加えて、『ユタ日報』については、復刻版の刊行（一九九四年）と並行して組織された長野県松本市の市民研究者団体「ユタ日報松本研究会」が発行している年報『ユタ日報研究』（一九九四年創刊）収録の諸論考も参考になる。

つづいて、主要な英語文献としては次のようなものがある。James Omura, "Japanese American Journalism during World War II," in Gail M. Nomura, Russell Endo, Stephen H. Sumida, and Russell C. Leong, eds., *Frontiers of Asian American Studies: Writing, Research, and Commentary* (Pullman, WA: Washington State University Press, 1989), 71-77; Haruko T. Moriyasu, "Kuniko Muramatsu Terasawa: Typesetter, Journalist, Publisher," in Colleen Whitley, ed., *Worth their Salt: Notable but Often Unnoted Women of Utah* (Salt Lake City, UT: Utah State University Press, 1996), 202-217; Haruko Terasawa Moriyasu, "The Utah Nippo: Utah's First Japanese Language Newspaper, 1914-1991," in Ted Nagata, ed., *Japanese Americans in Utah* (Salt Lake City, UT: JA Centennial Committee, 1996), 149-150; Eric L. Muller, *Free to Die for their Country: The Story of the Japanese American Draft Resisters in World War II* (Chicago, IL: University of Chicago Press, 2001); "Newspapers," in Brian Niiya, ed., *Encyclopedia of Japanese American History: An A-to-Z Reference from 1868 to the Present* updated ed. (New York: Facts on File, 2001), 299-300; "Utah Nippo," in Niiya, ed., *Encyclopedia of Japanese American History*, 401-402; Haruo Higashimoto, "The Utah *Nippo* and World War II: A Sociological Review," *Contemporary Society* (journal published by the faculty of the study of contemporary society, Kyoto Women's University) 6 (2004): 79–92; Arthur A. Hansen, "Peculiar Odyssey: Newsman Jimmie Omura's Removal from and Regeneration within Nikkei Society, History, and Memory," in Louis Fiset and Gail M. Nomura, eds., *Nikkei in the Pacific Northwest: Japanese Americans & Japanese Canadians in the Twentieth Century* (Seattle, WA: University of Washington Press, 2005), 278–307; Bill Hosokawa, *Colorado's Japanese Americans: From 1886 to the Present* (Boulder, CO: University Press of Colorado, 2005).

　なお、ソルト・レイク・シティーでは『パシフィック・シチズン』（*Pacific Citizen*）も戦中を通じて発行をつづけているが、これは全ページが英語で書かれているため「日本語新聞」とはいえない。『パシフィック・シチズン』は全国的な日系人団体であるＪＡＣＬ（日系市民協会）の機関紙で、一九四二年一月まで月刊紙としてサンフランシスコで発行されていたが、立ち退き政策にともないＪＡＣＬ本部とともにソルト・レイク・シティーに移り、同年六月より週刊紙として再開されている。同紙、およびその編集者について詳しく論じた研究として、Greg Robinson, ed., *Pacific Citizens: Larry and Guyo Tajiri and Japanese American Journalism in the World War II Era* (Urbana, Chicago, and Springfield, IL: University of Illinois Press, 2012) がある。

（41）「仕方がない」は、たびかさなる差別や偏見に耐え忍んできた日系人の受動的な態度を示す表現として、英語の文献でも頻繁に使用される。("Shikata ga nai," in Niiya, ed., *Encyclopedia of Japanese American History*, 366.)

（42）No title, n.d., Yasui Bros. Co. Records (Mss 2949), Box 19, Folder Printed Announcements, Flyers, etc., Miscellaneous, OHS. シアトルの英字紙『シアトル・ポスト＝インテリジェンサー』（*Seattle Post-Intelligencer*）は、『北米時事』の発行継続申請を却下したのは財務省であったと報じている。("Japanese Paper Closed by U.S.," *Seattle Post-Intelligencer* March 14, 1942, in JACL, Seattle Chapter Records [Accession #0217-006], Box 18, Folder Clippings March 1942, Special Collections, UW.)

（43）「四つの自由」については第一章の本文と註４で説明してある。

（44）「皆様の御愛顧を謝しつゝ　これで暫しのお別れ」『羅府新報』一九四二年四月四日。前著の『「敵国語」ジャーナリズム』（二〇一一年）では、『羅府新報』の最終号の日付を「四月三日号」と記していたが、その後の研究により、「四月四日号」が正しいことがわかった。前著を執筆した際に依拠したのはカリフォルニア州立大学ロサンゼルス校（University of California, Los Angeles）が制作したマイクロフィルムで、これには一九四二年三月三十一日号までしか収録されていない。一九四二年四月一〜四日の紙面は、スタンフォード大学フーヴァー研究所文書館（Hoover Institution Archives, Stanford University）の邦字新聞デジタル・コレクション（www.hoover.org/library-archives/hojishinbun）から入手できる（二〇一九年一月八日アクセス）。

（45）Mike Masaoka, interview by Deborah Lim, February 2, 1990, Mike Masaoka Papers（MS 0656）, Box 3, Folder 24, Marriott, UU.

（46）「皆様へ御挨拶」『日米』一九四二年五月十六日。

第四章　集合所の規則と管理・運営

集合所……では、権限を平等にわけあうことなどありえない。白人の職員が指揮するか、でなければ日系人がそうするほかない。……ほんの少しでも譲歩すれば、日系人は便乗して権限を得ようとするだろう。

ピーター・クーパー（Peter Cooper）[1]、カリフォルニア州タンフォラン（Tanforan）集合所の食堂・住居担当監督官

はじめに

本章から主題である集合所そのものの検討に移るが、ここではその第一歩として、集合所を管理・運営した陸軍の部局とその特質について素描し、次に所内の日系人に課された諸規則を具体的に説明する。第五章以降で検討する各種の言論・報道活動に対する統制も、基本的にそれらの規則にもとづいて実施されている。

本章では以後、第一節で集合所管理当局の軍隊的な体質などについて論じ、第二節で「集合所規則」（center regulations）を三つの領域──「日本語による出版・印刷物の禁止」、「日本語による集会・会合、および結社の禁止」、「信仰・宗教活動の制限」──にわけて分析する。

第一節　陸軍管理当局――ＷＣＣＡ（戦時民間人管理局）とＷＤＣ（西部防衛司令部）

本節では、集合所を管理・運営した陸軍の部局とその特質について概説する。日系人を嫌悪・危険視する傾向のとくに強い「軍」の組織が集合所当局であったことは、市民的自由の維持よりも統制をはるかに重視した点で、日系人の言論・報道活動にはかり知れぬ影響を及ぼしている。

軍隊的体質と差別感情

集合所の管理・運営に直接あたったのは、陸軍の下部組織のＷＣＣＡ（戦時民間人管理局、Wartime Civil Control Administration）である。大統領から立ち退き・収容の実施権限を与えられたＷＤＣ（西部防衛司令部・第四陸軍、Western Defense Command and Fourth Army）の文民部門として一九四二年三月十一日に設立され、最高責任者である局長にはカール・Ｒ・ベンデッツェン（Karl R. Bendetsen）陸軍大尉（直後に大佐に昇格）が任命されている[2]（写真６）。名称のとおり、ＷＣＣＡは「民間人」（日系人）を扱うための政府機関であるが、その本質はまぎれもなく「軍」であった。組織の内部に目をむければ、実務を担当した職員には多くの民間人が雇われているものの、前段落で指摘したように、局長には軍人が就任し、所長をはじめ集合所内の主要な役職にも軍人が配属されている。

そのため、ＷＣＣＡが管理・運営した集合所では、軍隊さながらに「統制」が重視されている。すべての集合所が閉鎖された一九四二年末、ＷＣＣＡは各所の幹部の意見をまとめて政策全体を総括している。そこで一致した点は、「規律こそが不可欠である。……いかなる場合でも、権威、そして厳格で注意深い監督がなくてはならない」ということであった。後述する各種の所内規則は、有効かつ適切に機能した。そう確信していたから

写真6 カール・R・ベンデッツェン（Karl R. Bendetsen）WCCA局長。（Klancy Clark de Nevers Papers［Accn 2285］, Box 3, Folder 1, Marriott, UU.）

こその結論である。(3)

集合所の日系人が統制重視の軍隊方式で扱われたことは、いくつかの先行研究も指摘している。たとえば、この分野で独創的な成果を残している島田法子は、集合所の日系人は「いわば軍政のもと」に置かれていた、と書いている。戦争終結から約半世紀後、存命する日系人が立ち退き・収容をどのように理解しているかを調査した別の研究者も、「[集合所は]陸軍の部局に運営されたため、いくつかの点で軍隊「の施設」に似ていた」と論じている。(4)

当事者である日系人が残した一次史料からも、集合所が命令と服従からなる上意下達の世界であったことがわかる。カリフォルニア州サンタ・アニタ（Santa Anita）に収容されたある二世は、社会的少数派を支援する外部団体の機関誌にあてた書簡でこう訴えている。

> 当局の一般的な態度（収容者が思い切って異議をとなえた場合の）は、「我々が命令する。おまえたちはそれに従え！」というものです。要するに、「おまえらは、たかが受刑者であり、何かを要求したり、我々の物事のすすめ方に口を挟む立場にはないのだ！」というわけです。

写真7　WCCAを統括したWDCのジョン・L・デウィット（John L. DeWitt）将軍。（Klancy Clark de Nevers Papers [Accn 2285], Box 3, Folder 8, Marriott, UU.）

［傍点は原文では下線］

同様の指摘は、以後、本書で引用・参照する他の多くの日系人の記録からも見つかる。(5)

直属の上部組織が日系人を敵視する傾向の強いWDCであったことも、WCCAの集合所運営を理解する上で無視できない。WDCを指揮したジョン・L・デウィット（John L. DeWitt）将軍は、いわばWCCAの大もとの最高責任者であるが、あからさまに日系人を毛嫌いし、「ジャップはジャップでしかない」「日本人（日系人）は敵性人種である」などと公言している（**写真7**）。日系人の立ち退き・収容を総括した最終報告書でも、「［日系人は］比較的に均一性が高く、同化しにくい集団で、人種・宗教・言語・慣習・思想教化という紐帯《ちゅうたい》で敵［日本・日本人］と密接に結びついている」と主張し、露骨に敵愾《てきがい》心を示している。第三章で触れたように、また後述するように、最終的に西海岸の日本語新聞を全滅に追いやったのもこの人物である。西海岸の安全保障に責任をもつWDCは、デウィット将軍を中心に「敵国」を出自とする日系人を「潜在的に危険な敵性外国人」とみなし、一般社会から排除・隔離し、言動をきびしく監視・制限すべきだという論理に傾いていた(6)。

日系人をことさらに危険視するWDCの態度は、当然、その傘下で集合所の管理・運営を担当したWCCAにも波及している。多くの内部文書は（そのいくつかは本書でも引用・参照する）、WCCA局長のベンデッツェンと上司であるWDCのデウィット将軍が頻繁に連絡をとりあっていた事実を裏づける。日系人の立ち退き・収容政策を実施する上で、ベンデッツェンはデウィットの「右腕」のような存在であった(7)。

先行研究でも、日系人を「ジャップ」と侮蔑するデウィット将軍の姿勢が、ベンデッツェン局長はもちろん、集合所で実際の業務にあたったWCCA職員全般に共有されていたことが指摘されている。サンドラ・C・テイラー（Sandra C. Taylor）は、彼らが一般的にいだいていた差別的な日系人観について、次のように一般化している。

> 実務をこなすために雇用された白人たちは、兵役に就くには年をとり過ぎた、短期間の仕事を求めているような人々であった。彼らのほとんどは、日系人を「ジャップ」と見るような、社会に広く定着した偏見をもっていたが、日系人と協働するためにそうした偏見を抑えておかなければならなかった。ごく少数ながら、いく人かは収容者に同情し、彼らを助けるために最善を尽くそうとした。

もちろん例外はあったものの、当局の少なくない職員が当初から日系人に否定的な感情をもっていたことがわかる。本章の冒頭でエピグラフとして引用した、カリフォルニア州タンフォラン（Tanforan）集合所の食堂・住居担当監督官もその一人である(8)。

もちろん、見下すような政府職員の態度は、彼らの支配下に置かれた日系人が身をもって感じている。サンタ・アニタ集合所のタミエ・ツチヤマ（Tamie Tsuchiyama）は、所内での厳然たる力関係についてこう書き残している。

サンタ・アニタの日系人の間では、キャンプの白人たちが強固な優越感をもっており、［日系人がかかえる］問題についてまったく非同情的であることに対して、悲しみが深まっている。そうはっきりいわなくても、実質的にすべてのＷＣＣＡ職員が「結局、市民権があろうとなかろうと、やつらは全員ジャップでしかないのだ」という態度を示している。多くの二世はそう主張している。

大学院で文化人類学を学んでいたツチヤマはこのとき、立ち退き・収容に関するカリフォルニア州立大学バークレー校（University of California, Berkeley）の研究グループの一員として、所内での出来事や人々の言動を詳細に記録していた。本書では以後、彼女を含めた日系人調査員の残した多くの史料を、随所で言及・引用することになる。(9)

もっとも、日系人を異質で信用できない他者とみなす態度は当時のアメリカ社会ではごく一般的であり、程度の差こそあれ、ＷＣＣＡの職員が例外的に悪質だったとはいい切れない。第二次世界大戦中に日系人が立ち退き・収容を受けた背景には、それ以前からつづく、少なくとも半世紀以上にもわたり社会全般で醸成されてきた人種的・民族的な差別感情が横たわっていた。このことは、前段落の引用文中でテイラーも示唆しているし、第一章で引用したように、連邦議会が設立したＣＷＲＩＣ（戦時民間人転住・抑留調査委員会、Commission on Wartime Relocation and Internment of Civilians）の調査報告書と提言（一九八二～八三年）も明確に認めている。(10)

軍と文民当局のかい離

「統制」を重視し、また日系人をことさらに危険視するＷＣＣＡの軍隊的な体質は、「集合所」を出所した日系人を「転住所」で受け入れたWRA〔戦時転住局、War Relocation Authority〕と比較すると、よりいっそう際立つ。本書が主題としている「集合所」〔assembly centers〕はあくまで臨時の収容施設であり、ほとんどの日系人はその後、恒久的なWRAの「転住所」〔relocation centers〕に移されている。

転住所は合計で十ヵ所建設され〔表2・図6〕、それらすべてを管理・運営したのがWRAである。WRAは大統領の行政命令第九一〇二号により、一九四二年三月十八日に設立されている。

文民組織として設立されたWRAは、日系人の扱いをめぐり、軍人が指揮するWDCやWCCAと多くの点で意見を異にしている。局長を務めたディロン・S・マイヤー〔Dillon S. Myer〕は、任務をほぼ完了した一九四六年にまとめた内部報告書でこう総括している。「WDCの幹部は立ち退きの実施や〔軍事指定〕地域でのルール策定において独断的で、とくに一九四二年……の段階では専横的であった」[11]。

関係構築によほど苦労したのであろう、マイヤーは職から退いたのちも折に触れて軍部に対する不快感を表明している。たとえば、一九七一年に出版した自叙伝のなかでこうふり返っている。「WCCAとの関係では……フラストレーションが延々とつづいた。カール・ベンデッツェン大佐〔らWCCAやWDCの幹部〕の考え方は、我々WRAとは完全に食い違っており、関係の維持はつねに難航し、ときとしてまったく不可能でさえあった」。二世の代表的な指導者であるビル・ホソカワ〔Bill Hosokawa〕を相手にしたインタヴューでも、「我々〔WRA〕がしている多くのことについて、彼ら〔陸軍〕は気に食わなかった。我々の仕事にことごとく口を挟んできたが、その多くは好ましいものではなく、受け入れもしなかった」と答えている[12]。

もちろん、マイヤーがそう批判したWCCAやWDC側も、明らかにWRAに対し否定的な感情をいだいていた。戦時中の活動を総括したWDCの報告書は、軍とWRAなど文民組織は「原則・責任・目的において相反している」がゆえに、両者が対等な権限をもちあうことは「民主的な政府が総力戦を戦う際の大きな弱点の典型例である」と断定し、さらにこう主張している。「総力戦において、〔文官たちが〕平時にいつもそうしているよ

表2　10カ所の転住所（relocation centers）（Jeffery F. Burton, Mary M. Farrell, Florence B. Lord, and Richard W. Lord, with a new foreword by Tetsuden Kashima, *Confinement and Ethnicity: An Overview of World War II Japanese American Relocation Sites* [Seattle, WA: University of Washington Press, 2002], 40を一部改変。）

州	名　称	最大収容者数	開所期間
アリゾナ州	ヒラ・リヴァー（Gila River）	13,348	1942年7月20日～1945年11月10日
	ポストン（Poston）*	17,814	1942年5月8日～1945年11月28日
アーカンソー州	ジェローム（Jerome）	8,497	1942年10月6日～1944年6月30日
	ローワー（Rohwer）	8,475	1942年9月18日～1945年11月30日
カリフォルニア州	マンザナー（Manzanar）	10,046	1942年6月2日～1945年11月21日
	テューリ・レーク（Tule Lake）**	18,789	1942年5月27日～1946年3月20日
コロラド州	グラナダ（Granada）	7,318	1942年8月27日～1945年10月15日
アイダホ州	ミニドカ（Minidoka）	9,397	1942年8月10日～1945年10月28日
ユタ州	トパーズ（Topaz）***	8,130	1942年9月11日～1945年10月31日
ワイオミング州	ハート・マウンテン（Heart Mountain）	10,767	1942年8月12日～1945年11月10日

* 正式名はコロラド・リヴァー（Colorado River）であるが、より一般的な通称はポストンである。

** テューリ・レークは1943年秋に「転住所」（relocation center）から「隔離所」（segregation center）に改組されている。「隔離所」には、1943年8月から10月にかけて、当局が「不忠誠」と判断した日系人とその家族などが他の転住所から集められた。

*** 正式名はセントラル・ユタ（Central Utah）であるが、より一般的な通称はトパーズである。

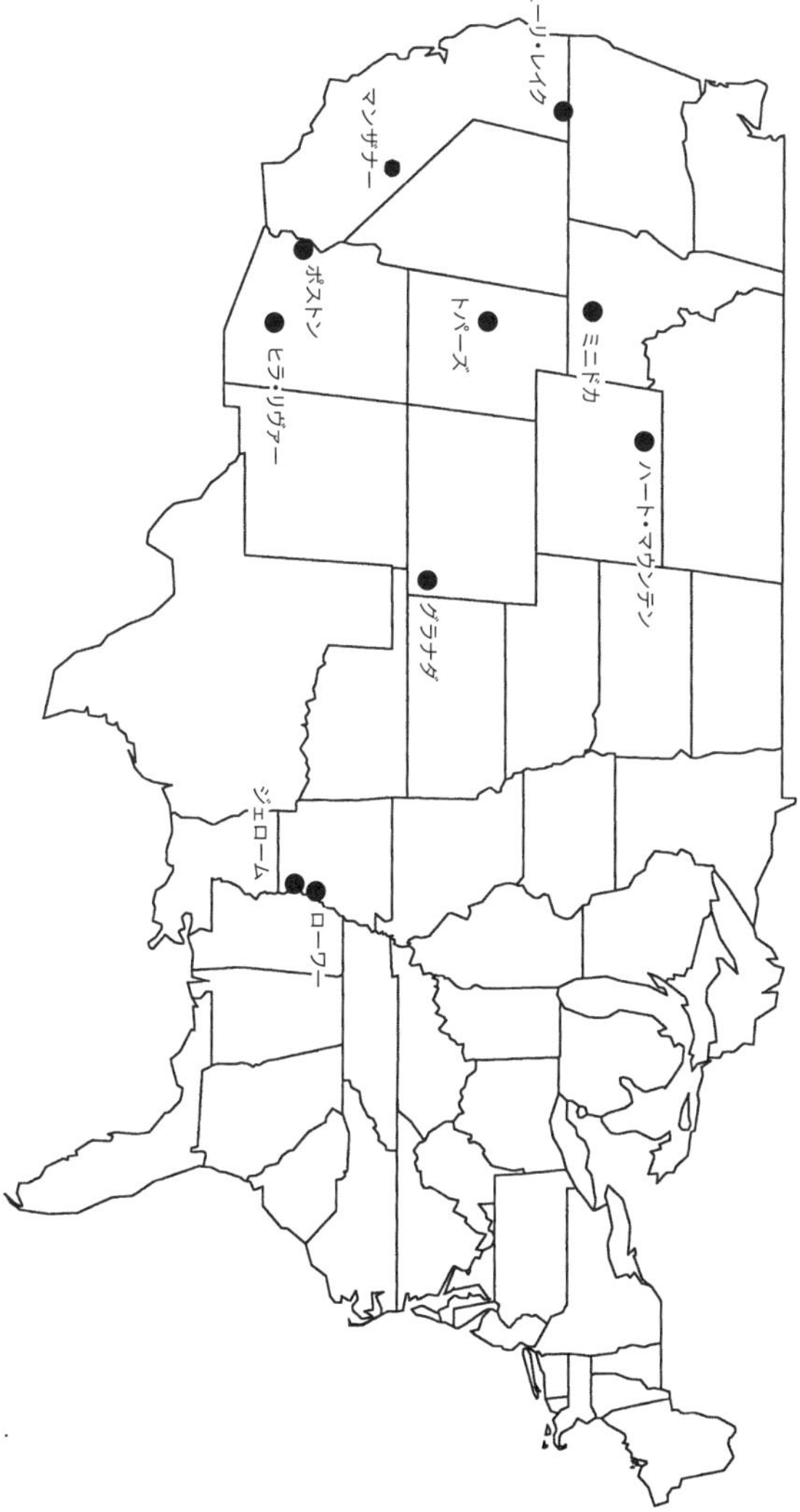

図6　転住所所在地図（Burton, Farrell, Lord, and Lord, *Confinement and Ethnicity*, 39 を一部改変。）

うに個人の権利を最大限に擁護しようとすれば、権限を分散させることになり、〔次回、総力戦に挑む際には〕必ず深刻な結果を引き起こすだろう」。戦時中でも可能な限り市民的自由を守ろうとするWRAなど文民組織に対し、強い不満をもっていたことがわかる。[13]

双方の価値観の相違は、カリフォルニア州サンフランシスコの日本語日刊紙『日米』の続刊交渉をめぐる対応を見比べるとわかりやすい。立ち退き命令が次々に発令されていた一九四二年四月初旬、サンフランシスコを去ってからも発行をつづけたい『日米』は、政府の各方面に積極的に交渉をもちかけていた。『日米』の戦略は、開戦以来、従順な「メッセンジャー」として貢献してきた経緯をふまえ（第三章）、同紙の発行継続はほかならぬ政府にとって有益である、と説得することであった。[14]

まず、比較的にリベラルで現実主義的な文官が集まっていたWRAは、『日米』の続刊に好意的であった。彼らは、日本語新聞の利用価値を高く評価し、かつアメリカ合衆国憲法修正第一条（First Amendment）がうたう「言論・報道の自由」にもかんがみ、日系人ジャーナリズムの代表格である『日米』を存続させるべきだと考えていた。たとえば、WRA情報部が作成した一九四二年四月六日付の内部文書は、陸軍や司法省の求めに応じて『日米』が政府の発表情報を忠実に掲載してきた実績を認め、「依然として多大な影響力をもつ旧世代グループ〔一世〕に訴える手段」を確保するために同紙を存続させるのが賢明だと結論づけている。[15]

ここで特筆すべきは、WRAが日系人の「言論・報道の自由」に一定の配慮をしていた点である。参戦にあたり、アメリカ政府が大義名分としたのは「民主主義の防衛」である。したがって、たとえ戦時中でも、かつ「敵国」を出自とする日系人に対しても（そもそも、過半数を占める二世はアメリカ市民権を有しているのであるから）、アメリカの民主主義の根幹をなし、憲法も保障している「言論・報道の自由」をできる限り尊重しなければならない、と考えていたのである。前述したマイヤーWRA局長は、「権利章典〔市民的自由を保障する合衆国憲法〕以外に、政策を策定する上で前例となるものはなかったし、ガイドラインとなるものもなかった」と回顧している。

組織の歩みを跡づけたＷＲＡの内部報告書も、「立ち退かされた人々の三分の二がアメリカで出生したアメリカ市民［二世］であるという事実により、この問題はきわめて複雑化している。……政策策定者たちは、一方でアメリカ合衆国憲法を、他方で世論をバロメーターとしなければならなかった」と指摘している。[16]

実際、比較的に自由を重視するＷＲＡの考え方は、より大きな観点から見れば、連邦政府が公言していた戦争観をほぼそのまま代弁していた。何となれば、当時ことあるごとに強調・反復されていた戦時標語「四つの自由」（Four Freedoms）の筆頭は、ほかならぬ「言論・表現の自由」（freedom of speech and expression）だったからである。アメリカにとって、日本をはじめとする枢軸国との戦いは、自国の民主主義の中核である市民的自由を守るための「よい戦争」のはずであった。[17]

ところが、徹底して日系人を嫌悪・危険視するＷＤＣのデウィット将軍が立ち退き地域の全権を握ったことから、最終的に『日米』の交渉は失敗に終わってしまう。一九四二年五月三日付の内部文書でデウィットは、ＷＤＣが管轄する西海岸では「いかなる日本語新聞の再開も許可するつもりはない」と断言している。将軍の目には、「ジャップ」が理解不能な「敵国語」で発行する新聞は、民主主義が機能していることの証左どころか、プロパガンダなど反逆的な情報をまき散らす害悪の温床としか映らなかった。[18]

そもそも、多少なりとも市民的自由をおもんぱかろうとするＷＲＡの文官幹部とは対照的に、軍人であるデウィットには「民主主義の防衛」や「四つの自由」といった戦争大義を顧慮しようとする姿勢はほとんどなく、「戦争の勝利」や「軍事的必要性」や「治安維持」ばかりを「国益」とみなしていた。この点について、連邦議会が設立したＣＷＲＩＣ（戦時民間人転住・抑留調査委員会）の調査報告書は、「デウィット将軍のアプローチは……危険を目の前にしてバランスのとれた判断を下そうとする分析者、あるいは慎重な思考者のそれではなかった」と結論づけている。[19]

このように、同じ日系人を扱う政府機関でも、「集合所」（ＷＣＣＡ・ＷＤＣ）と「転住所」（ＷＲＡ）との間に埋め難いかい離があったことは、軍人と文官の価値観、そして両者の任務の本質的な違いを考えれば、むしろ自然であったといえる。つまり、仮設の「集合所」を担当した陸軍（WCCA・WDC）は「潜在的に危険」な日系人を「立ち退かせる」権限を与えられていたのに対し、常設の「転住所」を担当した文民組織のWRAは立ち退かされた日系人を「受け入れる」、そして最終的にはアメリカ社会に「復帰させる」ための組織であった。立ち退かせる側が追放・排除の論理に、受け入れる側が保護・協調の論理に傾きがちになるのは自明の理である。

いずれにせよ、集合所が追いだす側の軍の論理で管理・運営されたことは、「市民的自由」の維持よりも「統制」がはるかに重視されたという点で、日系人の言論・報道活動に甚大な影響を及ぼしている。統制の内実は第五章以降で具体的に解明していくが、軍の論理が支配する当局により、集合所の日系人はあらゆる面で「言論・報道の自由」を奪われることになった。

第二節　集合所規則

本節では、「集合所規則」（center regulations）を中心として、陸軍傘下の当局が定めた諸規則の内容を具体的に説明する。日系人に対する言論・報道統制も、基本的にそれらにもとづいて実施されている。

以後、まず規則の成立過程を素描した上で、本書にとってもっとも関連が深い三つの領域――「日本語による出版・印刷物の禁止」、「日本語による集会・会合、および結社の禁止」、「信仰・宗教活動の制限」――にわけて規則の内容を検討する。

規則の成立

立ち退き・収容政策の最高責任者であるデウィット将軍らの日系人観を反映し、集合所当局はさまざまな規則を定めて日系人の諸活動を監視・制限している。そもそも、連邦政府が立ち退き・収容に踏み切ったのは、アメリカ市民権の有無にかかわらず、「日本人と同じ顔をした」日系人はすべからく「潜在的に危険な敵性外国人」だとみなしたからである。害悪をもたらす、信用ならぬ集団だと判断されたがゆえに一般社会から隔離されているのであるから、収容施設内での言動が大幅な制約を受けたのも当然である。

内容の分析に移る前に「集合所規則」(center regulations)の成立過程を概説しておくと、起草は遅くとも一九四二年五月下旬にはじまり、六月中旬には初版がまとまり、数度の加筆・修正を経て、七月十八日に最終版が完成している。その後、さらに幾度かの改正を経た規則は、すべての集合所が閉鎖される同年十月いっぱいまで有効であった。以後、本書で引用・参照する場合は、基本的に七月十八日付の最終版を用いる。なお、集合所は三月下旬から順次開設されているから、初版ができあがる六月中旬までは体系的に文書化された規則が存在していなかったことになる。しかし、その間に当局が策定・実施し、かつ定着・採用した(あるいは、そうすべきだと判断した)諸政策を集約したものが「集合所規則」であるのだから、全期間にわたる基本方針がそこに記されていると判断してさしつかえない。当局はそれ以外にも多くの追加的な指令・命令等を発しているが、それらは適宜、必要に応じて引用・参照する。[20]

日系人にとって集合所規則は、拘束力をもつ「法律」そのものであった。集合所では、当局が決定した規則は外部社会における一般の法律と同じ効力をもち、違反に対する罰則も存在した。実際、逮捕・収監された日系人もいる(第五・七章)。もちろん、集合所には外部社会の法規も及んだため、収容された日系人は集合所規則と一般法規の両方を遵守しなければならなかった。このことについて、規則は次のように定めている。

全集合所において、地方・州・連邦レベルのすべての刑法と民法は完全なる効力を発揮する。それらの諸法と以下につづく集合所規則は、所内の警察により厳密に執行される。刑法、あるいは集合所規則の違反はすべて、所内の警察署で勤務中の警察官に即座に通報される。

右の言葉どおり、当局はかなり厳格に規則を執行している。詳細は第五章以降で明らかにするが、場合によっては、規則を越えるような統制にも及んでいる[21]。

軍の組織らしく上意下達が徹底した環境下で、「最下層」に位置する日系人にとって集合所規則は、いくら不平不満があっても、ほぼ無抵抗で遵守しなければならないものであった。ワシントン州ピュアラップ（Puyallup）集合所のジェイムズ・Y・サカモト（James Y. Sakamoto）は、日系人「自治」会の指導者という立場からこうのべている。「［集合所当局から］発せられる命令には従わなければならず、選択の余地はない。そして、［当局自体も］サンフランシスコ［のWDC（西部防衛司令部）］で下される命令には従わなければならないのである[22]」。

日本語による出版・印刷物の禁止

日系人の言論・報道活動にかかわる集合所規則は、その領域・対象により、大まかに次の三種に分類できる。第一に日本語の出版・印刷物を禁止するもの、第二に日本語による集会・会合、および結社を禁止するもの、そして第三に信仰・宗教活動を制限するもの、である。全体として、目的・形態・内容によらず、およそあらゆる種類の言動を統制していたことがわかる。

まず、日系人の言論・報道活動全般におそらくもっとも直接的、かつ深刻な影響を及ぼした規則は、日本語による出版・印刷物、つまり「読み」「書き」の禁止である。規則はこう断言している。「集合所では、いかなる種類のニュース印刷物も日本語で準備、あるいは発行されない」。規則によれば、これは「［日本語の文書が］プロパガンダの道具として、あるいは［日系人を］煽動するために利用される」ことを防ぐためであった。(23)

日本語の排除は、日系人のなかでも、とくに日本から移住してきた第一世代の日本人移民（一世）にとって重い足かせとなっている。彼らの大多数は英語が不得意で、母語である日本語しか使いこなすことができなかったからである。開戦当時、一世はアメリカ本土の日系人の総人口十二万人強のうち、約三分の一（約四万七千人）を占めていた。のちに「転住所」でWRA（戦時転住局）が実施した調査では、一世の実に七八％が日本語でしか読み書きができないと答えている。日本語でも英語でも読み書きができると答えた残りの二二％にしても、その英語能力にはかなりの個人差があった。同調査でWRAはこう結論づけている。「日本語こそが、彼らの唯一の言語である」。同じことは、アメリカでうまれながら教育を受けるために日本にわたり、ふたたびアメリカに帰国した数千人もの「帰米二世」についてもいえた。(24)

日本語での読み書きを許さないという方針は、規則ができあがる以前、かなり早い段階で決定されている。WCCA（戦時民間人管理局）の最高責任者であるカール・ベンデッツェン局長は、遅くとも一九四二年四月十二日の時点でこう明言している。「WDC［とWCCA］は日本語の新聞・定期刊行物の発行を禁止する方針である。状況により変更の必要性が生じない限り、この方針は集合所……でも維持される」。このとき、立ち退かされた日系人を受け入れていたのは、合計十六ヵ所の集合所のうち、わずかにカリフォルニア州オーウェンズ・ヴァレー（Owens Valley）とサンタ・アニタ（Santa Anita）だけであった。さらにいえば、これら二ヵ所が開所する三月末以前から、すでに右の方針は固められていた可能性が高い。既述のとおり、西海岸における日本語新聞の続刊をWDCのデウィット将軍が一貫して拒絶していたからである。自身の管轄内で建設した集合所で、将軍が姿勢を軟化させる特段の理由は見あたらない。(25)

いずれにせよ、集合所における日本語の禁止はほぼ絶対的で、あらゆる種類の媒体に適用されている。規則はかさねてこう強調している。「新聞、書籍、パンフレット、定期刊行物、その他の文献等、いかなる種類の日本語の印刷物も……所内ではいかなるときにも許可されない」。日本語による「言論・報道の自由」は、規則上ほぼ全面的に否定されていたのである。[26]

集合所では「キャンプ新聞」が発行されているが、当然、記事中で日本語を使うことは、たとえ部分的でも固く禁じられている。確かに、意思統一が不徹底だった最初期には、いくつかの新聞が日本語記事を掲載してしまったことがある。しかし、その報告を受けたベンデッツェンWCCA局長は即刻、「検閲」をより厳重にする指令を全集合所に送っている。以後、新聞には英文記事しか載っていない。しかも、英文記事でさえ、すべての原稿を事前に当局に提出・照会し、掲載の承認を得ることが義務づけられている。言語によらず、日系人の「言論・報道の自由」はきびしく制限されていたのである。キャンプ新聞の「検閲」については、第五・六章で詳細に論じる。[27]

違反者に対する罰則も用意されている。日本語の出版・印刷物の所持が発覚した場合、いかなる種類・性質であれ、それらは「禁制品とみなされ、集合所当局により没収される」。当局が徹底して「敵国語」を排除しようとしていたことがわかる。[28]

日本語の禁止について当局はいくつかの「例外」を認めているが、範囲はごく狭く、しかもその解釈・執行はしばしば統一性・一貫性を欠いている。規則によれば、「〔当局に〕承認された宗教書（聖書・賛美歌集）と英和辞書」だけは所持が認められるはずであった。しかし、実際には六月二十六日まで辞書類の使用は禁止されていたし、その後も、「例外」とされたはずの書籍が没収されたり、内容を確認するために当局に提出させられたりする事例が多々起きている。統一性・一貫性の欠如や過剰ともいえる越権行為については、日本語印刷物の没収の実例などとともに第五章で詳説する。宗教活動に関する「例外」措置は、他の規則とともに、あらためて本節で後述し、第七章でさらに綿密に検討する。[29]

日常生活や集合所の管理・運営上、最低限必要な公的情報の周知には日本語の使用が許されているが、その場合でも当局による事前の点検・許可が義務づけられ、日系人の発意や創意工夫が入り込む余地はほとんどなかった。規則は次のように命じている。「必要とされる消防・衛生・治安に関する取り決めは、［WCCA］本部の認可のもと、日本語で印刷することができる。通達を希望する情報は、公示する前に［WCCAに］提出し許可を得ること」(30)。

したがって、ほんの些細《ささい》な標識や掲示物でさえも、日本語で表記するためにはカリフォルニア州サンフランシスコのWCCA本部から事前に承認を得なければならなかった。記録に残っている実例をいくつか紹介すると、「無用の者立入を禁ず」(No Loitering)、「お互に水を節約致志［ママ］ませう」(Do Not Waste Water)、シャワー室や手洗い用の「男用」(Men)・「女用」(Women)といった日本語標識が、英文とともに、許可を受けるために本部に提出されている。伝えたい内容やその性質にかかわらず、集合所で公に「敵国語」を使うには必ず当局を通さなければならず、たとえ許可を受けても最小限度しか認められなかったわけである。公的情報の伝達における日本語の規制についても、詳細は第五章で論じる(31)。

日本語の排除に万全を期すため、当局は日本語の出版・印刷物を集合所の「外部」からもち込む、あるいは取りよせることも禁止している。いくら所内で日本語の読み書きを厳格に取り締まっても、外部からの流入を許しては意味がないからである。

ここで留意すべきは、陸軍が独占的に管轄できたのは西海岸の軍事指定地域（ほとんどの集合所は同地域内に建設されている）のみで、その外部に居住する日系人の活動まで制限できたわけではないことである。たとえば、立ち退き命令の及ばないユタ州・コロラド州で発行されていた日本語新聞に対し、集合所当局が直接的にしばりをかけることはできなかった。実際、西海岸の日系人が立ち退かされ集合所に隔離されたのちも、両州では三つの日本語新聞が発行をつづけている。ユタ州ソルト・レイク・シティーの『ユタ日報』、コロラド州デンヴァーの

『格州時事《かくしゅう》』と『ロッキー日本』（一九四三年四月十二日号から『ロッキー新報』に改題）である。これら三紙は、少なくとも形式的には戦時中も「自由」に編集・発行・販売活動をすることができた。(32)

そこで集合所当局は、外部から所内の日系人に送られてくる郵便物を検閲することで日本語出版・印刷物の流入を阻止しようとしている。規則にはこう書かれている。「合衆国内の郵便を通して収容者に送られるいかなる日本語出版物も……集合所の郵政担当部署から所内の警察に送付される」。つまり、外部者が日本語で文書等を作成し、それを集合所の日系人に郵送する行為自体は完全に防止できないため、配達する段階で内容を確認して規則に反する物品を排除する、というわけである。この規則にもとづき集合所当局は、たとえば、日系人が外部から取りよせようとする日本語新聞を配達前に没収することができた。(33)

もちろん、それでも当局の目をすり抜けて入ってくる印刷物はあったが、それらは所内で随時実施される家宅捜索により「禁制品」として取りあげられている。規則が明記する他の「禁制品」には、銃器・爆発物などの武器、短波ラジオ、カメラ、酒類などが含まれる。これらの所持は、強制立ち退きの当初から禁止されていた。集合所当局による家宅捜索、それにともなう所持品検査と没収について詳しくは、第五章で論じる。

郵便物だけでなく、外部からの訪問者・面会者にも同様の規制が課せられている。まず、開所したばかりの一時期を除いて、外部から集合所を訪問すること自体は可能であった。しかし、「禁制品」に指定された日本語文書全般のもち込みは禁止され、入所時には憲兵による所持品検査が義務づけられている。しかも、当初は日系人の「肉親」（皮肉にも、そのほとんどは同じく収容されている）、もしくは商行為上の代理人等しか接見を許されていない。集合所により多少の差異はあるが、それ以外の人物の訪問が許されたのは一定期間が経過してからである。さらに、接見可能な時間帯も二時間程度に制限され、その他にも多くの制約がもうけられている。外部からの訪問者に対する規則の執行については、家宅捜索による「禁制品」の没収を検討する第五章、および「全国学生転住委員会」（National Student Relocation Council）の事例を扱う第七章であらためて論じる。(34)

外部者との接触・連絡に関連して補足すると、日系人の電話・電信（とくに前者）の使用は実質的に禁止されており、例外的に許された場合でも日本語は使えなかった。さほど想定されず、かつ実例も少なかったためであろう、集合所規則は簡潔にこう記すのみである。「立ち退き者用の電話・電信設備を広範囲に設置することは意図されていない。［集合所外部との通話・通信は］緊急の場合のみ、かつ集合所長の明確な承認と直接的な監督下においてのみ許される」。カリフォルニア州サンタ・アニタ集合所の職員間で配布された文書にも、日系人による電話の使用（かける場合も受ける場合も）は「きわめて重大な緊急時以外」は禁止され、万が一そうした事態になった場合は職員が同席しなければならず、また「会話は英語でなければならない」と明記されている。(35)

日本語による集会・会合、および結社の禁止

集合所における日本語の禁止は、「読み」「書き」だけでなく、集会や会合で「話す」「聞く・聴く」行為などにも及んでいる。規則はこう命じている。「集合所内のすべての会合は英語でおこなわれる。例外は［一部の宗教的会合と］大人むけの英語と公民の授業、そして集合所を適正に管理・運営するために絶対的に必要となるその他の場合である」。引用文中にある「大人むけの英語と公民の授業」とは、とくに一世の「アメリカ化」（アメリカナイゼーション＝Americanization）、つまり英語の習得や主流社会における一般的な価値観・生活習慣などの内面化をうながすために、所内で実施された教育・啓蒙活動のことである。その後の規則補正で「組織的かつ当局の承認を受けたレクリエーション活動」も例外に加えられているが、いずれにせよ、当局が是認・推奨する目的以外では、日系人は公の場で日本語を読むことも、書くことも、話すことも、聞くことも許されなかったわけである。その意味で、「アメリカ化」は「非日本化」と表裏一体であった。この問題は第七章であらためて指摘する。(36)

集合所にかかわる事象について日本語で話しあうことが「絶対的に必要」とみなされた場合でも、許容範囲は

「あくまで最小限度」、しかも事前・事後ともに議論の内容を書面で当局に照会・報告する義務が課されている。集会や会合の主催者に対して規則は、「議事内容を記録し、〔日本語の箇所がある場合は英語に〕翻訳し、それを集合所長室に提出」するよう命じている。規則は別の箇所で、「日本語による会話は、運営上の必要性に照らしてあくまで最小限度に抑えること」と念を押している。公の場で「敵国語」を話し聞く行為は、ごく限定的にしか許されず、さらに事前・事後ともに内容の承認を必要としたのである。(37)

宗教的な集まりで日本語を使用することも、前段落で引いた規則により、あくまで例外的に、かつ「最小限度」でしか認められていない。集合所当局はこう規定している。「英語を使うことが催事の遂行をさまたげる場合を除いて、宗教的な催事や活動に際し日本語は使われない。日本語の使用は集合所長が許可した場合に限る」。「信教の自由」にかかわるこの規則については、他の規則とあわせ本節の次項で詳説する。また、規則執行の実態については第七章で検討する。(38)

本当に規則が守られているかを確認するために、当局は日系人の集会・会合に実際に同席し、「監督」(to supervise)する権限までも有している。もちろん、使われる言語などに関係なく、あらゆる集まりが対象とされている。規則は、「目的がいかなるものであれ、集合所職員はあらゆる集会(会合)を物理的に監督できる」、さらに「秩序・規律の維持や集合所規則の遵守にかかわる会合」には「警察官」(憲兵に加え所内では警察署がもうけられ、日系人も任命された)も参加できる、と定めている。当局の目の届かぬところで日本語が使われないよう、あるいは他の規則違反が起きぬよう、日系人が集う場に立ちあい、直接的に目を光らせていたわけである。合衆国憲法修正第一条が保障しているはずの「集会の自由」は、存在しないに等しかった。(39)

同時に、当局は日系人同士でクラブや団体を組織すること自体も基本的に認めていない。「立ち退き者が、一人を超える秘密のクラブ・組織(ボーイ・スカウトは除く)・集会、もしくは寄りあいを形成すること、それに参加すること、あるいはその構成員になることを禁じる」、というのである。「ボーイ・スカウト」は前述した「アメリカ化」(アメリカナイゼーション)政策の一環として例外とされているが、それ以外で認められたのは、「文書による集合所長の許可」を受けた「運動や宗教のクラブ」だけである。しかも、許可を受けるには、団体の規則・定款・全構成員の名簿などを文書で事前に当局に提出しなければならなかった。日系人は「言論・報道の自由」と「集会の自由」に加えて、「結社の自由」という市民的自由をも奪われていたわけである。[40]

補足的に、日系人の「自治」組織として「諮問委員会」(advisory committee)の設立が当局の主導で決定された際にも、委員に選ばれる資格を与えられたのは十六歳以上の「英語が話せる一世と二世〔傍点は引用者〕」だけであった。この点について、一九四二年八月一日に改訂された「WCCA運営マニュアル」はこう記している。「諮問委員会は集合所長が認めた場合に限り開催され、すべての会合では英語のみが使われる。集合所長と所内の治安警察長、あるいは彼らの代理人も会合に参加する」。なお、同委員会は「運営・行政・立法・司法上の影響力や権限をもたず、……唯一の機能は集合所長に具申すること」であり、当局に優越、もしくは匹敵する「権限」は何ら付与されていない。しかも、改訂前のマニュアルでは、諮問委員会への参加資格はアメリカ市民権をもつ二世だけにしか与えられていなかった。とくに「敵国語」を話す「敵性外国人」に対して、当局がいかに排他的であったかがわかる。[41]

もう一例、日系人に対する当局の警戒心・猜疑心を集約的に示しているのが、使う言語が日本語か英語かによらず、日系人がある特定の問題を討論することそれ自体を禁じた規定である。「戦争や国際問題について議論することを目的とする会合は認められない」、というのである。しかも、「戦争や国際問題」が具体的に何をさすのか定義・例示していないため、当局は恣意的に規則を解釈できた。したがって、住民がたとえ事前許可を得て英語だけで話しあったとしても、およそあらゆる時事的な社会・政治問題について意見を交わすこと自体を当局は禁じることができたのである。あらためて、「言論・報道の自由」ならびに憲法修正第一条が保障している「集会の自由」がほぼ完全に否定されていたことがわかる。集会・会合・結社に対する統制の詳細も、多数の具体例とともに第七章で論じる(42)。

参考までに、アメリカ市民権を有する二世は、出身(立ち退かされた)地域で実施される選挙には集合所内から不在投票で参加することができ、この点においてのみ当局は政治的な言論・表現活動の「自由」を認めている。一九四二年八月八日付でWDCが集合所長にあてた文書は、「政治や公職への立候補者に関して立ち退き者が議論することに対しては、どのような制限も課されない」と記している。しかし、この「自由」はあくまで、集合所外の英字新聞などが報道する情報にもとづき、同じく集合所外の地域的な政治問題について議論する場合にのみ享受できた。もちろん、前述した「戦争や国際問題」はそこに含まれない(43)。

追加的に、「日本的・親日的」とみなしえる表現行為に対して、集合所当局はことさらに敏感であった。たとえば、一九四二年四月二十九日の昭和天皇誕生日に先立ち、ベンデッツェンWCCA局長は全集合所長に電信を送り、次のように命じている。

日本的なナショナリズムの表明、日本の国旗の掲揚、あるいは日本語による演説、歌唱、その他いかなる種類のデモンストレーションもおこなわれないよう警戒せよ。尋常でない集まり、とくに成人の集まりは注意深く監視し、できるだけ目立たぬように解散させること。

ほぼ同時期に発せられた別の指令には、「[所内の]路地・物品・建物・場所などに、日本人の偉人や有名人の名を冠してはならない」という内容のものまである(44)。

前段落の事例からもわかるように、つまるところ当局は、「愛郷(国)心」「価値観」「思想」といった日系人の「内面」までをも統制しようとしていた。次に引用するように、この姿勢は集合所規則にも反映されている。

集合所では、日本語であれ英語であれ、軍歌、あるいは日本国・日本政府・天皇などを賞賛・崇拝する歌を演奏したり、歌ってはならない。個人であれ団体であれ、本規則の文言、およびそれが意図するものには完全に従わなければならない。

当局は、「敵性外国人」である日系人を徹底的な統制により外面・内面から「アメリカ化」し、同時に「非日本化」する意図をもっていたのである(45)。「内面」の統制に関連して、当局は日系人に「紳士的」な言動を求めることで、ある種の「人間性」の啓蒙をめざしてさえいる。規則はこう指導している。「集合所では、いかなる場合にも、また白人〔当局職員〕も〔日系人〕立ち退き者も、紳士にふさわしくない不敬的で乱暴な言葉や行動は許されない」。この規則を含めてこれまでの知見を総合すると、集合所には一種の「精神・思想矯正」の場としての側面があったといえる(46)。

信仰・宗教活動の制限

集合所当局は、「言論・報道の自由」や「集会・会合・結社の自由」に比べると、「信教の自由」に対してはわずかに「寛容」な態度を示しているかのように見える。これまでいくつかの箇所で言及したように、集合所規則は宗教活動における日本語の使用をある程度は許容している。

いずれも当局の承認を条件づけているものの、「宗教書（聖書・賛美歌集）」の所持、「最小限度」ながら日本語を使った催事、そのための組織化は認めている。実際、どの集合所でも日常的に複数の宗教団体が活動しており、関連する先行研究も存在する。大戦への参加に際してアメリカ政府が旗印とした「四つの自由」には、「信教の自由」（freedom to worship）も含まれており、もちろん、憲法修正第一条もこれを保障している。あからさまに日系人を敵視する陸軍といえども、戦争大義のすべてを真っ向から否定することはできなかったといえる(47)。

実のところ、集合所規則には一見、「信教の自由」をほぼ無制限に認めているかのように読める箇所さえある。「集合所において〔日系人〕立ち退き者は、宗教活動を促進することが許される。また、必要に応じて、宗教活動を実施するために白人〔当局職員〕の援助を求めることができる」という部分がそれである。別の箇所では、より「人道的」な調子でこう宣言している。「当局の望みは、宗派や教派、人種や信条にかかわりなく、宗教の自由というアメリカの原則に従うこと、そして、集合所の日系人……が希求するいかなる教派に対しても差別を許さない、ということである(48)」。

しかし、日系人を「潜在的に危険な敵性外国人」とみなす集合所当局が、「信教の自由」だけを無条件で「促進」「援助」するわけがなかった。強制立ち退き・収容それ自体が本質的に市民的自由を奪う政策である以上、集合所ではあらゆる「自由」がつねに何らかの制約を受けている。前段落の引用と矛盾するようであるが、規則もその実情をはっきりと認めている。「一時的な移住という状況の異例さと軍事的重要性にかんがみ、一定の制限は必要である」。程度の差こそあれ、「信教の自由」だけが無傷でいられたわけではない。なお、右の引用文中にある「一時的な移住」は立ち退き・収容政策を、「軍事的重要性」は同政策の安全保障上の「必要性」をそれぞれ意味している(49)。

当局はまず、それがどれほど現実的かは別として、宗教活動を「純粋に宗教的な目的」に限定し、「娯楽・文化・教育活動」と切り離そうとしている。規則はこう命じている。「教育的・娯楽的なプログラムはすべての……集合所で準備されているので、宗教的な活動の範疇にいかなる〔娯楽・文化・〕教育活動も含めてはならない」。前述したように、また第七章で詳説するように、集合所当局は日系人を「アメリカ化」（アメリカナイズ）、もしくは「非日本化」するための娯楽・文化・教育活動（ボーイ・スカウトや英語・公民の授業を含む）を推進している。この事実に照らせば、日系人に許されたのは、あくまで「狭義」の信仰・宗教活動であり、その範疇から外れる活動は別途、当局のアメリカ化政策と競合・衝突せぬよう制約を受けた、ということがわかる[50]。

当局はまた、宗教的な団体の組織化にも事前の許可を義務づけている。本節前項の「日本語による集会・会合、および結社の禁止」で指摘したように、集合所規則は日系人同士でクラブや団体をつくること自体を禁止しており、「例外」はボーイ・スカウト、そして「文書による集合所長の許可」を受けた「運動や宗教のクラブ」だけである。そして、許可を得るには、団体の規則・定款・全構成員の名簿などを文書で事前に提出しなければならなかった。代表者を選出する場合も、全構成員の書面による同意を義務づけることで、組織の全容を把握できる態勢を整えている。この点について、規則はこう念を押している。「いかなる教会〔宗教的〕連合・委員会、あるいはグループも、関係する構成員により文書で委任されていなければ、代表者への委任は当局により認められない[51]」。

さらに、組織化後に何らかの告知や情報発信をする場合も、当局はそのつど事前に許可を申請するよう定めている。「定例の事項を除き、宗教的出版物に発表される情報はいかなるものであれ、当該集合所の広報担当者が認可を下す。定例の事項には、教会の催事、祈禱集会、それらに準じる活動が含まれる」。つまり、定期的におこなう説教やお祈りなどの活動以外、多少とも意味内容のある行為のよびかけ、あるいは宗教的思想や意見の表明には、使う言語によらず、当局による事前の承認を必要としたわけである。もちろん、原則として使用を禁止されている日本語で集会や会合の告知などをする場合は、「定例の事項」であろうとなかろうと、英訳を事前に提出しなければならず、また、実際に伝えられる内容は事前・事後ともに当局への照会・報告が義務づけられている[52]。

日本語で書かれた「宗教書（聖書・賛美歌集）」の所持は「例外」として認められているが、それとて無条件というわけではなかった。一九四二年八月十八日付のＷＣＣＡの追加指令は、「現在、所内で活動中の各宗教団体の指導者から、日本語で印刷されたすべての宗教出版物の著者・題名・内容の概略を記した一覧表、あるいはその現物を確保」し、サンフランシスコのＷＣＣＡ本部に提出するよう各集合所長に命じている。それら出版物を本部で審査し、許可・不許可を決定するためである。[53]

また、他の一般的な集会・会合と同じく宗教的な集まりであっても、基本的に日本語の使用は許されず、たとえ認められても「最小限度」に抑えなければならなかった。規則を再度引用すると、「英語を使うことが催事の遂行をさまたげる場合を除いて、宗教的な催事や活動に際し日本語は使われない。日本語の使用は集合所長が許可した場合に限る」。当然、許可を得るには、話す予定の内容を英訳して事前に提出しなければならなかった。[54]

加えて、当局は宗教的な集まりにも臨席し、日系人の言動を「監督」することができた。そのためにも、原則として日本語の使用を禁止する必要があったわけである。この点について規則は、集合所長は「〔宗教的〕活動が適正におこなわれ、プロパガンダの道具として、あるいは集合所の構成員〔日系人〕を煽動するために利用されていないことを確認する責任」を負う、と定めている。この規則にもとづき、集合所長は自身、あるいは代理の職員をあらゆる種類・目的の日系人の集会・会合に同席させることができた。宗教的な目的があるからといって、少なくとも規則上は特別に免除されたわけではない。[55]

このように、文書である「集合所規則」を読むだけでも、当局の統制が「言論・報道の自由」や「集会・会合・結社の自由」に加え、「信教の自由」にも深く及んでいたことがわかる。一見すると、規則は信仰・宗教活動にはやや「寛容」に映らなくもないが、実際はわずかな相対差でしかなかった。「統制」を重視する軍の組織が運営する集合所では、日系人の市民的自由はつねに制約を受けたのである。

本章のまとめ

集合所における連邦政府の言論・報道統制を理解する上で、担当部局が日系人を嫌悪・危険視する傾向の強い「軍」の組織であった事実は軽視できない。集合所の管理・運営に直接あたったWCCA（戦時民間人管理局）、およびその直属の上部組織であるWDC（陸軍西部防衛司令部）は、いずれも陸軍の部局で、かつ立ち退き・収容政策を実施した当事機関であり、西海岸に住む日系人を「潜在的に危険な敵性外国人」とみなしていた。排日的な考え方をもち、かつ「軍事的必要性」や「治安維持」を至上価値とするがゆえ、一般社会から日系人を排除・隔離し、かつ彼らの言動をきびしく監視・制限すべきだという論理に傾いたのは、自然ななりゆきである。

日系人を敵視する軍当局の姿勢を反映し、集合所では日系人の諸活動を統制するさまざまな規則が定められている。その中核をなす「集合所規則」のなかで「言論・報道の自由」に直結する箇所は、大まかに次の三種に分類できる。第一に日本語の出版・印刷物を禁止するもの、第二に日本語による集会・会合、および結社を禁止するもの、そして第三に信仰・宗教活動を制限するもの、である。全体として、目的・形態・内容によらず、およそあらゆる種類の言論・報道活動にしばりがかかっていたことがわかる。

まず、日系人の言論・報道活動全般におそらくもっとも直接的、かつ深刻な影響を及ぼした規則は、日本語による出版・印刷物の禁止である。日本からアメリカに移住してきた一世の大多数は英語をほとんど理解できず、母語である日本語でしか読み書きができなかった。にもかかわらず、日本語の禁止はほぼ絶対的で、あらゆる種類の媒体に適用されている。当局にとって日本語は、理解不能、かつ害悪の温床となる危険な「敵国語」でしかなかった。日本語による「言論・報道の自由」は、ほぼ全面的に否定されていた。

集合所当局は、「読み」「書き」だけでなく、集会や会合で日本語を「話す」「聞く・聴く」こと、またそうした目的で団体を組織することも禁止している。規則が守られていることを確認するために、当局は日系人の集会・会合に同席し、議事内容を「監督」する権限まで有している。当局はさらに、使う言語が日本語か英語かによらず、日系人が「戦争や国際問題」を討論することそれ自体を禁じてもいる。「言論・報道の自由」だけでなく、アメリカ合衆国憲法修正第一条が保障しているはずの「集会・会合・結社の自由」も存在しないに等しかった。

最後に、当局は日系人の信仰・宗教活動も同程度に制限している。集合所規則には、他の表現活動と比べればやや「寛容」な態度を示しているかのように読める箇所がある。しかし、宗教的な団体の組織化や情報の発信には当局による事前の承認が義務づけられているし、日本語の使用は宗教的な集会・会合でも基本的に許されていない。当局の統制は、「言論・報道の自由」や「集会・会合・結社の自由」に加え、「信教の自由」にも深く及んでいる。

集合所規則は有形無実の形式的文書ではけっしてなく、当局の軍隊的な体質もあいまって、きわめて厳格に執行されている。場合によっては、規則を越えるような統制がおこなわれることもあった。後続の各章では、その具体的な内容や方法を検討する。

註

（1）Quoted in Brian Masaru Hayashi, *Democratizing the Enemy: The Japanese American Internment* (Princeton, NJ: Princeton University Press, 2004), 93.

（2）ベンデッツェンについては、生い立ちなども含めて Klancy Clark de Nevers, *The Colonel and the Pacifist: Karl Bendetsen, Perry Saito, and the Incarceration of Japanese Americans during World War II* (Salt Lake City, UT: University of Utah Press, 2004) が詳しく論じている。

（３）Byron D. Box, Director of Information, to Karl R. Bendetsen, Director, Wartime Civil Control Administration（WCCA）, "Mr. Bellew's Breakdown of Report of Committee of Center Managers: Tab D: Consensus of Center Managers' Opinions on Methods of Control," December 14, 1942, Record Group（RG）319, Entry 47, Box 391, Folder 291.2 Japanese, 1-1-43 through 1-19-43, NA.

（４）島田法子『日系アメリカ人の太平洋戦争』（リーベル出版、一九九五年）、三七、Stephen S. Fugita and Marilyn Fernandez, *Altered Lives, Enduring Community: Japanese Americans Remember their World War II Incarceration*（Seattle, WA: University of Washington Press, 2004）, 51.

（５）Mary Oyama Mittwer, Santa Anita Assembly Center, to *Common Ground*, June 27, 1942, Common Council for American Unity Papers, Box 222, Folder 9（Japanese – Correspondence, Minutes, Press Releases, Clippings, Pamphlets, etc., 1942 [1 of 2]）, IHRC, UM.

（６）John L. DeWitt, Lieutenant General, Western Defense Command and Fourth Army（WDC）, to Commanding General, Field Forces, GHQ, Army War College, Washington, D.C., "Prohibition of Publications in German, Italian, and Japanese," January 7, 1942, RG 319, Entry 47, Box 68, Folder 000.73, 1-11-42 through 2-15-42, NA; United States Department of War, *Final Report: Japanese Evacuation from the West Coast, 1942*（Washington, D.C.: U.S. Government Printing Office, 1943）, 15. デウィット将軍が日系人に対して強い差別的感情をいだいていたこと、また、そのことが言論・報道活動のきびしい統制につながっていたことは、水野剛也『「敵国語」ジャーナリズム――日米開戦とアメリカの日本語新聞』（春風社、二〇一一年）でも詳しく論じている。

（７）ベンデッツェンについては、註２で示したde Nevers, *The Colonel and the Pacifist*（2004）がもっとも詳しい。

（８）Sandra C. Taylor, *Jewel of the Desert: Japanese American Internment at Topaz*（Berkeley and Los Angeles, CA: University of California Press, 1993）, 68.

（９）Tamie Tsuchiyama, Santa Anita Assembly Center, "Attitudes," October 3, 1942, Japanese American Evacuation and Resettlement Records, BANC MSS 67/14c, Reel 16, Folder B8.05, Bancroft, UCB.

（10）Commission on Wartime Relocation and Internment of Civilians（CWRIC）, *Personal Justice Denied: Report of the Commission on Wartime Relocation and Internment of Civilians*（Washington, D.C.: The Government Printing Office, 1982）, 18; CWRIC, *Personal Justice Denied: Report of the Commission on Wartime Relocation and Internment of Civilians* Part 2: Recommendations（Washington, D.C.: The Government Printing Office, 1983）, 4-5. 日系人に対する差別の歴史については第一章の註７・８、彼らに対する否定的なイメー

ジャステレオタイプについては第一章の註13で列挙した文献が詳しい。

(11) Dillon S. Myer, Director, War Relocation Authority (WRA), "Relation with other Government Agencies: Federal, State and Local," June 30, 1946, RG 210, Entry 16, Box 469, Folder 71,400#2, July 1945, NA.

(12) Dillon S. Myer, *Uprooted Americans: The Japanese Americans and the War Relocation Authority during World War II* (Tucson, AZ: The University of Arizona Press, 1971), 282; Interview with Dillon Myer, n.d., Bill Hosokawa Papers (MSS WH1085), Box 16, Folder Interview by Bill Hosokawa with Dillon Myer, DPL.

(13) WDC, "Supplemental Report on Civilian Controls Exercised by Western Defense Command," January 1947, Reel 23, Papers of the CWRIC.

(14)『日米』の続刊交渉とその失敗については、水野『「敵国語」ジャーナリズム』(二〇一一年)で詳細に論じている。

(15) John Bird, Director, Information Service Division, WRA, to Milton S. Eisenhower, Director, WRA, April 6, 1942, Japanese American Evacuation and Resettlement Records, BANC MSS 67/14c, Reel 42, Folder F1.022, Bancroft, UCB.

(16) Myer, *Uprooted Americans*, 276; Ruth E. McKee, WRA, "History of W.R.A.: Pearl Harbor to June 30, 1944," n.d., Reel 34, Papers of the CWRIC.

(17)「四つの自由」、および「よい戦争」については、それぞれ第一章の本文と註4、第二章の註32で説明してある。

(18) DeWitt to Assistant Chief of Staff, Civil Affairs, WDC, May 3, 1942, RG 210, Entry 16, Box 172, Folder 22,430, NA.

(19) CWRIC, *Personal Justice Denied*, (1982), 64.

(20) WCCA, "Center Regulations," July 18, 1942, Japanese American Evacuation and Resettlement Records, BANC MSS 67/14c, Reel 12, Folder B1.09, Bancroft, UCB.

(21) WCCA, "Center Regulations." 付言すると、立ち退き・収容の直接的な法的根拠は大統領が発令した行政命令第九〇六六号で、この行政命令にもとづく陸軍の命令に従わない者に対しては、連邦議会が可決し大統領が署名した公法第五〇三号(Public Law 503)により刑事罰が科せられた。行政命令第九〇六六号は一九四二年二月十九日に発令され、公法第五〇三号は同年三月二十一日に成立している。

(22) Japanese Advisory Council, Puyallup Assembly Center, "Headquarters Staff Meeting," July 28, 1942, Hiroyuki Ichihara Papers

（Accession #4761-001）, Reel 2, Special Collections, UW. サカモトは全国的な二世団体、ＪＡＣＬ（日系市民協会、Japanese American Citizens League）で戦前から指導的な役割をはたし、ワシントン州シアトルで英字週刊紙『ジャパニーズ・アメリカン・クーリア』（*Japanese American Courier*）を発行していた。先行研究は第三章の註19で示してある。

（23）WCCA, “Center Regulations.”

（24）Community Analysis Section, Rohwer Relocation Center, WRA, “Description of Issei at Rohwer Center（Based on the Survey, October 1943）,” n.d., Reel 4, WRA Community Analysis Reports.

（25）Bendetsen to Assistant Director, WRA, “Use of Japanese Languages by Evacuees in Assembly and Reception Centers,” April 12, 1942, RG 338, Entry 2, Box 2, Folder 000.7, NA.

（26）WCCA, “Center Regulations.”

（27）Bendetsen to Temporary Settlement Operations Division, Property, Security and Regulations Division, “Center Newspapers,” May 27, 1942, RG 338, Entry 2, Box 2, Folder 000.7, NA.

（28）WCCA, “Center Regulations.”

（29）WCCA, “Center Regulations”; W. F. Durbin, Major, Q.M.C., Assistant to the Assistant Chief of Staff, Civil Affairs Division, WDC, to Operations Section, WCCA, June 19, 1942, RG 338, Entry 2, Box 86, Folder 461, NA; J. A. Strickland, Assistant Chief, Interior Security Branch, WCCA, to W. W. Vaughan, Chief, Interior Police, Fresno Assembly Center, “English-Japanese Dictionaries,” June 26, 1942, RG 338, Entry 2, Box 86, Folder 461, NA.

（30）WCCA, “Center Regulations.”

（31）S. Oji, Superintendent, Maintenance and Operation, Tulare Assembly Center, to C. R. Carter, Director of Service, WCCA, “Japanese Signs,” June 29, 1942, RG 338, Entry 27A, Box 13, Reel 287, NA; H. Russell Amory, Center Manager, Santa Anita Assembly Center, to Emil Sandquist, Chief, Operations Section, T.S.O. Division, WCCA, July 23, 1942, RG 338, Entry 2, Box 66, Folder 350.03, NA.

（32）ユタ州・コロラド州の三紙については、水野剛也『日系アメリカ人強制収容とジャーナリズム――リベラル派雑誌と日本語新聞の第二次世界大戦』（春風社、二〇〇五年）、水野『「敵国語」ジャーナリズム』（二〇一一年）、で詳しく論じている。また、主要な先行研究は第三章の註40で列挙してある。

（33）WCCA, “Center Regulations.”

（34）Donald H. and Matthew T. Estes, “Further and Further Away: The Relocation of San Diego’s Nikkei Community 1942,” *Journal of San Diego History* 39（Winter-Spring 1993）: 20; William R. Lawson, Center Manager, Tanforan Assembly Center, “Information Bulletin No. 6: Regulations for Visiting,” May 14, 1942, Japanese American Evacuation and Resettlement Records, BANC MSS 67/14c, Reel 14, Folder B3.04, Bancroft, UCB; Frank E. Davis, Center Manager, Tanforan Assembly Center, “Information Bulletin No. 6（Revised June 22, 1942）: Regulations for Visiting,” ca. June 1942, Japanese American Evacuation and Resettlement Records, BANC MSS 67/14c, Reel 14, Folder B3.04, Bancroft, UCB; “Ban on Japanese Literature Placed at Santa Anita,” *Manzanar Free Press: Direct Translation of Japanese News and Bulletins* July 17, 1942; Davis, “Information Bulletin No. 6（Revised August 6, 1942）: Regulations for Visiting,” ca. August 1942, Japanese American Evacuation and Resettlement Records, BANC MSS 67/14c, Reel 14, Folder B3.04, Bancroft, UCB.
　当初は外部者の入所が許されない場所もあったようである。たとえば、ワシントン州ピュアラップ集合所に収容された小平尚道は一九八〇年の著作でこう書いている。「初めのうち、訪問客はキャンプの中に入れなかった。私たちは、友人が来たという通知を受けると門の所までいった。そこには銃剣をもった兵士がおり、鉄条網越しに話をしなければならなかった」。（小平尚道『アメリカ強制収容所――戦争と日系人』［玉川大学出版部、一九八〇年］、一〇六。）

（35）WCCA, “Center Regulations”; Amory to all Division and Section Chiefs, Santa Anita Assembly Center, “Inter-Office Communication No. 32: Use of Telephones,” June 22, 1942, Geraldine Lawrence Papers（Accession #1875-001）, Special Collections, UW.

（36）WCCA, “Center Regulations”; WCCA, “Supplement No. 7 to W.C.C.A. Operation Manual,” July 30, 1942, Kaoru Ichihara Papers（Accession #1839-001）, Box 1, Folder 13, Special Collections, UW.

（37）WCCA, “Center Regulations.”

（38）WCCA, “Center Regulations.”

（39）WCCA, “Center Regulations.”

（40）WCCA, “Center Regulations.”

（41）WCCA, “W.C.C.A. Operational Manual,” revised ed., August 1, 1942, Japanese American Evacuation and Resettlement Records, BANC MSS 67/14c, Reel 12, Folder B1.11, Bancroft, UCB. 集合所における「自治」制度の限界については、Hayashi, *Democratizing the Enemy*（2004）も複数の具体例をあげて指摘している。

（42）WCCA, "Center Regulations." ただし、この規則は一九四二年八月一日付で取り消されている。統制の度が強過ぎると判断されたためと考えられるが、この点については第七章でも触れる。（Durbin to Sandquist, "Revision of W.C.C.A. Operation Manual," August 1, 1942, RG 338, Entry 2, Box 86, Folder 461, NA; Bendetsen to Ralph H. Tate, G.S.C., Executive Officer, Office of the Assistant Secretary of War, August 1, 1942, RG 107, Entry 183, Box 31, Folder 254, NA.）

（43）Durbin to Assembly Center Managers, "Voting by Japanese Evacuees," August 8, 1942, Japanese American Evacuation and Resettlement Records, BANC MSS 67/14c, Reel 12, Folder B1.10, Bancroft, UCB.

（44）Bendetsen to Managers of Assembly Centers, Manager of Manzanar Reception Center, and Managers of WCCA Civil Control Stations, ca. April 28, 1942, RG 338, Entry 2, Box 5, Folder 001, NA; Ira K. Evans, Lt. Col., G.S.C., Assistant to the Assistant Chief of Staff, Civil Affairs Division, WDC, to R. L. Nicholson, Chief, Reception Center Division, WCCA, "Instructions to Assembly and Reception Center Managers," April 28, 1942, RG 338, Entry 27A, Box 5, Reel 192, NA.

なお、ベンデッツェンはこの電信を送った翌月の講演で、集合所において「日本的・親日的」な言動は見られなかったと次のように語っている。「開戦以来、ナショナリスティックな熱狂を表立って示した日系人グループが合衆国にいたことを示す実質的な証拠はない。天皇誕生日でさえ、［集合所内で］その日が記念されたというはっきりした証拠はなかった」。（Bendetsen, "The Story of Pacific Coast Japanese Evacuation: An Address Delivered by Colonel Karl R. Bendetsen, G.S.C., United States Army, Assistant Chief of Staff, Western Defense Command and Fourth Army," May 20, 1942, Philip J. Sinnott Papers, BANC MSS 91/34c, Box 1, Folder 8, Bancroft, UCB.）

（45）WCCA, "Center Regulations."

（46）WCCA, "Center Regulations."

（47）集合所を含め収容施設での信仰・宗教活動について論じた主要な先行研究として、次のようなものがある。Toru Matsumoto, *Beyond Prejudice: A Story of the Church and Japanese Americans*（New York: Friendship Press, 1946）; Lester E. Suzuki, *Ministry in the Assembly and Relocation Centers of World War II*（Berkeley, CA: Yardbird Publishing, 1979）; Anne M. Blankenship, *Christianity, Social Justice, and the Japanese American Incarceration during World War II*（Chapel Hill, NC: University of North Carolina Press, 2016）; Duncan Ryūken

Williams, *American Sutra: A Story of Faith and Freedom in the Second World War* (Cambridge, MA: The Belknap Press of Harvard University Press, 2019).

（48）WCCA, "Center Regulations."

（49）WCCA, "Center Regulations."

（50）WCCA, "Center Regulations."

（51）WCCA, "Center Regulations."

（52）WCCA, "Center Regulations."

（53）Sandquist, "Religious Books Printed in Japanese," August 18, 1942, RG 338, Entry 27A, Box 13, Reel 288, NA.

（54）WCCA, "Center Regulations."

（55）WCCA, "Center Regulations."

第五章　日本語による出版・印刷物の禁止

吾々《われわれ》は米国政府に違反した罪人でなし捕虜ではない。……或《あ》る意味に於て吾々《われわれ》は、陸軍司令部から保護されている人民であ［る］。……その良き市民の娯楽・慰安の読物を取上げられた吾々《われわれ》に何の慰安があろうか。

森邦雄、カリフォルニア州サンタ・アニタ（Santa Anita）集合所収容者(1)

はじめに

本章では、第四章で検討した「集合所規則」（center regulations）を大枠として、当局が実際にどのように日系人の言論・報道活動を統制していたのかを、とくに「日本語による出版・印刷物の禁止」に焦点をあてて具体的に明らかにする。いまだ規則が成文化されていない最初期こそ施設により若干のばらつきがあったが、最終的には、全体を統轄するＷＣＣＡ（戦時民間人管理局、Wartime Civil Control Administration）やＷＤＣ（西部防衛司令部・第四陸軍、Western Defense Command and Fourth Army）の指令により、すべての集合所で一様に厳重な「敵国語」統制が実施されている。場合によっては、規則を越えるような権力行使もあった。

本章では以後、「日本語による出版・印刷物の禁止」という問題を、さらに三つの諸相にわけて論じる。すなわち、第一節の「日本語ニュースの排除」、第二節の「日本語書籍・印刷物等の排除・没収」、第三節の「郵便物の統制・検閲」、である。全体を通して、理解不能な「敵国語」による「読み」「書き」を、当局がさまざまな手段を講じて徹底的に取り締まっていたことを実証的に明らかにする。

第一節　日本語ニュースの排除

本節では、当局が日本語のニュース報道を集合所から全面的に排除していたことを、実際に生起した事例の分析を通して努めて綿密に解明する。

集合所長の権限と集合所による若干の差異

まず、「集合所規則」（center regulations）を執行する、つまり収容された日系人の諸活動を実際に統制する権限が、原則的には日常業務の最高責任者である集合所長に委ねられていた点を指摘しておく。集合所長は現場で采配をふるう指揮官であり、直接的に日系人と対峙しながら日々、配下の職員を率いて集合所を管理・運営する役職である。全体的な方針や指令はカリフォルニア州サンフランシスコにあるＷＣＣＡ（戦時民間人管理局）本部やその上部組織であるＷＤＣ（西部防衛司令部）が策定したが、それをいかに解釈し実行するかは、多くの場合、現地の集合所長が状況に応じて個別に判断していた。

程度の差はあれ、同じことは日系人が「集合所」（assembly centers）ののちに移送された「転住所」（relocation centers）についてもいえる。規模・人員・場所・周辺地域の環境など、多くの要素を異にする収容施設が、集合所は十六ヵ所（第一章の表1・図2を参照）、転住所は十ヵ所（第四章の表2・図6を参照）も広範囲に点在していた。それぞれの施設を適切に管理・運営するには、一様でない条件下にある各現場に一定の裁量を与え、必要な措置を臨機応変に講じさせる方法が現実的、かつ効率的であった。

そのため、上意下達の体質を基本としながらも、現場の最高指揮官である集合所長、あるいはその部下の考え方や状況認識により、権力行使の方法や度合には若干の差異が見られる。とくに全体的な集合所規則が成文化されていない最初期には、頻繁にばらつきが生じている。「生活の質を決定づけたのは集合所長であった」。日系人史研究者のブライアン・マサル・ハヤシ（Brian Masaru Hayashi）がそう指摘しているように、所長の権限はけっして小さくなかった。なかには、規則が定める以上の統制に及ぶ者もいた。本書が複数の集合所を横断的に取りあげるのはそれゆえである。[2]

「敵国語」の厳格な取り締まり

第四章で指摘したように、集合所当局であるWCCAは、その上部組織であるWDCとともに日系人を敵視する傾向が強く、もちろん個人差はあったが、所長を含め職員の多くは冷淡な態度で日系人に接している。前段落で引用したハヤシは、一般的に集合所の職員は「［転住所を管理・運営した文民組織のWRA（戦時転住局、War Relocation Authority）の職員ほど］日系アメリカ人に対してリベラルな態度を示さなかった。……ほとんどの集合所長は、WCCAキャンプ［集合所］の日系人にはほとんど自治権を与えず、公平に、しかし厳格に対処すべきだと考えていた」と分析している。陸軍の部局である集合所当局の認識では、日系人はあくまで「日本人」と同じ顔をした「潜在的に危険な敵性外国人」であった。[3]

そのため、集合所規則にも明記されているように、当局は「敵国語」である日本語の使用を厳格に取り締まっている。詳細は順次明らかにするが、一例として、WCCAが日本語を禁止する全体方針を正式に決定した際、カリフォルニア州マーセッド（Merced）集合所の所長は、次のような通達によって本部の方針を徹底させている。「［WCCAが発表する］規則や指令は、もちろん、当集合所では厳格に執行される。所内の警察は、あらゆる日本語出版物を没収するよう指令を受けている」。軍の組織らしく、ひとたびWCCA本部が決定や規則を示すと、多くの場合、それらは全集合所ですみやかに、かつ統一的に執行されている[4]。

当局の首脳は、日本語の排除を有効で意義のある統治法だと認識していた。一九四二年末、全集合所の閉鎖後にWCCAの幹部が集まり政策全体を総括した際には、日本語を徹底して封じたことを一様に高く評価している。たとえば、カリフォルニア州フレズノ（Fresno）集合所の幹部は、「私の意見では、［WRAが管轄する］転住所でも日本語の出版物は一掃すべきである。英語を話すことに対する古い世代［一世］の関心を高める、あるいは英語を話すよう仕むけることができる」とのべている。同州サンタ・アニタ（Santa Anita）集合所の広報担当官もこれに同意している[5]。

他方、大多数の日系人は政府に対して表面的には従順で、突然の日米開戦から強制立ち退き、そして集合所に隔離されるまで、いかなる待遇にも忍耐強く、かつ協力的に応じている。以後、随所で指摘するように、不平・不満が渦巻いていたことは確かであり、ときに改善を求める声が発せられたこともある。しかし、組織的な異議申し立てがなされたのは、実体的な不都合や不便が頻発したり、統制が過剰、あるいはいちじるしく統一性・一貫性を欠いたような場合にほぼ限られ、暴力的な運動に発展することもなかった。少なくとも、立ち退き・収容政策それ自体に対する集団的な抵抗は、まったく見られていない[6]。

なお、日本語の禁止は本節で扱う「キャンプ新聞」に限らず、集合所内のあらゆる言論・報道活動に波及する根源的な統制政策であった。したがって、本章はもちろん、つづく第六章以降も、日本語の取り締まりについては随所で言及することになる。

キャンプ新聞による日本語報道とその禁止

一ヵ所を除きすべての集合所では「キャンプ新聞」が発行されているが、当然のことながら、当局は日本語による報道を一律に禁じている。キャンプ新聞はすべて謄写版で、一九四二年四月十一日にカリフォルニア州オーウェンズ・ヴァレー（Owens Valley）で創刊された『マンザナー・フリー・プレス』（*Manzanar Free Press*）を皮切りに、合計十六あった集合所のうち十五ヵ所で発行されている。しかし、集合所規則が日本語の出版・印刷物を「禁制品」に指定していることからわかるように（第四章）、ごくわずかな例外を除きこれらの新聞はすべて英語で書かれている。各紙の名称と発行期間は第六章の**表3**にまとめてある。新聞発行の概要も第六章で示す。

ただし、集合所規則が正式に制定される以前、各所でキャンプ新聞があいついで創刊されはじめていたわずかな期間、禁止されているはずの日本語の記事が掲載されたことが複数回ある。首都ワシントンDCのアメリカ国立公文書館などに保存されているバック・イシューからは、少なくとも四つの事例を確認できる。日本語による報道はいずれも、英文記事の翻訳、あるいは所内での出来事の報告や行事の告知などで、少なくとも政治・思想性の濃い意見表明や政府批判などではない(7)。

本来は許されないはずの日本語記事がなぜ載ったのかは判然としないが、現存する史料群を見わたすと、有力な理由として次の二点が考えられる。

第一は、単なる見落としや不注意である。開所当初は誰もが環境に不慣れで、何につけ混乱しがちであった。そうしたなかで、当局の責任者、とくに現場の担当官が紙面内容に十分に目を光らせていなかったり、全体的な方針を失念していた可能性がある。実際、いくつかの集合所で日本語記事を含む新聞が配布されている事実を知ったWCCA本部は、ただちに指令を発し、キャンプ新聞に二度と日本語を使わせぬよう厳命している。この点は後述する。

第二に、日本語の使用は当局にとってむしろ有益であり、また部分的であれば問題はないと考え、各集合所の担当者が独自の判断で許可した可能性がある。この点もあらためて後述するが、日本語による報道を当局が承諾していたことをほのめかす史料もある。

しかし、右のいずれの見方も決定的な裏づけを欠いており、また場所によって原因が異なっていた可能性も十分にあり、この問題の解明にはさらなる史料の発掘・分析が必須である。

キャンプ新聞で日本語が使われた第一の事例は、ワシントン州ピュアラップ（Puyallup）集合所の『キャンプ・ハーモニー・ニューズ＝レター』（*Camp Harmony News-Letter*、創刊号のみ *Camp Harmony News-Letters*）である。一九四二年五月七日号と五月二十三日号の、それぞれ四ページ目が日本語で記述されている（図7）。記事の内容は、洗濯に湯が使えるようになったこと、食堂から借りだした食器は必ず返却すべきこと、トイレット・ペーパーはできるだけ節約すべきこと、WCCAが今後の収容計画を発表したこと、などである。なお、新聞題字にある「キャンプ・ハーモニー」は、当局の広報担当者が考案したピュアラップ集合所の通称である。(8)

第二の事例は、カリフォルニア州サクラメント（Sacramento）集合所の『ワレーガ・ワスプ』（*Walerga Wasp*、創刊号のみ *Walerga Press*）である。五月九日号と五月二十日号の二度にわたり日本語の記事を掲載している。前者の五月九日号は創刊号で、二ページ目の三分の一ほどの部分にあいさつ文と五つの短信が載っている（図8）。短信はすべて英文記事の翻訳で、開所以来はじめて成立した婚約、予防注射、日曜の礼拝などについて伝えている。「ワレーガ」は同所からもっとも近いサクラメント郊外の町の名称である。

『ワレーガ・ワスプ』について注目すべきは、日本語による報道を拡充していく意向を編集部が紙面で表明していることである。創刊号の五月九日号には、次のような日本語のあいさつ文が載っている。「勿論《もちろん》英文に重きを置きます故、邦文ではほんのニュースの一部をお耳に入れるに過ぎませんが、ゆくゆくは皆さんの御支援の下に必ず立派に育てあげ、思っている半分の役目でも果したいと考えて居ります」。「勿論《もちろん》英文に重きを置きます」

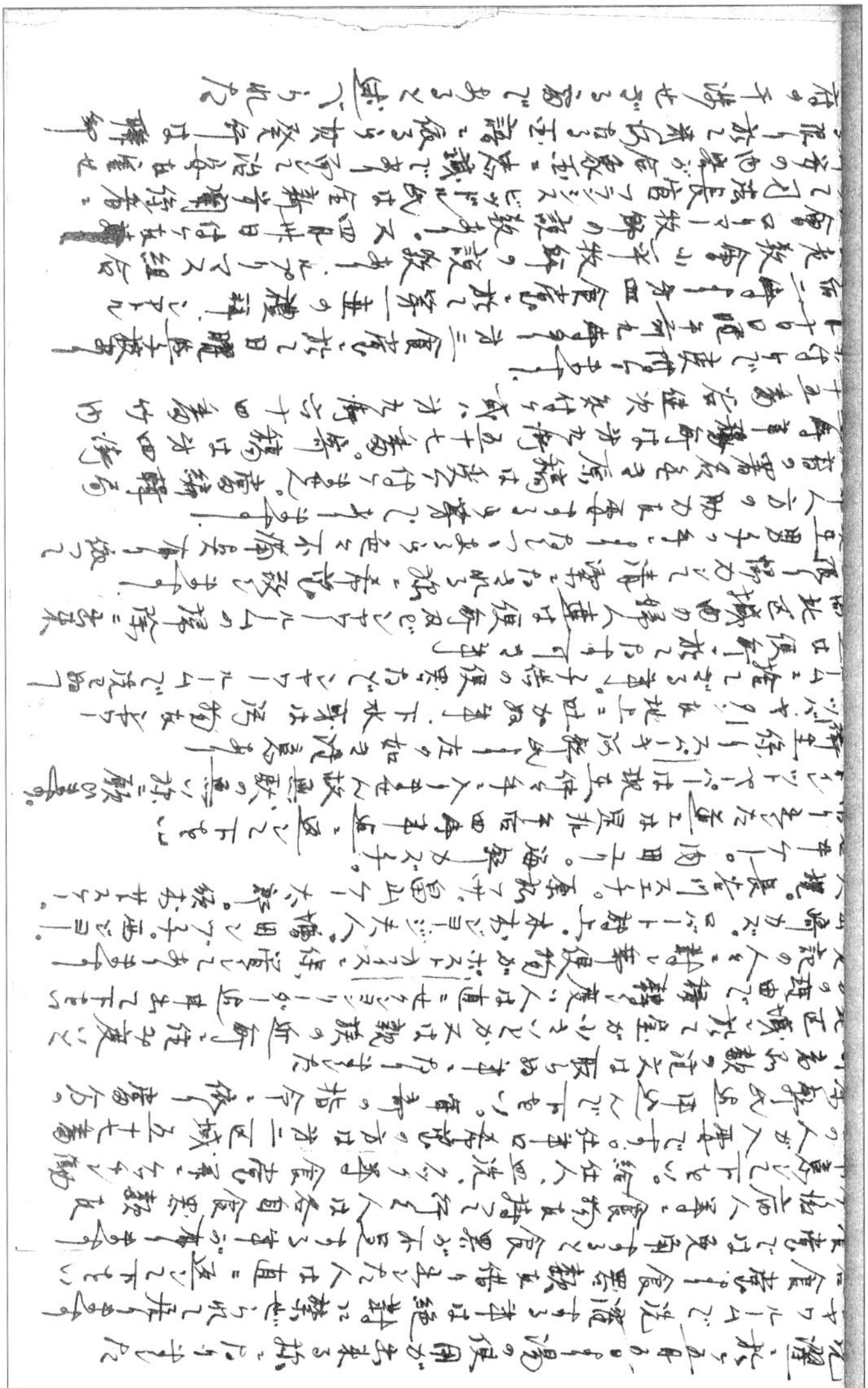

図7 『キャンプ・ハーモニー・ニューズ＝レター』（1942年5月7日号）の日本語ページ。（Karl R. Bendetsen Papers, Box 609, Folder Assembly Center Publications, Vol. 2, Hoover, Stanford.）

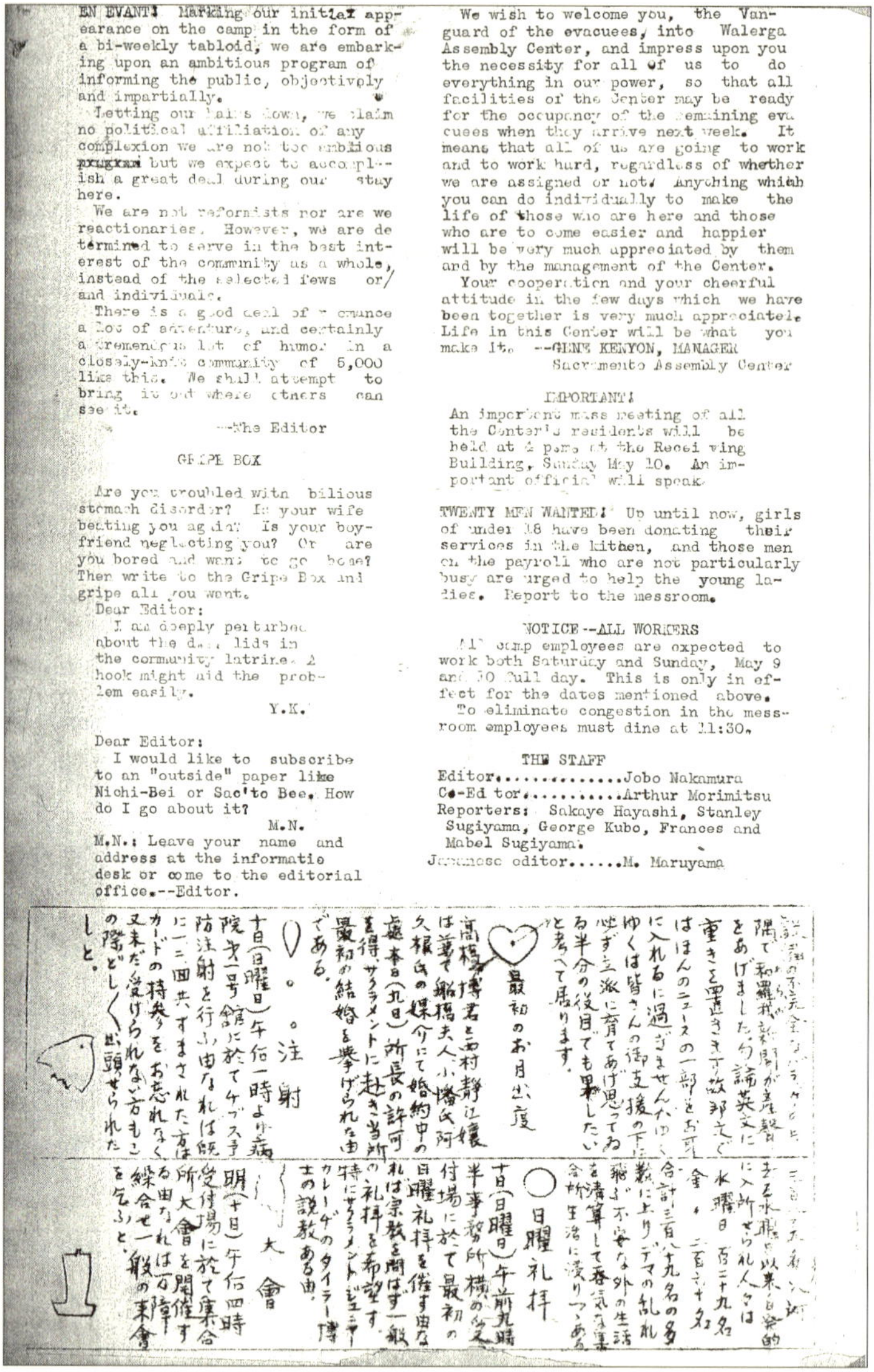

EN EVANT! Marking our initial appearance on the camp in the form of a bi-weekly tabloid, we are embarking upon an ambitious program of informing the public, objectively and impartially.

Letting our hairs down, we claim no political affiliation of any complexion we are not too ambitious but we expect to accomplish a great deal during our stay here.

We are not reformists nor are we reactionaries. However, we are determined to serve in the best interest of the community as a whole, instead of the selected fews or/and individuals.

There is a good deal of romance a lot of adventure, and certainly a tremendous lot of humor in a closely-knit community of 5,000 like this. We shall attempt to bring it out where others can see it.

--The Editor

GRIPE BOX

Are you troubled with bilious stomach disorder? Is your wife beating you ag.in? Is your boy-friend neglecting you? Or are you bored and want to go home? Then write to the Gripe Box and gripe all you want.

Dear Editor:
I am deeply perturbed about the d... lids in the community latrine. A hook might aid the problem easily.
Y.K.

Dear Editor:
I would like to subscribe to an "outside" paper like Nichi-Bei or Sac'to Bee. How do I go about it?
M.N.

M.N.: Leave your name and address at the informatio desk or come to the editorial office.--Editor.

We wish to welcome you, the Vanguard of the evacuees, into Walerga Assembly Center, and impress upon you the necessity for all of us to do everything in our power, so that all facilities of the Center may be ready for the occupancy of the remaining evacuees when they arrive next week. It means that all of us are going to work and to work hard, regardless of whether we are assigned or not. Anything which you can do individually to make the life of those who are here and those who are to come easier and happier will be very much appreciated by them and by the management of the Center.

Your cooperation and your cheerful attitude in the few days which we have been together is very much appreciated. Life in this Center will be what you make it. --GENE KENYON, MANAGER
Sacramento Assembly Center

IMPORTANT!
An important mass meeting of all the Center's residents will be held at 4 p.m. at the Receiving Building, Sunday May 10. An important official will speak.

TWENTY MEN WANTED! Up until now, girls of under 18 have been donating their services in the kitchen, and those men on the payroll who are not particularly busy are urged to help the young ladies. Report to the messroom.

NOTICE--ALL WORKERS
All camp employees are expected to work both Saturday and Sunday, May 9 and 10 full day. This is only in effect for the dates mentioned above.
To eliminate congestion in the messroom employees must dine at 11:30.

THE STAFF
Editor..............Jobo Nakamura
Co-Ed tor...........Arthur Morimitsu
Reporters: Sakaye Hayashi, Stanley Sugiyama, George Kubo, Frances and Mabel Sugiyama.
Japanese editor.....M. Maruyama

和羅我新聞が産聲をあげました。今諦英文に重きを置き日本文はほんのニュースの一部をお耳に入れるに過ぎませんが、ゆくゆくは皆さんの御支援の下に必ず立派に育てあげ思って居る半分の役目でも果したいと考へて居ります。

最初のお目出度
高橋博君と西村静江嬢は兼て船橋夫人、小幡氏、阿久根氏の媒介にて婚約中の處本日（九日）所長の許可を得、サクラメントに赴き当所最初の結婚を挙げられた由である。

○注射
十日（日曜日）午后一時より病院第一号館に於てチブス予防注射を行ふ由なれば既に一二回共すまされた方はカードの持参をお忘れなく又未だ受けられない方もこの際どしどし出頭せられたしと。

水曜日　百二十九名
金　二百六十名
合計三百八十九名の多数に上り、デマの乱れ飛ぶ不安な外の生活を清算して呑気な集合所生活に浸りつゝある

○日曜礼拝
十日（日曜日）午前九時半事務所横の受付場に於て最初の日曜礼拝を催す由なれば宗教を問はず一般の礼拝を希望す。特にサクラメントジュニアカレーヂのタイラー博士の説教ある由。

大會
明（十日）午后四時受付場に於て集合所大會を開催する由なれば万障繰合せ一般の来會を乞ふと。

図8　『ワレーガ・プレス』（1942年5月9日号）の日本語記事。（Karl R. Bendetsen Papers, Box 609, Folder Assembly Center Publications, Vol. 3, Hoover, Stanford; RG 338, Entry Bound Volumes, Vol. 3, NA.）この創刊号のみ、題字が『ワレーガ・ワスプ』（*Walerga Wasp*）ではなく『ワレーガ・プレス』（*Walerga Press*）となっている。

と集合所での「公用語」はあくまで英語であることを認めながら、日本語による情報提供にも意欲を見せている。(9)
さらに、『ワレーガ・ワスプ』の編集部は二度目の五月二十日号において、「投書」の導入など日本語による報道を発展させていく意思をより積極的に表明している。記事の内容は創刊号とほぼ同じく当局の発表や注意事項ばかりであるが、情報量は増し、四ページ目の全面が日本語ニュースにあてられている（図9）。そして、今後は日本語面をいっそう充実させるつもりであることを次のように宣言している。「ページ数は限られて居りますから、ほんにキャンプ内のお知らせに過ぎませんが、次週頃から二ページ三ページに増し、皆さんの投書をも載せる事に致します」。実際、次号では二ページ分の日本語記事が準備されていた。ところが、後述するように、編集部の努力はＷＣＣＡの命令により水泡に帰してしまう。これ以後、『ワレーガ・ワスプ』に日本語が印刷されることは二度となかった。(10)

第三の事例は、オレゴン州ポートランド（Portland）集合所の『エヴァキュアゼット』（*Evacuazette*）であるが、これは日本語版が個別の題字を有している点で前二例とやや異なる。創刊号の五月十九日号と五月二十二日号の二度にわたり、それぞれ二ページだてで『江波時報』という名称で発行されている（図10）。「江波」は英文題字の“Eva”の部分のあて字だと考えられる。記事の内容は同日付の本紙の英文記事とほぼ同一であるが、五月二十二日号の一ページ下段のあいさつ文にあたる文章（日本語面のみに掲載）に次のようなくだりがある。「日米紙遂に休刊す。沿岸唯一の日本字新聞は誰あろうかく言う江波時報。何だか肩身が広いような狭い様な気にもなる［強調は原文］」。冒頭の「日米紙」は、カリフォルニア州サンフランシスコで発行されていた、アメリカ本土で最大級の日本語日刊紙『日米』をさす。一九四二年五月中旬に同紙が西海岸の日本語新聞として最後に発行を停止していることから（第三・四章）、謄写機で印刷される弱小の『江波時報』が、はからずも有力紙である『日米』の立場を引き継ぐことになった、という意味である。(11)

最後の事例は、カリフォルニア州フレズノ（Fresno）集合所の『フレズノ・センター・ニューズ』（*Fresno Center*

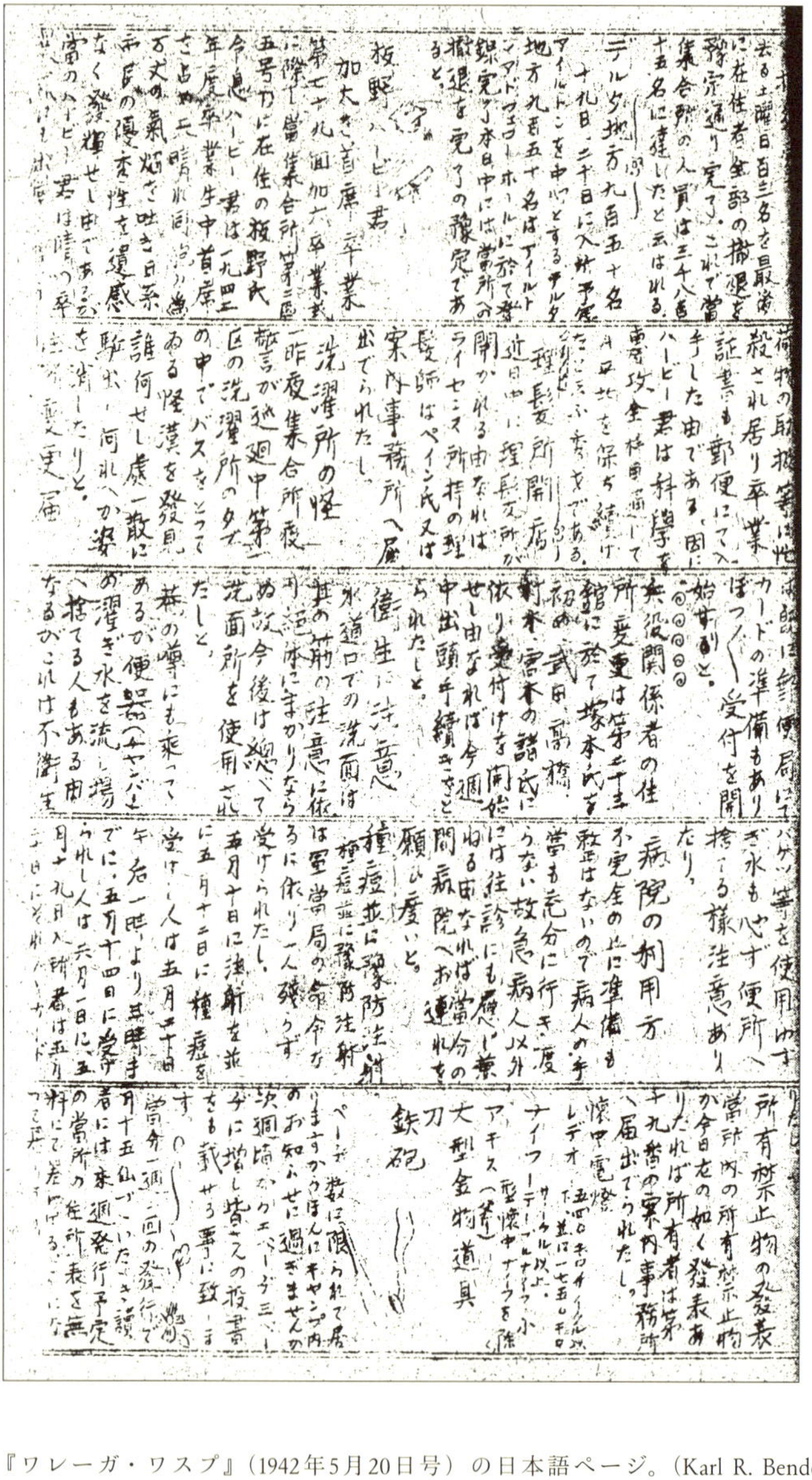

図9 『ワレーガ・ワスプ』（1942年5月20日号）の日本語ページ。（Karl R. Bendetsen Papers, Box 609, Folder Assembly Center Publications, Vol. 3, Hoover, Stanford; RG 338, Entry Bound Volumes, Vol. 3, NA.）

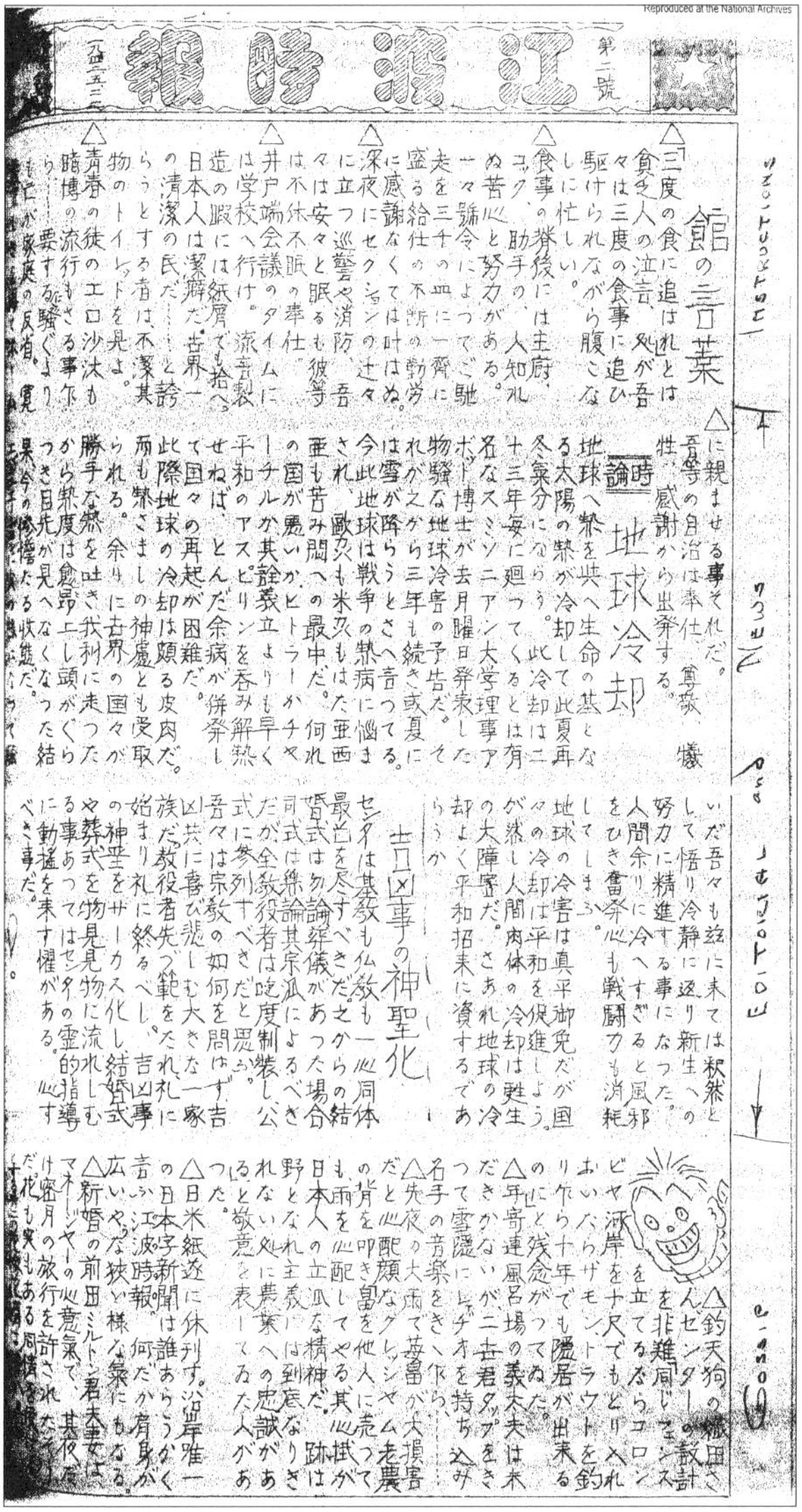
江波時報
第二號
館の言葉
時論 地球冷却
吉凶事の神聖化

図10 『江波時報』(1942年5月22日号)。(RG 338, Entry Bound Volumes, Vol. 3, NA.)

News）である。創刊号である五月二十三日号の二ページ分が日本語記事で占められ、ポートランドの『江波時報』と同様、『フレスノ集合所新聞』という個別の題字が印刷されている（図11）。とはいえ、ほとんどは英文記事の翻訳である。なお、『フレズノ・センター・ニューズ』は第二号以降、『フレズノ・グレープヴァイン』（*Fresno Grapevine*）に改題されている。

『フレスノ集合所新聞』について見逃せないのは、当局の承諾を得た上で日本語面を編集していたと読める記述があることである。「発刊御挨拶」（日本語面のみに掲載）によれば、「当局では場内にこの諸取締規則其他《そのた》、毎日行われて居る諸団体の行動其他《そのた》、必要事を知らしめる為《た》め、英日両語の新聞刊行を許可され［傍点は引用者］」たというのである。日本語の記事を増強する構想を表明していた前述の『ワレーガ・ワスプ』とあわせて考えれば、少なくともこれらの集合所では、明示的か示唆的かは別として、当局が日本語による報道を容認していた可能性がある。(12)

ところが、これらのキャンプ新聞で日本語が使われている事実を知ったサンフランシスコのWCCA本部は、ただちに全集合所に指令を送り、以後、英語以外による報道は二度と許さぬよう厳命してしまう。最初の命令は五月二十五日付で、業務を円滑化する上で「絶対的に必要」な場合以外、キャンプ新聞はもちろんそれ以外の媒体においても、日本語の使用は一切、許可してはならないと伝えている。同命令は「絶対的に必要」と認められる例として、「集合所規則」にもとづき「火災・治安・公衆衛生に関する規則を適切な場所に掲示する場合」をあげている。(13)

その二日後の五月二十七日には、カール・R・ベンデッツェン（Karl R. Bendetsen）WCCA局長みずからが、新聞の「検閲」を強化させる命令を全集合所長に伝達している。ベンデッツェンは強い調子で次のように指示している。

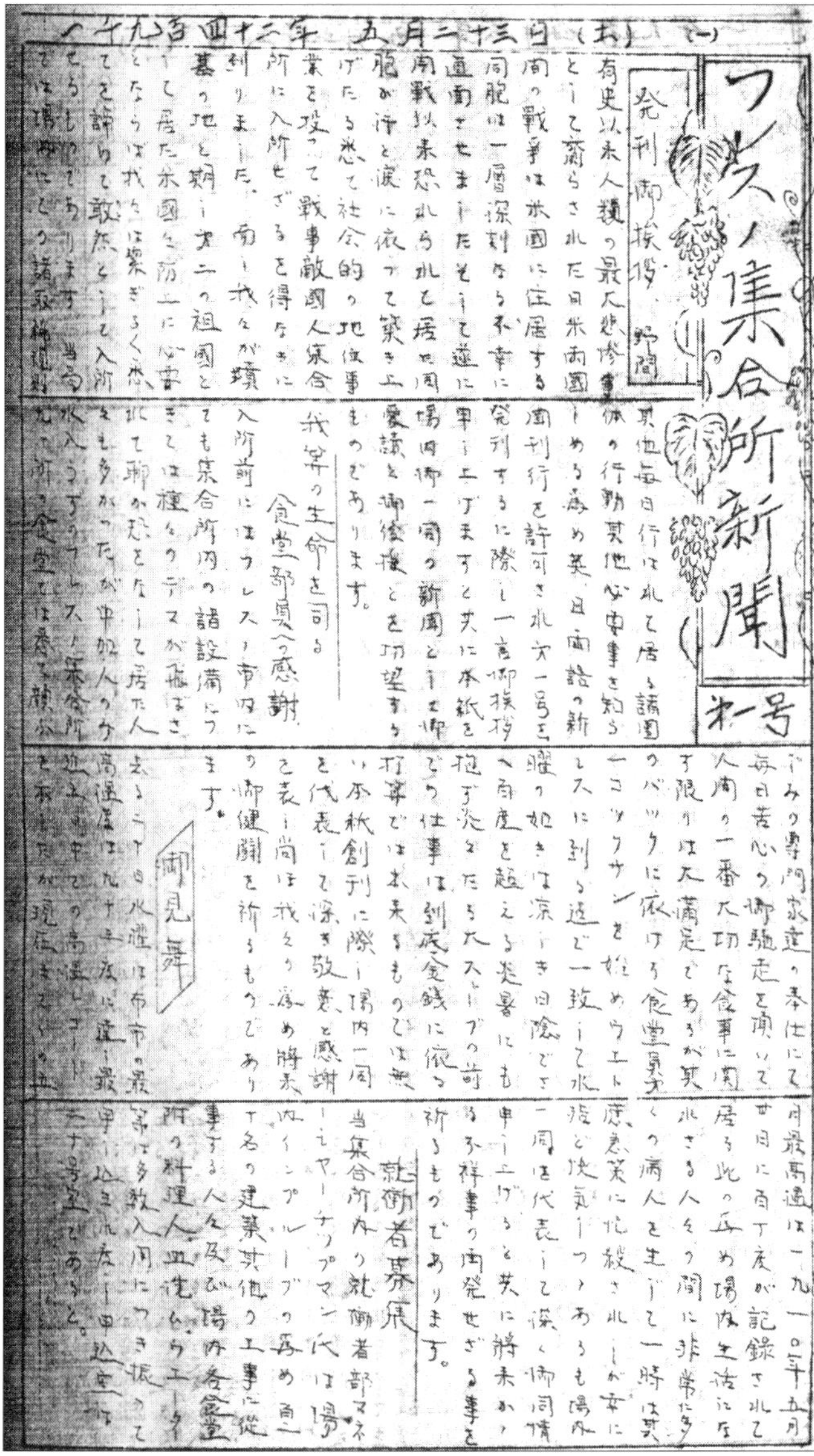

図11　『フレスノ集合所新聞』（1942年5月23日号）。（RG 338, Entry Bound Volumes, Vol. 3, NA.）

このような［キャンプ新聞に日本語記事が掲載される］事態が起きるということは、すべての新聞が十分に査読されていない、あるいは集合所長をはじめとする職員がこの件に関する［WDC］司令官の命令を心にとめていないことの証左である。……集合所新聞をより綿密に、かつきびしく検閲する必要があることは明白である。

引用文中の「司令官」は、ベンデッツェンの上司であるWDC（西部防衛司令部）のジョン・L・デウィット（John L. DeWitt）将軍をさしている。第四章で指摘したように、デウィットは日系人を「ジャップ」と毛嫌いし、集合所が開所した当初、あるいはそれ以前から、「敵国語」である日本語による言論・報道活動を全面的に禁じる方針を固めていた。(14)

さらに、ベンデッツェンの命令から三日後の五月三十日にも当局は同じ趣旨の指令を発しているが、短期間にくり返し日本語記事の排除を命じている事実は、集合所当局がいかに「敵国語」を危険視し、その根絶に傾注していたかを物語る。五月三十日の指令は日本語報道を全面的に取り締まる理由を、「日本［系］人が、彼らの仲間や外部者に文字、あるいは挿絵を介してメッセージを送り……集合所当局や陸軍省をはじめ我々の利益を害さないよう」にするためだと説明している。まったく理解不能であるがゆえに、当局は日本語に深い疑念・恐怖感をいだき、有害な「敵国語」として徹底して封じ込めようとしていたのである。(15)

なお、WCCAが五月二十五日に最初の指令を発したとき、前述したサクラメント集合所の『ワレーガ・ワスプ』は二ページ分の日本語面をすでに完成させ、『和羅我新聞』という個別の題字までつけて配布する寸前であった（図12）。「和羅我」は「ワレーガ」のあて字である。結局、日の目を見ることはなかったが、記録用に保存された『和羅我新聞』の欄外には、「これは五月二十六日号のために準備されていたが、集合所長の命令によって配達されなかった」と英語で記されている。印刷されていた記事の内容は、児童・成人むけ教育機関の設

Issue No. 4-A WALERGA WASP, SACRAMENTO May 26, 1942

The following was prepared for issuance May 26, but was not distributed on orders of the … Manager.

図12　WCCAの指令で発刊されずに終わった『和羅我新聞』。右欄外にその理由が英語で書かれている。(Karl R. Bendetsen Papers, Box 609, Folder Assembly Center Publications, Vol. 3, Hoover, Stanford; RG 338, Entry Bound Volumes, Vol. 3, NA.)

置、病院の診療時間、所内警察官の増員計画、卓球大会の告知などである。この件について編集部は、次号五月二十七日号で次のように釈明している。もちろん、原文は英語である。

集合所の住人が協力しあえるように、重要な情報はすべて日本語に翻訳するのがワレーガ・ワスプの方針でした。しかし、日本語で書かれたものはすべて排除しなければならなくなりました。……五月二十五日に陸軍からそう命じられたからです。

これ以降、サクラメントを含め集合所のキャンプ新聞では、一度たりとも日本語は使われていない。[16]

渦巻く不満と混乱

しかし、日本語によるニュース報道を一切認めない当局の方針は、英語が不得意な日系人にとっては大きな痛手であり、不満をもつ者は少なくなかった。とくに、移民として日本からアメリカにわたってきた一世の大多数は英語での読み書きがほとんどできなかったため、情報入手や意思疎通においてかなりの不便を強いられている。カリフォルニア州タンフォラン（Tanforan）集合所で立ち退き・収容政策に関する研究に従事していた二世のチャールズ・キクチ（Charles Kikuchi）は、一九四二年五月十七日付の日記で次のように書いている。

キャンプでは日本語出版物が手に入らないので、一世でさえ日本的な見方に接することが少なくなっている。彼らは［英字］新聞とラジオからニュースを得るしかないが、当然、それらはアメリカ的な視点を強調する。

補足すると、集合所では日本など海外からの放送を受信する「短波ラジオ」の所持・聴取も一律に禁止されていたため、内部はもとより、外部からも日本語の情報はほとんど入ってこなかった。したがって、キクチがいう「ラジオ」とは、アメリカ国内の英語放送を聴くためのものである。(17)

一世がいかに情報に飢えていたかは、彼らの窮状を記録する史料の多さからも容易に理解できる。たとえば、カリフォルニア州テュレーリ（Tulare）集合所の日系人が作成した五月三十一日付の内部報告書は、一世が英字新聞を読めないことを問題視し、むしろ「彼らの士気を改善する良い機会なのに一世たちを無知のままにしておくのは愚かしく思える。英語ニュースの検閲ができるなら、同じことが日本語でできない理由はない」と指摘している。引用文中に「英語ニュースの検閲」とあるように、当局は彼ら自身の言語である英語で書かれた記事もこと細かに監視・統制している。使用する言語を問わず、言論・報道の自由はほぼ全面的に否定されていたわけである。英字キャンプ新聞の検閲は第六章で子細に検討する。(18)

もう一例、カリフォルニア州ターロック（Turlock）集合所の一世が出所後に外部の日本語新聞によせた投稿を紹介する。この一世は、日本語のニュースが皆無であったターロックからアリゾナ州ヒラ・リヴァー（Gila River）転住所に移って一番うれしいこととして、「タラック館府《キャンプ》で二ケ月間日本新聞を見なかったのに、比良《ヒラ》に来てからロッキー日本紙上で諸所の館府《キャンプ》の様子や戦争の解った事」と書き送っている。日本語の情報に触れられなかったことに、いかに不満・不便を感じていたかがわかる。陸軍の支配下に置かれた「集合所」（assembly centers）とは異なり、文民の政府機関が管理・運営した「転住所」（relocation centers）では、日本語による言論・報道活動はある程度は許されていた。これは日系人にとっては雲泥の差であった。ひるがえって、この投稿者も含めて一世の多くは、集合所でもっとも戸惑い、かつ屈辱的だった出来事として、当局の告知や指令がすべて英語で発せられた点を指摘している。(19)

なお、右の段落の引用文中にある『ロッキー日本』（一九四三年四月十二日号から『ロッキー新報』に改題）は、戦中を通じてコロラド州デンヴァーで発行された日本語新聞であるが、集合所では購読が禁じられている。反対に、転住所では購読料さえ払えば、取りよせて読むことができた。これも、二つの収容施設で好対照をなす当局の方針の一例である。外部の日本語新聞の購読禁止については、郵便物の統制・検閲を取りあげる本章の第三節であらためて論じる。

日本語による報道の禁止は、一世ばかりでなく「帰米二世」からも不評を買っている。帰米の多くは青年期に日本で教育を受けてからアメリカに帰国しているため、市民権を有する二世ではあるが、もっぱら日本語を母語としていたからである。カリフォルニア州オーウェンズ・ヴァレーに収容されていたカール・G・ヨネダ（Karl G. Yoneda）は、他の集合所にいる仲間にあてた私信（英語）で、日本語を一掃しようとする当局を次のように酷評している。

この集合所では、一世にとっても帰米にとっても、［キャンプ新聞の］日本語版が必要であると全員が考えている。私の理解するところ、唯一の反対意見は陸軍からきている。日系人が二つの意味に取れる言葉を使ったり、メッセージを隠したりする。陸軍はそう考えているのだ。キャンプ［新聞］のニュースを正確に翻訳でき、かつ信頼できる日系人が存在する。そのことを、どうしたら陸軍の連中に理解させることができるのだろう？

ヨネダ自身も帰米ではあるが、日本語と英語の両方に堪能であった。[20]

集合所で日本語のニュースが流通しなかったことは、単なる情報不足にとどまらず、根拠のない噂や誤解が広まるなど実体的な混乱を招いてもいる（図13）。前述したタンフォランのキクチは、一九四二年六月二十日付の日記でこう書いている。

図13　不正確な情報の拡散による人心の混乱は、ミネ・オオクボ（Miné Okubo）のスケッチ画の題材にもなっている。「もっとも大胆な噂は、サンフランシスコ湾の大橋が破壊されたというものであった」。（Miné Okubo, *Citizen 13660* [New York: Columbia University Press, 1946], 94.）

山火事のように噂が広まるのは、一世むけのニュースが足りていないからである。彼らのほとんどは［英語で書かれたキャンプ新聞を］読めないので、何が起きているのかを知ることができない。今後、日本語による公示はほとんど不可能であろう。日本語の読み物はまったく手に入らなくなる。信頼できるニュースがないので、彼らはどんなゴシップにも飛びついて、絶対的な真実だと信じ込んでしまうのである。

皮肉にも、噂に関する古典的な研究の一つである『流言と社会』（*Improvised News: A Sociological Study of Rumor*）は、立ち退き・収容を体験したタモツ・シブタニ（Tamotsu Shibutani）が自身の経験もふまえ戦後に出版したものである。(21)

同じ問題は、陸軍省から依頼を受けて複数の集合所に立ち入り調査をしたアメリカ赤十字（American National Red Cross）も指摘している。

若い人々は、当局による規則・規制・ニュースの伝達方法に満足しているように見える。しかし、英語を理解できない年長者は人づてに情報を得るため、周知が徹底せず、誤って伝わることもしばしばである。〔一世〕グループが不安定なのは、疑いなく、そのような誤解がかさなっているからである。

赤十字の報告書は、つづく第二節「日本語書籍・印刷物等の排除・没収」でもふたたび引用する。[22]

付言すると、日本語の報道禁止による混乱は、集合所の閉鎖後、WRA（戦時転住局）が管理・運営した転住所にも波及するほど深刻であった。一九四二年九月初旬、WRAの主席コミュニティ分析官がまとめたヒラ・リヴァー転住所での調査結果は、「居住地から集合所、さらに集合所から転住所へと二度にわたり収容されたことによる不安感」を問題視し、その背景に横たわる要因をこう指摘している。「彼らに理解できる言語〔日本語〕による地域新聞がないため……こうした状況下では、人騒がせな調子になりがちな口伝えの噂に頼ってしまうのである」。この教訓もあり、一定の条件をつけてはいるが、WRAは日本語によるキャンプ新聞や文芸雑誌の発行、および外部の日本語新聞の購読を許可している。[23]

日本語新聞を求める署名運動と主導者の処罰

日本語によるニュース報道の解禁を求める声もあがっているが、当局はそのすべてを却下している。二世のロイ・Y・ナカタニ（Roy Y. Nakatani）は、カリフォルニア州マーセッド（Merced）集合所に入った直後の体験を次のように語っている。「何が起こるかについて人々は知りたがっていました。〔入所した当初は〕誰かが外部からもち込んでくれない限り、英字紙でさえ読めませんでした。……日本語で〔新聞を〕発行できないかと当局に相談したものの、拒否されてしまいました[24]」。

本書のために渉猟《しょうりょう》した記録に残されている唯一の事例ではあるが、カリフォルニア州サンタ・アニタ（Santa Anita）集合所では、日本語新聞の発行許可を求める署名運動が起きている。

中心的な役割をはたしたのは、ロサンゼルスのオピニオン紙『同胞』の元発行者・藤井周而《ふじいしゅうじ》である。一九四二年六月中旬、藤井はベンデッツェンWCCA局長に請願書を送り、日本語でしか意思疎通のできない一世や帰米に情報を行きわたらせるため、所内で日本語新聞を創刊したい旨を次のように伝えている。「日本語を読める大人の過半数が、自分たちの言語による新聞を欠いている状況です。〔英字新聞や当局の布告が〕いろいろな規制を伝えてくれますが、〔一世や帰米を〕完全に理解させるには不十分です」。加えて藤井は、情報不足が人々の士気を低下させ、労働意欲を削いでいるとも訴えている。(25)

藤井の請願書には、実に約二千人が署名している。藤井は共産主義者として知られ、日米開戦前の日系人社会では「アカ」などと異端視される存在であった。にもかかわらず、これほど多くが彼の提案に賛同している事実は、当局の徹底した日本語排除に対し、いかに不満が鬱積《うっせき》していたかを雄弁に物語る。(26)

しかし、当局が日系人の要望に理解を示すはずはなく、むしろ摘むべき問題の種としか認識しなかった。六月十七日、サンタ・アニタの所内警察はサンフランシスコのWCCA本部にこう報告している。「このような請願書を回す目的は、ここで〔日本語〕新聞を発行するのではなく、トラブルを引き起こす媒体にしようということです」。この報告書によれば、FBI（連邦捜査局、Federal Bureau of Investigation）も同意見であり、「藤井を罪に問うか、集合所から追放するか、他の集合所に追いやる必要があります。これは、早急におこなわれる予定です」と結んでいる。(27)

はたして、当局は藤井ら署名運動の首謀者を厳重に取り締まっている。六月二十四日、規則に反し許可なく公共の場で日本語を使用したとして、主導的な立場にいた藤井を含む六人をFBIが逮捕したのである。藤井らはその後、カリフォルニア州ロサンゼルス郡刑務所に送られている。もちろん、日本語新聞発行の要求は一顧だにされていない。[28]

本件に関連する史料群が一様に示しているとおり、当局は確信をもって署名運動を押さえ込んでおり、そこには一切の躊躇も懸念もなかった。集合所の閉鎖後、サンタ・アニタの広報部長はこうふり返っている。「所内で日本語の新聞や雑誌を完全に禁止するといった、きびしい規則・規制が課されるべきなのである」。[29]

藤井らの逮捕は、残された大多数の日系人を萎縮させるのに十分であった。サンタ・アニタで所内の動向を記録・分析していた文化人類学者のタミエ・ツチヤマ（Tamie Tsuchiyama）によれば、逮捕の直後、数百人が請願書からの署名の削除を希望したという。ツチヤマはカリフォルニア州立大学バークレー校（University of California, Berkeley）の研究グループの一員であり、同大の文化人類学教授にあてた書簡でも次のように報告している。「七十五以上のＩＱ［知能指数］をもち、キャンプの環境を改善しようとする者は、誰でも容疑者リストに名をあげられてしまう。そして……〈悪魔の島〉かどこかに送られる可能性が高い」。この研究グループについては、次節であらためて説明する。[30]

そもそも力関係が極端に不均衡な状況での異議申し立ては非現実的、むしろ危険でさえあり、集合所の日系人はいかなる統制・処罰も受忍する以外なかった。サンタ・アニタのある日系人は外部の支援者にあてて、「この［藤井らの逮捕の］一件はまったく不合理、いちじるしく不公正であるが……いまや誰も政治的な立場を表明したり、何かのために運動しようとは思わなくなった」と訴えている。サンタ・アニタでの一連の言論統制について、スタンフォード大学の歴史学教授だったヤマト・イチハシ（Yamato Ichihashi）も、同僚にあてた書簡で諦観の念をこうつづっている。「管理当局はどんな事柄に関しても批判することを許さない。……［当局の］方針に従わ［ない］ということは、誰にとってもきわめて危険なことだ」。[31]

第二節　日本語書籍・印刷物等の排除・没収

本節では、集合所当局による「敵国語」統制が、前節で取りあげたキャンプ新聞以外の領域にも広く、深く及んでいた事実を明らかにする。具体的には、書籍など印刷物の排除・没収に加えて、標識・看板・掲示物・拡声装置などを使った公的な情報伝達の統制について論じる。

日本語書籍等の排除・没収

集合所当局は、キャンプ新聞だけでなく、書籍をはじめ日本語で書かれた印刷物全般を徹底的に排除しようとしている。集合所規則が命じているように（第四章）、「宗教書（聖書・賛美歌集）と英和辞書」のみを「例外」として日本語書籍はすべて「禁制品」に指定し、所内で随時おこなう家宅捜索などでそれらを発見した場合は、その場でただちに没収している。カリフォルニア州タンフォランで立ち退き・収容の研究に従事していた日系人調査員は、「読み物が渇望されている。話をした三人の日系人はともに、とにかく本――本――本を求めていた」と報告書に記している。ニュース報道という動的な言論・表現活動だけでなく、読書など比較的に静的で娯楽的・文化的な活動に対しても、当局は同じ強度で「敵国語」統制をしていたのである(32)。

「敵国語」出版物の存在自体を認めないという当局の方針は一貫しており、集合所を管理・運営する上で「不適切」「有害」かどうかなど内容はほとんど考慮せず、実質的には「日本語で書かれている」ことだけを判断基準としている。タンフォランのチャールズ・キクチは、一九四二年六月二十三日付の日記で次のように書いている。「一世たちはかわいそうに聖書や宗教書以外に読む物がなくなってしまった。［当局は］日本語訳された反ファシズム文学でさえ没収している」。付言すると、規則では「例外」とされていたはずの「宗教書」でさえも、つねに無条件で認められたわけではなく、むしろ仏教に関する書籍は不許可とされる場合が多々あった。この問題は第七章であらためて検討する。(33)

ワシントン州ピュアラップでは、病床にある一世が医療書を取りあげられている。その患者の娘は、次のような抗議文を集合所長に提出している。

簡単な応急処置法や一般的な病気の治療法などを日本語で記した医療書、それも薄いパンフレットや冊子のようなものが、なぜ「禁制品」とみなされるのか、その理由をどうか教えて下さい。英語を読めない私の両親が、今までずっと大切にしてきたものなのです。

現在入手できている史料群を見る限り、当局がこの訴えを聞き入れ、当該書を返却した形跡はない。(34)医療書のように用途が明確な実用書でさえ特別扱いされないのであるから、余暇・教養目的の本が許容されたわけがない。カリフォルニア州サンタ・アニタのジョー・オヤマ（Joe Oyama）は、人権活動家のケアリー・マクウィリアムズ（Carey McWilliams）にあてた私信で次のように訴えている。「［一九四二年］八月四日にあった禁制品の捜索で、［母親の］全巻そろった古典文学集（三十年間近く大切にしていたもの）や翻訳書が所内警察に没収されてしまいました。そのなかには、［フランスの作家・思想家、ジャン＝ジャック・］ルソーの〈教育〉に関する評論も含まれています」。同じくサンタ・アニタの住人で帰米二世のヨシオ・アベ（Yoshio Abe）も、回顧録のなかでこうふり返っている。「〈鬼畜米英を倒せ！〉といったスローガンが含まれていないかと恐れるあまり、古典的な文学作品であれ、科学に関する本であれ、反戦小説であれ、禁止されてしまった」。(35)

「敵国語」を駆逐しようとする当局の態度がいかに頑強であったかは、すでにその一部を紹介しているように、集合所内で研究活動に従事していた日系人も克明に記録している。その一人、前節でも引用したサンタ・アニタのタミエ・ツチヤマは、当局の取り締まりがいかに度を越しているかを次のように強調している。

> 検閲官は……紫式部の『源氏物語』を「帝国主義的思想」を含んでいるという理由でとがめた。しかし、もし十世紀〔ころ〕に書かれた『源氏物語』が二十世紀のアメリカで危険視されるなら、英語で書かれていようが日本語で書かれていようが、何らかの側面で日本文化に触れるすべての文学作品がとがめられなくてはならない。〔傍点は原文では下線〕

ツチヤマは別の箇所で、日米開戦直後にＦＢＩ（連邦捜査局）がおこなった日系人指導者の一斉逮捕（第三章）を引きあいにだし、当局の強権ぶりをさらにこう批判している。「立ち退き以前、とくにＦＢＩが劇的な手入れをしたときと同じことを〔集合所当局は〕くり返している」[36]。

前段落のツチヤマが参加していたのは、ＪＥＲＳ（日系アメリカ人立ち退き再定住研究、Japanese American Evacuation and Resettlement Study）という大規模な研究プロジェクトである。政府の立ち退き・収容政策の全般的な記録、およびその影響や問題点の実証的な解明を目的として、カリフォルニア州立大学バークレー校を本拠につくられた研究組織である。統括者は同大の社会学教授であるドロシー・スウェイン・トーマス（Dorothy Swaine Thomas）で、文化人類学や社会学を専攻する二世の大学院生などが現地調査員として加わり、集合所での実体験にもとづき大量の一次情報を収集・記録・分析している。とくにＪＥＲＳの主要観測地点だったカリフォルニア州サンタ・アニタやタンフォラン、そしてワシントン州ピュアラップでは、ツチヤマや前述したキクチ、シブタニらが有用な史料を大量にうみだし、戦後に本格化する立ち退き・収容に関する学術研究に多大な貢献をしている。もちろん、ＪＥＲＳの恩恵を受けているのは本書とて例外ではない[37]。

当局自身が残した一次史料からも、内容を問わずあらゆる日本語出版物が無差別的に排除・没収されていた事実を確認できる。一例として、サンタ・アニタとフレズノで押収された書籍の一覧には、次のような題名（原文は英訳）が含まれている。

『赤ちゃんから一年生まで』
『新しい毛糸』
『生け花と茶の湯全集』
『英語会話　学び方と話し方』
『家庭療法と看護法』
『レ・ミゼラブル』
『理想的クリスチャン』

反逆的な政治思想やプロパガンダとは無縁の書名ばかりであり、「日本語で書かれている」ことだけを理由に奪われていることがわかる。とくに最後の『理想的クリスチャン』は、規則が「例外」とする「宗教書」に該当していた可能性が高い(38)。

右の点について興味深いのが、おもに宗教書の鑑定を依頼されていた知日派の白人クリスチャン牧師が、『英文手紙の書き方』（原文は英訳）という本を査読した際の記録である。同書について牧師は、「日本できわめて一般的な、他の同種の本と似ている。あらゆる主題や場面に適した日本語の手紙を集め、それを英語に訳したものであろう。全般的によくできている」と客観的、かつ好意的な評価を下している。ところが、内容がいかに無害であろうとも、当局はそれを例外として許可してはいない。なお、この牧師は所内に掲示する日本語の英訳の点検もまかされており、「静粛に」（Silence Requested）、「禁煙」（Smoking Forbidden）といった貼り紙や病院で使う案内用の文字にも目を通していたことが記録に残っている。(39)

そもそも、日系人は両手で運べるだけの荷物とともに西海岸の居住地から立ち退かされたのであり、集合所にもち込んだ書籍は重要度や実用性がとくに高いか、思い入れの深い品ばかりであった。サンタ・アニタで外部むけに発行されていた匿名の「ニューズレター」（もちろん英語）は、わざわざ集合所まで運んできた大切な本を取りあげられた失望感や憤慨ぶりを、次のように伝えている。

［日本語書籍を禁じる］集合所規則を、所内の住民は落胆をもって受けとめた。……多くは、自分たちが「よい」と思った本を選んで集合所に持参しているからである。そんな命令には逆らってしまえばいい。そう考えるほど激怒している者もいる。政治意識の高い日系人たちは、それをナチスの「焚書」のゆるやかな形とみなしている。

このニューズレターはまた、「厳格な規則は、仮にそのような人が存在するならば、活発な親ファシスト分子を抑圧しようと意図されたものである。しかし、かえって多くを反民主的にしている」として、過剰な統制が逆効果を招いていると指摘している。(40)

右のニューズレターを含めすでに引用した各種の史料からも明らかなように、日本語によるニュース報道の禁止と同じく、書籍の排除・没収に対しても住民の多くは不平・不満をつのらせている。その一人、サンタ・アニタの一世である森邦雄は、当局の統制が本来の目的をはたさず、単に日系人を精神的に痛めつけているにすぎないと訴えている。

日本人の一世から日本語の読物を取上げられては一世の慰安と娯楽の五、六割を取上げられたも同様だ。この無聊《ぶりょう》な生活を二倍する事になり、殊にこの収容［集合］所内に持参している読物は思想的に悪影響を及ぼす如きものは全然なく、何《いず》れも娯楽的、慰安的な読物ばかり［である］。

森はさらにこうつづけている。「今突然、邦文字の印刷物を見られないとなると人形同様の生活だ(41)」。

カリフォルニア州タンフォランの帰米二世、カール・イチロー・アキヤ（Karl Ichiro Akiya）も日本語の読み物を奪われ、立腹していた一人である。立ち退き・収容から約四十年後、連邦議会が設立したＣＷＲＩＣ（戦時民間人転住・抑留調査委員会、Commission on Wartime Relocation and Internment of Civilians）の公聴会（一九八一年）で、当時の心境を次のように回顧している。

［日本語］出版物をさしだすといっても、各人が当局の事務所に届けるのではない。その日に目にした光景は、敵に攻撃を加えるように、隊列を横長に組み、銃剣をむけながら我々のバラックにゆっくり前進してくるアメリカ軍であった。兵士たちが退路を断ちながらバラックに近づくと、彼らの背後から当局の係官が姿を見せ、あらゆる出版物を次々に取りあげてゆき、それらがバラックの前に積みあがっていった。

アキヤはこの一連の行為を、憲法が保障する基本的人権の明らかな侵害と断じた上で、母語による読み書きの必要性をこう強調している。「一世と帰米にとっては、日本語を使わずにキャンプで日常生活を営むことは不可能であった(42)」。

なお、右でアキヤが証言しているように、当局は日系人の住宅に踏み込んでまで日本語書籍等を一掃しようとしている。家宅捜索による「禁制品」の没収については、つづく第三節であらためて論じる。

日系人が精神的に痛めつけられていたことは、当事者だけでなく、外部機関も指摘している。陸軍省の依頼で複数の集合所の実情を立ち入り調査したアメリカ赤十字は、「人々の心に問題」が生じており、典型的な不満として「なぜ、文化的で、戦争とはまったく関係ない日本語の本をすべて排除する必要があるのか?」という声が聞かれたと報告している。とくに一世に関しては、「陸軍が押しつける言語規制が強まり、日本語の本・雑誌・新聞・レコードが禁止されるにつれ、言語の壁はますます厚くなり孤立が深まって」おり、「高いフェンスと憲兵の存在とともに、〔日本語の禁止は〕明らかに自由と独立性の喪失を象徴している」と結論づけている。(43)

日本語書籍の排除・没収について見過ごせないのは、前節でも指摘したように、臨時施設である集合所の閉鎖後も、長く日系人に影響を及ぼしつづけている点である。一例として、恒久的な施設である「転住所」に移ってから次々に図書館が開設された背景について、ユタ州トパーズ（Topaz）転住所の最終報告書は次のように解説している。

〔日系人〕収容者が苦労して故郷からもちだしてきた本はすべて、集合所で没収されてしまった。気晴らしや慰安を失ったことは……苦痛であった。心の慰めにと噂にふけることもあった。このような風潮を押しとどめ、気持ちを落ち着かせ、また現実から休息して充実した余暇を過ごすため、当所の指導者たちは、英語を読めない住民のために日本語の図書館を設立することを決定したのである。

つづけて報告書は、トパーズでは一日に平均して約二百人が図書館を訪れたと記している。設立に尽力した浅野《あさの》七之助《しちのすけ》ものべているように、日系人がいかに日本語に飢えていたかがわかる。(44)

集合所規則は「宗教書（聖書・賛美歌集）と英和辞書」だけは「例外」として所持を認めていたはずであるが（第四章）、実際の当局の対応は統一性・一貫性を欠き、規則に逆行することもあった。日系人の宗教活動を支援していたプロテスタント教会団体の会議録には、次のような記述がある。「［集合所規則は］すべての施設で同じように解釈されておらず、一般化すれば、実質的にはすべての日本語書籍がすでに禁止され、自発的に放棄させられている。古い世代［一世］は、読み物のほとんどを奪われてしまっている」。コロラド州デンヴァーの日本語新聞『ロッキー日本』も一九四二年七月十日号の記事で、「バイブル仏教聖典の如きものを除く他のものは全部没収され、所によっては［字］引きまで取り上げられた」と報じている(45)。

ワシントン州ピュアラップでは、宗教書や辞書の所持は無条件で認められず、まずは当局に現物を提出し、内容の審査を受けることが義務づけられている。七月二十一日の日系人代表者会議の議事録には、「日英・英日辞書、宗教書、そして賛美歌集は審査後に承認印を押され……所有者に返還される」と記載されている。加えて、この会議と同日、各住居区域の代表者は次のような通告を受けている。「今後、日本語で書かれた書籍や文献はすべて禁制品とみなされるため、各住居区域の事務所を通して当局に提出しなければならない。宗教書と日英辞書も審査……のため提出しなければならない(46)」。

ピュアラップ当局が書籍の内容をいかに点検していたか詳細は不明であるが、同所に収容されていた日系人は、提出させた宗教書や辞書にはほとんど目を通さず、そのまま没収してしまうことがあったと手記に書いている。あるクリスチャン一家の親は、中西部の大学に進学した息子への手紙でこう要望している。「アーメー［陸軍］から日本語のブックをとりあげられますので、それをいつ返してくれるかわかりませんから、とられゝば惜しいですから、［あなたに］送りますから、キープしてゝ下さい」。二世のモニカ・ソネ（Monica Sone）も一九五三年の回顧録のなかで、日本語をまったく読めない担当官が『万葉集』、さらには日本語版の聖書や携帯型の辞書をも取りあげたと書いている。ソネは母親の言葉を引いて、そのときの憤りをこう表現している。「どうか教えてほしい。聖書のどこが危険だというのか？　反逆的な言葉など一つもないのに(47)！」

最終的に当局は、信仰・宗教目的の書籍・出版物はすべてサンフランシスコのWCCA（戦時民間人管理局）本部に集め、統一的に審査するようになった。第四章でも紹介したように、一九四二年八月十八日、WCCAは各集合所長に追加指令を発し、「現在、所内で活動中の各宗教団体の指導者から、日本語で印刷されたすべての宗教出版物の著者・題名・内容の概略を記した一覧表、あるいはその現物を確保」し、サンフランシスコの本部に提出するよう命じている。それら出版物の所持を許可、あるいは没収すべきかどうかを決定するためである。とはいえ、職員は英語しか理解できないため、実際の審査は、日本語の素養がある（その程度は不明であるが）非日系人のキリスト教の宗教家などに依頼している。このことからもわかるように、日本語書籍をめぐる政策は必然的に「信教の自由」をも制約している。信仰・宗教活動の統制は、第七章であらためて重点的に論じる。[48]

もっとも、日系人とてまったくの無抵抗だったわけではなく、組織的な異議申し立てが複数の集合所でおこなわれている。ピュアラップでは、一九四二年八月中旬に住民代表者が行き過ぎた日本語書籍の取り締まりを是正するよう集合所長に請願している。「英語を読むことができない多数の立ち退き者に代わって要望します。日本語の読み物を［没収し］倉庫に保管する決定を再考して下さい」。代表者はつづけて、母語での読書を封じられることがいかに人々を苦しめているかをこう強調している。

理解できる唯一の言語による読み物を失ってしまった。立ち退き者のこの立場は貴君も理解できるはずです。……余暇の気晴らしがなくなってしまう。そう気をもむのは当然です。本を奪われた失望感は、［立ち退き・収容に加えて］彼らにさらなる打撃を与えています……。

失われた本の大多数が軍事的な安全や秩序維持とは無関係である点をふまえ代表者は、「私たちの目的は、けっしてWCCAやWRAの政策を妨害することではありません。当局が決めたどのような判断基準にも従い、無害な本と有害な本の選別に協力する準備があります」とも訴えている。[49]

カリフォルニア州タンフォランの日系人も、六月下旬に統制の緩和を求めて二代目所長のフランク・E・デイヴィス（Frank E. Davis）に直談判している。代表者らは、なぜフランスの作家であるヴィクトル・ユゴー（Victor Hugo）の小説まで当局は問題視するのかとただし、「日本語で書かれている」という理由だけで、書籍ばかりかバラックの表札や住民「自治」組織の選挙にかかわる掲示物までも取り外されていることが、人々の士気をいちじるしく低下させていると申し立てている。(50)

タンフォランの日系人は他所に比べ熱心に異議の声をあげていたようで、前段落の事例を含め、数度にわたり当局に交渉をもちかけている。もちろん、それだけ統制に苦しめられていたということでもある。七月十五日には、代表者が次のような要望書を所長に提出している。「通常の教科書、辞書、医療書、随筆、小説、そして生け花や芸術など、純粋に文化的な内容の本は、現在の国際情勢とは何の関係もなく、禁制品として指定される理由がありません」。要望書はつづけてこう迫っている。「年をとった人々［一世］の多くは英語をまったく読めないので、当局がおこなっているような没収は不必要であり、かつ所内の士気を高く保つという我々の目標を阻害するだけだと考えます」。その後も、タンフォランの日系人代表者はくり返し当局に働きかけ、書籍の返還や規制の緩和を求めている。(51)

しかし、日系人がいくら要請をしても、当局が統制の手をゆるめることはなかった。六月下旬の会合でタンフォランのデイヴィス所長は、「日本語の印刷物はどのようなものであれ」禁制品として扱うという従来の方針をくり返し、「我々は規則の枠内で生活しているのだ」と要求をはねのけている。「もし、機能していない規則があれば、我々は真摯に検討する」とも発言していることから、これまでの統制方法が「機能している」と考えていたことがわかる。翌月の話しあいでも、「所内で［日本語を］使いたいのであれば、どのようなものでも［当局に］照会して承認を受けなければならない。私が許可できるのは、賛美歌集と聖書だけである」とあくまで集合所規則にそった発言を反復している。(52)

ワシントン州のキリスト教団体が日本語書籍の寄贈と図書館建設のための寄付をもちかけたときも、集合所当局は一顧もせず申し出を断っている。その団体は「ワシントン州教会・宗教教育協会」(Washington Council of Churches and Religious Education)といい、立ち退きにより廃業させられた日系人の書店の在庫を買いとり、ピュアラップ集合所内で図書館を設立する慈善活動にのりだしていた。この計画には他の宗教団体や公立図書館や個人も賛同し、三千冊を超える書籍と大量の雑誌、そして現金も集まっていた。にもかかわらず、協会の内部文書に記されているように、「所内では聖書と賛美歌集以外、いかなる日本語書籍も当局が許可しないため……この計画は実現できない」という結果に終わっている。(53)

もっとも、当局の内情を客観的に考察すれば、彼らにとって解読不能な「敵国語」で書かれた書籍をいかに扱うべきかを、内容に応じて柔軟に判断できるわけがなかった。日本語をまったく理解できない者が日本語を統制する際に必然的についてまわるこの限界と矛盾は、キリスト教徒の慈善家で日系人の擁護に熱心だったギャレン・M・フィッシャー(Galen M. Fisher)も指摘している。フィッシャーはタンフォラン集合所を実際に訪れ、WCCAにいくつかの待遇改善を提案している。そのなかで彼は、日本語書籍の統制には根本的に無理があることを次のような事例を示して訴えている。「ある一世は、彼が提出した本のほとんどは仏教に由来するはるか昔の劇作で、毛筆でくずして書かれているため、[当局の職員が内容を]読み取ることはきわめて難しいとのべている。検閲官は審査できていないのではないか」。(54)

日本語を「読めない」当局の職員が、「読める」日系人を納得させる方法で適切に「有害」な「敵国語」図書だけを選別することは、そもそも不可能であった。むしろ、「読めない」がゆえに、過剰で統一性・一貫性を欠く統制に傾かざるをえなかった。同じことは、前節で論じたキャンプ新聞による日本語報道の禁止、また、次節で検討する郵便物の検閲など他の言論・報道統制についてもいえる。

さらに皮肉なことに、いくら没収しても「有害」な書籍が見つからないため疑心暗鬼がなお深まり、どこかに隠されているはずだという思い込みで、かえって統制が強まるという悪循環が生じている。一九四二年七月下旬、ピュアラップでパトロール中の警察官が十五冊の日本語書籍が破棄されているのを発見したことがある。この件について治安部長は、集合所長に次のような報告書を提出している。

> ［警察官が日系人に］質問したところ、それらは日本語で書かれた学校教科書だと答えた。もちろん、それらが学校教科書か、あるいは別のものか、日本語を翻訳する能力のないパトロール員が判断できるわけがなかった。
>
> 我々の見解では、それらは学校教科書などではありえず、我々がいう「ホット」な本であるに違いない。いいかえれば、治安部はこの二十四時間というもの反逆的な書物を捜索していたのであるから、反逆的な書物を所持していた住民は、見つからぬよう、急いでそれらを破棄しようと躍起になっていたはずなのである。

しかし、当局の史料群を読む限り、その後、捨てられていた本が「ホット」なものだと判明した形跡はなく、右の報告書自体も別の箇所で「有害でない本しか集まっていない」ことを認めている[55]。「有害」な書物が見つからない事実こそが、当局がさらなる統制にむかう理由に転化していたことがわかる。いかなる形であれ日系人が日本語を使う機会を当局が執拗なまでに奪おうとしたのは、何よりも彼らを「敵性外国人」とみなす偏見・差別に加え、「敵国語」を理解できないがゆえであった。

日本語による公的情報伝達の統制

当局は、集合所の管理・運営や日系人の日常生活上、最低限必要な公的情報の伝達には日本語の使用を認めている。時事的な諸問題の報道や読書とは異なり、集合所内部で皆が知るべき情報を早く、広く、かつ正確に伝えることは、当局にとっても切実な課題だったからである。このため、集合所内では日本語で書かれた標識や看板が随所で見られたし、当局が設置した公式の掲示板や拡声装置などを通しても日本語で連絡事項が伝えられている。

とくに最初期は、事務的な情報伝達のためならば、当局の介入をさほど受けずに日本語を使用できた集合所もあったようである。たとえば、ワシントン州ピュアラップで住居区域の代表者をしていたある日系人は、一九四二年五月二十九日付の覚書にこう書き残している。「キャンプの住人の一般的関心にかなう情報は、日本語に翻訳し、英語を理解できない人々のために掲示してもよい」。当局が意図的に目をつぶっていたかどうかは、現在入手できている史料群からは裏づけることができない。しかし、突然の開戦を契機に強制的に集合所に送られてきた日系人を落ち着かせるためには、とくに開所当初は「敵国語」による情報周知が不可欠だと判断していたとしても不思議ではない。もちろん、最初期に混乱しがちだったのは当局も同じであるから、人手不足や職務に不慣れなことなどが原因で、単に統制を徹底できていなかったとも考えられる。同じことは、本章の第一節で論じた、キャンプ新聞に日本語記事が掲載された事例についてもいえる(56)。

ところが、キャンプ新聞と同様、当局は早い段階で統制を強化・徹底しはじめ、たとえ公的な用件を伝える場合でも、日本語を使うには事前に許可を取得するよう義務づけている。六月二十日、ピュアラップ当局は、サンフランシスコのWCCA本部の決定として次のように命じている。「今後、日本語の標識は、掲示する前に［英文］翻訳と一緒にWCCAに提出すること」。つづけて七月一日にも、標識・看板など公共的な表示物の事前許可制度は「きわめて厳格［な決まり］であり、例外はない」こと、また、催事などを告知する場合には、実施日の一週間以上前にはサンフランシスコの本部に申請しないと間にあわないことを通告している[57]。

このため、緊急に決まった行事の開催などを日本語しか理解できない人々に知らせるには、たとえ非効率でも原始的な「口伝え」に頼らざるをえなかった。ピュアラップの日系人指導者、ジェイムズ・Y・サカモト（James Y. Sakamoto）は次のように書いている。「代替策として……家から家に口伝えで情報を広めるよう提案された。日本語の場合、あくまで口述に徹さなければならない[58]」。

大規模な行事が予定されているときなどは、当局はとくに念入りに注意を喚起したり、規律を引き締めたりしている。引きつづきピュアラップの事例を紹介すると、一九四二年七月二日、J・J・マクガヴァン（J. J. McGovern）所長は次のような命令を発している。アメリカの独立記念日（七月四日）を二日後に控え、慶事に乗じて日本語による反米的な言動が表面化しないよう牽制《けんせい》する内容である。

> この命令はただちに効力を発揮する。日本語で書かれた標識を掲示してはならない。もし、内容を理解させるために日本語の標識やポスターが必要であるならば、逐語的な翻訳を添えて、まず集合所長の事務所に提出すること。所内で掲示するには、その後さらに、サンフランシスコの［WCCA］本部から承認を受けなければならない。

七月二十一日の日系人を交えた会議でも、盆踊りなど夏の行事を念頭に置き、「日本語で案内する情報はすべて、まずWCCAに送り、［予定されている］会議や情報発表の前に審査を受けさせる」と通告している[59]。

日本語表示物の統制方法やその度合は、ピュアラップ以外の集合所でも大きくは変わらない。七月三日、カリフォルニア州タンフォランの集合所長は「日本語への翻訳を必要とする告知や政策で、所内で使用するものはすべて集合所長に文書で提出すること。［WCCA］本部に使用許可の申請をするためである」と命じている。この結果、タンフォランでは一時的に日本語の標識や看板がすべて姿を消してしまった。コロラド州デンヴァーで発行される『ロッキー日本』の七月十日号の記事は、「何々某と日本字表札を出していたものが全部取除かれ、同時に、何々町の立札や、男女便所内の日本字注意貼出も取除かれ、日本字は完全に姿を消すことになった」と報じている。日本語の表札が一斉に取り外されたことは、タンフォランでの日常生活をスケッチ画に記録していたミネ・オオクボ（Miné Okubo）も指摘している。(60)

集合所では当局が公式の掲示板をあちこちに設置しているが、当然、そこで情報を公知する場合にも同じ規制が課されている。次に引用するのは、カリフォルニア州サリナス（Salinas）集合所のキャンプ新聞、『ヴィレッジ・クライアー』（*Village Crier*）の五月二十三日号に掲載された記事である。「［所内の］随所にある掲示板に告知や案内を貼りだすには、まず［WCCA本部の］情報部から承認を受けなければならない。この規則は、食堂内の案内をはじめ、あらゆる種類の標識に適用される」。(61)

公設の掲示板の「検閲」は、もちろん他所でも実施されている。たとえば、タンフォランでJERS（日系アメリカ人立ち退き再定住研究）の調査員をしていたドリス・ハヤシ（Doris Hayashi）は、次のように報告している。

> 日本語による議論、そして掲示物はすべてが禁止されている。そればかりか、すべての会合、スピーチの原稿、あらゆる種類の活動、そしてもちろん、すべての掲示物は当局による検閲を受けなければならない。この集合所においてさえも、かように非民主的な手段に訴えられなければならないことは、残念でならない。

右の引用には集会・会合・結社の統制にかかわる記述も含まれているが、それらは第七章でまとめて詳説する。(62)

カリフォルニア州サンタ・アニタでは、所長が「行政布告第十二号」（Administrative Notice No. 12）という独自の命令を発して日本語の掲示物を取り締まっている。一九四二年六月二十五日付の同布告は、前文から警告調である。「あちこちの目立つ場所に、印刷物・告知・広告・ポスター・手紙などがやたらと貼りだされて、見苦しい状態である。印刷物や告知などのむやみな貼りだしは、［この布告の］発効と同時にただちに停止させる」。同布告はつづけて、公的な発表物は公設の掲示板以外の場所に貼りだしてはならないこと、掲示物はすべて事前に当局の審査を受けることなどを確認した上で、最後に、当局から正式に許可を得た翻訳以外、「日本語による掲示物は禁止する」と通告している。(63)

しかし、事務的な連絡や行事の告知にさえ逐一目を光らせる当局の方針は、さまざまな面で日系人の日常生活に不都合を引き起こしている。文言の事前提出と審査が公知を遅延させたのは当然として、手続きそのものが面倒であるがゆえに、本来周知を図るに値する情報が公表されない、という悪循環が生じている。そもそも英語が不得意だから日本語で伝えようとしているのに、その内容を正確に英訳して事前に当局の審査を受けよという命令は、問題の本質を取り違えており、かえって混乱を深めるだけであった。この問題について、タンフォランでＪＥＲＳの現地調査員をしていたフレッド・ホシヤマ（Fred Hoshiyama）は、「一世は英語をよく理解できない。それなのに、デウィットの命令により、日本語の掲示物も印刷物も許されないため、一世への情報伝達が格段に難しくなっている」と報告している。引用文中のデウィットとは、集合所当局の上部組織であるＷＤＣ（西部防衛司令部）のジョン・Ｌ・デウィット将軍のことである。(64)

日常生活に実害を及ぼしているため当然ではあるが、ここでも当局の姿勢は日系人から不評を買っている。タンフォランのアーネスト・Ｓ・イイヤマ（Ernest S. Iiyama）は、前述した人権活動家のケアリー・マクウィリアムズにあてた書簡でこう不満をぶつけている。「ここの最高権力者はローソン氏です。何ごとも、事前に彼を通さなければ実行することができません。［情報担当官の］了解を得て公表した掲示物が、ローソン氏の命令で撤回されたと聞いていています」。タンフォランの初代集合所長、ウィリアム・Ｒ・ローソン（William R. Lawson）の強権的な

ふるまいに憤慨していたことがわかる。(65)

タンフォランでJERSに参加していた他の日系人調査員も、掲示物をめぐる集合所長の対応を問題視している。たとえば、開所当初の一ヵ月間の動向をまとめたタモツ・シブタニらの報告書には、次のような記述がある。

掲示板に貼りだされるものはすべて、彼［集合所長］みずからによって慎重に検閲される。YMCA［Young Men's Christian Association］の連中は、許可なく案内を掲示したため謄写機を没収されてしまった。実際のところ、印刷物そのものには何ら問題はなかったが、彼らが無許可で発表したことが当局の気に障ったのである。

シブタニらは、「検閲がきびしいため、［掲示板で］ニュースを発表するまでに、たいてい半週間はかかる」とも書いている。(66)

同じくタンフォランでJERSに従事していたチャールズ・キクチも、日記のなかでくり返し当局の情報統制を批判している。一九四二年五月十四日付の日記で彼は、「いかなる告知も当局の〈OK〉なしに掲示板に貼りだしてはならない、という告知があった。その心は??」と皮肉をぶつけている。六月二十四日には、「ここでも陸軍は日系人を徹底的に弾圧している。今日、所内の警察により日本語の掲示物がすべて取り払われた」と書き、さらにその翌日にも「最近おこなわれた禁制品の捜索や日本語の禁止……によって士気が低下している」と記している。(67)

タンフォランの日系人は集合所長に異議申し立てをしているが、日本語書籍の没収と同様、統制の緩和にはつながっていない。六月十一日、日系人代表者が掲示物の事前提出の非効率性を訴えたのに対し、フランク・E・デイヴィス所長はただ次のようにのべて請願を却下している。「君たちが掲示物を下書きし、そしてそれを私が読んだ上で、許可証と一緒に掲示物を部下にわたす。これが一番簡単な方法で、問題も起こらない。難しいことなど何もない」。さらに所長はこう返答している。「君たちが月曜日の朝に掲示物を提出すれば、同じ月曜日中には［審査を済ませて］返却できる。我々が設置した十八ヵ所の掲示板だけが公式の掲示板である。……公式の通達はすべてそこで示される」(68)。

日系人代表者はその一ヵ月後にもデイヴィス所長に直談判してふたたび状況の改善を求めているが、やはり議論は平行線のままで、望む回答を引きだせずに終わっている。このとき所長は、日本語による情報発表の統制は当局が必要だと判断するからこそ実施しているのであり、そもそも住民の要望で変更できるものではないと主張し、こう応じている。「翻訳が必要だと考える場合はいつでも、［当局は］翻訳を要求する」。所長はまた、審査に時間がかかることや、そのため公表される情報が少ないことについては、「［当局が］十分な翻訳者を擁していない」ためにやむをえないと釈明している(69)。

補足的に、拡声装置などを使って口頭で情報を知らせる場合も、基本的には英語を話さねばならず、日本語で伝えたければ事前にその内容を当局に照会し、許可を得る必要があった。ワシントン州ピュアラップの日系人代表者が作成した一九四二年五月二十九日付の覚書には、次のような記載がある。「所内では、拡声装置を使って日本語で公的な案内をすることは許可されている。しかし、そうした案内は各住居区域の情報担当官から承認を得なければならない」。しかもその後、他の場合と同じく事前審査は当該集合所ではなくサンフランシスコのWCCA本部でおこなわれるようになり、手続きにさらに多くの時間がかかるようになった。七月一日付の覚書には、「食堂や他の場所で拡声装置を通して案内をする場合には、事前にWCCAの審査を受けなければならない」(70)、そして、各集合所当局には遅くとも放送の三時間前には事前許可証を提出しなければならない、と記されている。

もっとも、その目的に照らせば容易に予想がつくように、実際に所内で流された案内放送の記録を見ると、実に事務的な内容ばかりである。次に示すのは、ピュアラップで放送された告知の実例（英語・日本語訳とも原文）である。

All persons who have milk bottles, pie plates and other mess hall equipment, please return them to the kitchen immediately.

ミルク・ボットル、パイプレート、其《そ》の他ケッチン用道具を至急返却する事。

Requests for new family numbers should be made immediately to Mr. Akira Kumasaka at Area Headquarters.

新家族番号必要の方はエリアD事務所内熊坂昭［に］申し込まれたし。

General clean-up for grounds and buildings on Friday July 17th. Public is requested to cooperate.

来る金曜日にキャンプ全体の大掃除擧行。一般諸氏協力希望。

このように日常的で些細《ささい》な呼びかけでさえ、日本語を用いるには全文を逐語的に英訳し、当局に許可を求めなければならなかった。統制の徹底ぶりがよくわかる。(71)

第三節　郵便物の統制・検閲

当局は郵便物を統制、場合によっては「検閲」することによっても、「敵国語」に触れる機会を日系人から奪っている。前二節で論じたキャンプ新聞や書籍・印刷物等の取り締まりは集合所「内部」に限定される措置であるが、当局の統制の網は「外部」からの日本語情報の流入、さらには「内部」から「外部」への流出にも及んでいる。

外部の日本語新聞の購読禁止

当局は集合所の「内部」で日本語ニュースの報道を封じるだけでなく、日系人が「外部」の日本語新聞を購読することも禁じている。

日系人が集合所へ収容されはじめたのは一九四二年三月下旬であるが、その後も「外部」では日本語新聞が発行されつづけている。立ち退きが命じられた西海岸でさえ五月中旬までは存続していたし、前述した『ロッキー日本』を含むユタ州とコロラド州の三紙はそもそも軍事指定地域「外」にあるため、戦中を通じて発行を継続(『ユタ日報』は開戦直後しばらくの休刊を経て、一九四二年二月二十五日号から再開)できた。集合所内のキャンプ新聞が英語でしか報道できなかったことを考えれば、立ち退かされた日系人が外部の日本語新聞に頼ろうとしたのはごく自然ななりゆきである。(72)

実際、集合所が開設されはじめた当初は、少なくない日系人が所内から外部の日本語新聞を郵送で購読していた。日本語の記事を載せたキャンプ新聞が複数あったように(第一節)、最初期には必ずしもすべての集合所で情報封鎖が徹底されていたわけではない。

一時期ではあれ、集合所の日系人の人気を集めていた新聞の代表例が、一九四二年五月十六日まで発行をつづけたサンフランシスコの日刊紙『日米』である。開戦当時、すでに半世紀近くの歴史をもち、アメリカ全土に読者をかかえていた最大規模の日本語新聞である。当局の史料には、カリフォルニア州オーウェンズ・ヴァレーには二百部以上、同州サンタ・アニタには三百部もの『日米』が届いていたことが記録されている。[73]

集合所に隔離された日系人にとって『日米』が貴重な情報源、同時に楽しみとなっていたことは、当事者である読者が書き残した手記から裏づけられる。サンタ・アニタに到着して一週間を迎えたある日系人は、所内で『日米』を手にしたときの感激を次のように編集部に伝えている。

昨日、実に久し振りに日米新聞を手に入れた。六日の間、日本〔語〕活字から絶縁されていたので、五千人以上の日本人をして無限に又、無上に喜ばした。キャンプ内の日本人が日本〔語〕活字に餓えている心理状態は、一寸《ちょっと》外部の方の想像外です。一枚の日米を餓鬼の如くに奪い合っていた。……桑港《そうこう》〔サンフランシスコ〕残留者が何処《どこ》に収容されるや、その後のニュースが全然判らず、種々《しゅじゅ》心配してる。今頃になって、一生懸命に新聞社の有難さを感じている。

サクラメント集合所のキャンプ新聞『ワレーガ・ワスプ』にも、所内から『日米』を購読する方法を尋ねる投書が掲載されている。アメリカ本土で発行しつづける数少ない日本語新聞となった『日米』が、まだ立ち退いていない日系人はもとより、すでに立ち退かされて集合所に入った人々にとっても、かけがえのない情報源になっていたことがわかる。[74]

以前は『日米』を批判していた日系人でさえ、集合所に入るや、みずから『日米』を求めるようになっている。第一節で紹介した帰米二世のカール・G・ヨネダは、『日米』が「親日的」「反米的」な報道をしているとくり返し政府当局に通報していたが、オーウェンズ・ヴァレーに入所した直後の一九四二年三月下旬、知人にこう書き送っている。「『日米』紙も不要のがあったら送ってくれ。近い中に［サンフランシスコ・］クロニクル及び日米［を］サブスクライブする」。『サンフランシスコ・クロニクル』（*San Francisco Chronicle*）は立ち退き前のヨネダの居住地で発行されていた主要英字日刊紙で、「サブスクライブ」（to subscribe）は「定期購読する」という意味である。『日米』が発行を停止する約十日前にも、ヨネダは別の知人にあてた書簡でこう記している。「我々の唯一のぜいたくは手紙と新聞［を読むこと］だ」。集合所に押し込められた日系人にとって、外部から入ってくる日本語新聞が価値の高い情報源であると同時に、数少ない娯楽・息抜きにもなっていたことがわかる。[75]

　集合所内で需要が高まっていたことは、『日米』の編集部もよく自覚していた。一九四二年四月二十四日号の記事は、読者にこうよびかけている。「読んでしまった『日米』は捨てずに……キープして集合所に往《い》った際、先発隊の人々に読まして下さい。［集合所にいる］人々は、ニュースに飢えている事は諸君の想像外であります。此《こ》の人々にプレゼントして下さい。御願いいたします」。四月三十日号の記事も同じ趣旨の訴えをしている。「［オーウェンズ・ヴァレー］及びサンタ・アニタに立退［いた］人々から新聞の新購読が殺到して居ります。両地へ行かれると読み物の不足、ニュース飢饉を直接体験なさいますから忘れず日米を注文して下さい」。サンフランシスコからカリフォルニア州タンフォラン集合所へむかった日系人のなかには、用意周到にも立ち退く前に『日米』の定期購読を申し込んでおく者も多数いた。このときの『日米』は、すでに立ち退いた日系人と、これから立ち退く日系人をつなぎとめる「巨大な掲示板・フォーラム」のように機能していた。[76]

　それだけに、立ち退き命令にともなう『日米』の発行停止は、集合所の住民を意気消沈させている。当時、タンフォラン集合所で研究活動をしていたフレッド・ホシヤマは、コロラド州デンヴァーの友人にこう書き送っている。

> 『日米』も立ち退かなくてはならなくなった。そうなれば、我々はもうニュースを得ることができなくなってしまう。時事的な出来事に追いつくには、『クロニクル』や『エグザミナー』を買わなければならない。……『日米』が読めないことを残念に思うに違いない。ここでは、働いている者は忙しい生活を送るが、職のない何百人もの一世の生活は退屈なのである。

引用文中にある『クロニクル』と『エグザミナー』（*Examiner*）はサンフランシスコを本拠とする英字紙であるが、日本語を母語とする日系人の情報源にはなりにくかった(77)。

一九四二年五月十六日号を最後にサンフランシスコの『日米』が姿を消すと、集合所の日系人はユタ州とコロラド州の三つの日本語新聞に殺到するようになった。ソルト・レイク・シティーの『ユタ日報』、デンヴァーの『格州《かくしゅう》時事』と『ロッキー日本』である。カリフォルニア州ポモナ（Pomona）集合所の「ケー・オー生」は、次のような投書を『ユタ日報』によせている。「〔西海岸〕沿岸邦字紙が一斉に停刊になってから、山中部の新聞を見ることが楽しみになった。同胞はこれ程活字に懐しみを感ずるのである。此《こ》の集合所に配達される山中部の新聞は相当な数に上る(78)」。

なかでも『ユタ日報』は、集合所の日系人と連携した紙面づくりと販売活動で顕著な成功を収めている。一例として、同紙はサンタ・アニタの日系人の文芸作品（俳句・短歌・詩・川柳・散文・随筆・小説など）を積極的に掲載し、一九四二年五月二十七日号からは二ページ目の全面を使って「サンタ文藝」欄（週刊）まで創設している。その際に『ユタ日報』は、作品の選考を含む同欄の編集をサンタ・アニタの収容者に一任している。所内には編集室がもうけられ、そこで新規購読の手続きや新聞の配布・配達までおこなわれている。さらに、そうした業務を代行することで、サンタ・アニタの同人は『ユタ日報』から手数料を受け取ってさえいる。同様にデンヴァーの『ロッキー日本』も、サンタ・アニタ同人の文芸作品を定期的に掲載している。最終的に彼らの活動は当局に

停止させられるが、この点は後述する。(79)

『ユタ日報』の読者参加型の紙面づくりは、さまざまな制約にしばられていた集合所の日系人に好評で、短期間で大幅な部数増加をもたらしている。『ユタ日報』は五月二十七日号の社説で次のように伝えている。

［西海岸］沿岸の邦字新聞が山の中の新聞と馬鹿にして居られた本紙も、どういう風の吹き廻しか、自画自賛でないが、米国邦字新聞では有数の新聞として浮き上がって来たので、日々新購読者が殺到して来られる。特にサンタ・アニタの文藝聯盟同人からは、大口も大口、一度に千部も注文して来られる。……社は文字通り目を廻して居ります。

なお、『ユタ日報』がＷＣＣＡ（戦時民間人管理局）に送った書簡からは、サンタ・アニタだけでなく、残る十五ヵ所のほとんどの集合所からも購読の申し込みを受けていたことがわかる。(80)

しかし、これまでくり返し指摘してきたように、当局は彼ら自身が理解できない「敵国語」の出版物が集合所内に存在すること自体を忌避していた。一九四二年五月二十五日付のＷＣＣＡ内部文書では、「［外部から流入してくる日本語新聞に関する］状況を調査し、［当局として認可しえる］日本語新聞のリストを作成し、各集合所長に伝達すべきである。その上で、それ以外のすべての日本語新聞を禁制品に指定すべきである」という提案がなされている。(81)

そしてついに、正式な「集合所規則」の制定を機に、当局は『ユタ日報』をはじめ外部の日本語新聞の購読を全面的に禁じてしまう。日系人に送られてくる郵便物を検査することで、日本語新聞の流入を阻止しはじめたのである。この権限は、第四章で検討した「集合所規則」で次のように規定されている。「合衆国内の郵便を通して収容者に送られるいかなる日本語出版物も……集合所の郵政担当部署から所内の警察に送付される」。カリフオルニア州テュレーリ（Tulare）集合所を例にとると、この規則にもとづき、コロラド州デンヴァーから郵送されてきた『格州時事《かくしゅう》』が配達前に没収されている。ワシントン州ピュアラップでは、「日本語で書かれた新聞・パンフレットなどを受けとっているすべての収容者は……購読の停止を出版元に伝えること」という告知が掲示板に貼りだされている。私信の検閲については、本節であらためて詳説する。(82)

これに対し、獲得したばかりの新規読者のほとんどを失うことになる日本語新聞は当局に再考を求めているが、要望は聞き入れられずに終わっている。たとえば、『ユタ日報』は直接WCCAに書簡を送り、集合所における購読の許可を請願している。ところが、要求を退けられた上、逆に所内の日系人への郵送を停止するよう通告を受けてしまった。ただし、「集合所」とは対照的に、その後に日系人が移り住むことになる「転住所」では、一転して購読が許されている。このため、集合所閉鎖後の『ユタ日報』は順調に勢力を拡大し、日米開戦前には約二千から二千五百だったと考えられる部数は、戦時中に最大で約一万部まで急伸している。(83)

外部で発行される日本語新聞の購読が禁じられたことは、当初はそれが可能であっただけになおさら、日本語に飢えていた日系人を大いに落胆させている。ワシントン州ピュアラップで指導的な立場に就いていたある日系人は、「キャンプの一世たちは［ユタ州とコロラド州の日本語新聞を］購読することを切望している」と書いている。前段落で触れたように、不成功に終わったものの、読者から訴えを受けた『ユタ日報』はWCCAに方針の再考を求めている。一九四二年七月十日付でWCCAにあてた書簡で同紙は、「日本語新聞を購読できなくなったと告げる多くの手紙を、太平洋岸の集合所……から受け取っています」と訴えている。このなかで『ユタ日報』は、軍部を含む政府の諸機関にも新聞を送付して毎号の記事内容を「承認」してもらっていると主張している。自身の言論・報道活動が当局にとって無害であることを印象づけようとしたものと考えられる。しかし、WCCAを説きふせることはできなかった。(84)

参考までに、外部で発行される「英字」新聞の購読に対しては、集合所当局はほとんど制約を課していない。

英語を母語とする二世を中心に、とくに出身地（立ち退き以前の居住地）で発行される新聞の需要は高かった。既述したサンフランシスコの『クロニクル』や『エグザミナー』はその代表例である。ＷＣＣＡの内部文書にはこう書かれている。「立ち退き者が集合所に……到着するとすぐに、地元紙を求める声が多く聞かれた。ただちに、集合所内で営業している陸軍の売店で新聞を入手できるようにした。……発行元が立ち退き者に新聞を郵送することも許可した」。一世のなかにも、日本語の情報源を奪われ仕方なく英字新聞にすがる者がいたようで、サンタ・アニタのある当局職員は、「日本に有利なニュースが［英字］新聞に書いてあると、一時間で売り切れた。しかし、不利なニュースの日は多くの部数が売れ残り、返却された」と回顧している。(85)

家宅捜索による「禁制品」の没収

郵便物の点検をかいくぐって入ってくる日本語新聞もあったが、それらは所内で随時実施される家宅捜索にともなう所持品検査により、日本語書籍などとともに「禁制品」として没収されている。典型例を一つあげると、カリフォルニア州ポモナの内部文書は、日系人の住居を捜索した官憲がナイフ、トースター、ストーヴ、ラジオ、ワッフルを焼く鉄板などに加えて、『ユタ日報』や日本語書籍を取りあげたことを記録している。(86)

郵便物の議論からはやや離れるが、家宅捜索による「禁制品」の没収は集合所における言論・報道統制を理解する上で看過できぬ重要な問題であるため、ここで実例をあげながら手厚く論じておく。

というのも、この問題は「言論・報道の自由」にとどまらず、アメリカ合衆国憲法が規定する、より広い意味での市民的自由・権利のありようを凝縮した集合所の象徴的な側面だからである。何となれば、「不合理な捜索、および押収（unreasonable searches and seizures）に対して、身体、家屋、書類、および所有物の安全を保障されるという人民の権利は、これを侵害してはならない」と定める憲法修正第四条（Fourth Amendment）と真っ向から衝突

図14 「のこぎりやのみなど、使い方によっては凶器になりえる物品は没収され、日本製のレコードや書籍などもすべて押収されてしまった」。（Okubo, *Citizen 13660*, 108.）

している。加えて、「法による適正な手続きによらずに……人民の生命・自由・財産を奪う」（[to deprive any person of] life, liberty, or property, without due process of law）ことを禁じる修正第五条（Fifth Amendment）、および第十四条（Fourteenth Amendment）にも明らかに反している。当局がいかに日系人の憲法的自由をないがしろにしていたかを物語る(87)。

まず、カリフォルニア州タンフォランに収容された画家のミネ・オオクボが克明に描いているように、家宅捜索は令状をともなわず、多くの場合は予告もなしに実施されている。彼女のスケッチ画は、護衛兵を見張りにつけ、室内をくまなく調べる陸軍の係官（図14）、そして、日常的に所内を見回り、禁制品や不審な言動に目を光らせる警察官（図15）の様子をとらえている(88)。

所持品検査の対象は広範囲にわたり、武器など危険性のある物品だけでなく、既述のとおり書籍・新聞など日本語の出版・印刷物も没収されている。タンフォランでＪＥＲＳ（日系アメリカ人立ち退き再定住研究）の調査員をしていたドリス・ハヤシは、「ＷＣＣＡの検査官はベッドの下、マットレスとシーツの間、棚の上

図15　「日ごと夜ごと、白人の警察官が所内の持ち場を巡回していた」。(Okubo, *Citizen 13660*, 60.)

など、それぞれの部屋を入念に調べあげた。大きな釘、のこぎり、ナイフ、そして日本語の賛美歌集や聖書までもが禁制品とされた」と報告している。[89]

少なくとも当局の理解では、一連の措置は「集合所規則」により規定される正当な権力行使であった。第四章でも指摘したように、規則はこう明確に定めている。日本語の出版・印刷物の所持が発覚した場合、いかなる種類・性質であれ、それらは「禁制品とみなされ、集合所当局により没収される」。[90]

しかし、規則を根拠としているとはいえ、そもそも前述した各憲法修正条項に抵触しているばかりか、実務を担当した検査官がいかに容赦なく、乱暴にふるまっていたかを例証する史料は枚挙にいとまがない。たとえば、タンフォランのリー・スエモト（Lee Suyemoto）は次のように回顧している。「私の母のスーツ・ケースが調べられたときのことを思いだします。ふたの部分を出身地の日本語新聞で裏打ちしていたため、母は叱責され、係官はその新聞紙を引きはがしてしまったのです」。当局の強引な手法がよくわかる。[91]

このような扱いに日系人が怒りや屈辱感を覚えたの

も無理はない。前述したタンフォランのハヤシは、「ちょっとしたきっかけで炎上してしまうほど、底流には不安や不満が渦巻いている」と観察している。チャールズ・キクチは日記のなかで、「所内警察の検査は統一性を欠き、徹底してもいない。最初のバラックではマットレスの下までくまなく捜索したのに、我々のところではノックをして禁制品がないか質問するだけ」であり、こうした恣意的な「禁制品検査により士気が落ちている」と書いている。児童文学者のヨシコ・ウチダ（Yoshiko Uchida）も自叙伝で同じ問題を取りあげ、「検査官の気分や性格次第」でやり方が変わり、それが「ぞんざいであれ、徹底したものであれ、キャンプ全体の士気を一様に悪化させた」とふり返っている。実際、カリフォルニア州サンタ・アニタでは、ハヤシのいう「炎上」に類する事態が発生している。この問題については後述する[92]。

キクチやウチダが指摘しているように、担当者により対応が大幅に異なるなど、全体として統一性・一貫性を欠いたことも、収容者の感情を害している。タンフォランのある二世は、「何が禁制品なのかについては、検査官と同じ数の解釈がある」と指摘した上で、「アパートを捜索した係官が非常に乱暴で無礼だという苦情が多い。ある者はスーツ・ケースや荷物を一つひとつ調べ、ベッドをひっくり返し、考えられるあらゆる場所を点検するのに、他の者は禁制品を所持していないかと質問しただけで済ませてしまう」と記している。別の二世も、「禁制品の定義がなく、どのような日本語書籍を没収するかも決められていなかった。それぞれの警察官が、自己の判断で物品を押収していった。野球のバット、縫い針、消毒用アルコール、のこぎり、ねじ回し、その他の些末《さまつ》なものまで奪う者もいた」と書き残している[93]。

問答無用で住居に踏み込まれ、所有物まで略奪される経験は、主たる標的とされた一世だけでなく、家族で同居していた多くの二世にも精神的な苦痛を与えている。タンフォランのハヤシは、全所的な所持品検査が実施された直後に複数の若い女性収容者と対談した内容を次のようにまとめている。「およそあらゆる自由が失せてしまったと感じる。……禁制品を見つけだすために、ベッドまでひっくり返される。もっぱら日本語書籍、せいぜいのこぎり以外に大した発見はなかったが、そのやり方が一世、そして二世の士気を削いでいる」。ハヤシはこうつけ加えている。「次のクリスマスが恐ろしい。このような話は気を滅入らせる」。彼女とともにＪＥＲＳに参加していたタモツ・シブタニらも、「当局はコントロールするためにヒトラーの策略に訴えている。……これが〔日系人社会の〕戦後の再建にもたらす影響は甚大であろう」と分析している。(94)

　サンタ・アニタ集合所では、行き過ぎた家宅捜索が引き金となり、投石をともなう三千人規模の抗議運動が発生している。きっかけは、一九四二年八月四日、当局が約二百人の警察官を動員し、事前通告もなくすべてのバラックを一斉に捜索したことである。抜き打ちであったことに加え、住人を戸外に追いだす、留守宅に侵入する、施錠されたスーツ・ケースや荷物をそのまま押収するなど、かなり強引な手法が用いられた。しかも、最終的にトラック二台分の「禁制品」が没収されているが、既述のように、収容者からすればそのほとんどは無害なものであり、なかには日記、書籍（日本語・英語とも）、各種の文書類、さらには菓子・缶詰や現金までもち去られる者もいた。よほど衝撃的であったのだろう、その約四十年後の公聴会である日系人は、「〔仕事中に仲間に知らされ〕バラックに戻ると、貯金が強奪されていた」と克明に証言している。事後に本件を調査したＷＣＣＡ（戦時民間人管理局）の官憲でさえ、「一部の係官は乱暴で、収容者を迫害し、明らかに禁制品ではない物品を没収した〔傍点は原文では下線〕」と当局の非を率直に認めている。(95)

　ほどなく沈静化してはいるが、約三千人もの日系人が集団で抗議運動に立ちあがっている事実は、当局のやり方がいかに過剰・悪質であったかを如実に物語る。突然の日米開戦から強制立ち退き・収容にいたる過程で、日系人の圧倒的多数は政府の一連の政策――しかも、それらが偏見・差別に満ちた理不尽なものであるにもかかわらず――を不承不承ながら、表面的には従順に受け入れてきた。この背景を考えれば、立腹した住民が当局の建物に石などを投げる事態にまで発展したことは、市民的自由の侵害がいちじるしく度を越えていたことの証左ととらえられる。なお、混乱を静めるためサンタ・アニタ当局は数百人の憲兵に出動要請をしているが、最終的には一人の逮捕者もなく、二日後の八月六日には平静を取り戻している[96]。

家宅捜索による「禁制品」の没収について最後に付言しておくと、所持品の検査は外部からの訪問者にも義務づけられている。最初の正式な規則は一九四二年四月二十日に制定され、以後、集合所の入口に立つ憲兵が一人ひとりのもち物をくまなく点検している[97]。

日系人への贈り物やさし入れは、とくに入念に調べられている。一九四二年七月、キリスト教バプティスト派の白人牧師がワシントン州ピュアラップを訪問した際には、娯楽・慰安のために寄贈した四箱のレコードが三週間以上にもわたって当局に保留されつづけている。日系人代表者はこう書き残している。「レコードはすべてアメリカ製で、大半がクラシックのアルバムであった。ところが、ゲートAにもち込まれ、点検のため看守がWCCAの係官にケースごと手わたして以来、一言の説明もない。もち主の名前が日本語で箱の上に書かれていたため、引きわたしが遅れているのだろう[98]」。

プレゼントされた手づくりの菓子類を係官に切り崩された体験は、よほど屈辱的だったのであろう、複数の日系人が共通して証言している。集合所の閉鎖後にWRA（戦時転住局）がおこなった面接調査をはじめ、類似した経験談が別々の史料・文献に記録されている。具体例を一つだけ紹介すると、さし入れの品が針金で調べられたことについて、ピュアラップに収容された小平尚道は一九八〇年の著作でこう述懐している。「針金の穴があいたケーキを食べたことは、今でも忘れることができない。穴のあいたケーキは、穴のあかないケーキより、美味いことを、あの時、知った[99]」。

もっとも、所持品検査はあくまで「入所時」の第一関門にすぎず、訪問者は「入所後」もさまざまな制約にしばられている。まず、最初期に接見を許されたのは「肉親」（皮肉にも、そのほとんどは日系人であるため収容されている）、もしくは商行為上の代理人等だけで、一例としてタンフォランでは、実質的に外部者の入場が可能になり、訪問用のバラックが設けられたのは一九四二年六月末以降である。それも、面会時間は午後二時から四時まで、一人あたり三十分しか認められていない。さらに、面会室では刑務所のように両者が仕切りでへだてられ、つねに当局職員に監視され、日本語で会話をしないよう注意を受けている。外部からの訪問者に対する統制については、「全国学生転住委員会」(National Student Relocation Council)の事例を中心に、第七章であらためて検討する。(100)

私信の検閲

本来、集合所当局には、日系人が発送する、あるいは日系人に発送される国内郵便(日本語・英語を問わず)を「検閲」する権限はなかった。大戦時に連邦政府が「合法的」に検閲できたのは、アメリカ国外を行き来する国際郵便や電信、あるいはFBI(連邦捜査局)に逮捕され司法省や陸軍省が管轄する「収容所」(internment camps)に移送された「敵性外国人」が送受信する郵便物などに限られた。「集合所規則」を見ても、郵便物のなかで「禁制品」に指定されているのは、あくまで新聞や書籍など「日本語出版物」であり、個人間でやりとりする手紙までが取り締まりの対象に含まれていたわけではない。(101)

とはいえ、外部で発行される日本語新聞の購読を禁じていた事実からもわかるように、自分たちが把握していない(できない)情報を所内の日系人が送受信すること自体に当局は否定的であった。もちろん、当局が警戒していたのは、「不適切」な情報の流入だけでなく、集合所内部の事情が外部へもれ伝わることでもあった。入ってくる情報であれ、出ていく情報であれ、当局が知りえない内容を個人的な手紙を含む郵便物を通して日系人がやりとりすること自体が、当局にとっては見過ごせぬ問題であった。

最終的には実現していないが、当局の幹部は集合所内で「戒厳令」(martial law)を発令することで、日系人が受けとる、あるいは発送する郵便物を公然と検閲しようとさえしている。統一的な定義はないものの、憲法を含む一般の法律より軍の命令が優先されることもある戒厳令下であれば、形態や言語によらず、私信を含む郵便物を公的に検閲できる、と考えたのである。一九四二年五月二十五日、ベンデッツェンWCCA局長は戒厳令を求める文書を「急いで」作成するよう部下に指示し、実際にその翌日、WDCのデウィット将軍の代理として、次のような機密電信を陸軍参謀長に送っている。

現在、立ち退いた日系人を収容している……すべての集合所において、ただちに戒厳令を発令する権限を求めます。この要求の根拠は、……郵便物を検閲する権限を得ること［や］所内［外］の反逆的なグループを効率的に取り締まる……ことが、軍事的必要性にかなうからであります。

陸軍省の上層部はこの提案を受け入れていないが、もしベンデッツェンらの要望が認められていれば、すでに大幅に狭められていた日系人の市民的自由は、よりいっそう縮減されていた可能性が高い(102)。

しかし、たとえ戒厳令が発せられずとも、また集合所規則に定められずとも、実際には私信を含む郵便物の「検閲」、あるいはそれ以上の行為は頻繁におこなわれている。一九四二年六月中旬にカリフォルニア州サンタ・アニタとポモナを訪れたケアリー・マクウィリアムズは、「郵便局、あるいは軍による手紙の検閲がおこなわれている」ことをWCCAの職員が認め、それは「私自身の印象を裏づける」と書いている。その後、マクウィリアムズは右の二ヵ所の集合所で見聞した内容を雑誌『ハーパーズ・マガジン』(*Harper's Magazine*)にも寄稿し、「少なくともポモナでは、［集合所から］発送される郵便物と［集合所に］入ってくる郵便物のいずれもが軍に検閲されていることを確かめることができた」と断言している。マクウィリアムズは当時、日系人をはじめ西海岸の弱者・少数派をもっとも熱心に擁護していた人権活動家の一人である。彼は多くの書簡を集合所の日系人と交わしており、郵便検閲を実体験していた可能性がある(103)。

当局が無断で私信を開封していたこと、場合によっては、さしとめや破棄にまで及んでいたことは、日系人の間でも周知の事実であった。前述したマクウィリアムズが訪れたポモナのエステル・イシゴウ（Estelle Ishigo）は、「〈外部〉の友人から手紙や小包が届くと非常に興奮し、また歓喜したが、包はすべて陸軍により開封され、中身を調べられた」と述懐している。カリフォルニア州メアリーズヴィル（Marysville）集合所に収容されていたミチコ・マチダ（Michiko Machida）も、一九八一年に実施されたＣＷＲＩＣ（戦時民間人転住・抑留調査委員会）の公聴会において、「友達に手紙を書きましたが、きびしい検閲のため伝えたいことが伝えられない、といわれるだけでした」と証言している。カリフォルニア州タンフォランのある住民は、受けとった検閲済みの手紙についてＪＥＲＳ（日系アメリカ人立ち退き再定住研究）の調査員にこう説明している。「封筒の横に細長い切れ目があり、それがテープで閉じられている。封筒の前面にはＥＭという検閲官のイニシャルが書き入れてある」(104)。

「検閲」という行為の本質に照らせば矛盾するようであるが、集合所という閉ざされた空間では、たとえ当局が秘匿・隠蔽《いんぺい》しようとしても、日系人に直接かかわる事象であればあるほど、情報はどこからか流出し、噂にもなり、最終的には人口に膾炙《かいしゃ》している。サンタ・アニタのある二世は、外部の雑誌編集者に次のように書き送っている。

> 証拠があるわけではないが、人から聞いた話では、約二十五通ごとに［一通の］手紙が検閲されているらしい。何らかの検閲が実施されていることだけは疑いない。それがきびしいものなのか、ゆるやかなものなのかは、誰も知らない。しかしいずれにせよ、検閲に関する噂は、この集合所にいる人々の士気を悪化させている。罪を犯したわけでもないのに閉じ込められ、「受刑者」のように扱われる。いい気持ちがするわけがない。［傍点は原文では下線］

この二世は、そう（英語で）書いた彼女の手紙自体も当局に開封される可能性があることを前提に、とくに若い日系人は「完全にアメリカ化している」ので、「検閲官にはぜひ、私たちが書く手紙を読んでほしい。彼らにとってよい教育になるはずだ！〔傍点は原文では下線〕」と皮肉をぶつけている[105]。

そして、私信の検閲は実際におこなわれているため、「噂」は「噂」として消え去らず、むしろ時間の経過とともに具体性・信憑性を獲得し、日系人の感情をいっそう害していった。サンタ・アニタの二世で文化人類学者でもあったタミエ・ツチヤマは、共同研究をしていたカリフォルニア州立大学バークレー校の教授にあてた書簡で、次のように不満をぶつけている。「郵便物の多くが慎重に調べられているように感じます。私が送った手紙の多くが目的地に届かなかったり、届いても非常に遅延している事実は、手紙が検閲を受けているという疑いを生じさせます」。その後、ツチヤマは体調不良と「きびしい検閲による心理的な圧迫」が主因で報告書などを定期的に送れなくなり、〔研究成果は〕サンタ・アニタを出所してから〔バークレーに〕郵送することにします」と伝えている[106]。

なかには、当局が検閲している事実を自分自身で確かめようとする日系人もいた。サンタ・アニタのある二世は知人にあてた手紙で、郵便物の検閲は「郵便配達員の話」により確証づけられたと書いている。この二世は後日、同じ人物にあてた手紙でさらにこう訴えている。

> 無作為な郵便検閲が実施されていることは明らかだ。……集合所から送った手紙が目的地に届かなかったり、一部が切りとられて配達された例を知っている。一時期、テューリ・レイク転住所から発送されたすべての郵便物が検閲されていたことは間違いない。現在は中断されている。検閲はＷＲＡの公式な政策ではない。

引用文中にあるカリフォルニア州テューリ・レイク（Tule Lake）転住所は、一時的な目的で建設された「集合所」ではなく、戦中を通じて日系人を収容するためにつくられた常設の収容施設である。「転住所」は、陸軍に属するWCCAではなく、文民組織であるWRA（戦時転住局）に管理・運営されている。最後の一文は、手紙の検閲がテューリ・レイクを管轄していたWRAではなく、軍部の行為であることを意味している。(107)

テューリ・レイク転住所の日系人が書く手紙に当局がとくに目を光らせていたことは、他の史料からも確認できる。たとえば、カリフォルニア州タンフォラン集合所のドリス・ハヤシは、一九四二年七月四日付の日記でこう書いている。「私たちは、転住所の状況、とくにテューリ・レイクでの検閲について話しあった。このキャンプ［タンフォラン］では多くの住人が、その形跡から検閲されたことがわかる手紙を［テューリ・レイクから］受けとっている。これは実に不当である……」。ハヤシは別の文書でも、「開封され、検閲され、検閲の刻印が押され、スコッチ・テープを封に貼られた手紙を、多くの人々がテューリ・レイクの友人から受けとって」おり、そのことが「住民の士気をひどく傷つけている」と書いている。そればかりか、ワシントン州ピュアラップでは、検閲済みの手紙がテューリ・レイクから届いた事実が、同じく検閲下にあったキャンプ新聞に報道されてさえいる。(108)

テューリ・レイクの日系人も郵便検閲には気づいており、当然、同じように不快感をつのらせていた。ジェイムズ・ミノル・サコダ（James Minoru Sakoda）はその一人で、日記にくり返し不満をぶつけている。七月一日には、発送した手紙が相手に届いていない、あるいは知人が発送したはずの手紙が自分に届いていないという苦情を頻繁に聞く、また彼自身も同じ問題に悩まされている、と書いている。さらにその二日後にも、「検閲官を苦しめる方策として、意味不明なメッセージを書く、検閲がおこなわれていることを広く吹聴する、日本語以外の外国語で書いてみる、などを考えついた」とつづっている。(109)

テューリ・レイクにおける郵便検閲は、厳密にいえば「集合所」当局の行為ではないが、日系人を敵視する傾向の強い陸軍が実施していた点で本質的な違いはない。タンフォラン集合所からテューリ・レイクに移ったタモツ・シブタニは六月二十九日付の日記で、「［郵便検閲］担当の大尉は明らかに日系人を嫌っており、日本語で書かれた手紙は独断で破棄してしまえばいい、と主張する伍長を支持していた」と書いている。その直後、シブタニは仲間とともに真相を解明する行動をおこしている。七月一日付の日記で彼はこう記している。「我々は検閲を確かめるために郵便局にむかった。……何人かの事務員と話したところ、すべてはウィルソン伍長が発端だと聞いた。ウィルソンは明らかに日系人に恨みをもっており、独断で郵便物の検閲を開始したのである」。シブタニはさらに、文官であるテューリ・レイクのWRA職員に相談し、その職員が軍人の恣意的な行為に抗議してくれたものの、責任者である大尉が手紙の検閲を続行させたことを明らかにしている。しかも、多少なりとも具体性をともなう基準があるわけではなく、「何がOKで、何がそうでないかわからない」状況でおこなわれていたという(110)。

テューリ・レイクにおいて軍が独断で日系人の郵便物を検閲していたことは、シブタニが言及しているWRA職員も明確に認めている。のちにテューリ・レイク転住所長となるエルマー・L・シュレル(Elmer L. Shirrell)がその人で、カリフォルニア州立大学バークレー校の研究者に対して、WRAの抗議にもかかわらず軍の担当者がかたくなに検閲を続行した経緯を語っている。シュレルによれば、検閲は郵便局長を通さず軍が直接、郵便局員に命じ、その方法も「手紙が日本語で書かれているかどうかは、封筒から推測する」という粗雑なものであった。基準を欠いていたというシブタニの指摘と合致する(111)。

さらに、テューリ・レイクでの郵便検閲が杜撰《ずさん》であったことは、ワシントン州ピュアラップ集合所の二世指導者が残した別の史料からも裏づけられる。この二世は、実際に検閲を受けた英文の手紙(図16)と一緒に、次のような抗議文を所内で回覧して賛同者を集めている。

添付した手紙はテューリ・レイク[の仲間]から送られてきたものだ。この手紙が検閲され、一部が切りとられていることを確認してほしい。手紙に二枚目があるのかどうかは不明だ。しかし、[送り主の]署名がないことから、二枚目があったと考えるのが妥当である。

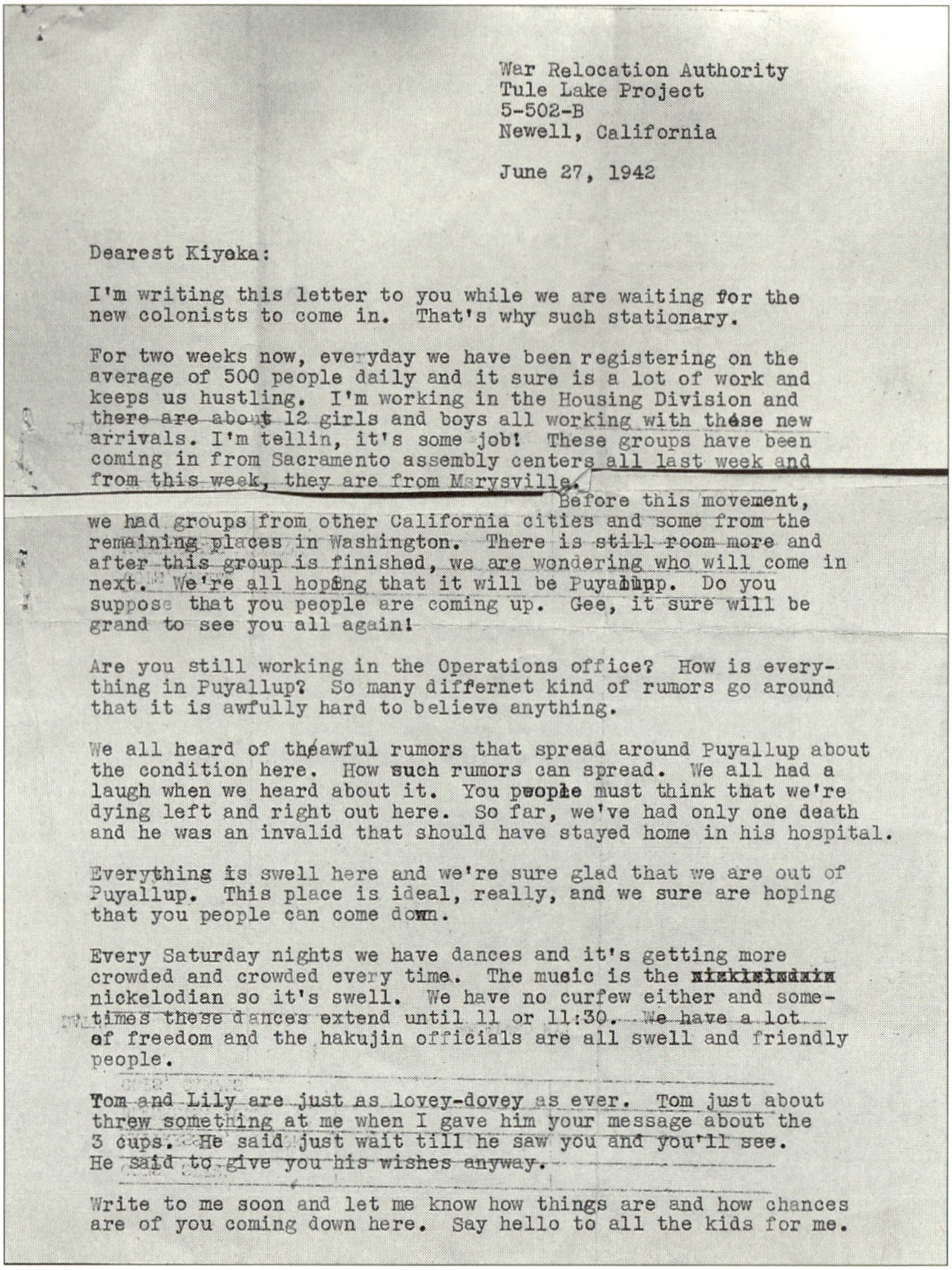

War Relocation Authority
Tule Lake Project
5-502-B
Newell, California

June 27, 1942

Dearest Kiyoka:

I'm writing this letter to you while we are waiting for the new colonists to come in. That's why such stationary.

For two weeks now, everyday we have been registering on the average of 500 people daily and it sure is a lot of work and keeps us hustling. I'm working in the Housing Division and there are about 12 girls and boys all working with these new arrivals. I'm tellin, it's some job! These groups have been coming in from Sacramento assembly centers all last week and from this week, they are from Marysville.

Before this movement, we had groups from other California cities and some from the remaining places in Washington. There is still room more and after this group is finished, we are wondering who will come in next. We're all hoping that it will be Puyallup. Do you suppose that you people are coming up. Gee, it sure will be grand to see you all again!

Are you still working in the Operations office? How is everything in Puyallup? So many differnet kind of rumors go around that it is awfully hard to believe anything.

We all heard of the awful rumors that spread around Puyallup about the condition here. How such rumors can spread. We all had a laugh when we heard about it. You people must think that we're dying left and right out here. So far, we've had only one death and he was an invalid that should have stayed home in his hospital.

Everything is swell here and we're sure glad that we are out of Puyallup. This place is ideal, really, and we sure are hoping that you people can come down.

Every Saturday nights we have dances and it's getting more crowded and crowded every time. The music is the xxxxxxxxxx nickelodian so it's swell. We have no curfew either and sometimes these dances extend until 11 or 11:30. We have a lot of freedom and the hakujin officials are all swell and friendly people.

Tom and Lily are just as lovey-dovey as ever. Tom just about threw something at me when I gave him your message about the 3 cups. He said just wait till he saw you and you'll see. He said to give you his wishes anyway.

Write to me soon and let me know how things are and how chances are of you coming down here. Say hello to all the kids for me.

図16　検閲官に一部を切りとられたと考えられる手紙。当局に抗議するためにワシントン州ピュアラップ集合所内で回覧された。(James Y. Sakamoto Papers [Accession #1609-001], Box 10, Folder 15, Special Collections, UW.)

この抗議文にどれだけの署名が集まったかは不明であるが、筆者は「もし、こうした検閲が実施されているとすれば、二世立ち退き者の市民的自由の侵害をめぐり法的な問題がもちあがるだろう」と主張している。[112]

日系人史研究者のルイス・フィセット（Louis Fiset）は二〇〇九年の著書で、テューリ・レイクの日系人の手紙がことさらに標的にされた理由として、彼らが反逆的な活動を企てているという疑念を当局がもっていた点を指摘している。テューリ・レイクの初期の入所者の多くはピュアラップ集合所から移ってきていたため、とくにピュアラップあての手紙が重点的に調べられた、というわけである。しかし、最終的には、「立ち退き者の激しい抗議がWCCA本部に届き、それ以後は正式な手続きを経ない郵便検閲が報告されることは二度となかった」という。このフィセットの記述は、前段落で引用した抗議文が一定の賛同者を集め、かつ当局に提出されていたことを強く示唆する。[113]

日本語新聞など外部マス・メディアへの寄稿・投稿の禁止

私信の検閲に関連して、当局は、集合所内部の状況や出来事が日系人から外部の報道機関、とくに「敵国語」で書かれた日本語新聞に伝わることを警戒していた。当局の統制が及ばない外部のマス・メディアを媒介して、集合所に関する情報が無秩序に、かつ歪んで拡散することを恐れたのである。ワシントン州ピュアラップで発行されていた新聞『キャンプ・ハーモニー・ニューズ＝レター』の創刊号（一九四二年五月五日号）には、次のような当局の注意文が掲載されている。「外部の友人に手紙を書く際には、とくに手紙の内容が外部の報道機関に抜粋される可能性がある場合には、慎重を期すこと。筆者にその意図はなかったかもしれないが、［ピュアラップ集合所内の］様子を伝えたいくつかの手紙が誤って解釈され、広範囲に伝わってしまっている」。[114]

当局の懸念とは裏腹に、とくに統制が行き届きにくかった集合所の開設当初には、日系人が内部の様子を外部の日本語新聞などに書き送り、それが報道される事例はしばしば起きている。カリフォルニア州サンタ・アニタの広報担当官は、一九四二年五月六日付の文書でサンフランシスコのWCCA本部に次のように報告している。この史料からは、当局が郵便検閲をしていた事実も同時に裏づけられる。

〔外部で発行される〕日本語新聞の〔日系人〕特派員が集合所内から記事を郵送しており、この問題に依然として悩まされています。しばらく前に〔本部と〕電話で話をした際、そうした記事はすべてさしとめるよう指示を受けました。そのときには、所内の小さな郵便局にいる白人の職員が日本語新聞にあてられた手紙を抜きとることで、取り締まることができました。

しかし、この広報担当官はつづけて、サンタ・アニタへの入所者が増えるにつれ（最大時で一万九千人弱）、郵便物の量が手作業で選別できる規模を超え、実効的な統制が難しくなっているとも伝えている[115]。統制を徹底するためWCCAがとった措置は、すでに指摘した日本語新聞の購読禁止と私信の検閲に加え、日系人が外部のマス・メディアの契約記者や特派員として働くこと自体を禁止してしまうことであった。この方針は、日本語新聞だけでなく英字新聞・雑誌にも適用されている。五月二十一日付のWCCA内部文書は、そのねらいを次のように説明している。

週刊のコラムのために新聞社が日系人立ち退き者を雇用することは、〔WCCAの〕方針に違反し、認められない。なぜならば、そのコラムが敵に情報を与えるかもしれないし、立ち退き者が外部で個人的に職を得ることも許されていないからである。

もちろん、寄稿の目的が「週刊のコラム」でなくても、媒体が「新聞」でなくても、また「敵」の言語で書かれていなくても、当局の方針は同一である。外部の出版物のために、日系人が有償で言論・報道活動をする行為それ自体を全面的に禁じている[116]。

実際、外部の報道機関から報酬を得て活動していた日系人が当局から取り締まりを受けた事例がある。サンタ・アニタの一世、松井秋水《まついしゅうすい》はその一人である。松井は一九四二年五月から七月まで『ユタ日報』の「サンタ文藝」欄の「責任編集者」を務め、彼自身を含む同人の作品を定期的に発表していた。しかし、当局は当初から松井らの行動を問題視し、最終的に活動を停止させている。同時に、『ユタ日報』の購読自体も禁止している。この経緯について、松井はこうつづっている。

> 文芸発表と日本語新聞発行に関して当局と交渉を始め……殆《ほとん》ど毎日当局に出入りをして人から扶《たす》けられたことも多かろうけれど、収穫に於ては損失ばかりだった。……去る［七月］十一日を以《もっ》て、このキャンプ内でも日本文字の出版物が禁止されるようになった。

『ユタ日報』、とくに同紙の文芸欄が読めなくなる（もちろん、作品発表もできなくなる）ことは、松井や彼の仲間を大いに落胆させている。その喪失感について松井はこう吐露している。「ユタ日報なくては暗黒世界に帰るとの評判は、今では新しい言葉ではない[117]」。

松井はコロラド州デンヴァーの『ロッキー日本』からも同様の職務を請け負っていたが、これもサンタ・アニタ集合所当局により放棄させられている。松井はその後、コロラド州グラナダ（Granada）転住所に移送されているが、現地のWRA（戦時転住局）コミュニティ分析官はこう書き残している。「［松井は］ある期間、『ロッキー日本』の嘱託社員であった。しかし、集合所内では私的な事業は認められないという理由で、［サンタ・アニタの］

治安警察に活動を停止させられてしまった」[118]。

松井と日本語新聞との協働が断たれた背景として、当局が松井を「親日的」「反米的」な言論人と見ていた可能性がある。前段落で引用したグラナダ転住所のWRA分析官は、「松井が親日的と思われる記事や詩を『ロッキー日本』に書いていた」と指摘し、さらにサンタ・アニタの治安警察署長の言葉として、「［松井は］共産主義者になるようなタイプ」であったとも書いている。この人物評価が正鵠を射ていたかどうかは本書の射程外であるが、サンタ・アニタ当局が理解するところの松井の政治・思想的な態度が取り締まりの一因となっていた可能性が高い[119]。

付言すると、『ユタ日報』や『ロッキー日本』など日本語新聞の報道内容は、主に政府の戦時政策に対する賛否という観点から、司法省などが定期的に翻訳・分析し、必要に応じて他の政府機関に提供していた。中心的な役割をはたしたのは司法省の特別戦争政策課（Special War Policies Unit）と検閲局（Office of Censorship）で、一般的なニュース記事や政治的な論説・社説はもちろん、松井らが手がけた「サンタ文藝」など娯楽的・文化的・芸術的な内容にまで目を光らせている[120]。

たとえば、一九四二年七月十日号の『ユタ日報』は、「サンタ文藝」欄に掲載された俳句・短歌・詩・川柳、さらには碁会の開催を知らせる短報までもが英語に翻訳され、司法省内部で検討されている。実例の一つを紹介すると、次に引用する川脇無一という人物作の短歌が英訳され、「反合衆国」、あるいは「親日本」的な政治的煽動にあたるか否かが吟味されている。

あかつきの闇まに深照燈の光りして
配所の森に鳴くは何鳥
あけ方のいまだ静けき収容所に

ひびかふ下駄の音のさやけさ

In the dark of the dawn shines the searchlight;
what bird is that singing in the wood of exile?
In the Center, silent up to now,
clearly sounds the clat, clat of geta（wooden clogs）

補足として、司法省の内部史料が示しているように、こうした作品を採用・掲載した『ユタ日報』の編集者自身もＦＢＩ（連邦捜査局）の調査対象になっている[121]。

本題に戻ると、集合所外部の言論・報道機関に「英語」で記事を書いていた日系人にも、当局の取り締まりは及んでいる。既述のように、当局が禁止したのは、日系人が報酬を得て外部の出版物のために仕事をすることである。使う言語にかかわらず、原稿料など何らかの収入をともなう活動は統制の対象となりえた。

さらには、日系人が無償で外部の英字出版物に文章を書く際にも、全面的に禁止しない（できない）までも、当局は事前に原稿を提出させて内容を確認しようとしている。一九四二年四月下旬、日系人の擁護に熱心だった社会運動家のノーマン・トーマス（Norman Thomas）は、カリフォルニア州オーウェンズ・ヴァレーの日系人から、次のような手紙を受けとっている。「現在のところ、外部にむけて手紙を書く自由は与えられていません。しかし、［新聞や雑誌など］出版物に原稿を投稿するには［事前に］許可を得なければなりません」。トーマスはその後、八月初旬にも同州フレズノ集合所の日系人から同じ趣旨の訴えを受けている。「もし、集合所について質問があるなら、私に遠慮なく尋ねて下さい。ただし、外部［の出版物］に投稿するには、きびしい検閲を受けなければなりません[122]」。

実際、筆者の意に反して当局が投稿を断念させた、あるいは阻止したことがあったようである。キャンプ新聞『サンタ・アニタ・ペースメーカー』(*Santa Anita Pacemaker*)の編集長を務めていたエディー・シマノ(Eddie Shimano)は、ニューヨークの非営利団体の英字季刊誌から寄稿を求められた際、次のような書簡を編集者に送っている。「サンタ・アニタの広報担当官……に事前に読んでもらいさえすれば記事を送ってもよい。陸軍[WCCA、あるいはWDC]は電話でそう確約してくれました」。しかし、シマノは結局、サンタ・アニタ滞在中この季刊誌には寄稿できなかった。その理由について彼は、出所直前に担当編集者にあてた手紙で、「新聞や雑誌が私に依頼してきた記事の多くを、陸軍は葬ってしまった」と説明しており、何らかの妨害を受けたことを強く示唆している。[123]

いずれにせよ、投稿内容を事前に当局に照会するよう求められれば、書き手にはおのずと自己規制が働く。前段落で引用したシマノは、外部の出版物に原稿を掲載できたこともあったが、そのほとんどは不本意な内容となってしまったことについて、次のように悔やんでいる。

[集合所の]情景の描写は書き過ぎで、自分でそうありたいと願う以上に無邪気な観察者のようになってしまった。もちろん辛辣になり過ぎたり、立ち退き[・収容]政策の円滑な遂行を妨げる言論はいけないが、……そうした楽園のような幻想の表層を、一皮でも引きはがしてみたかった。

シマノはこの書簡を、サンタ・アニタを去る一週間ほど前にしたためている。近く当局の束縛から解放されるがゆえの率直な筆致であったと考えられる。同じ書簡のなかでシマノは、出所後は「ニュース価値に関する認識のあり方」や「陸軍による検閲」など、「より論説に適した問題」について執筆してみたい、とも書いている。[124]

包囲網をすり抜け、日系人の手記などが事前の了解なく外部で報道された場合には、当局が当該マス・メディアに警告や抗議をしたこともある。つまり、当局の統制は、所内の日系人にとどまらず、集合所「外」の言論・

報道機関にも及んでいたのである。

一つの典型例が、カリフォルニア州サンペドロの英字紙『サンペドロ・ニューズ＝パイロット』（*San Pedro News-Pilot*）である。一九四二年六月、同紙はサンタ・アニタ集合所の二世から送られた次のような手紙を掲載している。「最近、陸軍が使うカモフラージュ・ネット〔偽装網〕の製造が所内ではじまり、千二百四十二人の日系市民が従事している。十六歳以上の男女がこの仕事に駆りだされている」[125]。

当局はこの記事を問題視し、即刻、『ニューズ＝パイロット』に接触し、警告を発している。六月二十九日、サンタ・アニタの広報担当主任はＷＣＣＡの広報部長にこう報告している。「貴君の指示を受け、〔発行者と編集長に〕話をしました。二人とも、今後はカモフラージュ・ネット〔偽装網〕について報道しないと約束してくれました」。報道機関に「自発的な検閲」をうながし、同意を取りつけていたことがわかる。この方法は、連邦政府機関である検閲局のそれとまったく同一である[126]。

本書の主題からはやや離れるが、集合所当局が外部の報道機関への情報流出に神経をとがらせていた理由の一つは、それが日本政府による「報復」につながることを恐れたからである。日米開戦後、世界のあちこちでアメリカの民間人や兵士が日本の軍隊や官憲に捕縛されていた。もちろん、捕虜の扱いなどについて定めたジュネーヴ条約の保護対象となりえる彼らと、アメリカ国内で立ち退き・収容を受けた日系人（しかも、その約三分の二を占める二世はアメリカ市民）の立場は根本的に異なる。しかし、日米両国にとって、自国民が交戦国の手中に握られている事実に変わりはない。アメリカ連邦政府は、集合所での日系人の様子が郵便物などを経由して外部のマス・メディアに否定的に報道され、さらにそれが日本政府に伝わることで、対米プロパガンダに利用される、さらにはそれを口実に敵国政府が自国民を不当に扱うことを危惧したのである[127]。

日本政府による「報復」を懸念して国内の報道機関に「自発的な検閲」を求めていたことは、ＷＣＣＡ局長だったカール・Ｒ・ベンデッツェンも戦後のインタヴューではっきりと認めている。日系人の立ち退き・収容に関して新聞や通信社の記者に頻繁にブリーフィング（背景説明）をしていたことについて、彼はこう説明している。

私は彼らにいった。「いまは戦時なのだ。日本政府の手中にあるアメリカ国民がひどい虐待を受け、冷酷に扱われるかもしれない。そのことを覚えておいてほしい。検閲につながる命令を発するつもりはなく、我々がしていることを諸君は十分に知らされるはずだ。その代わり私は諸君に、自分たち自身で検閲官になること、センセーショナルな写真を掲載しないこと、使わない写真は我々に引きわたすことを希望する。……これは、戦時における前例のない痛恨事なのだ。

ベンデッツェンはつづけて、どの報道機関も「自発的に全面的な協力をしてくれ、一度たりとも問題は発生しなかった。……実に立派な仕事ぶりだった」とつけ加えている。[128]

さらに付言すると、集合所当局は、所内で慎重に検閲していたキャンプ新聞でさえ、外部者の目には極力、触れさせないようにしている。一九四二年五月二日、WCCAの広報担当官はサンタ・アニタ集合所に対し、外部からの『サンタ・アニタ・ペースメーカー』の購読は認めない旨を通告している。この結果、すでに購読希望者から送られていた郵送料分の小切手や現金は、すべて返却されることになった。シマノ編集長はサンタ・アニタの広報官に対し、「将来、購読の要請があっても断ります」と確約している。シマノは知人にあてた手紙でも、「外部に多くの部数が存在してはならない」と書いている。[129]

このため、外部でキャンプ新聞を受けとることができたのは、首都ワシントンDCのアメリカ連邦議会図書館や州立図書館など一部の公共機関、あるいは他の集合所を含む政府機関などに限られている。タンフォランで新聞が発刊された際にも、当局は「一般社会には配布しないよう指示」している。集合所当局は、自身が厳重に検閲していたキャンプ新聞でさえ、その内容を公にしようとはしなかった。新聞の検閲については、つづく第六章で詳しく論じる(130)。

本章を終えるにあたり、徹底した対策により「敵国語」を封じ込めていたことについて、当局が大きな手応えを感じていた事実を再度、強調しておく。一九四二年末、全集合所の幹部から意見を集めてWCCAが政策全般を総括した際、日本語の使用禁止はとくに好意的に評価された政策の一つであった。組織全体の立場を代弁したフレズノのE・P・プリアム(E. P. Pulliam)集合所長は、「日本語の使用を許さないのは賢明」だと考える理由をこう説明している。「すべての出版物や発表物を英語で発行する政策とともに、日本語の読み物の排除は今後も［WRAが管轄する］転住所において継続すべきである。……その方針は、一世たちの関心を英語学習にむけさせている」。結論として、プリアムはこう断言している。「宗教であれ、娯楽であれ、教育であれ、何であれ、いかなる活動に対しても、きびしい検閲が必要なのである(131)」。

本章のまとめ

最初期こそ場所により若干のばらつきはあったものの、集合所当局は日本語の出版・印刷物を徹底的に排除している。これは第四章で概説した「集合所規則」にもとづく措置であるが、場合によっては、規則を越えるような統制もおこなわれている。陸軍に属する集合所当局にとって日系人は、あくまで「日本人」と同じ顔をした「潜在的に危険な敵性外国人」であった。同じように、彼らの母語である日本語も、厳重に取り締まるべき有害な「敵国語」でしかなかった。

まず、一ヵ所を除きすべての集合所で「キャンプ新聞」が発行されているが、日本語で記事を書くことは許されていない。集合所規則が正式に制定される以前のわずかな期間、いくつかの新聞で邦文が使われたことはある。しかし、その事実を把握したWCCAはただちに全集合所に指令を送り、英語以外による報道は二度と許さぬよう厳命している。以後、キャンプ新聞に「敵国語」の記事は一度たりとも載っていない。

集合所当局の統制は、日本語で書かれた書籍などの印刷物、また標識・看板・掲示物・拡声装置などを使った公的情報の伝達にも及んでいる。ここでも当局の姿勢はかたくなで、随時おこなう家宅捜索などにより、日本語が使われていることだけを基準に、内容を問わずあらゆる種類の図書類を「禁制品」として取りあげている。これは憲法修正第一条ばかりか、「不合理な捜索・押収」を禁じる憲法修正第四条、また「法による適正な手続きによらずに……人民の生命・自由・財産を奪う」ことを禁じる修正第五条、および第十四条にも明らかに抵触する行為である。規則では「例外」とされていたはずの宗教書や辞書でさえも、内容の審査を義務づけ、場合によっては没収することもあった。ニュース報道という動的な言論・表現活動のみならず、息抜きや信仰目的の読書など比較的に静的で娯楽的・文化的な活動に対しても、当局は同じ強度の統制をおこなっていたわけである。公共的な表示物や拡声装置を使った情報周知についても同様で、たとえ事務的な連絡事項であっても、日本語を使う場合には事前の許可申請を義務づけている。

日本語による情報の流通・伝達を極力認めない当局の方針は、日常生活に支障をきたすばかりか、日系人を精神的にも苦しめ、不平・不満が渦巻いている。実際、統制の緩和を求める組織的な運動が複数の集合所で起きている。しかし、そうした日系人の訴えに当局が耳を貸すことはなかった。それどころか、日本語新聞の発行許可を求める署名活動が起きた際には、主導した日系人を規則違反で逮捕してさえいる。

集合所当局はさらに、郵便物を統制・検閲することによっても日系人を日本語から遠ざけようとしている。一つとして、当局は「外部」で発行される日本語新聞の購読を収容者に禁じている。これは、所内に郵送されてくる日本語の印刷物を配達前に没収できるとする規則により可能であった。また、本来は権限が及ばないはずの私信にまで当局は手を伸ばし、言語を問わず日系人が送受信する手紙を無断で開封したり、場合によってはさしとめたり、破棄するなどしている。当局はさらに、集合所内部の様子が外部のマス・メディア、とくに日本語新聞にもれ伝わることを懸念し、郵便物の検閲に加えて、日系人が外部の報道機関の契約記者や特派員として働くことも禁じている。

集合所の日系人は、アメリカ社会から物理的に引き離された上、さらに精神・文化的なつながりまで断ち切られていたわけである。集合所は文字どおりの「陸の孤島」であった。

もっとも、当局の実情を客観的に考慮すれば、そもそも理解不能な「敵国語」で書かれた出版物や郵便物の扱い方を、その内容に応じて柔軟に判断できるわけがなかった。日本語を「読めない」当局による日本語の統制には必然的に限界と矛盾がつきまとい、硬直的、かつ過剰にならざるをえなかった。ときに規則を超えてまでも、日系人が日本語で「読み」「書き」する機会を当局が執拗に奪おうとした背景には、彼らを「敵性外国人」とみなす偏見・差別に加え、「敵国語」を理解できないがゆえに疑心暗鬼が深まるという悪循環の構造が存在したのである。

註

（1）森邦雄「サンタニタから」『ユタ日報』一九四二年七月二十七日。
（2）Brian Masaru Hayashi, *Democratizing the Enemy: The Japanese American Internment* (Princeton, NJ: Princeton University Press, 2004), 93.

（3） Hayashi, *Democratizing the Enemy*, 93.

（4） Harry L. Black, Center Manager, Merced Assembly Center, "Information Release No. 14," June 24, 1942, Record Group（RG）338, Entry 27A, Box 7, Reel 216, NA.

（5） Committee of Center Managers, Wartime Civil Control Administration（WCCA）, to Emil Sandquist, Chief, Assembly Center Branch, WCCA, "Report on the Study of Certain Aspects of Japanese Evacuation," November 20, 1942, Albert Hubbard Moffitt Papers, Box 6, Folder Report on the Study of Certain Aspects of Japanese Evacuation, Hoover, Stanford.

（6） ただし、本書の射程外ではあるが、「集合所」の次に日系人が移送された「転住所」では「騒乱」に類する事態が複数回発生している。参考にしえる研究は多いが、先学の関心をとくに集めてきたカリフォルニア州マンザナー（Manzanar）とテューリ・レーク（Tule Lake）の事例について論じている主要な文献として、次のようなものがある。Dorothy Swaine Thomas and Richard Nishimoto, *The Spoilage: The Japanese American Evacuation and Resettlement during World War II*（Berkeley, CA: University of California Press, 1946）; Audrie Girdner and Anne Loftis, *The Great Betrayal: The Evacuation of the Japanese-Americans during World War II*（Toronto, Canada: Macmillan, 1969）; Gary Y. Okihiro, "Japanese Resistance in America's Concentration Camps: A Re-evaluation," *Amerasia Journal* 2（Fall 1973）: 20–34; Arthur A. Hansen and David A. Hacker, "The Manzanar Riot: An Ethnic Perspective," *Amerasia Journal* 2（Fall 1974）: 112–157; Michi Weglyn, *Years of Infamy: The Untold Story of America's Concentration Camps*（New York: Morrow, 1976）; Gary Y. Okihiro, "Tule Lake under Martial Law: A Study in Japanese Resistance," *Journal of Ethnic Studies* 5（Fall 1977）: 71–85; Commission on Wartime Relocation and Internment of Civilians（CWRIC）, *Personal Justice Denied: Report of the Commission on Wartime Relocation and Internment of Civilians*（Washington, D.C.: The Government Printing Office, 1982）; Gary Y. Okihiro, "Religion and Resistance in America's Concentration Camps," *Phylon* 45（Third quarter, 1984）: 220–233; Donald E. Collins, *Native American Aliens: Disloyalty and the Renunciation of Citizenship by Japanese Americans during World War II*（Westport, CT: Greenwood Press, 1985）; Arthur A. Hansen, Betty E. Mitson, and Sue Kunitomi Embrey, "Dissident Harry Ueno Remembers Manzanar," *California History* 64（Winter 1985）: 58–64, 77; Harold Stanley Jacoby, *Tule Lake: From Relocation to Segregation: Based on the Author's Observations and Experiences as a Staff Member of the War Relocation Authority from May 1942 to July 1944*（Grass Valley, CA: Comstock Bonanza Press, 1996）; Harlan D. Unrau, *The Evacuation and Relocation of Persons of Japanese Ancestry during World War II: A Historical Study of the Manzanar War Relocation Center* Vols. 1–2（Washington,

D.C.: United States Department of the Interior, 1996); "Manzanar incident," in Brian Niiya, ed., *Encyclopedia of Japanese American History: An A-to-Z Reference from 1868 to the Present* updated ed. (New York: Facts on File, 2001), 267-268; "Tule Lake 'Segregation Center,'" in Niiya, ed., *Encyclopedia of Japanese American History*, 395-397; Gary Y. Okihiro, "Japanese American Resistance," in Gary Y. Okihiro, *The Columbia Guide to Asian American History* (New York: Columbia University Press, 2001), 164-174; Lon Kurashige, "Resistance, Collaboration, and Manzanar Protest," *Pacific Historical Review* 70 (August 2001): 387-417; Hayashi, *Democratizing the Enemy* (2004); Eileen H. Tamura, *In Defense of Justice: Joseph Kurihara and the Japanese American Struggle for Equality* (Urbana, Chicago, and Springfield, IL: University of Illinois Press, 2013); Terumi Rafferty-Osaki, "Manzanar Riot (1942)," in Xiaojian Zhao and Edward J. W. Park, eds., *Asian Americans: An Encyclopedia of Social, Cultural, Economic, and Political History* Vol. 2 (Santa Barbara, CA: Greenwood, 2014), 823-824.

(7) 集合所のキャンプ新聞のバック・イシュー（原紙）は、Karl R. Bendetsen Papers, Box 608, Folder Assembly Center Publications, Vols. 1-3, Hoover, Stanford; RG 338, Entry Bound Volumes, NAなどで閲覧できる。

(8)「キャンプ・ハーモニー」という婉曲表現と実態とのかい離については、第七章の本文（文献は註162・163を参照）で論じている。

(9) No headline, *Walerga Press* May 9, 1942.

(10) No headline, *Walerga Wasp* May 20, 1942.

(11) 見出しなし、『江波時報』一九四二年五月二十二日。

(12) 野間「発刊御挨拶」『フレスノ集合所新聞』一九四二年五月二十三日。参考までに、いくつかのキャンプ新聞は集合所外部の公共図書館等にも郵送されていたが、カリフォルニア州フレズノの郵便局は日本語記事の全文の英訳が提出されるまで同紙の発送を保留している。当時、「敵国語」の出版物に対する警戒心がいかに高まっていたかを物語る。(James S. L. Royle, Postmaster, Fresno Post Office, to Ambrose O'Connell, First Assistant Postmaster General, Division of Post Office Service, Post Office Department, May 26, 1942, RG 28, Entry 41, Box 12, Folder E-78, Japanese Publications in California, NA.)

(13) Ira K. Evans, Lt. Col., C.S.C., Assistant to the Assistant Chief of Staff, Civil Affairs Division, Western Defense Command and Fourth Army (WDC), to Mr. Diehl, Operation Branch, "Japanese Publications in Assembly Centers," May 25, 1942, RG 338, Entry 2, Box 2, Folder 000.7, NA.

(14) Karl R. Bendetsen, Director, WCCA, to Temporary Settlement Operations Division, Property, Security and Regulations Division, "Center Newspapers," May 27, 1942, RG 338, Entry 2, Box 2, Folder 000.7, NA.

(15) Evans to Operation Branch, T.S.O. Division, WDC, "Assembly Center News Publications," May 30, 1942, RG 338, Entry 2, Box 2, Folder 000.7, NA.

(16) "Notice," *Walerga Wasp* May 27, 1942.

(17) Charles Kikuchi, *The Kikuchi Diary: Chronicle from an American Concentration Camp: The Tanforan Journals of Charles Kikuchi* John Modell, ed. (Urbana and Chicago, IL: University of Illinois Press, 1973), 82.

(18) "Tulare Assembly Center Report #4," May 31, 1942, Japanese American Evacuation and Resettlement Records, BANC MSS 67/14c, Reel 14, Folder B4.02, Bancroft, UCB. この内部報告書を執筆したのはジェイムズ・ミノル・サコダ（James Minoru Sakoda）である可能性が高い。自身の日記のなかでほぼ同様のことを書いているからである。（James Minoru Sakoda's Diary, June 16, 1942, Japanese American Evacuation and Resettlement Records, BANC MSS 67/14c, Reel 176, Folder R20.81, Bancroft, UCB.）

(19) 「讀者への質問四ヶ篠」『ロッキー日本』一九四三年一月一日（新年號第一附録比良版）。「転住所」のキャンプ新聞に対する日本語報道の統制について、とくに当局の政策立案に焦点をあてた研究として、Takeya Mizuno, "Press Freedom in the *Enemy's* Language: Government Control of Japanese-Language Newspapers in Japanese American Camps during World War II," *Journalism & Mass Communication Quarterly* 93 (Spring 2016): 204-228がある。日本語報道の内容については、粂井輝子「言論の自由と検閲の狭間で――日系アメリカ人強制収容所新聞日本語面から見る言論規制」『白百合女子大学研究紀要』第五二号（二〇一六年十二月）：一七九～二〇〇が参考になる。

(20) Karl G. Yoneda, Owens Valley Reception Center, to Eddy Shimano, Shuji Fujii, Joe Koide, et al., May 28, 1942, Karl G. Yoneda Papers (1592), Box 8, Folder 2, Young, UCLA.

(21) Kikuchi, *The Kikuchi Diary*, 141; Tamotsu Shibutani, *Improvised News: A Sociological Study of Rumor* (Indianapolis, IN: Bobbs-Merrill, 1966).

(22) American National Red Cross, "Report of the American Red Cross Survey of Assembly Centers in California, Oregon, and Washington," August 1942, Reel 10, Papers of the CWRIC.

（23）John F. Embree, Chief Community Analyst, War Relocation Authority（WRA）, "Notes on the Gila River Project," September 5, 1942, Reel 35, Folder Miscellaneous, Records of the WRA. キャンプ新聞の日本語版発行をめぐるWRAの政策立案過程については、本章の註19で示したMizuno, "Press Freedom in the *Enemy's* Language"（2016）が詳しく論じている。

本書の射程外ではあるが、「転住所」での日本語による文芸活動については、次に示すように全二十二巻にわたるキャンプ雑誌の復刻版が刊行されているほか、一定数の研究が蓄積されている。篠田左多江・山本岩男編『日系アメリカ文学雑誌集成』全二十二巻（不二出版、一九九八年）、篠田左多江・山本岩男『日系アメリカ文学雑誌研究――日本語雑誌を中止に』（不二出版、一九九八年）、Junko Kobayashi, "'Bitter Sweet Home': Celebration of Biculturalism in Japanese Language Japanese American Literature, 1936–1952," Ph.D. diss., University of Iowa, 2005、水野真理子『日系アメリカ人の文学活動の歴史的変遷――１８８０年代から１９８０年代にかけて』（風間書房、二〇一三年）、小林純子「第二次世界大戦中の強制収容所における日系アメリカ人の日本語による文学活動とその意義」『名古屋外国語大学外国語学部紀要』第四七号（二〇一四年八月）：八七～一一五。

（24）Roy Y. Nakatani, January 12, 1988, Interviews with Japanese in Utah（Accn 1209）, Box 2, Folder 8, Marriott, UU.

（25）Shuji Fujii, Santa Anita Assembly Center, to Bendetsen, May 20, 1942, RG 338, Entry 2, Box 2, Folder 000.7, NA.

（26）A letter of an anonymous evacuee, June 26, 1942, RG 210, Entry 16, Box 156, Folder 22,220#3, NA. 藤井と『同胞』については、次に示すような文献が詳細に論じている。田村紀雄「反ファッシズムの新聞『同胞』――一九三七年～一九四二年」（『同胞』復刻版付録）（御茶の水書房、一九八八年）、田村紀雄「反ファシズムの新聞『同胞』」、田村紀雄編・著『正義は我に在り――在米・日系ジャーナリスト群像』（社会評論社、一九九五年）、二六九～三〇八、Takeya Mizuno, "The Civil Libertarian Press, Japanese American Press, and Japanese American Mass Evacuation," Ph.D. diss., University of Missouri-Columbia, 2000、水野剛也『「敵国語」ジャーナリズム――日米開戦とアメリカの日本語新聞』（春風社、二〇一一年）。

（27）F. H. Arrowood, Inspector, Interior Police, Santa Anita Assembly Center, to Major Ray Ashworth, "Strike at Santa Anita," June 17, 1942, RG 338, Entry 2, Box 66, Folder 370.61, NA.

（28）D. M. Ladd, Federal Bureau of Investigation（FBI）, to J. Edgar Hoover, Director, FBI, "Conditions at Assembly Centers and Internment Camps," September 8, 1942, Reel 30, Papers of the CWRIC. ただし、少なくとも藤井については、「見せしめ」にすることが当局の意図であったと考えられる。それから一ヵ月もしないうちに釈放され、ニューヨークにわたりＯＷＩ（戦時情報局、

Office of War Information）で連邦政府の職を得ているからである。（FBI, "Shuji Fujii, L.A. J299," July 28, 1942, Josephine Fowler Papers［1801］, Box 21, Folder 2, Young, UCLA; R. B. Hood, Special Agent in Charge, FBI, to Hoover, Director, "Shuji Fujii, Internal Security – J, Public Law 503," July 27, 1942, Josephine Fowler Papers［1801］, Box 21, Folder 2, Young, UCLA.）

（29）Black to Sandquist, "Report of Center Managers," November 10, 1942, RG 319, Entry 47, Box 391, Folder 291.2 Japanese, 1-1-43 through 1-19-43, NA.

（30）Tamie Tsuchiyama, Santa Anita Assembly Center, "Attitudes," n.d., Japanese American Evacuation and Resettlement Records, BANC MSS 67/14c, Reel 16, Folder B8.05, Bancroft, UCB; Tsuchiyama to Robert H. Lowie, Professor of Anthropology, University of California, Berkeley, June 24, 1942, 1942, Records of the Department of Anthropology, CU-23, Box 148, Folder Tsuchiyama, Tamie, Bancroft, UCB.

（31）Quoted in Caleb Foote, Fellowship of Reconciliation, to Norman Thomas, Post War World Council, July 16, 1942, Norman Thomas Papers, Reel 13, LC; Gordon H. Chang, ed., *Morning Glory, Evening Shadow: Yamato Ichihashi and his Internment Writings, 1942–1945*（Stanford, CA: Stanford University Press, 1997）, 111.

（32）"Report on Tanforan," May 18, 1942, Japanese American Evacuation and Resettlement Records, BANC MSS 67/14c, Reel 16, Folder B7.011, Bancroft, UCB.

（33）Kikuchi, *The Kikuchi Diary*, 146.

（34）Tadako Tamura, Puyallup Assembly Center, to J. J. McGovern, Center Manager, n.d., RG 338, Entry 27A, Box 9, Reel 240, NA.

（35）Joe Oyama, City Editor, *Santa Anita Pacemaker*, to Carey McWilliams, September 7, 1942, Carey McWilliams Papers, Box 2, Folder Letters from Evacuees, Hoover, Stanford; Yoshio Abe, *Nijyu Kokuseki Sha*［*The Man of Dual Nationality*］（Tokyo: Toho Publishing, 1971）, English translation printed in *Journal of Ethnic Studies* 12（Winter 1985）: 94.

（36）Tsuchiyama, "A Preliminary Report on Japanese Evacuees at Santa Anita Assembly Center," July 31, 1942, Japanese American Evacuation and Resettlement Records, BANC MSS 67/14c, Reel 16, Folder B8.05, Bancroft, UCB.

（37）ＪＥＲＳの文書はカリフォルニア州立大学バークレー校のバンクロフト図書館が所蔵・公開している。ＪＥＲＳによってもたらされた主要な成果として、次のようなものがある。いずれも、立ち退き・収容を研究する上で無視できない基本的な文献である。Thomas and Nishimoto, *The Spoilage*（1946）; Morton Grodzins, *Americans Betrayed: Politics and the Japanese Evacuation*（Chicago, IL: The University of Chicago Press, 1949）; Dorothy Swaine Thomas, *The Salvage: Japanese American Evacuation and Resettlement*（Berkeley and Los Angeles, CA: University of California Press, 1952）; Jacobus tenBroek, Edward Norton Barnhart, and Floyd W. Matson, *Prejudice, War, and the Constitution*（Berkeley, CA: University of California Press, 1954）.

加えて、ＪＥＲＳという研究組織・活動そのものを分析対象とした次のような研究もある。Yuji Ichioka, ed., *Views from Within: The Japanese American Evacuation and Resettlement Study*（Los Angeles, CA: Asian American Studies Center, University of California, Los Angeles, 1989）; Lane Ryo Hirabayashi, *The Politics of Fieldwork: Research in an American Concentration Camp*（Tucson, AZ: The University of Arizona Press, 1999）; David K. Yoo, *Growing up Nisei: Race, Generation, and Culture among Japanese Americans of California, 1924-49*（Urbana and Chicago, IL: University of Illinois Press, 2000）.

（38）Paul Taylor, Project Director, Jerome Relocation Center, to Dillon S. Myer, Director, WRA, March 6, 1943, RG 210, Entry 16, Box 159, Folder 22,222, NA.

（39）Rev. H. Kuyper to Capt. L. E. Wellendorf, WCCA, July 15, 1942, RG 338, Entry 2, Box 66, Folder 350.03, NA.

（40）"The Evacuee Speaks: Newsletter," July 24, 1942, RG 210, Entry 16, Box 156, Folder 22,220#3, NA.

（41）森邦雄「サンタニタから」『ユタ日報』一九四二年七月二十七日。

（42）Karl Ichiro Akiya, Testimony to the Commission on Wartime Relocation and Internment of Civilians（CWRIC）, New York, November 23, 1981, in Topaz Oral History Project Collection（Accn 1002）, Box 2, Folder 1, Marriott, UU. アキヤはほぼ同じ内容の体験記をハワイの日本語新聞に寄稿している。（カール・秋谷一郎「自由への道　太平洋を超えて――ある帰米二世の自伝（25）」『East-West Journal』第五六三号［二〇〇〇年五月一日］：一三。）

（43）Anne Carter, American National Red Cross, "Japanese Assembly Center, Fresno, California," July 21, 1942, Reel 6, Papers of the CWRIC; American National Red Cross, "Report of the American Red Cross Survey of Assembly Centers in California, Oregon, and Washington."

（44）Community Activities Section, Topaz Relocation Center, "Closing Report," September 1945, Reel 16, Folder V C, Records of the WRA、浅野七之助『在米四十年――私の記録』（有紀書房、一九六二年）、七九。浅野については、第三章の註36であげた文献

が参考になる。

(45) "Minutes of the Meeting of the Protestant Commission for Japanese Service," June 26, 1942, Church Council of Greater Seattle Records (Accession #1358-007), Box 15, Folder 31, Special Collections, UW、「収容所内から日本字姿を消す」『ロッキー日本』一九四二年七月十日。

(46) Japanese Advisory Council, Puyallup Assembly Center, "Minutes of Headquarters Staff Meeting," July 21, 1942, Hiroyuki Ichihara Papers (Accession #4761-001), Reel 2, Special Collections, UW; James Y. Sakamoto, Chief Supervisor, Japanese Advisory Council, Puyallup Assembly Center, to all Area Directors, "Ban on Japanese Literature and Records," July 21, 1942, Hiroyuki Ichihara Papers (Accession #4761-001), Reel 1, Special Collections, UW.

(47) Hanji Higano, Puyallup Assembly Center, to Norio Higano, July 27, 1942, Higano Family Papers (Accession #2870-001), Box 1, Folder 1, Special Collections, UW; Monica Sone, *Nisei Daughter* (Boston, MA: Little, Brown, 1953), 188.

(48) Sandquist, Operations Section, WCCA, "Religious Books Printed in Japanese," August 18, 1942, RG 338, Entry 27A, Box 13, Reel 288, NA.

(49) Sakamoto to McGovern, August 11, 1942, James Y. Sakamoto Papers (Accession #1609-001), Box 10, Folder 19, Special Collections, UW.

(50) "Minutes of the Advisory Council," June 22, 1942, Japanese American Evacuation and Resettlement Records, BANC MSS 67/14c, Reel 14, Folder B4.10, Bancroft, UCB.

(51) Executive Council, Tanforan Assembly Center, to Frank E. Davis, Center Manager, July 15, 1942, Japanese American Evacuation and Resettlement Records, BANC MSS 67/14c, Reel 14, Folder B4.10, Bancroft, UCB; Executive Council to Davis, July 13, 1942, Japanese American Evacuation and Resettlement Records, BANC MSS 67/14c, Reel 14, Folder B4.10, Bancroft, UCB; "Minutes of the Executive Council with Mr. Davis," July 22, 1942, Japanese American Evacuation and Resettlement Records, BANC MSS 67/14c, Reel 14, Folder B4.10, Bancroft, UCB.

(52) "Minutes of the Advisory Council," June 22, 1942; "Minutes of the Executive Council with Mr. Davis," July 22, 1942.

(53) Washington Council of Churches and Religious Education, "Japanese Assembly Center at Puyallup," n.d., Church Council of Greater

Seattle Records（Accession #1358-007）, Box 15, Folder 4, Special Collections, UW.

（54）Galen M. Fisher to Sandquist, Director, Assembly Centers, WCCA, August 29, 1942, RG 210, Entry 38, Box 23, Folder 451, General, March to August, 1942, NA.

（55）Charles E. Johnson, Chief, Interior Security Section, Puyallup Assembly Center, to McGovern, "Disposition of Contraband on the Part of Evacuees," July 21, 1942, RG 338, Entry 27A, Box 9, Reel 240, NA.

（56）Jack Maki, Information Supervisor, Puyallup Assembly Center, to all Area Directors, May 29, 1942, Hiroyuki Ichihara Papers（Accession #4761-001）, Reel 1, Special Collections, UW.

（57）Sakamoto to all Area Directors, June 20, 1942, Hiroyuki Ichihara Papers（Accession #4761-001）, Reel 1, Special Collections, UW.

（58）Sakamoto to Lefty Ichihara, Area D Director, "Signs in Japanese," July 1, 1942, Hiroyuki Ichihara Papers（Accession #4761-001）, Reel 1, Special Collections, UW.

（59）McGovern to Sakamoto, July 2, 1942, Hiroyuki Ichihara Papers（Accession #4761-001）, Reel 1, Special Collections, UW; Japanese Advisory Council, Puyallup Assembly Center, "Minutes of Headquarters Staff Meeting," July 21, 1942. なお、独立記念日（七月四日）当日の式典における日本語の演説は、全文が逐語的に英語で記録され、ピュアラップ当局に提出されている。（Takeo Nozaki, Area B Director, to James Y. Sakamoto, Chief Supervisor, to be forwarded to Mr. Weir, "Stenographic Copy of the 4th of July Speeches," July 4, 1942, James Y. Sakamoto Papers［Accession #1609-001］, Box 10, Folder 21, Special Collections, UW; Sakamoto, "Independence Day Speech," ca. July 4, 1942, James Y. Sakamoto Papers［Accession #1609-001］, Box 10, Folder 22, Special Collections, UW.）集会・会合の統制は第七章・第一節で詳細に論じている。

（60）Davis, "Information Bulletin No. 20: The Use of the Printed Japanese Language and Japanese Speech," July 3, 1942, Japanese American Evacuation and Resettlement Records, BANC MSS 67/14c, Reel 14, Folder B3.04, Bancroft, UCB;「収容所内から日本字姿を消す」『ロッキー日本』一九四二年七月十日、Miné Okubo, *Citizen 13660*（New York: Columbia University Press, 1946）, 83.

（61）No headline, *Village Crier* May 23, 1942.

（62）Doris Hayashi, Tanforan Assembly Center, "A Progressive Group（Girls）," n.d., Japanese American Evacuation and Resettlement Records, BANC MSS 67/14c, Reel 16, Folder B8.13, Bancroft, UCB.

（63）Santa Anita Assembly Center, "Administrative Notice No. 12: Procedure for Posting Bulletins and Notices," June 25, 1942, RG 338, Entry 27A, Box 29, Reel 484, NA.

（64）Fred Hoshiyama, Tanforan Assembly Center, "Recreation," n.d., Japanese American Evacuation and Resettlement Records, BANC MSS 67/14c, Reel 16, Folder B8.21, Bancroft, UCB.

（65）Ernest S. Iiyama, Tanforan Assembly Center, to McWilliams, May 12, 1942, Carey McWilliams Papers, Box 2, Folder Letters from Evacuees, Hoover, Stanford.

（66）Tamotsu Shibutani, Haruo Najima, and Tomika Shibutani, Tanforan Assembly Center, "The First Month at the Tanforan Assembly Center for Japanese Evacuees: A Preliminary Report," n.d., Japanese American Evacuation and Resettlement Records, BANC MSS 67/14c, Reel 16, Folder B8.31, Bancroft, UCB.

（67）Kikuchi, *The Kikuchi Diary*, 78, 144, 149.

（68）"Minutes of the Executive Council with Mr. Davis," July 11, 1942, Japanese American Evacuation and Resettlement Records, BANC MSS 67/14c, Reel 14, Folder B4.10, Bancroft, UCB.

（69）"Minutes of the Executive Council with Mr. Davis," July 22, 1942.

（70）Maki to all Area Directors, May 29, 1942; Sakamoto to Ichihara, "Signs in Japanese," July 1, 1942.

（71）Area D, Puyallup Assembly Center, "Announcements to be Made over P.A. System," July 15, 1942, Hiroyuki Ichihara Papers（Accession #4761-001）, Reel 2, Special Collections, UW.

（72）日米開戦後のアメリカ本土の日本語新聞については、水野剛也『日系アメリカ人強制収容とジャーナリズム――リベラル派雑誌と日本語新聞の第二次世界大戦』（春風社、二〇〇五年）、水野『「敵国語」ジャーナリズム』（二〇一一年）、が詳細に論じている。

（73）Information Office, Owens Valley Reception Center, "Report No. 50," May 23, 1942, Manzanar War Relocation Center Records（122）, Box 7, Folder 4, Young, UCLA.

（74）海東靖「サンタアニタ便り　寝て喰つて遊ぶ　無聊と寂莫と倦怠の連續」『日米』一九四二年四月十七日、"Gripe Box," *Walerga Press* May 9, 1942.

(75) Yoneda to Ichiro Akiya, San Francisco, March 25, 1942, Karl G. Yoneda Papers (1592), Box 8, Folder 2, Young, UCLA; Yoneda to Nell, May 5, 1942, Karl G. Yoneda Papers (1592), Box 8, Folder 2, Young, UCLA.

(76) 新井生「小東京立退風景　暗夜の街を照す日米紙」『日米』一九四二年四月二十四日、「羅府市内の立退き光景　南加の空・涙で曇る　連日曇と雨の悪天候」『日米』一九四二年四月三十日、an untitled letter of the *Nichi Bei*, n.d., RG 338, Entry 2, Box 2, Folder 000.7, NA、水野『日系アメリカ人強制収容とジャーナリズム』三四二。

(77) Fred Hoshiyama, Tanforan Assembly Center, to Yukio, Denver, Colorado, May 18 and 29, 1942, Japanese American Evacuation and Resettlement Records, BANC MSS 67/14c, Reel 18, Folder B12.41, Bancroft, UCB.

(78) ケー・オー生「ポモナ便り」『ユタ日報』一九四二年六月二十二日。

(79)「編輯餘記」『ユタ日報』一九四二年五月二十七日。

(80)「大弦小弦」『ユタ日報』一九四二年五月二十七日、*Utah Nippo* to WCCA, July 10, 1942, quoted in Hauro Higashimoto, "The Utah *Nippo* and World War II: A Sociological Review," *Contemporary Society* (journal published by the faculty for the study of contemporary society, Kyoto Women's University) 6 (2004): 89. この書簡を含む『ユタ日報』の内部文書は、本書出版時点で京都女子大学の東元春夫が発掘・整理中である。

(81) Evans to Bendetsen, "Use of Published Japanese Language in Assembly Centers," May 25, 1942, RG 338, Entry 2, Box 2, Folder 000.7, NA.

(82) WCCA, "Center Regulations," July 18, 1942, Japanese American Evacuation and Resettlement Records, BANC MSS 67/14c, Reel 12, Folder B1.09, Bancroft, UCB; J. A. Strickland, WCCA, to J. T. Fairchild, Assistant, G-2, WDC, "Japanese Newspaper Confiscated from Incoming Mail at the Tulare Assembly Center," June 24, 1942, RG 338, Entry 2, Box 2, Folder 000.7, NA; Tani Inui, Information, Puyallup Assembly Center, to all Area Directors, n.d., Hiroyuki Ichihara Papers (Accession #4761-001), Reel 1, Special Collections, UW.

(83) Harry L. Black, Center Manager, Merced Assembly Center, to *Utah Nippo*, June 25, 1942, by the courtesy of Haruo Higashimoto; Herman P. Goebel, Jr., Major, Cavalry, Chief, Regulatory Section, WCCA, to Maurea (Marie) Ushio, *Utah Nippo*, June 29, 1942, by the courtesy of Higashimoto; *Utah Nippo* to WCCA, July 10, 1942, quoted in Higashimoto, "The Utah *Nippo* and World War II," 89. 戦時

中の『ユタ日報』の部数拡大について論じている文献として、次のようなものがある。寺澤國子「年頭の詞に代へて」『ユタ日報』一九四三年一月十一日、田村紀雄・東元春夫「移民新聞と同化――『ユタ日報』の事例を中心に」『東京経大学会誌』第一三八号（一九八四年十一月）：一八三〜二一八、水野『「敵国語」ジャーナリズム』（二〇一一年）。

（84）Hiroyuki Ichihara, Area D Director, Puyallup Assembly Center, to Sakamoto, "Japanese Newspaper," July 18, 1942, Hiroyuki Ichihara Papers（Accession #4761-001）, Reel 1, Special Collections, UW; *Utah Nippo* to WCCA, July 10, 1942, quoted in Higashimoto, "The Utah *Nippo* and World War II," 89.

（85）WCCA, "Planning Branch Report of Operations for the Secretary of War," June 2, 1942, RG 338, Entry 2, Box 48, Folder 319.1, NA; Byron D. Box, Director of Information, WCCA, to Bendetsen, "Mr. Bellew's Breakdown of Report of Committee of Center Managers: Tab A: Consensus of Remarks of Center Managers on Evacuee Loyalty," December 14, 1942, RG 319, Entry 47, Box 391, Folder 291.2 Japanese, 1-1-43 through 1-19-43, NA.

（86）Lyle M. King, Warehouse, Supply Section, Pomona Assembly Center, to B. Nixt, Supply Section, "List of Impounded Articles of Evacuees," n.d., RG 338, Entry 27A, Box 15, Reel 314, NA.

（87）憲法修正第四条の全文とその日本語訳は次のとおりである。

The right of the people to be secure in their persons, houses, papers, and effects, against unreasonable searches and seizures, shall not be violated, and no Warrants shall issue, but upon probable cause, supported by Oath or affirmation, and particularly describing the place to be searched, and the persons or things to be seized.

不合理な捜索、および押収に対して、身体、家屋、書類、および所有物の安全を保障されるという人民の権利は、これを侵害してはならない。いかなる令状も、宣誓または確約により裏づけられた相当な理由にもとづかない限り、かつ捜索される場所、および逮捕される人、または押収される物件が明記されていない限り、発行してはならない。

憲法修正第五条の全文とその日本語訳は次のとおりである。

No person shall be held to answer for a capital, or otherwise infamous crime, unless on a presentment or indictment of a Grand Jury, except in cases arising in the land or naval forces, or in the Militia, when in actual service in time of War or public danger; nor shall any person be subject for the same offence to be twice put in jeopardy of life or limb; nor shall be compelled in any criminal case to be a witness against himself, nor be deprived of life, liberty, or property, without due process of law; nor shall private property be taken for public use, without just compensation.

何人も、大陪審による告発、または正式起訴によるのでなければ、死刑を科しうる罪、あるいはその他の不名誉な犯罪につき、公訴を提起されない。ただし、陸海軍内で発生した事件、あるいは戦争もしくは公共の危機時に実際に軍務に従事する民兵団内で発生した事件については、この限りでない。何人も、同一の犯罪に対して、二度にわたって生命、あるいは身体の危険にさらされることはない。何人も、刑事事件において、自己に不利な証人となることを強制されない。何人も、法による適正な手続きによらずに、生命・自由・財産を奪われることはない。何人も、正当な補償なしに、私有財産を公共の用途のために徴収されることはない。

憲法修正第十四条（第一項）の全文とその日本語訳は次のとおりである。

All persons born or naturalized in the United States, and subject to the jurisdiction thereof, are citizens of the United States and of the State wherein they reside. No State shall make or enforce any law which shall abridge the privileges or immunities of citizens of the United States; nor shall any State deprive any person of life, liberty, or property, without due process of law; nor deny to any person within its jurisdiction the equal protection of the laws.

合衆国内でうまれ、または合衆国に帰化し、かつ合衆国の管轄に服する者はすべて、合衆国の市民であり、また居住する州の市民である。いかなる州も、合衆国市民の特権、または免除を制約する法律を制定、あるいは執行してはならない。いかなる州も、法による適正な手続きによらずに、いかなる人民からも生命・自由・財産を奪ってはならない。いかなる州も、その管轄内にある人民に対し、法による平等な保護を否定してはならない。

（88）Okubo, *Citizen 13660*, 108.

（89）Doris Hayashi, "Religion," n.d., Japanese American Evacuation and Resettlement Records, BANC MSS 67/14c, Reel 16, Folder B8.15, Bancroft, UCB.

（90）WCCA, "Center Regulations."

（91）Lee Suyemoto, June 21, 1988, Topaz Oral History Project Collection（Accn 1002）, Box 1, Folder 11, Marriott, UU.

（92）Doris Hayashi, "Religion"; Kikuchi, *The Kikuchi Diary*, 146; Charles Kikuchi's Diary, June 25, 1942, Japanese American Evacuation and Resettlement Records, BANC MSS 67/14c, Reel 96, Folder W1.80, Bancroft, UCB; Yoshiko Uchida, *Desert Exile: The Uprooting of a Japanese American Family*（Seattle, WA: University of Washington Press, 1982）, 93.

（93）Earle T. Yosa, Tanforan Assembly Center, "Internal Security Dept. – Japanese," n.d., Japanese American Evacuation and Resettlement Records, BANC MSS 67/14c, Reel 16, Folder B8.38, Bancroft, UCB; Iiyama to McWilliams, "Report #4," July 6, 1942, Carey McWilliams Papers, Box 2, Folder Letters from Evacuees, Hoover, Stanford.

（94）Doris Hayashi, "A Progressive Group（Girls）"; Shibutani, Najima, and Shibutani, "The First Month at the Tanforan Assembly Center for Japanese Evacuees."

（95）Maye Nakano, Testimony to the CWRIC, Chicago, IL, September 22, 1981, Reel 5, Public Hearing of the CWRIC; Lt. Pfaff, "Barracks Survey: Impressions Obtained from Questionaires［sic］of Various Officers Conducting Survey," August 6, 1942, RG 338, Entry 1, Box 12, Folder 323.7, NA. サンタ・アニタにおける所持品検査と抗議行動については、次の史料も参考になる。Hoover, Director, FBI, to Francis Biddle, Attorney General, "Riot of Japanese at Santa Anita Assembly Center," ca. August 7, 1942, Reel 22, Papers of the CWRIC; Charles J. Cody, Special Agent, C.I.C., "Disturbance at Japanese Reception Center, Santa Anita, California, on August 4, 1942: Interview with Joseph Kiyoshi Ishii," August 8, 1942, RG 338, Entry 1, Box 12, Folder 323.7, NA; Bendetsen in a telephone conference on August 6, 1942, RG 338, Entry 1, Box 12, Folder 323.7, NA; Tsuchiyama to Lowie, August 8, 1942, Japanese American

Evacuation and Resettlement Records, BANC MSS 67/14c, Reel 18, Folder B12.47, Bancroft, UCB; "Santa Anita: Comments of Dr. Tamie Tsuchiyama," September 1942, Reel 1, Folder Assembly Centers, Records of the WRA; Ladd to Hoover, "Conditions at Assembly Centers and Internment Camps"; Bendetsen to Colonel William P. Scobey, Executive Officer, Office of the Assistant Secretary of War, War Department, December 1, 1942, Reel 1, Papers of the CWRIC; FBI, "War Relocation Authority – Riots, Strikes, and Disturbances in Japanese Relocation Centers," June 16, 1943, Reel 14, Papers of the CWRIC; FBI, "Summary of Information: War Relocation Authority and Japanese Relocation Centers," August 2, 1945, FBI File Number: 62-69030-710, RG 65, FBI: 62-69030-710 WRA, NA.

(96) Fusa Tsumagari to Helen McNary, August 10, 1942, quoted in Donald H. and Matthew T. Estes, "Further and Further Away: The Relocation of San Diego's Nikkei Community 1942," *Journal of San Diego History* 39 (Winter-Spring 1993): 25; Greg Robinson, *A Tragedy of Democracy: Japanese Confinement in North America* (New York: Columbia University Press, 2009), 132.

(97) WCCA, Santa Anita Assembly Center, Special Bulletin (Visitor's Passes), April 21, 1942, quoted in Donald and Matthew Estes, "Further and Further Away," 20.

(98) Ichihara to Bill Mimbu, Area A Director, Puyallup Assembly Center, "Phonograph Records," July 24, 1942, Hiroyuki Ichihara Papers (Accession #4761-001), Reel 1, Special Collections, UW.

(99) Anne O. Freed, Community Analysis Section, WRA, "Private Voluntary Interviews with Evacuees," April 1943, Reel 3, WRA Community Analysis Reports; Yasuko Takezawa, *Breaking the Silence: Redress and Japanese American Ethnicity* (Ithaca, NY: Cornell University Press, 1995), 88; "Theresa Takayoshi, Minidoka," in John Tateishi, *And Justice for All: An Oral History of the Japanese American Detention Camps* (New York: Random House, 1984), 214、小平尚道『アメリカ強制収容所——戦争と日系人』(玉川大学出版部、一九八〇年)、一〇六。

(100) William R. Lawson, Center Manager, Tanforan Assembly Center, "Information Bulletin No. 6: Regulations for Visiting," May 14, 1942, Reel 14, Folder B3.04, Bancroft, UCB; Davis, "Information Bulletin No. 6 (Revised June 22, 1942): Regulations for Visiting," ca. June 1942, Reel 14, Folder B3.04, Bancroft, UCB; Davis, "Information Bulletin No. 6 (Revised August 6, 1942): Regulations for Visiting," ca. August 1942, Reel 14, Folder B3.04, Bancroft, UCB; Freed, "Private Voluntary Interviews with Evacuees"; Freed, "Summary of Available Data on Assembly Centers," July 14, 1943, Reel 3, WRA Community Analysis Reports.

（101）司法省・陸軍省管轄の「収容所」（internment camps）を含めた収容施設における日系人の手紙の検閲に関しては、次のような先行研究がある。Louis Fiset, *Imprisoned Apart: The World War II Correspondence of an Issei Couple*（Seattle, WA: University of Washington Press, 1998）; Louis Fiset, "Censored!: U.S. Censors and Internment Camp Mail in World War II," in Mike Mackey, ed., *Guilt by Association: Essays on Japanese Settlement, Internment, and Relocation in the Rocky Mountain West*（Powell, WY: Western History Publications, 2001）, 69-100. 当事者である日系人自身が郵便検閲について言及している主要な文献としては、次のようなものがある。相賀渓芳（安太郎）『鐵柵生活』（布哇タイムス社、一九四八年）、新日米新聞社編『米國日系人百年史——在米日系人発展人士録』（新日米新聞社、一九六一年）、Uchida, *Desert Exile*（1982）; Yasutaro（Keiho）Soga, *Life Behind Barbed Wire: The World War II Internment Memoirs of a Hawai'i Issei*（Honolulu: University of Hawai'i Press, 2008）.

なお、集合所の外部でおこなわれたのと同じように、集合所から海外に手紙や電信を送る場合は、検閲局（Office of Censorship）をはじめ政府当局の検閲を受けなければならなかった。（Ralph H. Tate, G.S.C., Executive Officer, Office of the Assistant Secretary of War, to Bendetsen, July 9, 1942, RG 107, Entry 183, Box 159, Folder Defense Command, Western, Bendetsen, NA.）

（102）Bendetsen to Property, Security, and Regulations Dvision, WCCA, "Declaration of Martial Law," May 25, 1942, Klancy Clark de Nevers Papers（Accn 2285）, Box 1, Folder 1, Marriott, UU; quoted in Louis Fiset, *Camp Harmony: Seattle's Japanese Americans and the Puyallup Assembly Center*（Urbana and Chicago, IL: University of Illinois Press, 2009）, 134. なお、大戦中のハワイ諸島では実際に戒厳令が発令され、軍事政府が郵便物・電信・電話・ラジオ、そして新聞・雑誌に対して検閲を実施している。ハワイとの比較検討は、あらためて終章「戦時民主主義の『限界』と『矛盾』」でおこなう。

（103）McWilliams, confidential note, n.d., Japanese American Evacuation and Resettlement Records, BANC MSS 67/14c, Reel 16, Folder B9.50, Bancroft, UCB; Carey McWilliams, "Moving the West-Coast Japanese," *Harper's Magazine* September 1942: 361.

これ以外にも、マクウィリアムズは日系人に関する論考を多く書き残しているが、代表的な著作として、Carey McWilliams, *What about our Japanese-Americans?*（New York: Public Affairs Committee, 1944）; Carey McWilliams, *Prejudice: Japanese Americans, Symbol of Racial Intolerance*（Boston, MA: Little, Brown, 1944）、がある。また、強制立ち退き・収容政策に対するマクウィリアムズの態度については、水野『日系アメリカ人強制収容とジャーナリズム』（二〇〇五年）が詳しく分析している。

(104) Estelle Ishigo, *Lone Heart Mountain* (Los Angeles, CA: Anderson, Ritchie & Simon, 1972), 12; Michiko Machida, Testimony to the CWRIC, Los Angeles, CA, August 6, 1981, in Bill Hosokawa Papers (MSS WH1085), Box 2, Folder 61, DPL; "A Family Study," July 10, 1942, Japanese American Evacuation and Resettlement Records, BANC MSS 67/14c, Reel 16, Folder B8.11, Bancroft, UCB.

(105) Mary Oyama Mittwer, Santa Anita Assembly Center, to *Common Ground*, June 27, 1942, Common Council for American Unity Papers, Box 222, Folder 9 (Japanese – Correspondence, Minutes, Press Releases, Clippings, Pamphlets, etc., 1942 [1 of 2]), IHRC, UM.

(106) Tsuchiyama to Lowie, June 24 and July 31, 1942, Records of the Department of Anthropology, CU-23, Box 148, Folder Tsuchiyama, Tamie, Bancroft, UCB.

(107) Kazuyuki Takahashi, Santa Anita Assembly Center, to Alice H. Hays, June 9, 1942, Alice H. Hays Papers, Box 1, Folder Takahashi, Kazuyuki: 1942–45, Hoover, Stanford; Takahashi to Hays, July 31, 1942, Alice H. Hays Papers, Box 1, Folder Takahashi, Kazuyuki: 1942–45, Hoover, Stanford.

(108) Doris Hayashi's Diary, July 4, 1942, Japanese American Evacuation and Resettlement Records, BANC MSS 67/14c, Reel 17, Folder B12.00, Bancroft, UCB; Doris Hayashi, "A Progressive Group (Girls)"; "Center P.O. Twice Busier than Puyallup's," *Camp Harmony News-Letter* July 18, 1942.

(109) James Minoru Sakoda's Diary, Tule Lake Relocation Center, July 1 and July 3, 1942, Japanese American Evacuation and Resettlement Records, BANC MSS 67/14c, Reel 176, Folder R20.81, Bancroft, UCB.

(110) Tamotsu Shibutani's Diary, Tule Lake Relocation Center, June 29 and July 1, 1942, Japanese American Evacuation and Resettlement Records, BANC MSS 67/14c, Reel 182, Folder R21.00, Bancroft, UCB.

(111) Morton Grodzins, "Interview with Elmer Shirrell, Tuesday, Sept. 7, 1943," n.d., Morton Grodzins Papers, BANC MSS 71/169c, Carton 1, Folder 17, Bancroft, UCB.

(112) Ichihara to Sakamoto, July 2, 1942, James Y. Sakamoto Papers (Accession #1609-001), Box 10, Folder 15, Special Collections, UW.

(113) Fiset, *Camp Harmony*, 134.

(114) "Letters to Outside Friends," *Camp Harmony News-Letters* May 5, 1942. この創刊号のみ、題字は『キャンプ・ハーモニー・ニューズ＝レターズ』である。

(115) L. W. Feader, Director, Public Relations, Santa Anita Assembly Center, to R. L. Nicholson, Chief, Reception and Induction Center Division, WCCA, May 6, 1942, RG 338, Entry 27A, Box 30, Reel 492, NA.

(116) Captain Albert H. Moffitt, Executive Officer, WCCA, May 21, 1942, RG 338, Entry 27A, Box 13, Reel 286, NA.

(117) 松井秋水「では暫らく休みませう　また來るその日に」『ユタ日報』一九四二年七月十七日。

(118) John Embree, WRA, "Report on Granada: January 30 - February 1, 1943," n.d., Reel 46, Folder Reports Division, Records of the WRA.

(119) Embree, "Report on Granada."

(120) Special War Policies Unit (SWPU), Department of Justice, "Possible Violation of Censorship Rules in the Utah Nippo," July 30, 1942, RG 216, Entry A1, Entry 84, Folder 007-A, NA.

(121) 松井秋水編「サンタ文藝」『ユタ日報』一九四二年七月十日、「サンタアニタ通信　第二回圍碁大會」『ユタ日報』一九四二年七月十日、SWPU, "Possible Violation of Censorship Rules in the Utah Nippo."

(122) Sam Hohri, Owens Valley Reception Center, to Norman Thomas, Post War World Council, April 20, 1942, Norman Thomas Papers, Reel 12, LC; Hideo Hashimoto, Fresno Assembly Center, to Thomas, August 6, 1942, Norman Thomas Papers, Reel 13, LC. トーマスについては第六章の註31で説明している。

(123) Eddie Shimano, Chief Editor, *Santa Anita Pacemaker*, to Margaret Anderson, Editor, *Common Ground*, May 26, 1942, Common Council for American Unity Papers, Box 199, Folder 10 (Eddie Shimano - Correspondence), IHRC, UM; Shimano to Rose Williams, Editorial Assistant, *Common Ground*, October 1, 1942, Common Council for American Unity Papers, Box 199, Folder 10 (Eddie Shimano - Correspondence), IHRC, UM. シマノの生涯については、Greg Robinson, *The Great Unknown: Japanese American Sketches* (Boulder, CO: University Press of Colorado, 2016) が参考になる。

(124) Shimano to Williams, October 1, 1942.

(125) Mary Nakahara, "Japanese at Santa Anita Camp Help Build Camouflage Nets," *San Pedro News-Pilot* n.d., in RG 338, Entry 2, Box 5, Folder 000.91, NA.

(126) Feader to Norman Beasley, Chief, Public Relations Division, WCCA, June 29, 1942, RG 338, Entry 2, Box 5, Folder 000.91, NA. 国内

の報道機関全般に対して検閲局がいわゆる「プレス・コード」を示し、「自発的な検閲」をうながしていたことについては、第二章の本文、および註29で言及してある。

（127）実際、短波ラジオ放送をはじめとする戦時中の日本の対外プロパガンダは、日系人を強制的に収容したアメリカ連邦政府を執拗に批判し、日本政府の手中にあるアメリカ人捕虜などに対する報復的措置の可能性を強く示唆していた。日本のプロパガンダ放送を傍受・分析していたアメリカ政府側も、日本の報復をいかに阻止するかに苦慮していた。この問題については、次に示すような実証的研究がある。Takeya Mizuno, "A Disturbing and Ominous Voice from a Different Shore: Japanese Radio Propaganda and its Impact on the US Government's Treatment of Japanese Americans during World War II," *The Japanese Journal of American Studies* 24（June 2013）: 105-124; Takeya Mizuno, "An Enemy's Talk of 'Justice': Japanese Radio Propaganda against Japanese American Mass Incarceration during World War II," *Journalism History* 39（Summer 2013）: 94-103、水野剛也「日系アメリカ人強制立ち退き・収容をめぐる日米プロパガンダ戦——第二次世界大戦時のラジオ・トウキョウと『人質』論の再考」『メディア史研究』第三六号（二〇一四年九月）：四二～六五。

日本によるアメリカ人捕虜などの扱いについては、次に示す書籍をはじめ、数多くの文献が存在する。Scott Corbett, *Quiet Passages: The Exchange of Civilians between the United States and Japan during the Second World War*（Kent, OH: Kent State University Press, 1987）; Gavan Daws, *Prisoners of the Japanese: POWs of World War II in the Pacific*（New York: William Morrow, 1994）; Robert S. LaForte, Ronald E. Marcello, and Richard L. Himmel, eds., *With only the Will to Live: Accounts of Americans in Japanese Prison Camps, 1941-1945*（Wilmington, DE: SR Books, 1994）; Frances B. Cogan, *Captured: The Japanese Internment of American Civilians in the Philippines, 1941-1945*（Athens, GA: The University of Georgia Press, 2000）; Bernice Archer, *The Internment of Western Civilians under the Japanese, 1941-1945: A Patchwork of Internment*（London and New York: RoutledgeCurzon, 2004）; Bruce Elleman, *Japanese-American Civilian Prisoner Exchanges and Detention Camps, 1941-45*（London and New York: Routledge, 2006）; Greg Leck, *Captives of Empire: The Japanese Internment of Allied Civilians in China, 1941-1945*（Bangor, PA: Shandy Press, 2006）; Karl Hack and Kevin Blackburn, eds., *Forgotten Captives in Japanese Occupied Asia*（New York: Routledge, 2008）.

（128）Oral History Interview with Karl R. Bendetsen, New York, October 24, November 9, and November 21, 1972, by Jerry N. Hess, Harry S. Truman Library, September 1981, Harry S. Truman Library, in Klancy Clark de Nevers Papers（Accn 2285）, Box 4, Folder 9,

Marriott, UU.

(129) Shimano to Feader, “Requests to be Put on Pacemaker Mailing List,” May 23, 1942, RG 338, Entry 27A, Box 30, Reel 492, NA; Shimano to Dorothy S. Thomas, Professor of Rural Sociology, College of Agriculture, University of California, Berkeley, June 19, 1942, Japanese American Evacuation and Resettlement Records, BANC MSS 67/14c, Reel 18, Folder B12.49, Bancroft, UCB. しかし、シマノはひそかに『サンタ・アニタ・ペースメーカー』を外部の支援者などに送っていた。(Shimano to Anderson, May 26, 1942, Common Council for American Unity Papers, Box 199, Folder 5, IHRC, UM.)

(130) Philip J. Sinnott, Captain, M.I., Press Relations Officer, WCCA, to Chief, Public Relations Division, “Distribution of Center Publications,” May 26, 1942, RG 338, Entry 2, Box 3, Folder 000.76, NA.

(131) Committee of Center Managers to Sandquist, “Report on the Study of Certain Aspects of Japanese Evacuation.”

第六章　キャンプ新聞の検閲

『エヴァキュアゼット』は……総務部長による直接的な管理下にあります。『エヴァキュアゼット』は、人民のための、人民にむけた、人民による、独立した自由な新聞です。……あらゆるものから自由な、人々の新聞です。

「我々の方針」『エヴァキュアゼット』（*Evacuazette*）[1]、オレゴン州ポートランド（Portland）集合所のキャンプ新聞

はじめに

本章では、集合所で発行された「キャンプ新聞」に対する統制の実態を、これまでと同じく一次史料を駆使して実証的に解明する。第四・五章で論じたように、集合所当局は「敵国語」である日本語の使用を徹底的に禁じ、同じ方針をキャンプ新聞にも適用している。しかし、「公用語」である英語ならば自由な読み書きや言動を許したかというと、けっしてそうではない。

最初期のわずかな例外（第五章）を除き、キャンプ新聞の記事はすべて英語で書かれているが、その内容は事前・事後ともに厳重な「検閲」を受けている。結局のところ当局は、使用する言語を問わず、日系人の言論・報道活動を全般的に統制していたのである。

本章では以後、第一節でキャンプ新聞の発行について概要を示した上で、第二節でいくつかの代表的な実例をもとに検閲の全体像を把握し、つづく第三・四節では特定の新聞に焦点をあてて検閲の内実に迫る。具体的には、

第三節ではカリフォルニア州タンフォラン集合所の『タンフォラン・トータライザー』（*Tanforan Totalizer*）、第四節では同州サンタ・アニタ集合所の『サンタ・アニタ・ペースメーカー』（*Santa Anita Pacemaker*）を検討する。

第一節　キャンプ新聞の発行

本節では、本章の主題である新聞検閲の実態を解明する前の助走段階として、集合所での新聞発行に関する基本的な事実や背景を示す。

十五のキャンプ新聞

まず、キャンプ新聞は合計十六あった集合所のうち十五ヵ所において謄写版で発行され（表3）、所内の日系人と当局職員に無料で配布されている。部数は場所や時期により異なるが、小規模なもので千部前後、最大で五〜六千部であった。号外や特別・記念版も発行されている。

新聞が存在しなかった集合所は、アリゾナ州メイヤー（Mayer）だけである。その理由を明確に説明づける史料は、現時点では見つかっていない。とはいえ、現実的に考えれば、同所が一ヵ月弱（一九四二年五月七日〜六月二日）とごく短期間しか存続しなかったこと、また、収容者数も最大で二四五人ときわめて小規模であったことが主因と推察できる。

迅速な新聞発行

当局は、かなり早い段階から日系人に「キャンプ新聞」を発行させる方針を固めていた。集合所を統括したWCCA（戦時民間人管理局、Wartime Civil Control Administration）の政策立案部は、「人口の増加にともない、収容者に対して集合所での活動を知らせる何らかの手段が必要であることが判明」したため、各集合所長を通じて日系人に新聞発行の準備をさせた、と記録している。この判断を下した正確な日時までは明らかにしていないが、「新しい集合所が開くたび、同じ手順がとられた」と説明していることから、いまだ多くの施設が建設途中の最初期に決定されていたことは間違いない。(2)

実際、新聞発行はおおむねどの集合所でも迅速に実現している。場所によっては、基本的な生活を支える最低限の諸施設すら整っていない段階で新聞が誕生している。全体で十二万人以上に及ぶ日系人の立ち退き、および集合所への移送は何回にもわけて実施されているが、後発組の場合は入所した時点ですでに新聞が発行されていたことも多々ある。

新聞発行のすばやさを象徴する例が、カリフォルニア州オーウェンズ・ヴァレー（Owens Valley）の『マンザナー・フリー・プレス』（*Manzanar Free Press*）である。オーウェンズ・ヴァレーはもっとも早く一九四二年三月二十一日に開所しているが、最初に入所した日系人のなかにロサンゼルス最大の日本語日刊紙『羅府《らふ》新報』（英語面）の記者二人が含まれていた。その翌日、二人はさっそく所長に面会して「情報ブース」の設置を請願している。強制的に居住地を追われ、不慣れな環境に放り込まれた日系人にとっては、さまざまな情報を正確に、かつ効率的に知ることが最重要課題の一つだと認識していたからである。所長も同意見で、二十三日に「情報部」を設立する一方、カリフォルニア州サンフランシスコのWCCA本部に謄写版新聞の発行許可を求めている。かくして、他の集合所に先駆けて四月十一日に『マンザナー・フリー・プレス』が産声をあげた。ほどなくして、他所でも続々と新聞が創刊されている(3)（表3）。

「敵国語」である日本語を忌避していた集合所当局は英語による新聞発行しか認めていないが（第五章）、少なくとも上層部では、この方針も早い段階で固まっている。『マンザナー・フリー・プレス』の創刊に際しＷＣＣＡとＷＲＡ（戦時転住局、War Relocation Authority）の首脳は、「このような活動が望ましいということは全員が同意している」とする一方で、新聞は「もちろん英語」で発行されることを相互に確認している。ただし、オーウェンズ・ヴァレーの管轄が軍の組織であるＷＣＣＡから完全にＷＲＡに移り、マンザナー「転住所」（Manzanar Relocation Center）となってからは、制約つきではあるが日本語版の発刊も許可されている。一九四二年六月中旬のことである。日本語によるニュース報道は軍部が支配する集合所でこそ厳禁であったが、文民組織で比較的にリベラルなＷＲＡが管理・運営した転住所では、十ヵ所すべてにおいて実現している(4)。

表3　集合所のキャンプ新聞（アメリカ国立公文書館が所蔵・公開しているバック・イシュー、および集合所当局の内部文書をもとに作成。[RG 338, Entry Bound Volumes, Vols. 2-5, NA; Norman Beasley, Major, A.U.S., Chief, Public Relations Division, Wartime Civil Control Administration [WCCA], to Laurence M. C. Smith, Chief, Special War Policies Unit, War Division, Department of Justice, July 5, 1942, RG 338, Entry 2, Box 2, Folder 000.7, NA.]）

集合所	紙名	発行期間（1942年）
カリフォルニア州		
フレズノ（Fresno）	『フレズノ・グレープヴァイン』（*Fresno Grapevine*） 創刊号のみ『フレズノ・センター・ニューズ』（*Fresno Center News*）	5月23日～10月17日
メアリーズヴィル（Marysville）	『メアリーズヴィル・アーボ＝グラム』（*Marysville Arbo-Gram*）	5月23日～6月13日
マーセッド（Merced）	『マーセディアン』（*Mercedian*）	6月9日～8月29日

オーウェンズ・ヴァレー（Owens Valley）	『マンザナー・フリー・プレス』（*Manzanar Free Press*）	4月11日～5月29日*
パインデール（Pinedale）	『パインデール・ロガー』（*Pinedale Logger*）	5月23日～7月14日
ポモナ（Pomona）	『ポモナ・センター・ニューズ』（*Pomona Center News*）	5月23日～8月15日
サクラメント（Sacramento）	『ワレーガ・ワスプ』（*Walerga Wasp*） 創刊号のみ『ワレーガ・プレス』（*Walerga Press*）	5月9日～6月14日
サリナス（Salinas）	『ヴィレッジ・クライアー』（*Village Crier*）	5月11日～6月28日
サンタ・アニタ（Santa Anita）	『サンタ・アニタ・ペースメーカー』（*Santa Anita Pacemaker*） 準備号（4月18日）では題号は未決定で『???』と表記されている	4月21日～10月7日
ストックトン（Stockton）	『エル・ウォーキン』（*El Joaquin*）	5月30日～9月28日
タンフォラン（Tanforan）	『タンフォラン・トータライザー』（*Tanforan Totalizer*）	5月15日～9月12日
テュレーリ（Tulare）	『テュレーリ・ニューズ』（*Tulare News*）	5月6日～8月19日
ターロック（Turlock）	『TAC』（ティーエーシー） 創刊号のみ『ターロック・フューム』（*Turlock Fume*）	6月3日～7月17日
オレゴン州		
ポートランド（Portland）	『エヴァキュアゼット』（*Evacuazette*）	5月19日～8月25日
ワシントン州		
ピュアラップ（Puyallup）	『キャンプ・ハーモニー・ニューズ＝レター』（*Camp Harmony News-Letter*） 創刊号のみ『キャンプ・ハーモニー・ニューズ＝レターズ』（*Camp Harmony News-Letters*）	5月5日～8月14日

*『マンザナー・フリー・プレス』は、その後も1945年10月19日まで文民機関のWRA（戦時転住局、War Relocation Authority）の「監督」（supervision）を受けながら発行をつづけている。他の集合所とは異なり、オーウェンズ・ヴァレーだけは陸軍からWRAに引き継がれ、「転住所」として存続しているからである。

ストレート・ニュース中心の紙面

集合所の新聞は、印刷の方法・内容ともに簡素な原始的媒体で、紙面の大半は所内の出来事や今後の予定など、事実中心のストレート・ニュースで占められていた。カリフォルニア州ストックトン（Stockton）集合所で『エル・ウォーキン』（*El Joaquin*）の発行にたずさわったバリー・サイキ（Barry Saiki）は、「新聞といっても、ガリ版でザラ紙に刷ったもので、主にＷＣＣＡの伝えたいものを載せ、そのあとの頁に、各種スポーツの結果や、収容所の動きといったいわば雑報をのせた」と語っている。同じくＷＲＡの情報部長も、「集合所新聞はスポーツ、ダンス、出産数をはじめとする統計など、［所内の］諸活動をそのまま報道することで、士気の維持に役立っている」と特徴づけている[5]。

紙面内容についてもう少し具体的に説明すると、所内での食料事情、医療行為、信仰・宗教活動、スポーツを含む娯楽・余暇活動、学校教育、就労、「自治」制度、治安などが主たる題材で、その他、集合所の運営に関する諸事項のほか、当局が発する各種の指令や告知なども掲載している。とくに重要な政策の発表時や集合所の閉鎖時などは、号外や特別・記念版も発行されている。一九四三年の報告書で陸軍省が総括したように、「コミュニティにおける生活全体が、まさに集合所新聞に反映されていた」といえる[6]。

受け手である多くの日系人読者にとっても、たとえ検閲されていたにせよ、キャンプ新聞はなくてはならぬ情報源であった。カリフォルニア州メアリーズヴィル（Marysville）集合所のタク・フランク・ニムラ（Taku Frank Nimura）は、一九七三年のインタヴューで次のように語っている。「［キャンプ新聞は］集合所のほとんどの住民にとって情報の生命線であった。戦争のニュースは載らなかった。しかし、集合所に関しては、あらゆることを忠実に伝えていた。出産、死亡、野球のスコア、娯楽、タレント・ショー、集合所における諸政策でさえもがニュースとして伝えられた」[7]。

ときに論説やコラムが載ることもあったが、論争を喚起するような題材が取りあげられることはほとんどなく、もっぱら起きた事実を端的に伝えるばかりであった。主として事実的な報道に徹していた背景として、印刷設備や人員が限られていたこともさることながら、後述するように当局が慎重に検閲し、かつ日系人の記者・編集者も「自己検閲」せざるをえなかった点は看過できない。日系人史研究者の島田法子も指摘しているように、「軍の検閲のゆえに、二世の編集部はアメリカ民主主義の逸脱である強制収容を、思うがままに批判することはできなかった(8)」。

記者・編集者として当局に雇用された（あるいは志願して無給で働いた）日系人の大多数はアメリカ市民権をもつ二世で、とくに創刊当初は、比較的に年長で指導的な立場にある者や、日本語新聞などで文筆経験をもつ者が主導的な役割をはたす場合が多かった。当時、アメリカ社会から認知されていた唯一の日系人（二世）団体であり、連邦政府と協力関係にあったＪＡＣＬ（日系市民協会、Japanese American Citizens League）の会員も、少なからず新聞発行に関与している(9)。

とはいえ、未成年者が大半を占める当時の二世のなかに経験豊富な報道の専門家はほとんどおらず、新聞発行に参加した者の多くは素人同然であった（写真8）。この点について、立ち退き・収容以前から記者活動をしていた希有な二世であるビル・ホソカワ（Bill Hosokawa）はこうのべている。

［日米開戦時の］日系人報道機関は未成熟で、［人種的偏見・差別のため主流社会の報道機関には採用されにくい］二世がジャーナリストとして活躍できる機会はほとんどなかった。……このため、キャンプではプロのジャーナリストとして働ける人材はきわめて限られていた。

編集部員の大半が若年の未経験者であったことも、本章が順次論じていくように、集合所当局が難なく新聞を検

写真8　多くの若者が集うオレゴン州ポートランド（Portland）集合所の『エヴァキュアゼット』（*Evacuazette*）編集部。1942年5月19日付の創刊号の準備をしている。（Photo File 584-A: Japanese -- Portland Assembly Center, OHS.）

閲できた要因の一つであったかもしれない[10]。

「道具」として実益を求める当局

検閲を実施していた事実からもわかるように、当局が新聞発行それ自体に肯定的だったのは、集合所を管理・運営する上で多大な実益を期待できたからである。アメリカの戦争大義である「民主主義の防衛」、あるいは合衆国憲法修正第一条（First Amendment）が保障する「言論・報道の自由」を尊重していたからではない。当局にとってキャンプ新聞はあくまで、利用すべき便利な「道具」、政策全般を支える「基盤」（インフラストラクチャー）の一つにすぎなかった。

なかでも、正確で迅速な情報周知と人心の安定は、当局にとって新聞発行の最大の利点であり、かつ目的であった。『マンザナー・フリー・プレス』の創刊にかかわったジェイムズ・オダ（James Oda）は、「キャンプ内外の出来事を［日系人］収容者に伝えるためにも日刊紙が必要だった。……収容者の協力を得るためにも［当局の］政策を伝えなければならなかった。そして、彼らのすさんだ感情をなだめる必要もあった」と回顧している。当局のねらいを適確にいいあてている。[11]

実際、当局はキャンプ新聞を実に有益な媒体だと評価していた。ＷＣＣＡの上部組織であるＷＤＣ（西部防衛司令部・第四陸軍、Western Defense Command and Fourth Army）は、臨時施設である集合所をすべて閉鎖したのちの一九四三年にまとめた報告書で、「管理当局にとって、新聞は指令を知らせるために便利であることがわかった」と政策遂行上の有用性を認めている。以後、本章で参照・引用する史料や文献の多くも、当局がさまざまな目的で新聞を統制・利用していた実態を示している。[12]

政府への全面的な依存

当局が新聞を便利な「道具」と認識していたことについて、そもそもキャンプ新聞の存在自体が、ほぼ全面的に政府に依存していた事実をふまえておく必要がある。通常、民主主義社会における言論・報道機関は、あらゆる外部勢力から「独立」してはじめて本領を発揮できると理解される。権力監視や論争の場の提供はその最たる例で、政府を含め他者から不当な干渉・支配を受けないからこそ、適切にはたしえる機能である。ところが、政府が建設した強制隔離施設である集合所では、「健全」な「ジャーナリズム」が育つための必須条件である独立性は芽生えようもなかった。

まず、もっとも本質的な問題として、つねに有刺鉄線と武装した監視兵に包囲されている状況自体が、新聞が当局の「道具」と化すことを運命づけている。もちろん、これは新聞に限ったことではない。集合所では、日系人の命運そのものが政府の手中にあった。この点について、カリフォルニア州立大学バークレー校（University of California, Berkeley）が主催するＪＥＲＳ（日系アメリカ人立ち退き再定住研究、Japanese American Evacuation and Resettlement Study）に参加していたタモツ・シブタニ（Tamotsu Shibutani）らは、同州タンフォラン（Tanforan）集合所での現地調査にもとづきこう指摘している。

すべての住人は当局のなすがままである。反抗しようとする者がいても、ブラック・リストに載せるぞと脅しさえすれば、いかなる問題も処理できる。当局の思惑に疑問を感じる程度の知性のある者は、刑務所に送られる危険がある。これは実に非民主的であり、たとえ軍政下にあっても正当化できるものではない。軍隊にさえ軍法会議があるのに、タンフォランには［公正な判断を下す機関が］ないのである。

シブタニらは、さらにこうつけ加えている。「当局には、とてつもない権力がある」[13]。

実情に目をむけても、やはりキャンプ新聞は当局に完全に従属する立場に置かれている。何よりも、新聞発行にたずさわった日系人は厳密には連邦政府の「被雇用者」であり、したがって給料も支給されている。支給額について補足すると、記者は「技能職」として月に十二ドル、編集者でも「専門職」として十六ドルで、当時の基準でもわずかばかりである。集合所内での労働は義務ではなく、志願して無給で働く者も少なくなかった。とはいえ、「政府が日系人を雇って新聞を発行させる」という構造が根底にある限り、編集部が当局の支配から逃れることはできなかった。

さらにいえば、キャンプ新聞は物理的にもほぼ全面的に当局に依存している。編集室はもちろん、謄写版の印刷機やタイプライター、用紙やインクや各種の備品、さらには光熱費等にいたるまで、新聞発行に必要な資材・物資はほとんどすべて公費でまかなわれている。当局の「所有物」といっても過言ではない。

ただし、何不自由ない設備・環境で新聞を発行できたわけではなく、とくに最初期には集合所全体が物資不足で、むしろ日系人が私的に負担を引き受けた場合も多々あった。たとえば、タンフォランで編集者をしていたチャールズ・キクチ（Charles Kikuchi）は日記のなかで、「我々はいまだに粗末な謄写機を使わなければならない。タイプライターはすべて個人の所有物で……事務用品もない」と書いている。カリフォルニア州テュレーリ（Tulare）集合所の『テュレーリ・ニューズ』（*Tulare News*）は、一九四二年五月二十三日号の論説で読者にこう協力をよびかけている。「当局を通して物資を得ているため、どうしても遅延が生じます。当座をしのぐため、備品を皆様に寄付していただければ幸いです」。同所に居住していた日系人研究者の一人も、『テュレーリ・ニューズ』の困窮を再三にわたり自身の日記で言及し、実際に金銭的な支援までしている。(14)

用紙不足で一時的に休刊を強いられた新聞もある。ワシントン州ピュアラップ（Puyallup）集合所の『キャンプ・ハーモニー・ニューズ＝レター』（*Camp Harmony News-Letter*）はその一つで、発行中断の断りを数度にわたり掲載している。創刊から約三ヵ月後の八月一日号で「長らく悩まされた用紙不足の終焉」を宣言し、ようやく週刊で発行できるめどがついた。ところが皮肉にも、同所の閉鎖にともない、それからわずか二週間後、八月十四日号を最後に停刊している。(15)

当局の「道具」であることによる「恩恵」といえば、利益をあげる必要がなく、したがって購読も無料、という点くらいであった。当然、広告も集めなくてよい。カリフォルニア州マーセッド（Merced）集合所の所長は、『マーセディアン』（*Mercedian*）の創刊号（一九四二年六月九日号）に次のような言葉をよせている。「編集部のスタッフには、普通の新聞人にはない特権がある。それは、広告主の機嫌をそこねる心配をしないで済む、ということだ」。確かに、キャンプ新聞に従事していた日系人は、営利事業である一般紙の記者・編集者のように、広告主に束縛される心配はなかった。しかし、その反面、支配者である当局の意向にはほぼ全面的に従わざるをえなかった。所長のいう「特権」は、「検閲」と表裏一体であった。(16)

第二節　検閲の全体像

本節では、集合所における新聞検閲の全体像を、いくつもの実例を紹介しながら把握する。検閲は発行の前・後ともにおこなわれ、許可・不許可など最終的な判断を下す権限は、当局が一手に握っていた。すでに検閲を受け完成したはずの新聞が、日系人住民に配布する直前にさしとめられたこともある。集合所内では、「敵国語」である日本語はもちろん、たとえ英語であっても、合衆国憲法が保障しているはずの「言論・報道の自由」はほぼ完全に否定されていた。

事前検閲

早くから新聞発行を承認した当局であるが、事前検閲を課す方針も同じく当初から固めていた。前節でも引用したWCCA（戦時民間人管理局）政策立案部の報告書は、「集合所で新聞や刊行物を編集する際には、日系人が彼ら自身、あるいは外部の人間にメッセージを送ることがないよう［事前検閲が］講じられた」とその事実を率直に認めている。なお、後述するように、検閲は発行「前」だけでなく、発行「後」にも集合所内、さらにはWCCA本部で実施されている。(17)

事前検閲は各集合所でおこなわれ、基本的な手順は、まず全体的な政策として日本語の使用を禁じた上で（第四・五章）、英語で書かれた原稿を当局幹部を含む複数の担当官が細かく吟味する、という流れであった。あらためてWCCA政策立案部の報告書を要約すると、検閲は大まかに次の三つの原則にそって実施されている。

一　日本語による新聞発行は禁止する。
二　新聞を印刷・配布する前に、広報担当官が掲載される予定のすべての原稿に目を通し、許可を与える。
三　一度許可を受けた原稿も、印刷・配布する前に集合所長、あるいはその代理人が再度点検する。

第一の日本語の排除は第四・五章で検討した通りであるが、残る二つの点からも、当局がいかにキャンプ新聞の報道内容をこと細かに監視・制限していたかがわかる。(18)

恣意的な検閲とつのる不満

しかし、検閲の基準を多少なりとも具体的に定めた「プレス・コード」のような文書が作成されたわけではなく、許可・不許可の判断は往々にして統一性・一貫性を欠いた。ふたたびWCCA政策立案部の報告書から引用すると、当局が阻止すべき「メッセージ」の定義は曖昧で、「彼ら〔日系人〕自身、集合所当局、そして陸軍省の利益をそこなう……文字、もしくは漫画」としか書かれていない。キャンプ新聞の報道内容は、個々の検閲官が日系人や当局の「利益」をいかに解釈するかに左右された。(19)

実際、検閲の恣意性を批判的に訴える史料や文献は枚挙にいとまがない。カリフォルニア州ポモナ（Pomona）集合所のエステル・イシゴウ（Estelle Ishigo）は、日系人用に納入された食肉の一部が外部にもちだされていることを報じようとしたことをきっかけに、『ポモナ・センター・ニューズ』（*Pomona Center News*）に対する統制が強化されたと書いている。もちろん、記事の原稿はすべて、「事前検閲のため必ず〔当局に〕提出された」。(20)

カリフォルニア州テュレーリ集合所でも、当局の場あたり的な検閲は日系人の不評を買っている。既述の研究グループＪＥＲＳ（日系アメリカ人立ち退き再定住研究）に参加していたジェイムズ・ミノル・サコダ（James Minoru

Sakoda）は、一九四二年五月二十三日付の日記のなかで、「［当局の］事務職員たちが編集室にやってきては掲載すべき記事を指図する」ため、『テュレーリ・ニューズ』の日系人編集長が「閉口させられている」と書いている。同所での検閲について、治安担当のＷＣＣＡ幹部も六月五日付の内部文書で、「記事の原稿は、印刷される前に所長に提出されている。この方針は最初から、そして現在も継続している」と報告している。(21)

さらにもう一例あげると、ワシントン州ピュアラップの日系人も報道の不自由さに悩まされている。同所で『キャンプ・ハーモニー・ニューズ＝レター』の創刊にかかわったある人物は、「かなり手の込んだ検閲をされ、新聞発行はけっして楽しい仕事ではなかった」と証言している。次に引用する日系人は、はるかに辛辣な批判を口にしている。

キャンプにいるＷＣＣＡのやつらは、これまで私がお目にかかった人間のなかで、もっとも愚かな馬鹿者だった。……美術・新聞部長はキャンプで一番の嫌われ者で、何も知らないくせに検閲ばかりして、日系人が反逆的なたくらみをしていないかと、いつも疑っていた。

ピュアラップについてはじめて本格的な研究書をまとめたルイス・フィセット（Louis Fiset）も、『ニューズ＝レター』が事前・事後ともに厳重に検閲されていたと指摘している。(22)これだけ多くの史料や文献に記載されている事実からもわかるように、キャンプ新聞の検閲は周知の事実であった。合衆国憲法が約束する「言論・報道の自由」を真っ向から否定する行為であるにもかかわらず、隠密におこなわれていたわけではない。

隠すどころか、カリフォルニア州フレズノ（Fresno）集合所の『フレズノ・グレープヴァイン』（*Fresno Grapevine*）は、検閲を受けている事実を紙面で公然と伝えている。一九四二年七月四日号の記事は、ユーモラスな調子ではあるが、ニュースを擬人化するという手法で検閲の手順を次のように説明している。

まず、記者が原稿を書き、それが編集者に直され、見出しがつけられる。それから事業部の部長……と報道担当官へ査読のために送られる。いい評点がもらえることを祈る。彼らは我々ニュース原稿を見回し、一つ、二つのニュース記事には死刑を宣告し、残った者を聖地、つまりグレープヴァイン編集室に送り返すのだ。

行為の本質に照らせば隠匿されてもおかしくない検閲の事実が、紙上で堂々と報道されている。集合所における言論・報道環境が、いかに閉鎖的で特異なものであったかがよくわかる。同時に、アメリカの戦争大義、かつ国是ともいえる「言論・報道の自由」を、当局がまったく気にかけていなかったことも浮きぼりになる。(23)

ただし、場所や時期によっては、日系人の「自己検閲」で十分との判断から、当局がさほど露骨に介入しない場合もあったと考えられる。カリフォルニア州ストックトンで『エル・ウォーキン』を編集していたバリー・サイキは、「当局は、最初は新聞の内容を気にしていたがそのうち、ほとんどこちらの自由にさせるようになった。自分も編集をしていてあまり過激なことを書く気はなかった」と述懐している。(24)

もっとも、そうする必要がなければ手の込んだ検閲をしないのは、統制する側にとってむしろ理にかなっている。日系人が当局の意向を忖度《そんたく》し、検閲官の手を煩わせることなく、望むような新聞ができあがるのなら、それに越したことはないからである。当局が検閲を控えた理由を、前段落で引用したサイキは次のように説明している。混雑した集合所での生活をいかに快適にするかを「編集方針」としていたため、「要するに当局を攻撃するということに目的はなかったから、われわれに編集をすっかりまかせたわけだ」。サイキはかさねて、当局は「あまり注文もつけず、原稿を見るだけで、検閲もしなかった」と回顧している。(25)

右で指摘したように、いちじるしく均衡を欠く力関係を背景に、当局の報道統制が日系人を「自己検閲」にむかわせていたことは、本書にとってきわめて重要な問題であり、より綿密な分析を要する。この作業は、『タンフォラン・トータライザー』と『サンタ・アニタ・ペースメーカー』の事例を検討する第三・四節であらためておこなう。

事前検閲の実例――『マンザナー・フリー・プレス』

事前検閲の実例はあまたあるが、白昼の所内で起きた狙撃事件をめぐる『マンザナー・フリー・プレス』の一件は典型を示してくれる。一九四二年五月中旬、カリフォルニア州オーウェンズ・ヴァレーにおいて、廃材の木を集めようとして敷地の境界線に接近した若い二世の男性が、監視兵に狙撃され重傷を負うという事件が発生した。新聞発行に関わっていたサム・ホリ（Sam Hohri）は、撃たれた男性や治療にあたった医師ら当事者の証言にもとづいて事件の詳細を日記に記録し、その内容を外部の支援者にも伝えている。ホリによれば、当局の広報担当官は一命を取りとめた男性に接見したものの事件を公表せず、所内で発行される『マンザナー・フリー・プレス』にも沈黙を強いた。一九四二年六月にオーウェンズ・ヴァレーの管理・運営を陸軍傘下の集合所当局から引き継いだＷＲＡ（戦時転住局）は、事件から一年以上後にまとめた内部文書で、事件が意図的に隠蔽《いんぺい》された事実を次のように率直に認めている。「［記事は］検閲により『フリー・プレス』から排除された」(26)。

この狙撃事件をめぐり当局は、キャンプ新聞ばかりか、外部の報道機関にも「自己検閲」するよう働きかけている。戦時中、日系人が収容施設「外」で発行していた唯一の英字紙『パシフィック・シチズン』（*Pacific Citizen*）のラリー・タジリ（Larry Tajiri）編集長は、人権活動家のケアリー・マクウィリアムズ（Carey McWilliams）にあてた私信で次のように明かしている。「私は［狙撃事件の］記事を掲載しなかった。なぜなら、事件について知ったとき、そうした出来事が再発せぬよう当局が真摯に努力していることも知らされていたからである」。他の一般の英字紙・誌に対しても、当局は同様に報道自粛を依頼している。なお、「自発的な検閲」を求めるこの行為自体は、検閲局（Office of Censorship）をはじめとする当時のアメリカ連邦政府全体の方針と合致している。[27]

補足として、前段落で言及した『パシフィック・シチズン』は日系人（二世）団体であるＪＡＣＬ（日系市民協会）の「英字」機関紙で、立ち退き命令の及ばないユタ州ソルト・レイク・シティーで戦時中も発行をつづけている。連邦政府に協力的なＪＡＣＬの方針を反映する媒体で、前述のとおり編集長は二世のラリー・タジリが務めている。ソルト・レイク・シティーでは日本語紙の『ユタ日報』も戦中を通じて存続しているが、戦時下のアメリカで収容施設外の日系人が「英語」で発行した新聞は『パシフィック・シチズン』だけである。[28]

しかし、通常なら詳細に報道されるべき所内の重大事に触れることさえできない現状に、日系人の多くが内心では不満をつのらせていたこともまた事実である。前述したホリは支援者にあてた書簡で、『マンザナー・フリー・プレス』の「フリー」（自由）の部分を引用符で囲み、「この名前は広報部長でスポンサーのボブ・ブラウン［Bob Brown］が選んだものです」と皮肉まじりに書いている。当局に理解を示して狙撃事件の記事掲載を見送った『パシフィック・シチズン』のタジリでさえ、「いくつかの収容施設では士気が低下している。それはとくに、高校生の新聞に載る程度のことしか報道させない馬鹿げた検閲が押しつけられているからだ」と訴えている。タジリはさらに、『マンザナー・フリー・プレス』の編集者の言葉を引いて、「この新聞でフリー［筆者補足──『自由』とともに『無料』の意味もある］なのは購読料だけだ」と報道の不自由さを痛烈に批判している。[29]

事前検閲の実例──『フレズノ・グレープヴァイン』

紙面では冗談まじりに検閲の事実を伝えていた『フレズノ・グレープヴァイン』であるが、実際には編集部を憤慨させる事案が起きている。フレズノ集合所の日系人指導者で新聞発行にも関与していたキヨシ・ハマナカ

（Kiyoshi Hamanaka）は、掲載を却下された論説をひそかに編集者からゆずり受け、それを外部の人権活動家に送り、次のように救済を求めている。

この論説は、集合所長のE・P・プリアム（E. P. Pulliam）氏により検閲されたものです。読めばわかるように、このような論説に「反逆的で反アメリカ的」な内容が含まれているわけがありません。我々の報道の自由に対する、このように厳格で根拠のない処罰は、是正されなければなりません。きびしく検閲せよと指示・提案する者は、この集合所の住人を低能で浅薄な人間にしたがっているに違いありません。しかし、このような政策は住人たちを傷つけ、ひいてはアメリカ全体を害することになるのです。

ハマナカは訴えをこう結んでいる。「どうか、我々をお助けください！」[30]

検閲で排除されたその論説は、アメリカにおいて日系人が「差別」を受けてきたと指摘する一方で、いかに困難な状況でも「勇気と希望と決意をもって立ちむかおう」とよびかける内容であった。ハマナカが送った没原稿には、タイプされた文章にかさねて大きな「×」印と「Out」（削除）という文字が書かれている（図17）。

ハマナカをはじめ複数の日系人から助けを求められたノーマン・トーマス（Norman Thomas）は、連邦政府の高官に検閲を停止するよう求める行動を実際に起こしている。一九四二年八月下旬、トーマスはハマナカから送付された検閲済みの論説原稿を同封し、陸軍省次官補のジョン・J・マクロイ（John J. McCloy）にこう書き送っている。「わたしが知るところ、この検閲官はE・P・プリアム氏です。……どう考えても、このような検閲が許される理由は見つかりません」。陸軍省は集合所を管理・運営していたWCCA（戦時民間人管理局）の上部組織であり、そこで強い権限をもつマクロイに直接的に訴えることで、検閲を緩和・停止させようとしたのである。トーマスは人権活動家、また社会主義者としても当時から全国的に著名な人物である。[31]

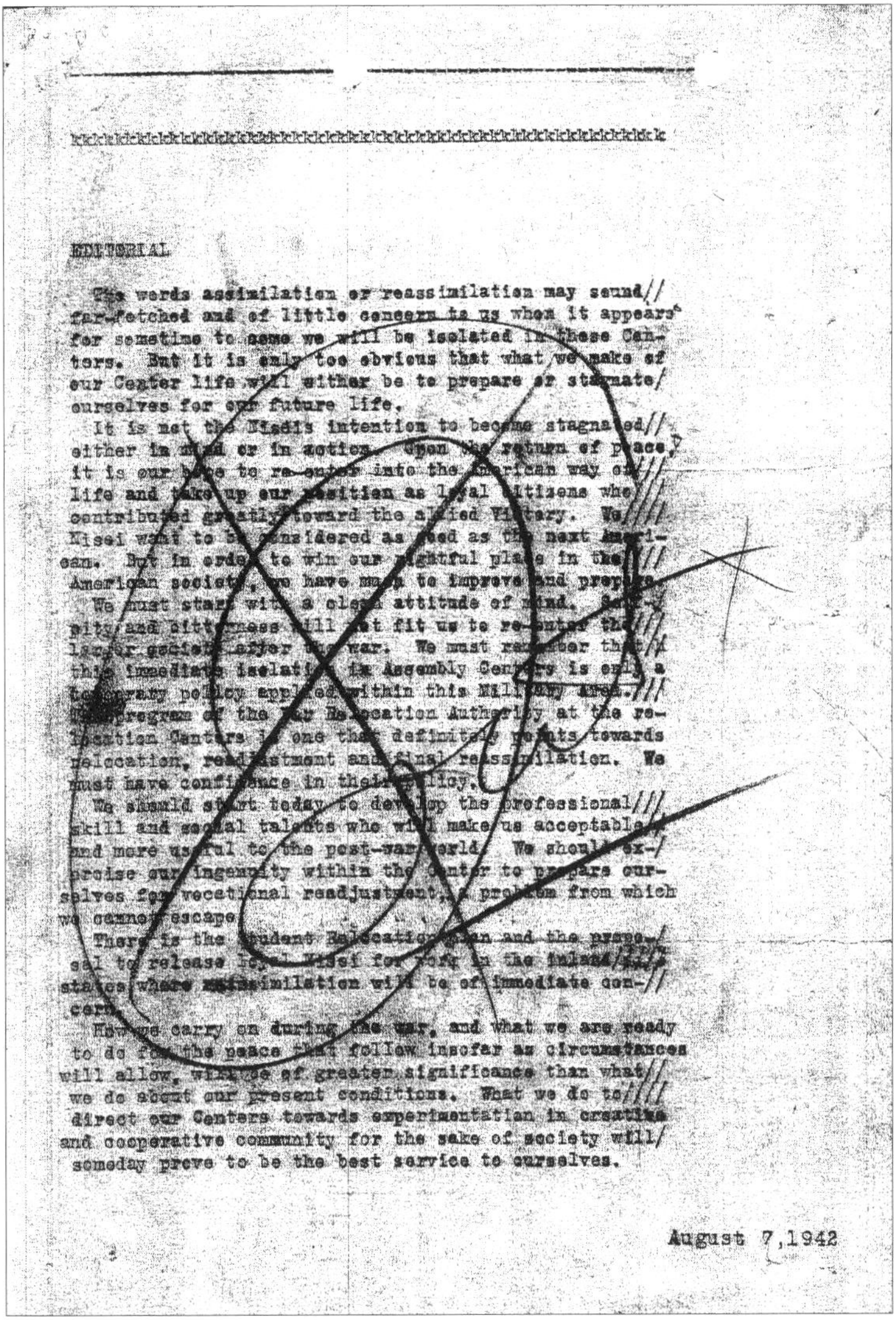

EDITORIAL

The words assimilation or reassimilation may sound far-fetched and of little concern to us when it appears for sometime to come we will be isolated in these Centers. But it is only too obvious that what we make of our Center life will either be to prepare or stagnate ourselves for our future life.

It is not the Nisei's intention to become stagnated either in mind or in action. Upon the return of peace, it is our hope to re-enter into the American way of life and take up our position as loyal citizens who contributed greatly toward the allied Victory. We Nisei want to be considered as good as the next American. But in order to win our rightful place in the American society, we have much to improve and prepare.

We must start with a clean attitude of mind. Selfpity and bitterness will not fit us to re-enter the larger society after the war. We must remember that this immediate isolation in Assembly Centers is only a temporary policy applied within this Military area. The program of the War Relocation Authority at the relocation Centers is one that definitely points towards relocation, readjustment and final reassimilation. We must have confidence in their policy.

We should start today to develop the professional skill and social talents who will make us acceptable and more useful to the post-war world. We should exercise our ingenuity within the Center to prepare ourselves for vocational readjustment, a problem from which we cannot escape.

There is the Student Relocation plan and the proposal to release loyal Nisei for work in the inland states where assimilation will be of immediate concern.

How we carry on during the war, and what we are ready to do for the peace that follow insofar as circumstances will allow, will be of greater significance than what we do about our present conditions. What we do to direct our Centers towards experimentation in creative and cooperative community for the sake of society will someday prove to be the best service to ourselves.

August 7,1942

図17　検閲された『フレズノ・グレープヴァイン』の論説原稿。（"Editorial," attached to Kiyoshi Hamanaka, Chairman, Adult Forum, Fresno Assembly Center, to Norman Thomas, August 7, 1942, RG 107, Entry 183, Box 60, Folder ASW 383.7, Interned Persons, T through Z, NA.）

しかし、現在入手できている史料群を見る限り、フレズノ集合所当局が検閲の手をゆるめた形跡はなく、そればかりか、トーマスの訴えはむしろ逆効果を招いていたとさえいえる。ハマナカがトーマスに送った九月四日付の書簡によれば、プリアム所長はハマナカらが外部の活動家に救済を申し立てたことを知って立腹し、『グレープヴァイン』の編集者たちを呼びつけ激しく叱責したという。これを知ったトーマスがふたたびマクロイに送った手紙にも、「期待に反して、この問題は「フレズノ」当局により破棄された」という記述がある。しかも、その一方でフレズノ当局は、マクロイを含む首都ワシントンDCの高官に虚偽の説明をし、「検閲」はおろか『グレープヴァイン』という新聞が存在する事実さえも否定している。トーマスはなおも抗議をつづけているが、結局、この問題が解消される前に集合所そのものが閉鎖されてしまった。『グレープヴァイン』も、一九四二年十月十七日号を最後に姿を消している。[32]

事前検閲の実例――『キャンプ・ハーモニー・ニューズ＝レター』

複数の検閲官が事前に目を通し、一度は掲載を認められたはずの記事が、印刷・配達の直前になって不許可とされたこともある。その一つが、ワシントン州ピュアラップ集合所の『キャンプ・ハーモニー・ニューズ＝レター』（一九四二年八月一日号、図18）の事例である。

一見して、印刷にかかる直前に検閲を受け、四本の記事・論説が判読不能にされていることがわかる。通常の事前検閲を経て謄写版の原紙が完成し、あとは印刷して配布するだけという最終段階においてもなお、場合によっては編集への介入が強行されていたのである。

かように異様な形跡を残してまで当局が掲載を阻止したのは、記事の題材が「不適切」であるという判断を直前になって下したためと考えられる。その数日前の七月二十七日、WCCA本部は各集合所の広報担当者に対し、在米日本人（アメリカ市民権をもたない一世も含む）の日本送還に関する情報を公表しないよう命じる指令を発していた。日米開戦後、日本政府とアメリカ政府は、お互いの領土・支配地域に住む外交官など自国民を交換する交渉をすすめていた。「送還に関しては、いかなる内容であれ、ニュースとして集合所内の出版物に載せたり、発表してはならない」。そのような情報に国務省が懸念をもっており、陸軍が扱うべき領域ではないからだ」。この指令を知らずに日系人の記者たちが原稿を書き、失念していたのか検閲官も印刷する直前まで気づかず、急遽、当該箇所を読めぬよう処理したと考えられる(33)。

もっとも、このような当局の措置には不可解な面もある。確かに、判読不能にされた四本のうち二本は、禁止事項である日本送還に触れている。しかし、アメリカ政府や集合所当局に批判的なわけではなく、ましてや交戦国である日本に対して好意的なわけでもない。さらに、別の二本は送還とまったく無関係の内容である。なお、検閲を受けた原稿はアメリカ国立公文書館等で閲覧することができる。その写しがサンフランシスコのWCCA本部へ送付されていたため、公文書として残されているのである(34)。

まず、最初の二本は当局が禁じた日本送還について伝えてはいるものの、あくまで政府の方針にそう内容である。一本の記事は、送還希望者の申請状況や今後の手続きを説明するもので、当局が実際におこなっていた業務を事実として伝えているにすぎない。同じくもう一本の論説も、送還を希望したのはピュアラップ所内にいる約七千五百人中のわずか二百人ほど、しかもそのほとんどは日本に家族を残している高齢の第一世代の日本人移民（一世）である事実を指摘し、彼ら以外の大多数はアメリカに永住する決意を固めていると強調している。単に日本送還に触れていること以外、当局の「利益」をそこなうような箇所は見あたらない。

ましてや、残る二本の記事は日本送還とはまったく無関係であり、没にされた理由を推察することさえ困難である。一本は、当局の命令で他の集合所から移ってきた日系人医師の活躍を報じている。もう一本は、陸軍の日本語通訳募集に応じた二十四人の二世が面接を受けたことを、ごく短く伝えている。いずれも当局が隠匿しよう

August 1, 1942 NEWS - LETTER Page 3

CA[illegible] NE[illegible]OR FR[illegible]AM

Ca[illegible] [illegible]owded but [illegible] [illegible]olor weat[illegible] [illegible]fic Nor[illegible] [illegible]for the [illegible] [illegible] peo- ple [illegible] Dr. Wal[illegible] [illegible]st arri[illegible] [illegible]de- clar[illegible]

[illegible] was trans[illegible] the Mo[illegible] as- semb[illegible] or- der[illegible] to the [illegible]rked and u[illegible]ital staff.

Ho[illegible] in [illegible]erc[illegible] bet- ter," [illegible] but poin[illegible] here were [illegible] dis- adva[illegible] sem- bly [illegible]ula- tion [illegible]sem- bly [illegible]500.

"[illegible]h in- ter[illegible] here, whil[illegible] mpha- size[illegible] com- ment[illegible]

A g[illegible] ford niver[illegible] ar- rived h[illegible]3 and is now res[illegible] at together [illegible] his wife and two children.

C.I.O. BODY RAPS STEWART BILL

MEASURE CALLED 'RIDICULOUS'

The Seattle Industrial Labor Union Council, representing thousands of CIO members in Seattle and King County, placed itself on record last week as "unalterably opposed" to Senate Bill 2293, better known as the Stewart bill.

In communications to Senators Bone and Wallgren of Washington and to the author of the measure, Senator Stewart of Tennessee, A. E. Harding, executive secretary of the council, denounced the bill as "utterly ridiculous" and "contrary to the very principles for which we are waging war."

The Stewart Bill, now awaiting U.S. Senate action, would empower the Secretary of War to place in custody for the duration of the war all Japanese in the United States, whether aliens or citizens and would in the words of Senator Ball of Minnesota, "put 100,000 American citizens in concentration camps without hearings or anything else."

RADIOS WILL BE REPAIRED FREE

If you're having trouble with your radio, you can have it fixed free of labor costs.

In charge of the new center-wide service are Paul Tsunehara, formerly of Seattle, and Chester Sakura from Eatonville.

Both are experienced radio repair men now working in the Area D Electric Shop.

Sakura explained this week that all a "customer" has to do is fill out a form describing his radio's ailments and send the form to the D Electric Shop. Forms will be available at all Area information offices.

"We'll fix the radio for nothing, and we'll pick it up and deliver it for nothing," he said.

He added, however, that non-profit charges will have to be made for all necessary parts.

MOVIES HALTED; NO PROJECTORS

(Cont'd from pg. 1)

secure another projector so that the center will continue to have its movies.

Meanwhile, Hosokawa revealed that a silent projector may be procured as a temporary measure in order that the younger children may continue to enjoy the pictures as of before.

HOSPITAL COMES INTO OWN

CENTER DOCTORS OPERATE TWICE

Adequate surgical apparatus has been installed in Camp Harmony's hospital, and fewer cases calling for major operations are being sent out to outside hospitals, Teru Uno, head nurse, declared today.

Miss Uno pointed out that two successful appendectomies have been performed thus far by center doctors.

Suma Kato, B-3-7 was operated on Tuesday, July 28, and is reported favorably recovering, while Busaku Yuji, D-4-127, operated on July 17, was released from the hospital Thursday.

'CHICO' ABE ENTRAINS FOR NEW YORK...

It's home to the sea for "Chico" Abe, the Honolulu sailor boy who was the hero of a NEWS-LETTER feature story two issues back.

Through the efforts of his union, "Chico" secured Army permission to leave the center for New York City--his home port since 1940. He left the Puyallup station on the Union Pacific at 4:58 p.m. today.

To the NEWS-LETTER staff members who saw him off, the sea-faring nisei lad confided he had given up trying to develop "land legs" after five weeks of laborious wanderings in the center.

"I guess I was born for the sea," he said, "and I'm plenty glad I'll be shipping out again."

"Chico" also revealed plans of applying [illegible] trance to the United States Maritime Commission school for an engineer's license.

"But before I do anything else," he added, "I'm going to get [illegible] on the Great [illegible] maybe on a tug or ferry boat in New York [illegible], to convince myself that I'm really back on water."

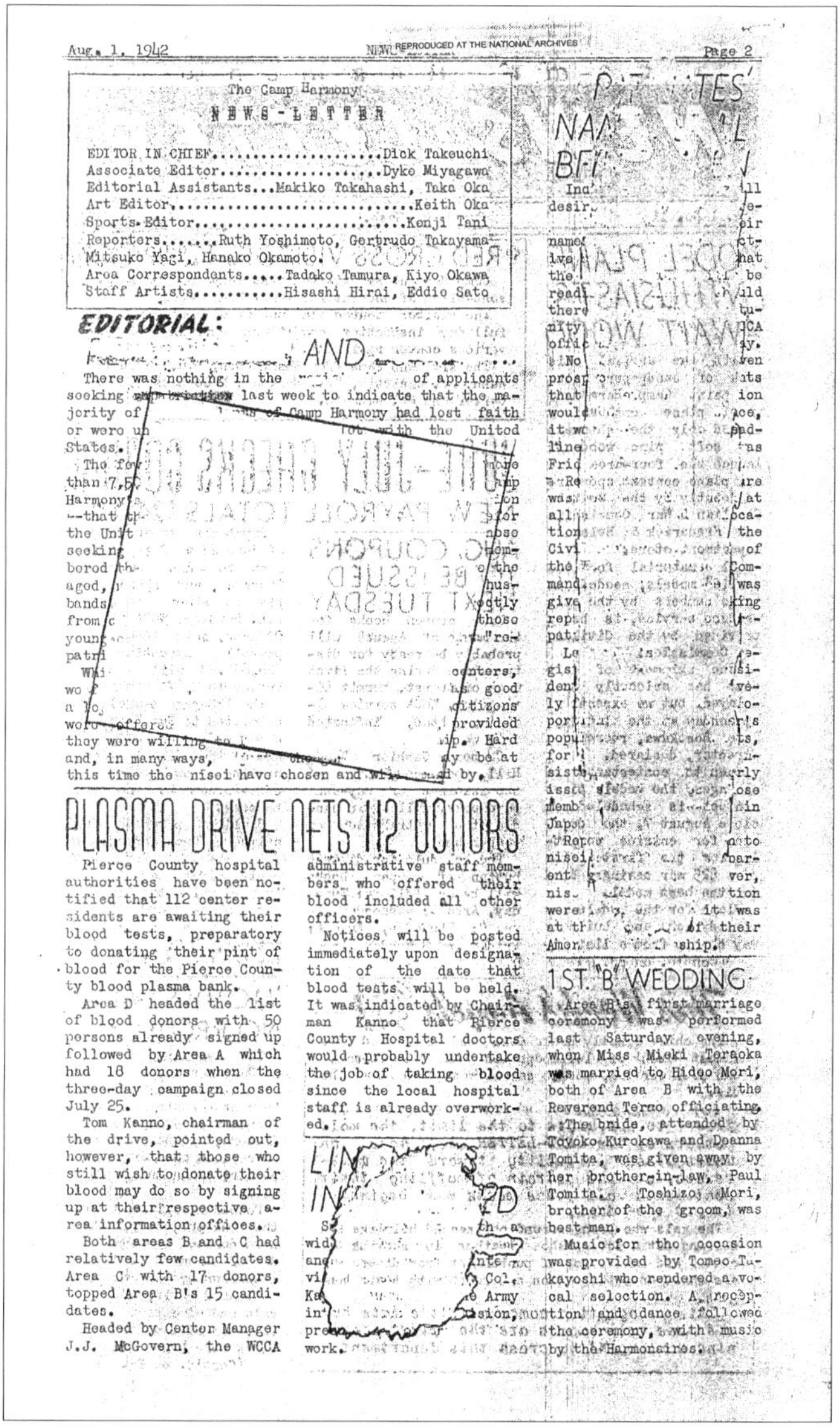

Aug. 1, 1942 NEWS-LETTER Page 2

The Camp Harmony
NEWS-LETTER

EDITOR IN CHIEF..................Dick Takeuchi
Associate Editor..................Dyke Miyagawa
Editorial Assistants...Makiko Takahashi, Taka Oka
Art Editor..........................Keith Oka
Sports Editor.......................Kenji Tani
Reporters......Ruth Yoshimoto, Gertrude Takayama
Mitsuko Yagi, Hanako Okamoto.
Area Correspondents.....Tadako Tamura, Kiyo Okawa
Staff Artists..........Hisashi Hirai, Eddie Sato

EDITORIAL:

AND

There was nothing in the ... of applicants seeking ... last week to indicate that the majority of ... of Camp Harmony had lost faith or were u... with the United States.

The fe... than 7... Harmony... --that ... the Uni... seeking... bered ... aged, ... bands... from ... young... patri...

Wh... wo... a ... were offered ... provided they were willing to ... Hard and, in many ways, ... be at this time the nisei have chosen and ... by.

PLASMA DRIVE NETS 112 DONORS

Pierce County hospital authorities have been notified that 112 center residents are awaiting their blood tests, preparatory to donating their pint of blood for the Pierce County blood plasma bank.

Area D headed the list of blood donors with 50 persons already signed up followed by Area A which had 18 donors when the three-day campaign closed July 25.

Tom Kanno, chairman of the drive, pointed out, however, that those who still wish to donate their blood may do so by signing up at their respective area information offices.

Both areas B and C had relatively few candidates. Area C with 17 donors, topped Area B's 15 candidates.

Headed by Center Manager J.J. McGovern, the WCCA administrative staff members who offered their blood included all other officers.

Notices will be posted immediately upon designation of the date that blood tests will be held. It was indicated by Chairman Kanno that Pierce County Hospital doctors would probably undertake the job of taking blood since the local hospital staff is already overworked.

LIN...
IN...D

S... wid... an... vi... Col. K... Army in... sion, pr... work.

NAM...
BE...

Ind... desir... name... the... read... there... nity... offic... No... pros... that... would... it w... line... Fri... Re... was... all... tio... Civ... the... mand... give... rep... pati...

Le... gis... den... ly... por... pop... for... sist... issu... memb... Japa... Repo... nisei... ent... nis... were... at t... Amer...ship.

1ST. 'B' WEDDING

Area B's first marriage ceremony was performed last Saturday evening, when Miss Mieki Teraoka was married to Hideo Mori, both of Area B with the Reverend Terao officiating.

The bride, attended by Toyoko Kurokawa and Deanna Tomita, was given away by her brother-in-law, Paul Tomita. Toshizo Mori, brother of the groom, was best man.

Music for the occasion was provided by Tomeo Takayoshi who rendered a vocal selection. A reception and dance followed the ceremony, with music by the Harmonaires.

図18　検閲の生々しい爪痕が残る『キャンプ・ハーモニー・ニューズ＝レター』（1942年8月1日号）の紙面。（RG 338, Entry Bound Volumes, NA.）

としていた活動ではなく、当然、報道を禁じる指令を発していたわけでもない。

この検閲の理由について、ピュアラップ集合所当局は一切、公的に言及していない。当該の八月一日号はもちろん、その後に発行された『ニューズ＝レター』を見ても、きわめて異様な紙面になったことについての弁明、あるいは読者からの質問なども一切掲載されていない。

直後に調査目的でピュアラップを訪問した外部のジャーナリストに対しても、当局は沈黙を保っている。当時、社会的弱者・少数派を擁護するリベラル派として知られたオピニオン雑誌『ニュー・リパブリック』(*New Republic*)から集合所内の生活環境について現地調査を依頼されたこのジャーナリストは、検閲について質問したものの当局から明確な説明を受けることができなかったらしく、次のように書いている。「[この新聞は]断固として親米的である。一度だけ、部分的に検閲を受けたことがある。その記事は、アメリカ政府に異議をとなえるものではなく、日本に対して親近感をほのめかしているわけでもない。ただ、一世の日本送還に関する問題についてほんの少し触れただけである[35]」。

いずれにせよ、あからさまに検閲の爪痕を残した新聞が公然と配布され、その説明さえまったくないという事実は、集合所において日系人の「言論・報道の自由」がいかに軽視されていたかを如実に物語る。

事後検閲

事前検閲ほどではないものの、集合所当局は「事後」にもキャンプ新聞に目を光らせ、場合によっては報道内容に口を挟んでいる。事後検閲の結果、事前検閲がいっそう徹底強化されたこともある。

新聞の事後検閲は、全集合所を統括するＷＣＣＡ(戦時民間人管理局)の本拠地、カリフォルニア州サンフランシスコでおこなわれている。各所で発行された新聞の全号を本部に送付させ、掲載された情報を監視していたのである。

同時に、個々の集合所でも発行後の検閲は実施されている。たとえば、カリフォルニア州タンフォラン集合所では、一度配布された新聞に「回収」命令が発せられたことがある。この事例は『タンフォラン・トータライザー』を集中的に検討する第三節で紹介する。

事後検閲について補足すると、WCCAは新聞をサンフランシスコに集める一方、「外部」に流出せぬよう神経をとがらせてもいた。タンフォランで新聞が創刊される直前、WCCAの広報担当官は同所に指令を送り、所外へ配布してはならないと命じている。最初期に一部の集合所で日本語記事が掲載された際には（第五章）、完全な英訳が提出されていないことを理由に最寄りの郵便局が外部への発送を保留している。他の政府機関にも助けられながら、キャンプ新聞が日系人や政府関係者以外の目に触れぬよう、集合所当局は注意を払っていたわけである。(36)

いずれにせよ、どのような経路であれ所内の状況が外部にもれ、不本意な報道がなされぬよう当局が苦慮していたことは確かである。第五章で指摘したように、強制立ち退き・収容を受けた日系人の様子が国内のマス・メディアなどを通じて日本政府の耳に入り、対米プロパガンダに利用される、あるいはアメリカ人捕虜などに対する「報復」につながることを恐れていたからである。(37)

本題に戻ると、事後検閲に関する史料は事前検閲に比べ少ないが、顕著な事例として、カリフォルニア州テューレーリ集合所の編集者らが「親日的」な思想を表明したかどで身元調査を受け、疑いが払拭《ふっしょく》されたにもかかわらず事前検閲がさらに厳格化された一件がある。身元調査も検閲の強化も、サンフランシスコでの事後検閲により引き起こされている。

発端は、一九四二年五月二十三日号の『テューレーリ・ニューズ』に掲載された、日光らしき線と山々、それらに「礼拝」（WORSHIP）という文字をあしらった挿絵（図19）である。サンフランシスコの検閲官は、この小さな

TULARE NEWS Page 3

ian Schedule

Christian Church of the Tulare Assembly Center met Monday to schedule a six ...gram. The time ...hip service was ...rom 9:00 a.m. to ...m. The schedule ...ntire day, Sun... follows:

...a.m. Quiet Hour ...ple, Place-J-7-5, ...mago, director.

...a.m. Quiet Hour ...Place-C-3-3.

...a.m. Sunday ...usumu Kojima, Spt.

...a.m. (just for ..., in the future, ... services only) ...tt will speak in

...p.m. Young Peo...hip service. The ...Susu-Mago preach-

...choir under the ...ction of Miss Aya...moto made its ...earance last Sun... interested in ...he choir is urged ...ce with the choir ...y, Thursday, and ...at 9:00 a.m. at

--O--

...uchi Elected

...the initial meet... Tulariettes, an ...ion for teen ages ...18, Mary Yamauchi ...wood was elected ... Those assist-- ...Yasuko Tsutsumida ... vice presi-

Mrs. Jino Sakamoto and family wish to express their sincere gratitude for the many kindnesses bestowed upon their family during their recent bereavment.

--O--

We thank our many friends for their kindness during our recent bereavement.

Mrs. Kiyono Shimizu and Family

--O--

DEBS ELECTED

With Miss Ayako Matsumoto leading the songs.

Program Made

BUDDHIST SUNDAY SERVICE

May 24 8:30 a.m.

Place--Bleachers

Program:

1. Prelude (by choir)
2. Aspiration
3. Gatha (Shuka)
4. Homages
5. Meditation
6. Sermon (by Rev. Imamura)
7. Gatha (Softly Blow the Breeze)
8. Reading
9. Gatha (Ondokusan)

Two representatives from each locality are asked to remain after the Sunday Service for a short meeting.

FIRST DEATH AT CENTER

Mr. Kikumatsu Yamanaka, 58, former nurseryman and florist of Gardena, died at 10:30 p.m. at the County Hospital on Thursday night, May 21, 1942. Mr. Yamanaka is survived by his wife Mrs. Shige Yamanaka, 59. They have no children. Mr. Yamanaka has been ill for quite sometime before coming to the center.

Messrs. ... Uchida, and Kinzo Tanaka, co-occupants of the Yamanaka barrack, L-5-2, are arranging the funeral services through the Welfare Department under Mr. T. Miura. "Otsuya" was held on Friday night, May 22 in L-4 conducted by Rev. K. Imamura. Funeral services will be held on Sat-

図19　サンフランシスコにおける事後検閲で問題とされた『テュレーリ・ニューズ』(1942年5月23日号)の挿絵。(RG 338, Entry Bound Volumes, NA.)

絵は暗に日本軍の軍旗である「旭日旗」と「富士山」を意味する、つまり、敵国日本に対するナショナリズムを鼓舞し、アメリカ政府に反逆的な思想を流布するプロパガンダである、という疑念をもった。(38)

報告を受けたWCCAの指揮官、カール・R・ベンデッツェン（Karl R. Bendetsen）局長は、イラストには反政府的な思想が隠されていると確信し、掲載にいたる経緯を子細に調査・報告させている。挿絵の掲載から四日後の五月二十七日にベンデッツェンが書いた内部文書は、「明らかに〈旭日旗の崇拝〉というスローガンを示すもの」であるため、「所内治安警察に本件を調査させ、誰が描いたかなど詳細をすべて確かめ、新聞にはどの程度の査読がなされているのかを報告」するよう命じている。ベンデッツェンは同時に、FBI（連邦捜査局、Federal Bureau of Investigation）にも画家と編集者の身元調査を依頼している。(39)

ベンデッツェンらの懸念に反し、真相は実にたわいのないものであった。調査の結果、山の背後から太陽が昇る図は、単に次の日曜日に予定されていた仏教会（Buddhist church）の定期集会を案内するもので、政治・思想的な含意はまったくないことが判明したのである。テュレーリ集合所の治安警察に尋問された日系人の画家は、「キャンプから見える、雪におおわれたシエラ・ネヴァダ山脈を描いただけで、富士山に似せようとするつもりはなく、日の出で日本を示唆する意図もなかった。単に［仏教会でおこなわれる］礼拝をあらわしたにすぎない」と答えている。現地の様子に疎いサンフランシスコの検閲官が深読みし過ぎ、早合点していたわけである。(40)

ところが、真相の究明とは別に、WCCAの結論は疑惑が浮上した時点ですでに決まっていた。日系人のなかには陰謀をたくらむ者が確実に存在し、その危険分子を押さえ込むために検閲体制をさらに強化する必要がある、というのである。調査を命じた時点でベンデッツェン局長は、「集合所新聞を細かく、より厳格に監督する必要があることは明白である」と断言している。第四章で指摘したように、強制立ち退き・収容を主導した陸軍の幹部は日系人を敵視し、「潜在的に危険な敵性外国人」とみなす傾向がとくに強かった。長年にわたる偏見・差別に根ざした疑心暗鬼ゆえに、日系人の一挙手一投足が彼らの「敵性」を証拠づけるものと理解されたのであ

る。(41)

こうして、挿絵の一件をきっかけに、キャンプ新聞はよりきびしい事前検閲を受けるようになった。一九四二年七月一日付で全集合所長に送られたWCCAの機密指令は、「集合所の新聞を使って、ひそかに反逆的な考えを流布しようという不穏な兆候が見られる」と実際の調査結果に反する報告をした上で、次のように命じている。

西海岸でトラブルが予期される時節柄、あらゆる予防策が講じられなければならない。したがって、各集合所の広報担当者は、新聞に掲載される予定のすべての原稿をきわめて慎重に精査し、謄写印刷する［集合所長が最終確認する］前に紙面にOKをだすこと。

謄写版の原紙を作成したあとも、集合所長室の代表者数人が細心の注意を払って原紙と元の原稿を見比べ、印刷する前に削除や加筆がないことを確認するように。［さらに］最初に刷りあがった謄写版紙面は、ふたたび元の記事の原稿と照合して、変更がないことを確認せよ。

複数回にわたる事前検閲はそれ以前から実施されていたが、この指令後はよりいっそう注意深く、厳格になっている。(42)

付言すると、問題の端緒となった『テュレーリ・ニューズ』の編集部は、とくに大きな余波を受けたようである。当時、現地でカリフォルニア州立大学の共同研究JERS（日系アメリカ人立ち退き再定住研究）に加わっていたある日系人調査員は、当局から目をつけられたことで、この一件以降、『テュレーリ・ニューズ』の「編集室には誰もよりつかなくなった」と書いている。(43)

検閲による弊害

すでにいくつかの箇所で指摘したが、当局による検閲は円滑な新聞発行を困難にするなど、実体的な弊害を多く生じさせている。それらの実例はつづく第三・四節でもあらためて紹介するが、これまでの議論を整理するためにも、とくに顕著な問題点にしぼって簡潔にまとめておく。

まず、いく重にもわたる検閲のため手間がかかり、報道が遅延・停滞しがちになったことは間違いない。多くの史料・文献が、当局とのやりとりで多くの時間が浪費され、思うように仕事がはかどらないという日系人の不満を記録している。

次に、多少なりとも具体性をともなう基準がなく、場あたり的におこなわれる検閲は、しばしば編集部を予期せぬ困難に直面させている。統一性・一貫性を欠いた当局の対応が記者・編集者の活動をさまたげ、困惑・憤慨させていたことは、すでに随所で指摘したとおりである。

右に関連して、恣意的な検閲は編集部を萎縮させ、「自己検閲」にむかわせている。新聞を発刊するためには、つねに当局の意向を忖度《そんたく》しなければならず、必然的に情報の取捨選択に影響を及ぼしている。一例として、二世のメソジスト派牧師であるレスター・E・スズキ（Lester E. Suzuki）は、ワシントン州ピュアラップ集合所の『キャンプ・ハーモニー・ニューズ＝レター』に関して、「［報道は］不完全であり、仏教の催しについては、ほとんど何も書かれなかった」と評している。どれほど意識的であったかは別として、敵国である「日本」を想起させる、あるいは他の理由で検閲官を刺激しそうな話題については、日系人の側が取材・報道を自粛した。この問題についても第三・四節で詳しく検討する。(44)

そして最後に、アメリカにおける民主主義の根幹ともいえる「言論・報道の自由」がいとも簡単に、かつほぼ全面的に否定されたことは、読者を含め多くの日系人を精神的に傷つけている。一九四二年五月、ある収容者はこう書いている。「ここでの生活をどう表現していいかわかりません。どうでもいいとあきらめようとするのですが、有刺鉄線やサーチライト（投光照明）を放つ監視塔を目にすると、〈強制収容所〉（concentration camp）に入れられた受刑者のように感じることがあるのです」。十二万人強の日系人は、罪を犯したわけではなく、いわば「戦争協力」するような形で強制立ち退き・収容を受け入れている。にもかかわらず、まるで犯罪者のように市民的自由を奪われたことが、彼らを大いに落胆・失望させていたのである。[45]

第三節　『タンフォラン・トータライザー』

本節では、前節で示した新聞検閲の一般的な方法や弊害をより個別具体的に理解するために、カリフォルニア州タンフォラン集合所の『タンフォラン・トータライザー』（*Tanforan Totalizer*）を検討する。数ある新聞のなかから同紙を選んだ理由は、主に二つある。

第一は、『トータライザー』が内容や体裁、また規模においてキャンプ新聞を代表する存在だからである。全号を通じて記事は英語のみで書かれ、謄写版で基本的に四〜十ページだて、タイプライター・備品・用紙などの調達に悩まされながらも、一九四二年五月十五日から九月十二日まで週刊で計十九号が発行されている。つくり手・読者とも過半数が若い二世であることもあり、多くの挿絵が入っている。通常の部数は約二千八百部であったが、最終号は記念版として約六千部が刷られている。タンフォラン集合所そのものは、四月二十八日に開所、十月十三日に閉鎖し、最大時には七千八百人強の人口を擁している[46]（第一章の**表1**を参照）。

第二の理由は、タンフォランがカリフォルニア州立大学バークレー校による共同研究の拠点の一つであったため、検閲に関する史料・文献が比較的豊富に残されているからである。この研究プロジェクト、JERS（日系アメリカ人立ち退き再定住研究、Japanese American Evacuation and Resettlement Study）は、同大の社会学教授ドロシー・スウェイン・トーマス（Dorothy Swaine Thomas）が主導し、後述するように、タンフォランで新聞発行にかかわった日系人のなかにも現地調査員を兼務する者が複数いた。[47]

なお、右の二点は次節で論じる『サンタ・アニタ・ペースメーカー』にも共通する特徴である。

当局のすばやい発行許可

そもそも、集合所の統括機関であるWCCA（戦時民間人管理局）がキャンプ新聞の発行を許可したのは、第一節で指摘したように、日系人への情報伝達や人心の安定に寄与するなど、当局の実益にかなうと判断したからである。戦争大義である「民主主義の防衛」や憲法が保障する「言論・報道の自由」をおもんぱかったからではない。

同じ理由で、タンフォラン当局も『トータライザー』の発行を迅速に認めている。創刊時から編集者を務め、JERSにも従事していたチャールズ・キクチによれば、新聞発行を発案したのはキクチを含めた日系人の側で、開所した一九四二年四月二十八日直後に当局に交渉をもちかけている。今後さらに数千人が入所してくることを念頭に置き、「情報サービスの提供」と「士気の向上」のため、確実に住民全員に行きわたる情報媒体が必要であると訴えた。編集長候補には、記者経験がある二世のタロウ・カタヤマ（Taro Katayama）を推薦した。[48] 当局も理解を示し、開所からわずか一週間後の五月五日には、編集長人事も含め提案を正式に受け入れている。第一号が発刊されたのは、当局の許可が下りてからさらに十日後の一九四二年五月十五日である（図20）。第一

TANFORAN TOTALIZER

Vol. I, No. 1   Tanforan Assembly Center, Calif.   May 15, 1942

ASSEMBLY CENTER HEAD GREETS RESIDENTS

EDITORIAL . . .

The Tanforan Totalizer is intended to be this center's paper in every way. Its interests are those of all the residents here. It is not the organ of any self-seeking group and it will not play any politics. It will seek to promote a democratic and cooperative spirit within the community as the basis of all action whether individual or collective.

That the paper may be truly representative of the whole community, it will be open to every sort of suggestion from its readers for improving it from issue to issue. All those interested in the venture are invited to take active part in the publication.

The present temporary staff has taken the initiative in starting the paper in the belief that the common good would be served thereby. Final adjustments within the staff will be based on ability and willingness to do the work.

COOPERATION STRESSED

Wm. R. Lawson, Tanforan Assembly Center Manager, today greeted residents here in a statement made to this paper as follows:

"May I take this opportunity of extending my greetings to all the residents of Tanforan Assembly Center and to congratulate them on the first issue of their newspaper. This paper can play a most important part in the community life of this Center and I wish it every success.

"I would like to impress upon every resident the importance of accepting his full share of responsibility in the operation of the Center...There is a big job to be done and everyone must do his or her part.

"It will be the policy of the management to make this community as self-governing as possible. The success of this policy and the happiness and welfare of everyone will depend on the cooperation of all concerned.

"Only such rules and regulations will be made by the management as are necessary for the health, welfare and best interests of all concerned. Strict compliance with these regulations is essential."

p.o.s daily tote hits 6000

Handling about 6000 pieces of mail--3000 going out and an equal number coming in---the Tanforan postoffice is today one of the busiest places in the center.

Of the outgoing mail, about 1000 are postcards. But the most hectic activity of the postoffice is in selling and cashing money orders.

Postmaster Gill Juchert reports that his office sells more money orders daily than the town of San Bruno, even though hours for handling them are limited to the morning.

The postmaster advises those who have not yet done so to notify the home town postoffice of changes in address, otherwise mail may be delayed two days.

According to Frank Iwanaga, in the lost letter department, over 1000 letters a day are received by the office because barrack and apartment numbers are lacking.

Although it may be provided later, no special delivery service has yet been established. Regular deliveries occur twice a day. Letters leave camp

(Cont'd on P. 3)

MEDICAL CENTER

EMERGENCY!

If you slice a nice gob of yourself or something akin, the report's to be dashed to the Medical Center (main hospital) where an ambulance and a sedan are on 24-hour duty for cases warranting use.

HAVE YOU BEEN SHOT?

Typhoid shots and vaccinations for smallpox are being given during May at the Center on Mondays and Wednesdays, 9-11 a.m. All residents still unshot are to report.

THE CENTER

The Medical Center (see map on page 4) at present has five buildings, with 1 as the general clinic; 2 as the main hospital; 5 as the dental and special baby clinic. Dr. Hajime Uyeyama and his staff are in charge. Dr. Carl Hirota and Miss Masao Mori, RN, head, respectively, the dental and nursing staffs. Clinic schedules have been posted thruout our City.

MRS. NARUO SETS PACE WITH JUDY . . .

The newest Tanforan arrival is 7½ lb. Judy Naruo, born to Mrs. Michio Naruo last Monday at 8:50 p.m., Dr. Kazuo Togasaki attending.

Mother and infant are both reported doing well in the center hospital.

The proud parents reside in B. 110, A.3 and are from San Leandro.

— 203 —

図20 『タンフォラン・トータライザー』の創刊号（1942年5月15日号）の第一面。（RG 338, Entry Bound Volumes, NA.）

面の論説は、「公共善が実践されると信じて、現在の臨時スタッフが新聞創刊の発議をしました」と説明している。キクチら有志による提案の承認から実際の創刊までにやや間が空いているのは、印刷などに必要な資材の調達に手間どったことが一因であるが、後述するように日系人同士の足の引っ張りあいが影響を及ぼしていた可能性もある。いずれにせよ、新聞発行それ自体に当局が同意していたことは確かである。(49)

実際、最大時で七千八百人を超える収容者をかかえた当局にとって、新聞は任務遂行上なくてはならぬ「道具」、政策全般を支える「基盤」（インフラストラクチャー）の一つであった。キクチの言葉を借りれば、最初期の段階で情報伝達の手段を確保したことで、「当局は多くの問題から彼ら自身を救うことができた」。キクチら現地調査員の指揮者であるトーマスが執筆したＪＥＲＳ報告書も、「新聞により定期的、かつ正確に情報を与えれば、コミュニティが急激にふくらんでゆく過程で生じる混乱を除去できる」と説明している。新聞の必要性をめぐっては、当局と日系人との間に意見の食い違いはなかった。(50)

事前検閲の開始

ひるがえって、当局に「言論・報道の自由」を尊重しようという意識はなかった。その証左として、創刊当初からすべての記事を事前に提出させ、こと細かに査読している。検閲は事後にもおこない、一度配布した新聞を強制的に「回収」させたことさえある。この一件については後述する。もちろん、タンフォラン以外の他所でも同様の報道統制がおこなわれている。

『タンフォラン・トータライザー』の事前検閲は、第一号（一九四二年五月十五日号）から実施されている。創刊に立ちあったチャールズ・キクチは、その前日の日記で次のように書いている。「［編集長のタロウ・カタヤマにとって］新聞は確かに頭痛の種になっている。すべてをフロント・オフィスに読んでもらい〈ＯＫ〉を得なければばならない。当局は、急進的な考えや不都合な評判が立つことに、とても神経をとがらせているようだ[51]」。

創刊と同時に編集介入をしている事実、また本書が引用・参照する他の多くの史料も明示しているように、当局と編集部は終始、「検閲する側とされる側」というほぼ垂直的、かつ一方向的な主従関係にあった。前述したトーマスによるJERS報告書はこう結論づけている。「最初から最後まで、『タンフォラン・トータライザー』は当局や陸軍の代表者からきびしい検閲を受けた[52]」。

当事者であるキクチも日記などでくり返し、検閲官がいかに非協力的で、編集部がめざす有意義な新聞発行を妨害しているかを強調している。たとえば、創刊から約半月後の五月三十一日付の日記では、「もっとうまくできると思っていた。厳重に検閲される新聞で働くということは、およそ社会的な活動からかけ離れている」と不満をもらしている。彼は外部の知人にあてた手紙でも、「［新聞は］士気を向上させるものであるはずだが、当局の検閲と非協力的な態度が我々の努力を無にしている」と訴えている[53]。

検閲が編集作業を遅延・停滞させていたことは前節で指摘したとおりであるが、キクチの日記はその弊害についても強い筆致で批判している。次に引用するのは、日系人「自治」組織の会合について報道しようとした際の記述である。

会議録は非公開であるため、［集合所長であるフランク・E・］デイヴィス（Frank E. Davis）の「ｏｋ」を得てから、新聞用に「ニュース・リリース」をわたす。そう［自治組織は］説明してくれた。それを受け取ってから、紙面に収まるよう書き直すことになる。次に我々は、二度目のｏｋを得るために、デイヴィスにそれをさし戻す。さらにその後、陸軍の「ｏｋ」を得るために［ＷＣＣＡ（戦時民間人管理局）の検閲官である］マックイーンに届ける。そしてようやくダミーの紙面に載せ、最終的な「ｏｋ」をもらうために［担当部署の長である］グリーンにもち込まれる。

キクチは最後に「我々を信頼してくれているわけだ！」という皮肉で結んでいるが、一つの記事を掲載するために、いかに手間がかかっていたかがわかる。(54)

とくにタンフォランの場合、反政府的な日系人が編集部に入り込んでいるという情報が何者かにより当局にもたらされ、それが過度に厳重な検閲や編集部と当局との軋轢《あつれき》につながっていた可能性がある。複数の日系人がそうした証言をしているが、その一つ、ＪＥＲＳが入手・保存した匿名の手紙には、次のように書かれている。

いつ終わるとも知れぬ長々とした事務手続きを経て、ようやく集合所新聞をもつことができました。どうやら、新聞がうす汚い「アカども」の手中にある、と［日系人自治組織の者が］集合所長に耳打ちしたようです。官僚主義的な遅延やきびしい検閲は、それで説明がつきます。

編集部と敵対する一部の日系人が「告げ口」など妨害行為をしていたことは、現地でＪＥＲＳ調査員をしていたタモツ・シブタニらの報告書にも記載されている。このような内紛がなければ、右の手紙が示唆しているように、実際の創刊はもっと早く実現し、検閲もさほど厳格化しなかったかもしれない。いずれにせよ、当局と『トータライザー』の編集部が信頼しあえる関係になかったことだけは確かである。(55)

ふり回される編集部

検閲に関する史料群を精査すると、恣意的、かつ執拗な報道統制がいかに編集部の日系人を苦しめていたかが、より実体的に見えてくる。タンフォラン集合所が存続した期間を通じて、紙面に見られる表面的な平穏さとは対照的に、当局を辛辣に批判する記録が多数見つかるのである。たとえば、ミチオ・クニタニ（Michio Kunitani）は外部の知人にこう書き送っている。

知性を恐れる独善的で愚かな者たちが、私たちの一挙手一投足を監視している。［この次に入るＷＲＡ（戦時転住局）の「転住所」には］少しはましな人間がいることを切に願っている。……［『トータライザー』の創刊号は］官僚主義的な手続きにしばられ、かつ報道の自由という尊重されるべき権利を完全に失った状況においても、我々が最善を尽くした結果である。

記者・編集者のベン・イイジマ（Ben Iijima）も次のように書いている。「記事の検閲は報道の自由に対する侵害である。『トータライザー』の編集部では皆、そう思っている。ただ当局を守るためだけに情報が排除されているのだ(56)」。

日系人をとくに困惑・憤慨させたのは、検閲の方針に統一性・一貫性がないため、何をどう報じたらいいか有効な対策を立てられなかったことである。たとえば、一九四二年五月下旬、戦没者追悼記念日（Memorial Day）に際し論説を書くべきかどうか、編集部の意見がまとまらなかったことがある。そもそも論説の掲載はいかなる場合に許されるのか、許されるとすればどのような内容が適切か、などについて当局の立場がはっきりせず、日系人たちだけで結論を見いだせなかったのである。この件についてキクチは、「この新聞の問題はこれだ。我々はポリシーをもち、それを守り抜かねばならない」と書いている。なお、このときは最終的に論説を掲載しているが、もちろん検閲を通過した上でのことであり、問題は発生していない(57)。

当局の反応が予測しにくいため、『トータライザー』は何ごとにつけ受け身にならざるをえなかった。トーマスのＪＥＲＳ報告書は、次のように問題の本質を突いている。

何が「許される」のかについて明確な指針がないため、編集部のスタッフは決定を下せない状態につねに置かれ、締め切り直前の記事の直しも頻繁におきている。……編集部のスタッフを困らせている一因は……当局の方針について明確な説明を得られないことである。

キクチも七月十七日付の日記で、「検閲の手順が文書により示されていない」ため編集作業が順調にすすまない、と不満を吐露している。[58]

これまで紹介してきた事例以外にも、当局の恣意的な判断に記者・編集者がふり回された具体例はあまたある。あるときは、「趣味がよくない」という検閲官の意見により、薬局に関する記事が没にされている。この件に関し、キクチは六月二日付の日記で次のように批判している。「集合所のなかで〔新聞が〕もっとも検閲されていることは間違いない。にもかかわらず、〔検閲官は〕ここには検閲など絶対に存在しない！という決まり文句をくり返すのだ」。別の事例では、「ここで暇に過ごしているより、〔所外で〕懸命に働いたほうがいい」という日系人の発言が記事から削除されたことがある。「当所では人々が暇にしている、という考え方を〔検閲官が〕好まなかった」ためである。立腹したキクチは日記でこう書いている。「〔編集部は〕何もいえず、私は心底、頭にきた。我々は飼いならされた新聞でしかない」。[59]

集合所長の「回収」命令

当局と『トータライザー』のほぼ垂直的な主従関係をおそらくもっとも集約的に物語る事例の一つが、一九四二年七月四日の「回収」命令である。もともと、集合所長を含む検閲官から事前に「ダブル・チェック」を受けることは、創刊当初から義務づけられていた。しかし、その日はたまたま所長が要求した修正箇所を直さぬまま、もう一人の担当官の許可を得ただけで印刷・配布してしまった。これに所長が腹を立て、すべての新聞をただちに回収するよう編集部に命じたのである。一種の事後検閲である。[60]

とはいえ、混乱を引き起こした主因は、実のところ所長本人にあった。修正を指示する箇所に記入すべきイニシャルを失念し、編集者が誤解してしまったのである。

しかし、非が誰にあろうと所長の決定は絶対であり、命令はただちに実行されている。キクチや他の関係者によれば、その日の午後いっぱい、すでに配布を済ませた新聞の回収や印刷し終わった新聞からホチキスを外す作業に忙殺されたという。その後さらに数日間、他の日系人の手も借りて新聞の回収をつづけたが、結局、約三百部が戻らなかったという。[61]

皮肉なのは、所長の回収命令がかえって読者の興味をかき立て、逆効果を招いていることである。キクチは日記で、「これほど真剣に『トータライザー』が読まれたことはおそらくなかった」とつづっている。キクチと同じくJERSに参加していたドリス・ハヤシ（Doris Hayashi）も、「どのような記事が当局にとって〈危険〉なのか噂が広まった」と書いている。キクチはさらに、返却された新聞の多くは所長が問題視したページを欠損しており、実際の回収率は八％程度しかなかったと推測している。ハヤシはインタヴューをもとに所内の「進歩的」な二世グループに関して報告書をまとめているが、そこでもこの騒動はたびたび話題となっている。読ませまいとする所長の強引な態度が、むしろ望まぬ結果を引き起こしていたわけである。[62]

いずれにせよ、この一件以降、タンフォランでは検閲がさらに厳格化され、「トリプル・チェック」が最低限の義務となっている。つまり、記事の原稿はまず陸軍の担当官を通過してから「ダミー」がつくられ、さらに同担当官からダミーの「OK」を得てから謄写機で紙面を刷り、次にこれを集合所長に見せて承認を受けたのち、最終的に資材部の責任者が所長の署名を確認して全部数の印刷・配布を許可する、というわけである。[63]

その結果、もともと遅れがちだった編集作業はよりいっそう鈍化し、編集部の面々をさらに落胆・立腹させている。キクチは一連の経緯を「本当に馬鹿らしい」と感じ、日記のなかで「こんなやり方ではいつまでたっても終わらない。我々は、つねに見張りが必要な子供のようだ。……現在の検閲のやり方は負担を増やすだけであり、改善策が練られなければならない」と怒りをぶつけている。編集長のカタヤマも、「制約が多過ぎて、社会的な記録として無価値だ」と書いている。タモツ・シブタニらＪＥＲＳに加わっていた他の日系人は、報告書で悲観的にこう評している。

［新聞は］おそらく、集合所のなかで他の何よりも慎重に検閲されている。……実際のところ、『トータライザー』は集合所で起きたこと――しかも約一週間遅れの――をただ伝えるだけの、週刊報のようなものでしかない。集合所に自由な新聞が存在しないのは……実に悲しいことである。

徹底的に統制され、意欲も希望もほとんど失っている様子がよくわかる。(64)

意図的な情報の隠蔽《いんぺい》と提供

書かれた記事に対する検閲とは別に、意図的な情報の隠蔽《いんぺい》、あるいは提供による、取材段階での報道統制も頻繁に起きている。一例をあげると、一九四二年六月初旬、新生児と死亡者を確認するため所内の病院を取材した際の経緯を、ベン・イイジマは日記でこう記している。

死亡者一覧の掲載については［集合所長に］意見を求めるべきだ、といわれた。新生児と同じように扱えばいいのでは、と尋ねると、次のような答えが返ってきた。「いや、いや、新生児は進歩を象徴するから問題ないのだ！」

この当局職員はかつて新聞社で働いていたことがあり、「今後、掲載を検討している記事はすべて彼に提出し、事前に承認を得るよう命じられた」という(65)。

右の事例からは、編集部内における通常の検閲に加え、個々の取材先でも情報源となる当局者が報道に干渉していたことがわかる。似たような例として、五月二十日付のキクチの日記には次のような記述がある。「〈気が触れた〉人が病院にいる、という噂でもちきりである。しかし、病院はいかなる情報も発表しないだろう(66)」。特定の情報を隠蔽《いんぺい》するだけでなく、逆に操作的に提供することも多々あった。イイジマは、あるとき「集合所長は機嫌がよく、［よびつけた］編集長の肩に腕を回して、〈さあ、チーフ、びっくりするネタがあるぞ〉と叫びながら」記事の材料を与えたと書いている。当局にとってキャンプ新聞が「道具」でしかなかったことを思い起こせば、検閲官としてだけでなく、情報源（ニュース・ソース）としても言論・報道統制をしていたことは驚くにはあたらない(67)。

『トータライザー』側もわずかに抵抗を試みているが、当局が統制政策を顧みることは一切なく、実質的になすすべがなかった。たとえば、一九四二年七月七日のフランク・E・デイヴィス所長との面談で住民代表者が検閲の見直し、および方針の明確化を求めたことがある。これに対して所長は、自分こそが報道内容を決定する権限を握っているのだと強硬に反発し、改善策を検討しようとすらしていない。

掲載したいと思う情報は、どのようなものであれ、私のサインを受けねばならない。……広報・報道担当官の目を通す必要もあるが、彼らが承認すれば問題ない、というわけではない。彼ら［担当官］がすべきことは、この私が指示するからだ。

日系人の「言論・報道の自由」を認めようとする姿勢が皆無であることがよくわかる(68)。

前述した回収命令や右で引用した発言からもわかるように、集合所において所長はほぼ絶対的な存在であった。軍の組織らしく上意下達が徹底され、新聞を含め多くの物事が所長の一存で決められている。シブタニらはJERSの報告書で次のように書いている。「集合所における活動の全局面において、［所長は］行政的な権限を行使する責任をもつ。タンフォランでは、［所長の］承認なしには何ごともはじまらない」。シブタニらはさらにこうつづけている。「タンフォラン集合所は、アメリカの他のどの機関とも似つかぬ特異な場所である。……全体的に刑務所のような雰囲気であり、受刑者［日系人］に許される特権などほとんどない。反対に、市民としての権利は制限されている。このような状況は、実に異様で前例のないものだ(69)」。

強いられた「自己検閲」

本書にとって重要な点であるため再度強調しておくと、いかに内心で反発していようとも、記者・編集者たちに有効な打開策はなく、結局、いかなる報道統制も受忍せざるをえなかった。当局とは「検閲する側とされる側」というほぼ垂直的、かつ一方向的な主従関係が固まり、キクチが指摘しているように、抵抗すれば当局は「もっと細かくチェックするようになり、仕事がより難しくなる」だけであった。あるとき、記事が「全面的に検閲され、しかも理由が示されない」ことがあったが、やはり服従する以外に方法はなかった。キクチによれば、「我々は全員、ひどく傷つけられた。［編集部員の一人は］全員で辞職する……ことを提案したが、この新聞にそこまでする価値はない」との結論に落ち着いたという。その後もキクチはしばしば、「陸軍に歯むかっても無駄だ。何ごとにつけ……深く考え過ぎないほうがいい」、「ファシストのような考え方［をする当局］に反抗しても意味がないので、我々は検閲をやり過ごしている」と絶望的な心境をつづっている(70)。

交渉・改善の余地がなく、しかも逆らえば仕事がいっそう滞るとなれば、日系人が「自己検閲」をしてあらかじめ問題を回避しようとしたのは自然ななりゆきである。いわば、強いられた「自己検閲」、という逆説（パラドックス）である。一九四二年八月十七日付の日記でイイジマはこう書いている。「編集者は慎重になっている。けっして当局を刺激するようなことはせず、一つでも〈きわどい〉単語があると思えば、検閲官に記事を読ませることもない」[71]。

強いられた「自己検閲」については、キクチも頻繁に言及している。「モットーは、〈グリーン所長を満足させるすべてのニュースを〉、だ」。アメリカを代表する日刊紙『ニューヨーク・タイムズ』（*New York Times*）の社是である「印刷するに足るすべてのニュースを」（All the News That's Fit to Print）を引きあいにだし、彼は知人にこう書き送っている。

> 我々は、自分たちの考えをもたない「統制された」新聞だ。掲載するすべての記事を当局は検閲する。……私は信条を売り払うユダのようだ。しかし、こう正当化するしかない。時機をうかがい、うまく立ち回ったほうが、より多くのことをなし遂げられるのだ、と。

キクチは自身の日記のなかでも、「検閲を受けている現状では、誰が編集者であっても大した違いはない。コミュニティのために新聞が発行されてさえいれば、それでいい」と記し、諦観の境地に達したかのようである[72]。

強いられた「自己検閲」のわかりやすい具体例を紹介すると、何らかの形で敵国「日本」を想起させる（可能性がある）事柄は自粛して取材が見送られるか、たとえ報道されても消極的に扱われている。たとえば、盆踊りや相撲大会などは「日本的」な行事であり、「二世の士気を害する」として控えられがちであった。キクチは次のように弁明している。「日本文化のすぐれた面について異議があるわけではないが、いまここで日本文化を強調すべきではないと考えた」。逆に、アメリカ政府に対する忠誠を喚起する記事などは大きく扱われている。なお、盆踊りをはじめとする娯楽・文化活動それ自体も、当局の統制対象であった。この問題については第七章で詳細に論じる。(73)

こうした「自己検閲」が常態化すると、通常の感覚なら報道する価値が高いとみなされる事象が起きても、取材すらされなくなる。あるとき、フェンスをよじ登ろうとした少年たちに監視兵が発砲するという事件があった。キクチは自分自身で数回の銃声を聞いたが、この出来事について情報を集めようとすらせず、当然、紙面に載ることもなかった。たとえ記事を書いても、報道できるわけがないと悟っていたからである。キクチは日記にこう書いている。「このような事件については、当局は認めることもなければ、否定することもない。……検閲を免れて、新聞がこのようなことを伝えられる可能性はない(74)」。

とはいえ、「自己検閲」に甘んじていた事実は、創刊号で「コミュニティ全体の真の代表者となり、あらゆる問題に関して読者からのどのような提案にも開かれている」という理想を宣言していた『トータライザー』にとっては、文字どおりの自己否定にほかならなかった。一九四二年八月十二日付の日記でキクチは、「本当に起きていることを伝えることができない。明るい側面だけの報道は、間違った情景を映している。建設的な批判をする自由があったら、我々はもっと多くのことができるのに」とつづり、思うように活動できない苦悩・葛藤を吐露している。(75)

日系人に残されていたわずかな希望は、一時的な施設である「集合所」の次に居住する「転住所」において、「言論・報道の自由」が多少なりとも認められることであった。本書の主題である「集合所」(assembly centers)は陸軍の下部組織であるWCCA(戦時民間人管理局)が支配したが、「転住所」(relocation centers)は文民の連邦政府機関であるWRA(戦時転住局、War Relocation Authority)が管理・運営している。

現状がほぼ絶望的であるがゆえに、収容施設を統括する組織の交代による事態の好転を願うほかなかったわけである。一九四二年九月初旬、数十人のタンフォラン住民はWRAのディロン・S・マイヤー（Dillon S. Myer）局長に請願書を送り、「いかなる言語でも、表現の自由、集会の自由、報道の自由が認められる」よう懇願している。タンフォラン集合所は、それから約一ヵ月後の十月十三日に閉鎖されている。[76]

第四節　『サンタ・アニタ・ペースメーカー』

本節では、新聞検閲の実態を活写するためのもう一つの事例として、カリフォルニア州サンタ・アニタ（Santa Anita）集合所の『サンタ・アニタ・ペースメーカー』（*Santa Anita Pacemaker*）を検討する。同紙を分析対象とするのは、前節の『トータライザー』と共通する次の二つの理由による。

第一に、『ペースメーカー』はキャンプ新聞を代表する特質を多く有している。施設自体の規模が大きい分、『トータライザー』よりも部数は多く、発行頻度も高いが、厳重な検閲を受けている点はまったく同じで、体裁や報道内容でも大差はない。『ペースメーカー』も謄写機で印刷され、通常は四〜六ページだて、一九四二年四月十八日に準備号（題号は未決定で『?・?・?』と表記されている）を発刊後、四月二十一日から十月七日まで週二回刊で合計五十号発行されている。当初は千八百部ほどであった部数は、最大時には六千部に達している。全号を通じて記事はすべて英語のみで書かれている一方、他所の新聞と同じく読みやすいように挿絵も多く入り、無料で配布されている。サンタ・アニタ集合所自体は、三月二十七日に開所、十月二十七日に閉鎖している。最大時の人口は一万九千人弱で、全十六ヵ所の集合所なかでもっとも多い[77]（第一章の**表1**を参照）。

第二に、タンフォランとともにサンタ・アニタもカリフォルニア州立大学バークレー校が主催するＪＥＲＳ（日系アメリカ人立ち退き再定住研究）の主要拠点であり、検閲に関する史料・文献が比較的豊富に残されている。以後、引用する史料の多くはＪＥＲＳにより記録・保存されたものである。

理想と現実のかい離

『タンフォラン・トータライザー』がそうであったように、『ペースメーカー』も開始時には高邁な「理想」をかかげ、民主主義社会のジャーナリズムとして日系人収容者の声を代弁する媒体になることをめざしていた。編集部は、創刊号で次のような発刊趣旨を宣言している。「本紙は、民主社会における報道機関の基本原則に奉じます。人民の新聞なのです[78]」。

確かに、当局が発表する公的な情報を読者に知らせ、混乱のさなかで急造された収容施設の運営を支えた点では、同紙は一定の役割をはたしたといえる。一九七〇年に出版されたサンタ・アニタについてはじめて本格的に論じた文献は、『ペースメーカー』をこう好意的に評している。「すべての住人に情報を届ける主要な手段であり、絶えることのない有害な噂を打ち消す媒体としても有効であった。また、多様な背景をもつ人々の間に共同体の意識を植えつけるのにも役立った[79]」。

しかし、発行開始と同時に検閲に服した事実に目をむければ、その「現実」は「人民の新聞」という「理想」からはほど遠かった。創刊から約二週間後の一九四二年五月一日、編集長のエディー・シマノ（Eddie Shimano）は、連邦政府の情報機関幹部にあてた書簡でこう不満をもらしている。「現在、我々は全員が陸軍の支配下に置かれています。……ニュースっぽく、楽しげに、読みやすい装いをしているものの、本紙はほとんど当局の命令を伝える公式の情報紙として機能しています」。前段落で引用した文献も、「もちろん、広く認められているように、当局による検閲があった」と付言することを忘れていない(80)。

事前検閲とその弊害

サンタ・アニタで実施された検閲はタンフォランをはじめとする他所とほぼ同じで、基本的には、複数の担当官がすべての原稿を事前に審査し承認を与える、という方法がとられている。ある日系人は知人にあてた手紙で、『ペースメーカー』は当局に厳重に検閲されている。いかなる記事も三人の当局の係官から了解を得なければならない」と書き送っている(81)。

慎重な検閲がさまざまな弊害を生起させている点も他所と共通している。

まず、完成までに担当者と何度もやりとりをせねばならず、そのしわ寄せで編集作業が頻繁に停滞させられている。所内の日系人が当局の目をかいくぐって外部の支援者に送っていた英文の内部告発レポートは、いく重もの検閲が効率的な新聞発行を阻んでいることを次のように訴えている。

集合所内のニュースはすべて、所長による最終的な「ＯＫ」の前に、各部門の長から承認を得なければならない。つまり、記事の原稿は『ペースメーカー』に掲載される以前に……［当局の］担当者の手元に届けられる必要がある。こうして編集部と担当部局の間を何度も行き来しなければならず、多くの時間が浪費されている。数週間前にはついに、編集者と同じ給料で「走り屋」が雇われたほどである。

最終的に「トリプル・チェック」が義務づけられた『タンフォラン・トータライザー』と酷似している(82)。

編集作業の遅延について補足すると、機材の不足など物理的な制約が加わることで、日系人の仕事はいっそう難しくなっている。前段落で引用したレポートは、別の箇所でこう伝えている。

技術的な困難（たとえば、集合所全体で謄写機が一台しかないこと）により、新聞が印刷され、ホチキスどめされる前にすべての原稿の最終承認を受けることは、ほとんど不可能である。五千部を刷るのに、一ページあたり二時間かかる。六ページだての『ペースメーカー』の場合、十二時間が必要となる。

レポートはさらにこうつづけている。「一万九千人の人口をかかえるサンタ・アニタ集合所の場合、六ページの謄写版新聞では不十分である。編集者はできる限り記事を押し込め、さらに押し込め、それでもなお掲載し切れなかった分を次号に回さなければならない(83)」。

検閲の方針が定まらなかったことも、編集部を混乱させている。典型例として、「肉をあまり食べることのできない外部の人が怒るだろう」という理由で、「次の日曜日はチキンのディナー」という記事の掲載が見送られたことがある。しかも、その決定が下されたとき、すでに五千五百部が印刷されてしまっていた。編集部は急遽、謄写機を停止し、刷り終わった新聞をすべて破棄し、あらためて全部数を印刷し直している。タンフォランでの「回収」騒ぎとよく似ている。

右の事例について補足すると、外部の批判的な反応を見越した報道統制は、キャンプ新聞を所外に配布させないという当局自身の基本方針と矛盾しているが、その統一性・一貫性の欠如こそが問題の本質を象徴している(84)。

強いられた「自己検閲」

前項で指摘した弊害に加えて、これもまたタンフォランをはじめ他所と同じように、サンタ・アニタの記者・

編集者も問題を事前に回避するために「自己検閲」を強いられている。この点について、既述のレポートはこう説明している。

［新聞は］次の四つのグループの考え方に影響を受けている。つまり、当局者、陸軍、外部の一般市民、そして最後に集合所の住民、である。すべてのニュース記事が厳格に検閲されているため、住民の士気を維持するという、より重要で切迫した任務よりも、「当局はこの記事を認めるだろうか?」という点に重点が置かれてしまっている。

「検閲を通り抜けること」が最優先の課題になっていたことがわかる。ひるがえって、もっとも肝心であるはずの日系人読者が軽んじられているという矛盾を、レポートはこう強調している。「圧力団体など、外部の特定の人々の反応が、記事の許可・不許可を決定している(85)」。

もっとも、当局の立場からすれば、彼らの意向を忖度《そんたく》して「自己検閲」をする記者・編集者は、実に従順で扱いやすい存在であった。サンタ・アニタの広報官は、カリフォルニア州サンフランシスコのＷＣＣＡ本部に次のように報告している。「とくに編集者のエディー・シマノは、建設的ですばらしい原稿を書いてくれます。……このような内容の新聞なら……必ず日系人の士気を高めることができると確信しています。本部からの指令を説明すると、彼は私に原稿を提出することに同意し、一貫してそうしつづけています(86)」。

その一方で興味深いのは、キャンプ新聞に関与する日系人を当局が無条件で信用していたわけではなく、秘密裡に人物調査をしていた事実である。シマノをはじめ『ペースメーカー』の編集部員と共産主義思想との関係について、陸軍の機密部門が内偵をしていた記録が残っている。もちろん、その結果、問題がないと判断されたがゆえに、彼らは新聞編集にたずさわることを許されていたわけである(87)。

つのる不満と逆効果

しかし、いくら表面的には服従していても、検閲を受ける側が当局のふるまいを快く思っていたはずがない。文字どおりの面従腹背である。サンタ・アニタを去る一週間前の一九四二年十月一日、編集長のシマノは少数派の人権擁護に熱心な雑誌編集者に書簡をしたため、「論説でどのような問題をどう扱うか、ニュース価値に関する認識のあり方、陸軍による検閲、人々の感情、集合所内の水面下の動きなど」について寄稿する意欲があることを伝えている。結局、これらを主題とするシマノの論考がその雑誌に掲載されることはなかった。しかし、既に引用した彼の言葉とあわせて考えれば、半年以上にわたるサンタ・アニタでの新聞発行に強い不満を感じていたことは明白である(88)。

集合所という閉鎖的な空間では報道統制は周知の事実であり、編集部のみならず、所内の住民の多くも不快感をいだいている。検閲を辛辣に批判する声は多数の史料・文献に記録されている。たとえば、ある日系人はサンタ・アニタを去ったのちに雑誌『ハーパーズ・マガジン』(*Harper's Magazine*)の編集者に手紙を送り、次のような疑問をぶつけている。

カリフォルニアに限らず、アメリカ中のどこの街で、陸軍のきびしい検閲下で発行される謄写版の『ペースメーカー』を「新聞」とよぶものか。……自由な言論、自由な報道を旨とするこの国で、なぜサンタ・アニタの新聞は検閲され、わずか一マイル弱しか離れていない[カリフォルニア州]アルカディア(Arcadia)の新聞は自由な記事掲載を許されているのだろうか。

サンタ・アニタを含む複数の集合所を実際に訪れ、その状況を同じ『ハーパーズ・マガジン』に寄稿した人権活動家のケアリー・マクウィリアムズも、「キャンプの住人は、集会においても、新聞の『ペースメーカー』においても、胸の内をすべて打ち明けることができない［傍点は原文ではイタリック］」と報告している。[89]

補足的に、『ペースメーカー』を含めキャンプ新聞にかかわっていた一部の日系人たちは、報道統制に苦しめられる者同士、相互に連絡を取り、励まし、慰めあっていた。『タンフォラン・トータライザー』の編集者であるチャールズ・キクチは、不自由さを訴える次のような手紙をサンタ・アニタから受けとっている。

［サンタ・アニタにいる知人の女性は］新聞で働くことを断念してしまいました。信念をもつことが許されず、単なる広報紙でしかないからです。いまだに「お偉いさんたち」が腕力で支配し、ほんのわずかな民主主義さえも認めようとしません。支配者の椅子に居座っている彼らを、誰も無視することができないのです。

これに対してキクチは、「残念ながら、ここでも同じことが起きています」と返答している。[90]

最後に、アメリカの民主主義の根幹をなし、国是ともいえる「言論・報道の自由」をあからさまに奪われたことは、単に情報を制限される不服以上の精神的な打撃を日系人に与えている。憲法が保障する優越的な市民的自由であり、また国家の戦争大義でもある「四つの自由」を否定された事実が、まぎれもない「二級市民」であることを彼らに痛感させたからである。この心境について、タミエ・ツチヤマ（Tamie Tsuchiyama）は一般的な二世の考え方を代弁してこう説明している。「そうはっきりいわなくても、実質的にすべてのWCCA職員が、〈結局、市民権があろうとなかろうと、やつらは全員、ジャップでしかない〉という態度を示している」。ツチヤマはカリフォルニア州立大学バークレー校で文化人類学を学んだ二世で、サンタ・アニタの現地調査員としてJERSに参加していた。[91]

その意味では、当局がどれほど自覚していたかは別として、日系人の感情をいちじるしく害する検閲は、迅速に情報を周知する、また人心を安定させ士気を高める、という新聞発行の本来のねらいに反する結果を招いていたといえる。前述した英文の内部告発レポートも看破しているように、「活発な親ファシスト的分子の統制を意図した厳格な規制は、目立たない多数派を反民主主義の方向へ急激に追いやってしまって」いる。同レポートは、その後も同じ問題を取りあげ、こう指摘している。

［検閲は］住民の間に怒りを蓄積させる効果を及ぼしている。多くは、当局はわざと彼らの人生を惨めなものにしようとしている、と考えている。したがって、もし統制の意図が反アメリカ的な動きを押さえつけるためであるとすれば、それは多くの人々をかえって遠ざける結果に終わっている。

対照的に、当局が報道統制をむしろ高く評価していたことを思い起こせば、日系人との溝がいかに深いものであったかがわかる。(92)

本章のまとめ

集合所内で新聞の発行を認める方針を、当局はかなり早い段階で固めていた。一九四二年四月十一日に創刊した『マンザナー・フリー・プレス』を皮切りに、アリゾナ州メイヤー以外の一五ヵ所の集合所で、次々と新聞が誕生している。最初期の一部の事例を除き、すべて英語で書かれている。

キャンプ新聞は、体裁・内容ともに原始的な媒体であった。謄写機で印刷され、記事の大半は所内の出来事や今後の予定などで、紙面はもっぱら事実中心のストレート・ニュースで占められている。当局から検閲を受けていたこともあり、論争を引き起こすような記事や論説はほとんど掲載されていない。

当局にとって理解不能な「敵国語」、つまり日本語での報道は厳格に禁じられているが、英語ならば自由な報道が許されたかというと、けっしてそうではない。新聞は集合所当局の「道具」、政策全般を支える「基盤」（インフラストラクチャー）であるという認識のもと、発行の前・後ともに厳重な検閲が実施されている。結局のところ当局は、使用する言語を問わず、日系人の言論・報道活動を全般的に統制していたのである。

発行を許可したのはあくまで、日系人に伝えたい情報を迅速、かつ正確に知らせ、また人心の安定を図るために有用だと判断したからにすぎない。戦争大義である「民主主義の防衛」や合衆国憲法が保障する「言論・報道の自由」を尊重していたからではない。新聞に与えられた役割は、情報を忠実に伝える「メッセンジャー」であり、「ジャーナリズム」ではなかった。

そもそも、キャンプ新聞はあらゆる面で当局に依存しており、その「道具」と化すことは必然であった。日系人の記者・編集者は、有刺鉄線と武装した監視兵に囲まれながら、連邦政府の「被雇用者」として新聞発行にたずさわり、施設や備品等もほぼすべて公費でまかなわれている。もちろん、利益をあげる必要はなく、購読も無料である。当局の「所有物」といっても過言ではない。

そのためか、当局は報道への介入を隠そうともせず、検閲は周知の事実であった。このことは、白昼の狙撃事件を報道しなかった『マンザナー・フリー・プレス』、記事さしとめの痕跡をありありと残したまま発行された『キャンプ・ハーモニー・ニューズ＝レター』の事例などからも明白である。一度印刷・配布された新聞が、所長の一存で急遽、回収されたこともある。集合所における言論・報道環境がいかに閉鎖的で特異なものであったかがわかる。

他方、検閲には「プレス・コード」のような基準があったわけではなく、他の言論統制と同様に統一性・一貫性を欠き、日系人全般から不評を買っている。カリフォルニア州立大学バークレー校が主催するJERS（日系アメリカ人立ち退き再定住研究）の記録をはじめ、住民の憤りを例証する史料・文献はあまたある。

恣意的、かつ執拗な検閲は、単なる不平・不満にとどまらず、実体的な弊害にもつながっている。編集作業の遅延・停滞、統一性・一貫性の欠如による混乱、その結果としての萎縮効果と強いられた「自己検閲」、精神的な打撃である。『タンフォラン・トータライザー』や『サンタ・アニタ・ペースメーカー』の事例からは、その内実を具体的に見てとることができる。いずれの新聞でも、当局と編集部との間で数々の摩擦や衝突が生じている。強権的な検閲はむしろ、すばやく情報を行きわたらせる、また人心を安定させ士気を高める、という本来の目的に逆行する結果を招いている。

しかし結局、日系人側がほぼ無力でいかなる報道統制も受忍せざるをえない状況では、逆説的ではあるが、強いられた「自己検閲」が常態化するばかりであった。当局と日系人記者・編集者は終始、「検閲する側とされる側」というほぼ垂直的、かつ一方向的な主従関係にあった。第三章で指摘したように、日米開戦直後から政府と日本語新聞との間には「不均衡な相互依存関係」が成立していたが、集合所においては「不均衡」の部分が肥大し、逆に「相互依存」の要素は限りなく縮小していた。

このいちじるしく不均衡な力関係を背景に、「敵国語」である日本語はもちろん、「公用語」である英語であっても、集合所ではアメリカ合衆国憲法が保障しているはずの「言論・報道の自由」はほぼ完全に否定されていたのである。

註

（1）“Our Policy,” *Evacuazette* May 26, 1942.

（2）Wartime Civil Control Administration（WCCA）, “Planning Branch Report of Operations for the Secretary of War,” June 2, 1942, Record Group（RG）338, Entry 2, Box 48, Folder 319.1, NA.

（3）Morris Edward Opler, Community Analyst, Manzanar Relocation Center, “A History of Internal Government at Manzanar: March 1942 to December 6, 1942,” July 15, 1944, RG 210, Entry 48, Box 22, Manzanar Relocation Center, Central Files, Folder 22,426, NA; Manzanar Relocation Center, “Final Report: Manzanar Relocation Center,” February 15, 1946, Vol. II, Reports Division, Reel 77, Folder Vol. 2, Reports Division, Records of the WRA.

オーウェンズ・ヴァレーは一九四二年六月にＷＣＣＡ（戦時民間人管理局）から文民機関のＷＲＡ（戦時転住局）の管理下に移り、マンザナー転住所（Manzanar Relocation Center）となっているが、『フリー・プレス』はその後も一九四五年十月十九日まで同名で発行をつづけている。

（4）Karl R. Bendetsen, Colonel, G.S.C., Assistant Chief of Staff, Civil Affairs Division, Western Defense Command and Fourth Army（WDC）, to Milton S. Eisenhower, Director, War Relocation Authority（WRA）, “Newspaper at Owens Valley Reception Center,” March 30, 1942, RG 210, Entry 38, Box 15, Folder 216, General, NA; Eisenhower to Bendetsen, “Newspaper at Owens Valley Reception Center,” April 1, 1942, RG 210, Entry 38, Box 15, Folder 216, General, NA.

とはいえ、「転住所」でもキャンプ新聞の日本語報道は英語のそれよりも重度の統制を受けている。キャンプ新聞の日本語版発行をめぐるＷＲＡの政策立案過程、および報道内容に関する先行研究は、第五章の註19で示してある。

（5）バリー・佐伯、田村紀雄、白水繁彦「アメリカ戦時収容所の新聞――『エル・ウオーキン』と『アウトポスト』」『東京経済大学　人文自然科学論集』第六二号（一九八二年十一月）：一八五、Edwin Bates, Chief, Information Service Division, WRA, to John Bird, Director of Information, “OFF Material for Assembly and Relocation Centers,” May 25, 1942, RG 210, Entry 16, Box 429, Folder 69,033, NA.

（6）United States Department of War, *Final Report: Japanese Evacuation from the West Coast, 1942*（Washington, D.C.: U.S. Government

Printing Office, 1943), 213.

(7) Taku Frank Nimura, *Daruma: The Indomitable Spirit* (typescript, 1973), 43, Hoover, Stanford.

(8) 島田法子『日系アメリカ人の太平洋戦争』(リーベル出版、一九九五年)、四八。

(9) そうした二世の典型例が、「二世作家・芸術家民主主義動員団(Nisei Writers and Artists Mobilization for Democracy)である。立ち退きが実施される前の一九四二年一月、作家・ジャーナリスト・芸術家などアメリカに忠誠を誓う二世知識人が組織した団体で、強制収容により実現しなかったものの、連邦政府当局と連絡をとりながら自前の日本語新聞を創刊する計画まで立てていた。活動の詳細は、水野剛也『「敵国語」ジャーナリズム――日米開戦とアメリカの日本語新聞』(春風社、二〇一一年)で説明している。

(10) Bill Hosokawa to Lauren Kessler, Associate Professor, School of Journalism, University of Oregon, December 28, 1989, Bill Hosokawa Papers (MSS WH1085), Box 10, Folder Prof. Kessler Correspondence, DPL.

(11) James Oda, *Heroic Struggles of Japanese Americans: Partisan Fighters from America's Concentration Camps* (Los Angeles, CA: KNI, 1981), 20.

(12) United States Department of War, *Final Report*, 213.

(13) Tamotsu Shibutani, Haruo Najima, and Tomika Shibutani, Tanforan Assembly Center, "The First Month at the Tanforan Assembly Center for Japanese Evacuees: A Preliminary Report," n.d., Japanese American Evacuation and Resettlement Records, BANC MSS 67/14c, Reel 16, Folder B8.31, Bancroft, UCB.

(14) Charles Kikuchi's Diary, July 17, 1942, Japanese American Evacuation and Resettlement Records, BANC MSS 67/14c, Reel 96, Folder W1.80, Bancroft, UCB; "ATTENTION!" *Tulare News* May 23, 1942; James Minoru Sakoda's Diary, May 23, May 25, May 30, and June 5, 1942, Japanese American Evacuation and Resettlement Records, BANC MSS 67/14c, Reel 176, Folder R20.81, Bancroft, UCB.

(15) "Harvest," *Camp Harmony News-Letter* August 1, 1942.

(16) Dean W. Miller, "Policies Stressed," *Mercedian* June 9, 1942.

(17) WCCA, "Planning Branch Report of Operations for the Secretary of War."

(18) WCCA, "Planning Branch Report of Operations for the Secretary of War."

(19) WCCA, "Planning Branch Report of Operations for the Secretary of War." ただし、連邦政府は一般の報道機関に対してはいわゆ

る「プレス・コード」を示し、「自発的な検閲」をうながしている。担当部局は検閲局（Office of Censorship）である。この点については第二章の本文、および註29で言及してある。

（20）Estelle Ishigo, *Lone Heart Mountain*（Los Angeles, CA: Anderson, Ritchie & Simon, 1972）, 13.

（21）James Minoru Sakoda's Diary, May 23, 1942, Japanese American Evacuation and Resettlement Records, BANC MSS 67/14c, Reel 176, Folder R20.81, Bancroft, UCB; Ray Ashworth, Major AUS, Chief, Interior Security Section, WCCA, to Lt. Col. William A. Boekel, "Cartoon May 23 Issue Tulare Center News Sheet," June 5, 1942, RG 338, Entry 2, Box 2, Folder 000.7, NA.

（22）Quoted in Dorothy Swaine Thomas, *The Salvage: Japanese American Evacuation and Resettlement*（Berkeley and Los Angeles, CA: University of California Press, 1952）, 334, 522; Louis Fiset, *Camp Harmony: Seattle's Japanese Americans and the Puyallup Assembly Center*（Urbana and Chicago, IL: University of Illinois Press, 2009）, 129.

（23）"Hi Neighbor! I'm News: Want to Look me over?" *Fresno Grapevine* July 4, 1942.

（24）佐伯・田村・白水「アメリカ戦時収容所の新聞」一八六。

（25）佐伯・田村・白水「アメリカ戦時収容所の新聞」一八六、一八七。

（26）Sam Hohri, Manzanar Relocation Center, to Norman Thomas, Post War World Council, October 20, 1942, Norman Thomas Papers, Reel 13, LC; Frank Sweetser, Community Analysis Section, WRA, to John F. Embree, Chief, Community Analysis Section, "Manzanar – 29 May through 31 May, 1943," June 8, 1943, Reel 3, WRA Community Analysis Reports. ホリの説明や当局の方針とは必ずしも合致しないが、マンザナーの最寄り街の新聞『インヨ・インディペンデント』（*Inyo Independent*）は、一九四三年五月二十二日号で狙撃事件を報道している。同紙がいかにして情報を得たのかは不明である。（Ronald Bishop with Renee Daggett, Morgan Dudkewitz, and Alissa Falcone, *Community Newspapers and the Japanese-American Incarceration Camps: Community, not Controversy*［Lanham, MD: Lexington Books, 2015］, 61, 72n.）ホリの生涯については、Greg Robinson, *The Great Unknown: Japanese American Sketches*（Boulder, CO: University Press of Colorado, 2016）が参考になる。

（27）Larry Tajiri, Managing Editor, *Pacific Citizen*, to Carey McWilliams, June 15, 1942, Carey McWilliams Papers, Box 2, Folder Letters from Evacuees, Hoover, Stanford. 検閲のため当時は広く知られることはなかったが、狙撃事件について記した史料や文献として次のようなものがある。Mike Masaoka, National Secretary, Japanese American Citizens League（JACL）, to Mary W. Hillyer,

Executive Director, Post War World Council, September 16, 1942, Norman Thomas Papers, Reel 13, LC; Michi Weglyn, *Years of Infamy: The Untold Story of America's Concentration Camps*（New York: Morrow Quill Paperbacks, 1976）.

（28）『パシフィック・シチズン』とタジリ、および『ユタ日報』については、第三章の註40で参考文献と若干の解説を示してある。

（29）Hohri to Norman Thomas, May 19 and April 20, 1942, Norman Thomas Papers, Reel 12, LC; Tajiri to McWilliams, June 15, 1942.

（30）Kiyoshi Hamanaka, Chairman, Adult Forum, Fresno Assembly Center, to Norman Thomas, August 7, 1942, RG 107, Entry 183, Box 60, Folder ASW 383.7, Interned Persons, T through Z, NA. ハマナカはアメリカで最大級の人権擁護団体であるＡＣＬＵ（アメリカ自由人権協会、American Civil Liberties Union）にも同じ内容の手紙を送付している。ＡＣＬＵはこの訴えを一九四二年九月号の機関誌で取りあげ、「このような行為［新聞の検閲］は、アメリカ流の強制収容所において日系市民が受刑者のように扱われていることをまたしても立証する」と批判している。（"An Example of Censorship in our American Concentration Camps," *American Civil Liberties Union News* 7 [September 1942]: 3.）

（31）Norman Thomas to John J. McCloy, Assistant Secretary of War, Department of War, August 24, 1942, RG 107, Entry 183, Box 60, Folder ASW 383.7, Interned Persons, T through Z, NA. ノーマン・トーマスは日系人の強制立ち退き・収容政策に公然と反対した数少ない人権活動家の一人である。註30で言及したＡＣＬＵの創設にもかかわっており、広く少数派の市民的自由、および差別問題に積極的に取り組んでいる。政界への進出にも意欲的で、すべて落選したものの、アメリカ社会党から一九二八〜四八年まで六回連続して大統領選挙に立候補している。日系人擁護運動をはじめとするトーマスの戦時中の活動については、次に示す先行研究が詳しく論じている。W. A. Swanberg, *Norman Thomas, the Last Idealist*（New York: Scribner, 1976）; Robert Shaffer, "Cracks in the Consensus: Defending the Rights of Japanese Americans during World War II," *Radical History Review* 72（Fall 1998）: 84-120; Greg Robinson, "Norman Thomas and the Struggle against Internment," *Prospects* 29（2004）: 419-434; Greg Robinson, *After Camp: Portraits in Midcentury Japanese American Life and Politics*（Berkeley and Los Angeles, CA: University of California Press, 2012）.

（32）Hamanaka to Norman Thomas, September 4, 1942, Norman Thomas Papers, Reel 13, LC; Norman Thomas to McCloy, September 15, 1942, RG 107, Entry 183, Box 60, Folder ASW 383.7, Interned Persons, T through Z, NA; Bendetsen to Ralph Tate, Colonel, Department of War, September 8, 1942, RG 107, Entry 183, Box 60, Folder ASW 383.7, Interned Persons, T through Z, NA; McCloy to Norman Thomas, October 5, 1942, Norman Thomas Papers, Reel 13, LC; Norman Thomas to McCloy, October 9, 1942, Norman Thomas

Papers, Reel 13, LC.

（33）Byron D. Box to T. W. Braun & Company, July 27, 1942, RG 338, Entry 2, Box 3, Folder 000.76, NA.

（34）Box to Norman Beasley, Chief, Public Relations Division, WCCA, August 12, 1942, RG 338, Entry 2, Box 3, Folder 000.76, NA.

（35）Dan Markel, "Camp Harmony," n.d., RG 338, Entry 2, Box 3, Folder 000.76, NA.『ニュー・リパブリック』による日系人報道について詳細に分析した研究として、水野剛也『日系アメリカ人強制収容とジャーナリズム——リベラル派雑誌と日本語新聞の第二次世界大戦』（春風社、二〇〇五年）がある。

（36）Philip J. Sinnott, Captain, M.I., Press Relations Division, WCCA, to Chief, Public Relations Division, "Distribution of Center Publications," May 26, 1942, RG 338, Entry 2, Box 2, Folder 000.7, NA; James S. L. Royle, Postmaster, Fresno Post Office, to Ambrose O'Connell, First Assistant Postmaster General, Division of Post Office Service, Post Office Department, May 26, 1942, RG 28, Entry 41, Box 12, Folder E-78, Japanese Publications in California, NA.

（37）戦時中の日本の対外プロパガンダやアメリカ人捕虜などに対する報復示唆に関連する文献などは、第五章の註127で示してある。

（38）Ashworth to Boekel, "Cartoon May 23 Issue Tulare Center News Sheet"; James Minoru Sakoda's Diary, June 5, 1942, Japanese American Evacuation and Resettlement Records, BANC MSS 67/14c, Reel 176, Folder R20.81, Bancroft, UCB.

（39）Bendetsen to Temporary Settlement Operations Division, Property, Security and Regulations Division, "Center Newspapers," May 27, 1942, RG 338, Entry 2, Box 2, Folder 000.7, NA.

（40）L. G. White, Chief, Internal Guard, Tulare Assembly Center, to Ashworth, "May 23 Issue of the Tulare News," June 1, 1942, RG 338, Entry 2, Box 2, Folder 000.7, NA.

（41）Bendetsen to Temporary Settlement Operations Division, "Center Newspapers."

（42）R. L. Nicholson, Chief, Reception Center Division, WCCA, to Center Managers, June 1, 1942, RG 338, Entry 27A, Box 13, Reel 286, NA.

（43）James Minoru Sakoda's Diary, June 5, 1942, Japanese American Evacuation and Resettlement Records, BANC MSS 67/14c, Reel 176, Folder R20.81, Bancroft, UCB.

（44）Lester E. Suzuki, *Ministry in the Assembly and Relocation Centers of World War II*（Berkeley, CA: Yardbird Publishing, 1979）, 53.

（45）Quoted in Deborah Gesensway and Mindy Roseman, *Beyond Words: Images from America's Concentration Camps*（Ithaca, NY: Cornell University Press, 1987）, 58.

（46）部数をはじめ『トータライザー』をめぐる基本的な事実については、次のような史料・文献が参考になる。Ben Tajima's Diary, Japanese American Evacuation and Resettlement Records, BANC MSS 67/14c, Reel 17, Folder B12.10, Bancroft, UCB; Charles Kikuchi, *The Kikuchi Diary: Chronicle from an American Concentration Camp: The Tanforan Journals of Charles Kikuchi* John Modell, ed.（Urbana and Chicago, IL: University of Illinois Press, 1973）、島田『日系アメリカ人の太平洋戦争』（一九九五年）。

（47）ＪＥＲＳについては、第五章の註37で関連する文献を示してある。

（48）Kikuchi, *The Kikuchi Diary*, 54, 56.

（49）Ernest S. Iiyama, Tanforan Assembly Center, to McWilliams, May 12, 1942, Carey McWilliams Papers, Box 2, Folder Letters from Evacuees, Hoover, Stanford; "Editorial...," *Tanforan Totalizer* May 15, 1942.

（50）Kikuchi, *The Kikuchi Diary*, 68; Dorothy S. Thomas, "The Tanforan Totalizer," n.d., Reel 16, Folder B8.34, Bancroft, UCB.

（51）Kikuchi, *The Kikuchi Diary*, 78.

（52）Dorothy S. Thomas, "Censorship," n.d., Japanese American Evacuation and Resettlement Records, BANC MSS 67/14c, Reel 16, Folder B8.34, Bancroft, UCB.

（53）Kikuchi, *The Kikuchi Diary*, 96; Kikuchi, Tanforan Assembly Center, to unnamed receiver, June 28, 1942, Japanese American Evacuation and Resettlement Records, BANC MSS 67/14c, Reel 106, Folder W1.82, Bancroft, UCB.

（54）Kikuchi, *The Kikuchi Diary*, 167.

（55）An anonymous letter written at the Tanforan Assembly Center, n.d., Japanese American Evacuation and Resettlement Records, BANC MSS 67/14c, Reel 18, Folder B12.51, Bancroft, UCB; Shibutani, Najima, and Shibutani, "The First Month at the Tanforan Assembly Center for Japanese Evacuees."

（56）Michio Kunitani, Tanforan Assembly Center, to Richard Neustadt, San Francisco, May 20, 1942, Japanese American Evacuation and Resettlement Records, BANC MSS 67/14c, Reel 90, Folder W1.18, Bancroft, UCB; Ben Iijima's Diary, August 7, 1942, Japanese American Evacuation and Resettlement Records, BANC MSS 67/14c, Reel 17, Folder B12.10, Bancroft, UCB.

(57) Kikuchi, *The Kikuchi Diary*, 87; "Editorial," *Tanforan Totalizer* May 30, 1942.

(58) Dorothy S. Thomas, "Censorship"; Charles Kikuchi's Diary, July 17, 1942, Japanese American Evacuation and Resettlement Records, BANC MSS 67/14c, Reel 96, Folder W1.80, Bancroft, UCB.

(59) Kikuchi, *The Kikuchi Diary*, 100, 120.

(60) Kikuchi, *The Kikuchi Diary*, 160–161.

(61) Kikuchi, *The Kikuchi Diary*, 161; Iiyama to McWilliams, "Report #5," ca. July 1942, Carey McWilliams Papers, Box 2, Folder Letters from Evacuees, Hoover, Stanford; Ben Iijima's Diary, July 4 and July 6, 1942, Japanese American Evacuation and Resettlement Records, BANC MSS 67/14c, Reel 17, Folder B12.10, Bancroft, UCB.

(62) Kikuchi, *The Kikuchi Diary*, 160; Doris Hayashi's Diary, July 4, 1942, Japanese American Evacuation and Resettlement Records, BANC MSS 67/14c, Reel 17, Folder B12.00, Bancroft, UCB; Doris Hayashi, "A Progressive Group (Girls)," n.d., Japanese American Evacuation and Resettlement Records, BANC MSS 67/14c, Reel 16, Folder B8.13, Bancroft, UCB.

(63) Kikuchi, *The Kikuchi Diary*, 160–161.

(64) Charles Kikuchi's Diary, July 17, 1942, Japanese American Evacuation and Resettlement Records, BANC MSS 67/14c, Reel 96, Folder W1.80, Bancroft, UCB; quoted in Charles Kikuchi's Diary, July 19, 1942, Japanese American Evacuation and Resettlement Records, BANC MSS 67/14c, Reel 96, Folder W1.80, Bancroft, UCB; Shibutani, Najima, and Shibutani, "The First Month at the Tanforan Assembly Center for Japanese Evacuees."

(65) Ben Iijima's Diary, June 2, 1942, Japanese American Evacuation and Resettlement Records, BANC MSS 67/14c, Reel 17, Folder B12.10, Bancroft, UCB.

(66) Charles Kikuchi's Diary, May 20, 1942, Japanese American Evacuation and Resettlement Records, BANC MSS 67/14c, Reel 96, Folder W1.80, Bancroft, UCB.

(67) Ben Iijima's Diary, August 21, 1942, Japanese American Evacuation and Resettlement Records, BANC MSS 67/14c, Reel 17, Folder B12.10, Bancroft, UCB.

(68) "Minutes of the Center Council," July 7, 1942, Japanese American Evacuation and Resettlement Records, BANC MSS 67/14c, Reel

14, Folder B4.10, Bancroft, UCB.

（69）Shibutani, Najima, and Shibutani, "The First Month at the Tanforan Assembly Center for Japanese Evacuees."

（70）Kikuchi, *The Kikuchi Diary*, 158, 131, 165, 200.

（71）Ben Iijima's Diary, August 17, 1942, Japanese American Evacuation and Resettlement Records, BANC MSS 67/14c, Reel 17, Folder B12.10, Bancroft, UCB.

（72）Kikuchi to unnamed receiver, June 15, 1942, Japanese American Evacuation and Resettlement Records, BANC MSS 67/14c, Reel 106, Folder W1.82, Bancroft, UCB; Kikuchi, *The Kikuchi Diary*, 158.

（73）Kikuchi, *The Kikuchi Diary*, 182.

（74）Kikuchi, *The Kikuchi Diary*, 86.

（75）"Editorial..." *Tanforan Totalizer* May 15, 1942; Charles Kikuchi's Diary, August 12, 1942, Japanese American Evacuation and Resettlement Records, BANC MSS 67/14c, Reel 96, Folder W1.80, Bancroft, UCB.『トータライザー』の報道傾向については、Dorothy S. Thomas, "Policy," n.d., Japanese American Evacuation and Resettlement Records, BANC MSS 67/14c, Reel 16, Folder B8.34, Bancroft, UCBも参考になる。

（76）Tanforan evacuees to Dillon S. Myer, Director, WRA, September 7, 1942, Reel 1, Folder Assembly Centers, Records of the WRA. 日系人が期待したように、ＷＣＣＡに比べればＷＲＡは「民主主義」の理念に対しはるかに自覚的であったが、それでも強制的に収容している事実に変わりはなく、外部の一般市民と同等の市民的自由を認めていたわけではない。キャンプ新聞についても同様で、日系人の記者・編集者は「検閲」（censorship）には満たない「監督」（supervision）を受けている。「転住所」における「言論・報道の自由」については第二章の註６で示したような先行研究があるが、未知の部分もなお多く、将来に残された重大な研究課題の一つである。

（77）Anthony L. Lehman, *Birthright of Barbed Wire: The Santa Anita Assembly Center for the Japanese*（Los Angeles, CA: Westernlore Press, 1970）, 58.

（78）"Pacemaker, Leader in Democracy," *Santa Anita Pacemaker* June 2, 1942.

（79）Lehman, *Birthright of Barbed Wire*, 57.

(80) Eddie Shimano, Chief Editor, *Santa Anita Pacemaker*, to Bradford Smith, Foreign Language Division, Office of Facts and Figures (OFF), May 1, 1942, Reel 1, Folder Pacemaker, Records of the WRA; Lehman, *Birthright of Barbed Wire*, 58.

(81) Kazuyuki Takahashi, Santa Anita Assembly Center, to Alice H. Hays, July 31, 1942, Alice H. Hays Papers, Box 1, Folder Takahashi, Kazuyuki: 1942–45, Hoover, Stanford.

(82) "The Evacuee Speaks: Private Newsletter," September 15, 1942, Japanese American Evacuation and Resettlement Records, BANC MSS 67/14c, Reel 83, Folder T5.097, Bancroft, UCB.

(83) "The Evacuee Speaks," September 15, 1942.

(84) "The Evacuee Speaks," September 15, 1942.

(85) "The Evacuee Speaks," September 15, 1942.

(86) L. W. Feader, Director, Public Relations, Santa Anita Assembly Center, to Nicholson, May 6, 1942, RG 338, Entry 27A, Box 30, Reel 492, NA.

(87) Richard E. Rudisill, Major, QMC, "Pacemaker," June 30, 1942, Reel 7, Papers of the CWRIC.

(88) Shimano to Rose Williams, Editorial Assistant, *Common Ground*, October 1, 1942, Common Council for American Unity Papers, Box 199, Folder 5, IHRC, UM.

ただし、編集部内にも検閲の実態について十分に知らなかった者がいた可能性はある。ジャーナリズム史研究者であるジョン・D・スティーヴンス（John D. Stevens）は一九七一年に発表した論文のなかで、『ペースメーカー』の元編集部員だというカズ・オシキ（Kaz Oshiki）へのインタヴューをもとに、「あからさまな検閲は覚えていないが、編集者が［検閲官と］〈調整をしていた〉（worked things out）かもしれないとは認めている」と書いている。この論文は、本書の主題である「集合所」ではなく、WRA（戦時転住局）が管理・運営した「転住所」に焦点をあてた研究であり、また右の記述はあくまで個人の記憶にもとづいているため、その信憑性には疑念がつきまとう。とはいえ、編集部員間で検閲に関する知識量に差があったとしても、いちじるしく不自然だとはいえない。（John D. Stevens, "From Behind Barbed Wire: Freedom of the Press in World War II Japanese Centers," *Journalism Quarterly* 48 [Summer 1971]: 279–287.）

(89) Franklyn Sugiyama, Poston Relocation Center, to Frederick L. Allen, *Harper's Magazine*, September 14, 1942, Carey McWilliams

Papers, Box 2, Folder Letters from Evacuees, Hoover, Stanford; McWilliams, "Moving the West-Coast Japanese," *Harper's Magazine* September 1942: 362.

(90) Charles Kikuchi's Diary, May 11, 1942, Japanese American Evacuation and Resettlement Records, BANC MSS 67/14c, Reel 96, Folder W1.80, Bancroft, UCB.

(91) Tamie Tsuchiyama, Santa Anita Assembly Center, "Attitudes," October 3, 1942, Japanese American Evacuation and Resettlement Records, BANC MSS 67/14c, Reel 16, Folder B8.05, Bancroft, UCB.「四つの自由」については、第1章の本文と註4で説明してある。

(92) "The Evacuee Speaks: Newsletter," July 24, 1942, RG 210, Entry 16, Box 156, Folder 22,220#3, NA; "The Evacuee Speaks: Newsletter," August 1, 1942, Japanese American Evacuation and Resettlement Records, BANC MSS 67/14c, Reel 83, Folder T5.097, Bancroft, UCB. 似たような記述は、"The Evacuee Speaks: Private Newsletter," August 20 and September 15, 1942, Japanese American Evacuation and Resettlement Records, BANC MSS 67/14c, Reel 83, Folder T5.097, Bancroft, UCB にもある。

第七章　集合所におけるその他の言論統制

宗教であれ、娯楽であれ、教育であれ、何であれ、いかなる活動に対しても、きびしい検閲が必要なのである。

E・P・プリアム（E. P. Pulliam）、カリフォルニア州フレズノ（Fresno）集合所長(1)

はじめに

本章では、第五・六章で扱った「読み」「書き」以外の表現行為、つまり、「集まる」「話す」「聞く・聴く」、さらには「信じる」「見る」「楽しむ」「学ぶ」といった諸相にまで射程を広げて、集合所当局による自由の統制に迫る。「潜在的に危険な敵性外国人」とみなされた日系人は、書籍やキャンプ新聞など出版・印刷物に限らず、また使う言語によらず、およそあらゆる形態の言論・表現活動において大幅な制約を受けていた。

本章では以後、第一節で「集会・会合、および結社の統制」、第二節で「信仰・宗教活動の統制」、そして第三節で「娯楽・文化・教育活動、その他の言論統制」を検討し、日系人の市民的自由がいかに広範囲にわたり制限されていたかを実証的に明らかにする。

第一節　集会・会合、および結社の統制

本節では、集会・会合、および結社に対する当局の介入に光をあてる。集合所の日系人は、日本語・英語を問わず、思うままに集い、語り、互いに耳を傾けあうこともままならなかった。

まずは統制の基礎となった「集合所規則」(center regulations) をあらためて概説した上で、執行の具体例、違反者の処罰、萎縮効果、そして外部からの訪問者に対する統制について順次検討していく。

集合所規則

統制の内実に迫る前に、陸軍傘下のＷＣＣＡ（戦時民間人管理局、Wartime Civil Control Administration）が定めた「集合所規則」(center regulations) のなかの、集会・会合・結社に関する箇所をあらためて素描しておく。すでに第四章で詳説しているが、統制の根拠となった基本的事項であるため、本章全体の理解を容易にするためにも、ごく簡潔にふり返っておく。

まず、当局は所内での日本語の使用を禁止しているが、この政策は「読み」「書き」だけでなく、集会や会合で「話す」「聞く・聴く」といった行為にも及んでいる。集合所規則によれば、「集合所内のすべての会合は英語でおこなわれる。例外は［一部の宗教的会合と］大人むけの英語と公民の授業、そして集合所を適正に管理・運営するために絶対的に必要となるその他の場合である」(2)。

右の引用文中にあるように、集合所を円滑に営むため「絶対的に必要」とみなされれば日本語の話しあいは許されるが、「あくまで最小限度」、しかも事前・事後とも議論の内容を英訳し、書面で当局に照会・報告しなけれ

ばならなかった。会議等の主催者に対し規則は、「議事内容を記録し、［日本語の発言があった場合は英語に］翻訳し、それを集合所長室に提出」するよう命じている。規則は別の箇所で、「日本語による会話は、［集合所の］運営上の必要性に照らしてあくまで最小限度に抑えること」と釘を刺している。公の場で「敵国語」を使う行為は、当局が是認するきわめて狭い範囲でしか認められず、その上、事前・事後ともに内容の審査を受けなければならなかった(3)。

日系人が規則を遵守していることを確認するために、当局は集会・会合に実際に同席し、「監督」(to supervise)してもいる。もちろん、英語だけで話す場合でも監督権限は行使できた。規則は、「目的がいかなるものであれ、集合所職員はあらゆる集会(会合)を物理的に監督できる」、さらに「秩序・規律の維持や集合所規則の遵守にかかわる会合」には所内の「警察官」も参加できる、と定めている。ひそかに日本語が使われぬよう、あるいは他の規則が破られたり、「不適切」な言動がなされたりせぬよう、当局は日系人が集う場に立ちあい、直接的に目を光らせることができた(4)。

当局はまた、使用言語が日本語か英語かによらず、日系人同士でクラブや団体を組織することも基本的に許していない。規則は、「立ち退き者が、一人を超える秘密のクラブ・組織(ボーイ・スカウトは除く)・集会、もしくは寄りあいを形成すること、それに参加すること、あるいはその構成員になることを禁じ」ている。「ボーイ・スカウト」は当局が推進する「アメリカ化」(アメリカナイゼーション＝Americanization)政策の一環として例外とされているが、それ以外で認められたのは、「文書による集合所長の許可」を受けた「運動や宗教のクラブ」だけである。しかも、許可申請にあたっては、団体の規則・定款・全構成員の名簿などを文書で事前に提出する義務が課されている。当局の方針・政策と合致し、好意的な評価を受けなければ、集会・会合・結社の自由は存在しないも同然であった。「アメリカ化」政策については本章の第三節であらためて論じる(5)。

さらに当局は、やはり使用する言語にかかわらず、日系人がある特定の問題を集団で討論することそれ自体を

も禁じている。「戦争や国際問題について議論することを目的とする会合は認められない」というのである。(6)

ここで留意すべきは、「戦争や国際問題」が具体的に何をさすのか定義・例示されていないため、結局、その解釈が全面的に当局に委ねられた点である。日本語が禁じられたばかりでなく、英語だけで話しあうとしても、およそあらゆる時事的な社会・政治問題について意見を交わす行為そのものが取り締まりの対象となりえたわけである。この問題については本節で後述するが、実際、当局は立ち退き・収容政策それ自体も「戦争や国際問題」に該当すると認識している。日系人は自分たちが置かれている現況について語りあうことさえ許されなかったことになる。(7)

最後に、当局は外部から集合所を訪問してくる人々にも同じ規則を遵守させている。一九四二年七月三十日、WCCAは外部講演者に対する規則を発令し、すべての集合所において日系人と同じく事前承認を義務づけ、かつ「戦争や国際問題」など特定の領域については、議論そのものを禁止するよう各所に指示している。

> 〔外部の講演者に〕承認・非承認を知らせる前に、スピーチあるいは討論の主題を当局〔WCCA〕に提出させ、広報部長の許可を得なければならない。あるいは、〔講演者〕本人が当局を訪れ、討論あるいはスピーチの概要を広報部長に提出するよう指示してもよい。

> 基本的に、日系人の立ち退きをめぐる是非、戦時政策、立ち退き政策をめぐる社会的な側面、合衆国政府あるいは〔陸軍〕総司令部が発表した政策にかかわる事項について討論したり、話をするような申請は考慮しない。〔傍点は引用者〕

所内の日系人と同様に、外部者の言動に対しても事前に題材・内容を精査し、とくに政府の日系人政策や戦争政

策を話題にすることは許さない、というわけである。(8)

なお、外部の人物が集合所内に宿泊することは厳禁で、後述するように、必要に応じてその都度訪問せざるをえず、また所内での講演以外の活動にも種々のしばりがかけられている。たとえば、集合所期を検証した数少ない研究者の一人であるルイス・フィセット（Louis Fiset）が指摘しているように、「［WCCAは］日系人に奉仕する聖職者が、担当する教区民と一緒に集合所に住むことを許さなかった」。宗教家といえども、集合所に常駐して日系人のために説教・法事などをすることはできなかった。もちろん、これは一例にすぎず、外部の市民が収容施設で日系人とともに生活することは、いかなる目的でも認められていない。信仰・宗教活動の統制については第二節で検討する。(9)

あくまで文書でしかない「集合所規則」を概観するだけでも、アメリカ合衆国憲法修正第一条（First Amendment）が保障しているはずの「言論の自由」「集会の自由」がいかに無効化されていたかがわかる。先行研究には、「実のところ、［集合所における］表現の自由は、〈危険な〉外国人を収容した司法省のキャンプよりも制限されていた」と論じるものもある。「司法省のキャンプ」とは、真珠湾攻撃直後にＦＢＩ（連邦捜査局、Federal Bureau of Investigation）が一斉連行した「敵性外国人」（日系ばかりでなく、ドイツ・イタリア系などの人々も含む）を収監していた施設である。双方を直接的に比較することはできないが、次項以降で紹介する規則執行の実例が示しているように、少なくとも集合所において日系人の基本的人権がいちじるしく軽視されていたことは間違いない。(10)

忠実な規則執行

軍の下部組織らしく、どの集合所も規則を忠実、かつ厳格に執行している。本部の決定に従い、あらゆる集会・会合に対し日本語の使用を禁じ、事前の許可申請を義務づけ、必要と判断すれば現場に立ちあい、事後には議論の内容を報告させている。所内の日系人だけでなく、外部からの訪問者にも同様の制約を課している。

まず、集会・会合における日本語の禁止については、カリフォルニア州タンフォラン（Tanforan）の事例がわかりやすい。ここでは所長自身が「情報公示第二十号」（Information Bulletin No. 20）という文書を発令し、一九四二年七月三日付でこう命じている。「いかなる事情があろうとも、集合所［代表］委員会やそれ以外の組織的な会合において、日本語を使ってはならない。例外は、集合所規則など事務的な事項を解釈するために絶対的に必要な場合である」。内容は「集合所規則」とほぼ同じである。(11)

これにより、日本語を母語とする者が意見や心情を思うまま口にできる機会は、実質的に個人間の私的なやりとりに限られることになった。「情報公示第二十号」はこの点にも言及し、「敵国語」の禁止が及ばない範囲として、「普段の会話、あるいは集合所の通常の運営に必要な同種の他の言論」と定めている。「集合所規則」は二人以上の集まりを「集会」とみなしたから、「普段の会話」は文字どおり日常生活で交わす非公式なコミュニケーションを意味する。多少なりとも公的な場で言葉を発する際には、当局が理解できる英語を使わなければならず、日本語は家族やごく親しい仲間同士でしか話すことができなかった。(12)

集会・会合に対する事前の許可申請、事後の内容報告、および現場の「監督」については、カリフォルニア州サンタ・アニタ（Santa Anita）集合所の日系人が実情を簡潔に記している。「あらゆる種類の会合がきびしく統制されている。白人の警察官を同席させ、正確な記録をとらねばならず、英語だけしか使えない。消灯は［午後］十時前なので、たいていは九時半には終えなければならない」。なお、この手記は立ち退き命令の及ばないユタ州ソルト・レイク・シティーで発行される『ユタ日報』に寄稿されたもので、原文は英語である。(13)

補足しておくと、前段落の引用部分にある「消灯」に際し実施された毎晩の「点呼」も、隠れて集会・会合が開かれぬよう牽制《けんせい》・監視する手段となっており、これもまた日系人の感情を逆なでしている。集合所では特定時間外に住居を離れることが禁じられており、毎晩、憲兵などが各戸を訪れ全員が在宅していることを「点呼」して確認していた（図21）。カリフォルニア州フレズノ（Fresno）集合所の二世、キクオ・H・タイラ（Kikuo H. Taira）はこう証言している。「恥ずかしく、またイライラさせられたことの一つは〈ベッド・チェック〉で、警備担当係官がバラックを懐中電灯でのぞき込み、我々が床に就いているかを確認したことである」。同じく、タンフォランのベン・イイジマ（Ben Iijima）も日記でこう書いている。「WCCAの仕事の一つは、会合が開かれていないか、何かが起きているならそれを把握するため、一つひとつのバラックに目を光らせることのようである」。イイジマはカリフォルニア州立大学バークレー校（University of California, Berkeley）の研究グループJERS（日系アメリカ人立ち退き再定住研究、Japanese American Evacuation and Resettlement Study）に参加し、収容施設の現地調査員をしていた。(14)

ワシントン州ピュアラップ（Puyallup）集合所の事例も、集会・会合をめぐる事前・事後の規制について内情を伝えてくれる。一九四二年七月二十一日、日系人代表者に対し当局はこう命じている。「日系人諮問委員会（Japanese Advisory Council）の会合はすべて……あらかじめ集合所長に通告される。そうした会議は、所長から事前承認を受けなければならない。そして、その場には所長室の代表者と所内治安警察の者が臨席する必要がある」。既述の「集合所規則」をほぼそのまままくり返している。(15)

右のピュアラップの一件は、公的な性格の強い住民の代表者委員会でさえも例外扱いされていない事実を示しているが、これは日系人による「自治」が形骸化していたことの証左でもある。そもそも、集合所全体を統括するWCCAは、「自治」組織の一員に選ばれる資格として、十六歳以上の「英語が話せる一世と二世」［傍点は引用者］と定めている（第四章）。日本語しか理解できない大多数の一世（第一世代の日本人移民）や「帰米二世」（日本で教育を受けた二世）を度外視しており、「代表」の概念自体が排他的である。その上でなお当局は、彼らの話しあいの場やその内容にも直接的に介入していたのである。(16)

使用言語や参加資格者が限定された上、思いどおりに集い語りあうことができないとなれば、日系人が文字

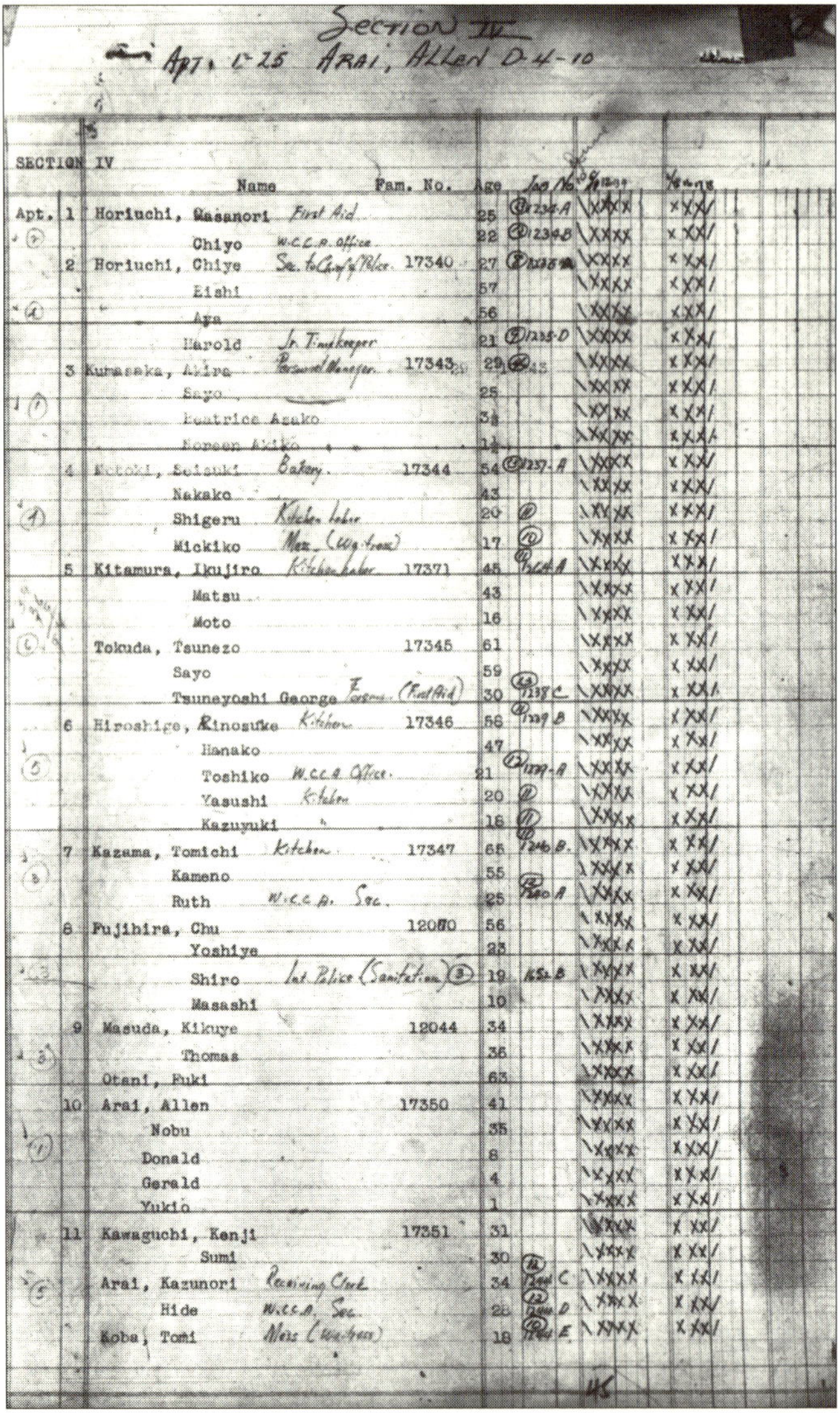

SECTION IV
Apt. C-25 ARAI, ALLEN D-4-10

SECTION IV

Apt.	Name		Fam. No.	Age
1	Horiuchi, Masanori	First Aid		25
	Chiyo	W.C.C.A. Office		22
2	Horiuchi, Chiye		17340	27
	Eishi			57
	Aya			56
	Harold	Jr. Timekeeper		21
3	Kurasaka, Akira	Personnel Manager	17343	29
	Sayo			25
	Beatrice Asako			3
	Noreen Akiko			1
4	Motoki, Seisuki	Bakery	17344	54
	Nakako			43
	Shigeru	Kitchen labor		20
	Mickiko			17
5	Kitamura, Ikujiro	Kitchen labor	17371	45
	Matsu			43
	Moto			16
	Tokuda, Tsunezo		17345	61
	Sayo			59
	Tsuneyoshi George			30
6	Hiroshige, Kinosuke	Kitchen	17346	56
	Hanako			47
	Toshiko	W.C.C.A. Office		21
	Yasushi	Kitchen		20
	Kazuyuki			18
7	Kazama, Tomichi	Kitchen	17347	65
	Kameno			55
	Ruth	W.C.C.A. Sec.		25
8	Fujihira, Chu		12060	56
	Yoshiye			23
	Shiro	Int. Police (Sanitation)		19
	Masashi			10
9	Masuda, Kikuye		12044	34
	Thomas			36
	Otani, Fuki			63
10	Arai, Allen		17350	41
	Nobu			35
	Donald			8
	Gerald			4
	Yukio			1
11	Kawaguchi, Kenji		17351	31
	Sumi			30
	Arai, Kazunori	Receiving Clerk		34
	Hide	W.C.C.A. Sec.		26
	Koba, Tomi			18

図21　ワシントン州ピュアラップ（Puyallup）集合所で実施された点呼の記録。毎晩、全住民が各戸に在宅しているか確認していた。（Hiroyuki Ichihara Papers [Accession #4761-001], Reel 2, Special Collections, UW.）

通りの「自治」を実現しえなかったのも当然である。タミエ・ツチヤマ（Tamie Tsuchiyama）は、「サンタ・アニタで実践されている自治政府は、はじまったときから茶番であり、当局にはそれに実効性をもたせる意図がなかった」と批判している。タンフォランのイイジマと同じく、ツチヤマもJERSの現地調査員であり、当局の統制などについて信頼度の高い記録を多く残している。[17]

宗教的な催事であっても、統制が特段ゆるめられたわけではない。前述したタンフォランの「情報公示第二十号」はこう命じている。「宗教的な行事や活動に際しても、英語を使うことが内容の理解をさまたげない限り、日本語を話してはならない。宗教的な行事における日本語の使用は、集合所長の事前の承認によってのみ許可される」。詳細は第二節にゆずるが、集会・会合・結社の統制は、必然的に「信教の自由」にも波及している。[18]

これまで指摘してきた一連の統制は、日系人収容者だけでなく、外部からの訪問者にも同じように適用されている。カリフォルニア州フレズノ集合所に収容されたメソジスト派牧師のヒデオ・ハシモト（Hideo Hashimoto）は、人権活動家、また社会主義者としても全国的に著名なノーマン・トーマス（Norman Thomas）にあてた書簡でこう伝えている。「カリフォルニアに立ちよる機会があれば、フォーラムの講演者としてあなたを当所に招待したいと我々は考えています。とはいえ、サンフランシスコ［のWCCA］に話す内容を提出し、許可を受けなければなりませんが」。なお、トーマスは当時のアメリカ社会で数少ない日系人擁護者の一人であり、ハシモトは彼に訴えかけることで、集合所での苦境が多少なりとも軽減されることを期待していた。ハシモトはこう書いている。「いくつかの側面において、精神・心理的な生活環境は悪化しています。毎日の点呼、外出禁止令、外部の講演者や訪問者に対する制約など、新しい規制や決まりごとで陸軍がくり返し締めつけるため、我々が受刑者として扱われていることが、ますます明白になっています[19]」。

以後いくつもの例をあげるが、日系人の集会や会合が何らかの実害をもたらしたわけではないのに、なぜ当局がかように神経をとがらせていたかというと、根本的には「日本語を理解できない」がゆえに疑心暗鬼に陥っていたからである。タンフォランでＪＥＲＳの調査員をしていたドリス・ハヤシ（Doris Hayashi）は、次のような事例を紹介してその悪循環の構造を看破している。

［ある集まりで］日本語で伝えられるメッセージが翻訳され、承認された。それは、我々［日系人］がはたすべき役割としての、合衆国に対する忠誠心について語っていた。またそれは、こうも伝えていた。我々の道義的責任は、我々の民主主義的な自由を守り、政府に協力して彼らの仕事を容易にすることで、微力ながらも我々が国防政策を全力で支えていることを理解してもらうことである。

この会合がきわめて親政府的であることを確認した上で、ハヤシはこう結論づけている。当局を統制にむかわせるのは、「話される内容に対する恐れというよりも、前例を許すことによって、何か悪いものが手中から飛びだすことを恐れているからである」。(20)

ポートランドの「二世フォーラム」

次に、規則執行の実態をより具体的に理解できる実例として、オレゴン州ポートランド（Portland）集合所で開催された「二世フォーラム」（Nisei Forum）を取りあげる。事前許可を与える権限などを行使することで、当局がおよそあらゆる集会・会合を彼らが望む枠にはめていたことを如実に示す事例である。

まず、フォーラムを当局にとって好都合なものにする上で、事前許可制度は実に有効に機能している。第二回目の総会の事前承認を得るために日系人主催者が提出した文書を読むと、「建設的」で「協力的」な意識を涵養するという、当局の利益と合致する目的が当初から設定されていたことがわかる。

〔フォーラムでは〕民主的な方法で〔所内の〕問題を論じたり、建設的な批判をのべあうことができる。そうすることで、人々は集合所の運営に手を貸していると実感でき、また設定すべき規制の多くに理解を示すはずである。最初の総会は成功し、協力態勢を確立する上で価値あるものとなった。

このように初回のフォーラムの成果を強調した上で主催者は、次回の日時、場所、主要なパネリスト、大まかな進行と内容などをあわせて申告している。もちろん議題も併記されており、「集合所の改善」「愛国精神と士気」など、当局の政策と軌を一にするものが列挙されている。(21)

当然、ポートランド集合所当局もフォーラムの「建設的」で「協力的」な性格を好意的に評価し、定期的な開催を認めている。担当した幹部はサンフランシスコのWCCA（戦時民間人管理局）本部にあてた書簡で、主催する日系人と「数日間、かなり長く話をしました。その結果、〈所内での共同体生活を改善するための提案〉といった議題を選ぶこととなり、それ〔フォーラム〕が立ち退き者〔日系人〕間の協力を促進し、所内の士気を高めるという点で理想的だと確信しました」と報告している。実施に先立ち、内容や形式を慎重に協議・審査した上で承認しているのであるから、当局の意に則した「理想的」な内容になるのは当然である。(22)

実のところ当局は、事前承認どころか企画段階からすでにフォーラムに直接的に関与し、パネリストとなる日系人の人選などにも加わっていた。正式に開催する前の準備会に出席した幹部は、その内容を次のように報告している。「フォーラムのパネリストを選ぶ会議に私自身が参加した結果、選抜者は心情的にも精神的にも、与えられた議題に対し完全で率直な考察を加えることのできる者だと断言できます」。当局は単に提出された申請書類を審査するだけでなく、企画を練る構想段階から直接的に日系人主催者と協議し、フォーラムの性格を決定づける主導的な役割をはたしていたのである。(23)

もちろん、この当局幹部はフォーラムそれ自体にも同席し、期待したような内容となっていることをみずから確認している。その報告書からは、なみなみならぬ自信と満足感を読みとることができる。

我々が取り組んできた目標は、間違いなく達成できました。つまり、[所内の]環境と士気を向上させるべく、限界まで能力を発揮して協力・努力するという点で改善が見られたのです。……多くの誤解が解消され、それらの問題に関するさらなる議論は不要となるでしょう。

その上で報告書はこう結論づけている。「フォーラムは、立ち退き者[日系人]が集合所長……に実体的に貢献できる手段となっており、今後も継続されるべきです(24)」。

根本的に矛盾する論理ではあるが、当局の意向をそのまま体現したフォーラムであれ、その枠内で日系人が「自由」に発言できるならば、「民主主義」の理念は十分に達成される、と当局は考えていた。前述の幹部はその催事がいかに「民主主義的」であるかという主張を、次のように展開している。

各自が自由に意見を表明し、そうすることで個人の問題がいかに小さなものであるかを認識できるという点で、[集合所をいかに改善するかという]この議題による討論は、民主主義の精神を培うものだと思います。……民主主義的な討論会は、そこでの結論や提案を[日系人の自治]委員会や集合所長に伝えることで、共同体への参加意識を高めるはずです。

当局の思惑どおりに企画・実行された会議でも、それに参加し、何らかの意見をのべ、その結果を当局に具申する行為自体で「民主主義」の要件は十分に満たしている、というわけである(25)。

右のような報告を受け、WCCA本部もポートランドのフォーラムを好意的に評価し、今後も規則を遵守させながら継続するよう指示している。その言葉を借りれば、もっとも重要なのは、「そうした集会がＷＣＣＡの［集合所］規則に従って意図され、計画され、かつ実行される」ことであった。同時に、「一般的に立ち退き者［日系人］が討議する論題に制約はないものの、フォーラムでは集合所に関する問題が話しあわれるべきである」とも助言している。(26)

なお、集会・会合の日系人責任者については、現地の集合所当局だけでなく、全体を統轄するサンフランシスコのＷＣＣＡも経歴などの事前審査をしていたと考えられる。なんとなれば、二世フォーラムに関するポートランド当局の報告に対し、次のように返答しているからである。

フォーラムの指導者、あるいは統括者は、できる限り立ち退き者［日系人］であるべきで、彼らの名前は集合所長から［ＷＣＣＡ］本部に知らされ、承認を受けるべきである。本部の承認が得られるまで、立ち退き者がそうした地位に就くことは許されるべきではない。

ここまで本書が獲得してきた知見に照らせば、ＷＣＣＡはそれら日系人の身元調査を軍の情報部、司法省、あるいはＦＢＩ（連邦捜査局）などに依頼していたと推測できる。(27)

タンフォランの「タウン・ホール・ミーティング」

集会・会合・結社の統制を実体的に理解するためのもう一つの好例として、カリフォルニア州タンフォラン集合所の「タウン・ホール・ミーティング」（Town Hall Meeting）についても検討を加えておく。所内のさまざまな問題について住民が思い思いに意見をのべあう場として、一九四二年五月末から基本的に毎週、「日系人の主催」

で開かれた「討論会」である。[28]
そもそも成人教育の一環として企画されたこのミーティングは、所内で「民主主義」を体現するという理念のもと、誰もが「自由に」参加できる、「開かれ」た、「楽しい」空間となるよう意図されていた。議長に選ばれたアーネスト・S・タカハシ（Ernest S. Takahashi）の言葉を借りれば、「所内の世論を形づくること、そして、たとえ一少数派集団［である日系人］が集合所に押し込められていようとも、民主主義とアメリカニズム（Americanism）の精神が生きつづけていることを確かめる」ことが目的であった。タモツ・シブタニ（Tamotsu Shibutani）らの説明を引用して補足すれば、「将来に直面する重要な問題について二世を教育し、集合所内で民主主義的な理想を永続的に実現するための、楽しい時間を提供すること」をめざす催しであった。なお、前述したサンタ・アニタのツチヤマなどと同じく、シブタニらも現地調査員としてＪＥＲＳ（日系アメリカ人立ち退き再定住研究）に従事し、ミーティングをはじめ所内の出来事や日系人の言動について価値の高い史料を多く残している。[29]
ところが、発案時に掲げられた理想とは裏腹に、現実には文字どおりの「自由」で「民主主義的」な討論がくり広げられたわけではない。集合所規則に基づき、事前・事後、また形式・内容ともに、当局の統制下に置かれたからである。
まず、日本語による議論が全面的に禁止されたことで、英語を理解できない大多数の一世や帰米は事実上、参加すらかなわなかった。目的がいかに崇高であろうとも、日本語を母語とし、アメリカで公教育を受ける機会にもめぐまれなかった約三分の一の住民にとっては、そもそも意味をなさない企画だったわけである。主催者を代表するタカハシもこの限界を自覚しており、次のように葛藤を吐露している。
我々が直面した最大の難点は、［成人教育やＰＴＡを含めた］ミーティングで日本語が禁じられたことである。一世にとって有用な情報は多いので、主要な話者を簡潔に通訳するだけでも助けになるはずなのだ。初回の

ＰＴＡ会議には七十五人を超える一世の親が顔を見せたが、中心的な内容を理解することができなかった。日本語の発話を奨励するわけではないが、多少の日本語は使われるべきである。

親世代の一世こそが主役となるべきＰＴＡの集まりに対してさえも規則が緩和されないのであるから、タウン・ホール・ミーティングが特別扱いされるわけがなかった(30)。

もちろん、ミーティングを開催するにはその都度、事前に集合所長から許可を得なければならず、加えて事後には議事録の提出が義務づけられている。「公用語」たる英語でなら、何の制約もなく意見を表明できたわけではない。使う言語が何であれ、集合所の日系人は当局の掌中から脱することはできなかった。

実際、当局は討議される内容それ自体にかせをはめ、彼らの意に添うようにミーティングを性格づけている。この点についてタカハシは、婉曲的にこう批判をにじませている。「言論の検閲はあるべきではない。しかし、すべての議論は建設的かつ客観的におこなわれ、発言は明確な目的意識をもってなされなければならない［傍点は引用者］」。ここからは、取りあげられるべき議題や質疑応答に対して、「当局にとっての建設性・客観性」や「明確な目的意識」という、曖昧であるがゆえに広範囲に及ぶ網がかけられていたことがわかる。既述のとおり、集合所規則は「戦争や国際問題」に関する議論を禁じているが、タンフォランでは（同じくポートランドの「二世フォーラム」でも）この禁止規定が反転し、具体性は欠くが「当局にとって望ましい内容」という大枠が設定されていたわけである(31)。

その結果、六人の二世からなるミーティングの実行委員会は、最初の数回分の計画を立てるにあたり、当局の意向をそのまま反映したような論題を掲げている。複数あるが、いずれも連邦政府の立ち退き・収容政策の正当性を是認した上で、あくまでその枠内で日系人がになうべき役割を考察しようとする内容である。

一　タンフォランをよりよくするために、我々はいかに協力すべきか？
二　立ち退きに対する二世の態度はいかにあるべきか？
三　我々二世の未来とは？
（a）転住地域において
（b）戦後期において

立ち退き・収容を既成事実として受け入れた上で、アメリカ市民として二世が今後すすむべき道を考える。こうした姿勢は、「当局にとっての建設性・客観性」や「明確な目的意識」を十分に満たすものであった。[32]はたして、一九四二年五月二十六日に開催された第一回目の会合は、実行委員会の計画どおり、そして当局のねらいどおり、政府の日系人政策に追従する無難な内容となっている。午後七時半からはじまり約二百五十人が参加したミーティングについてシブタニらは、「タンフォランをよりよくするために、我々はいかに協力すべきか」という委員会が設定した「波風の立たない、ごく一般的な議題」に終始した点に着目し、こう解説している。

トピックの選定には多くの理由があったが、その一つは、集合所の検閲を通り抜けるために、またタウン・ホールを当局の幹部に売り込むために、無害なものを選ばなければならない、というものである。公的な集まりや発言は、すべて厳密に監督・検閲されるため、タウン・ホール委員会は企画・実行に苦慮している。

シブタニらはつづけて、「ある俊英な二世」[33]の言葉として、次のような根源的な疑問を投げかけている。「検閲のあるタウン・ホールに何の意味があろうか？」

第二回目は「立ち退きに対する二世の態度はいかにあるべきか」について討議したが、初回よりもさらに親政府色の濃い内容となっている。議長のタカハシや当局が残した史料を読むと、「アメリカニズム」を旗印に愛国主義的、かつ滅私奉公的な戦争協力の必要性が強調される一方、政府の施策や現状に不満をもつ者が「思慮を欠く」「自己中心的」「挑戦的」などと糾弾されている。次に示すのは、事後報告書に記載された主要な論点である。

この共同体〔集合所〕にいる思慮を欠く日系アメリカ人の、自己中心的な動機や思想にもとづく、挑戦的で、辛辣で、戦闘的な態度。

軍事的必要性に基づく政府への自発的な協力。

我々をこれらの施設に追いやったのは〔民間の〕圧力団体であり、政府が直接手を下したわけではないこと。

全面的なアメリカニズム、つまり、是非など問わずにアメリカを支持すること。

これらの見解が表明されたのちに一時間ほど意見交換がなされているが、そこでの論調もほぼ同一で、「立ち退き問題を考える際には、自発的に政府に協力することがもっとも論理的、かつ真っ当な態度であると過半数の出席者が理解するように」議事が進行している。なお、引用文中にある「アメリカニズム」（Americanism）は、本章の第三節で検討する当局の「アメリカ化」（アメリカナイゼーション＝Americanization）政策と軌を一にする考え方である。(34)

その後、連邦政府職員を講演者として外部から招いた際には、当局は彼に対する質問をも事前に提出させ、審査している。招待されたのはＷＲＡ（戦時転住局、War Relocation Authority）の幹部であるが、六月十日に予定されていた講話に先立ち、質疑応答で尋ねたい事項の一覧を実行委員会が作成し、その妥当性についてタンフォラン当局に照会している[35]。

もちろん、当日のミーティングそれ自体も直接的な監視下に置かれ、さらに事後にはその議事録が作成され、当局に報告されている。講演した当のWRA幹部でさえ言論統制の厳重さに驚いたようで、「少なくとも三人の速記者がミーティングで話されたことすべてを記録していた」と上層部に報告している。演題は、臨時の収容施設である集合所（assembly centers）の次に日系人が住むことになる転住所（relocation centers）での生活やそこでのWRAの方針である。第四章で指摘したように、同じ政府機関でも比較的にリベラルな文民組織であるWRAは、軍に属する集合所当局よりも権力行使において概して抑制的で、言論・報道統制に対してもより慎重であった[36]。

右で引用・参照した各種の史料を総合すると、そもそもは「自由」で、「開かれ」た、「楽しい」、「民主主義的」な場として創設されたはずのタウン・ホール・ミーティングが、当局の介入を受けた結果、本来の趣旨とはかけ離れたものになっていた実態がわかる。会議に参加していたJERS調査員のドリス・ハヤシは、一九四二年五月二十七日付の日記でこう書いている。「〈不平〉を声にだし、反論する機会がないのは不公正である。それでは本当の討論とはいえない。……知性派の人々の一般的な意見は、十分な議論が許されず非常に貧相な〈討論〉となった、というものだ[37]」。

しかも、統制の度合は終始いささかも緩和されていない。右の段落で引用したハヤシは当局の執拗で頑強な態度に憤慨し、日記のなかでくり返し異論をとなえている。次に引用するのは六月三日の記述である。「今夜、タウン・ホールに行った。話されたのは論題の一側面だけであり、検閲があったに違いない。何を信じていいかわからぬ迷い人が相手なら、もちろん一面だけを語るほうがいいだろう。しかし、それではタウン・ホールにふさわしい議論とはいえない」。七月二十日にも再度こう批判している。「会議や演芸会など、すべての記録には（英語でも）検閲がある。〈言論の自由〉や民主主義などありもしない。このような現状では、我々は辛抱強くならねばならない。しかし、当局とて、そこまできびしくする必要はないはずだ[38]」。

とはいえ、問題の根本に目をむければ、集団的な立ち退き・収容を強制され、統制を受けながら「自由」で「開かれ」た「楽しい」ミーティングを実現すること自体が矛盾しており、「民主主義の体現」が有名無実に終わることは不可避であった。前述のシブタニらは、ＪＥＲＳの報告書で次のように総括している。

タウン・ホールは民主主義の深層、つまり、愛国主義的な旗ふりよりも深い意味について議論をするために計画された。しかし、当局によって完全にコントロールされてしまい、民主主義において大切に守られるべき権利の一つである、意見の自由な表明は不可能となった。結局のところ、この教育プログラムは破綻している。

シブタニは自身の日記ではそれ以上に辛辣な筆致で、こう酷評している。「このダメ会議は下らぬ無駄話で終わってしまった[39]」。

規則違反者の処罰――サンタ・アニタの日本語集会と「行政布告第十三号」

種々の統制に日系人が不満をもつのは無理からぬことであったが、規則をみずから制定し、執行し、かつ違反する者を処罰する権限まで握る当局に対し、有効な対抗策はもちようがなかった。これは、第五・六章でも指摘したように、日本語による出版・印刷物の禁止やキャンプ新聞の検閲にも共通する問題である。日米開戦以来、日系人と連邦政府の関係はいちじるしく「不均衡」であったが、あらゆる面で後者が圧倒的な優位に立つ構図は、集合所において極限に達していた。

実際、当局は「違反者」を厳罰に処しているが、その姿勢を集約的に示す事例が、カリフォルニア州サンタ・アニタ集合所で開かれた日本語集会である。一九四二年六月十八日、一世を中心とする百人以上の収容者が、食事や賃金など所内の待遇改善について話しあうために自治組織の建物に参集した。[40]

この集会は、当局から見れば大きく四つの点で規則に抵触していたが、各種の一次史料が示す限りでは、いずれも形式的な違反に近く、少なくとも悪質なものではなかった。

第一は、事前に正式な開催許可を取得していなかったことである。ただし、後述するように、集会は日系人の間では広く知られた催しで、大々的に開かれている。しかも、非公式ではあるが、当局の担当者から「口頭」で了承を取りつけてもいた。当局の目を盗もうとしていたわけではない。むしろ、実質的に事前承認を得たと判断し、申請を省略してしまったのである。

第二は、一部の参加者が日本語を話したことである。これまでくり返し指摘してきたように、自分たちにとってまったく理解不能な「敵国語」が所内で飛び交うことに、当局は神経をとがらせていた。

第三は、事後に議事録が提出されなかったことである。いかなる集会・会合であれ、またいかなる言語であれ、日系人はそこで発した言葉の内容を文書として記録し、当局に報告する義務を課されていた。ただし、これも後述するが、第二・三の違反いずれにも、日系人たちからすればそれなりに合理的な理由があった。

最後の第四は、「戦争や国際問題」の議論を禁じる規則の違反である。具体的には、待遇改善のための実地調査を在米スペイン大使館（一九四五年三月まで、スペインは中立国としてアメリカ本土における日本の利益代表国であった）に求める決議を下したことが「戦争や国際問題」に該当し、かつ「非アメリカ的な行為であり、政府の施設でそのような決議を採ることを集合所規則は許していない」と判断された。[41]

処罰にあたり、当局は厳格な態度でのぞんでいる。サンタ・アニタ集合所長から要請を受けたＦＢＩ（連邦捜査局）が司法省から令状をとり、集会から四日後の六月二十二日、中核的な役割をはたしていた六人の一世を、同時に所内治安警察が別の六人の二世を逮捕・連行したのである。彼らはその後、ロサンゼルスの郡刑務所に送られたが、最終的には司法省の判断で立件は見送られている。補足として、逮捕にはいたらなかった他の複数の日系人に対しても、サンタ・アニタ当局は住民代表者の辞任を迫っている。[42]

しかしながら、現地の日系人、および当局自身が残した史料群を総合すると、実際の集会にかような厳罰に見あうほど悪質な問題があったとは考えられない。

まず、既述のとおり、主催者側は非公式ではあるが当局の担当者から「口頭」で了承を得ており、けっして隠密に集まったわけではない。現地でＪＥＲＳの調査員をしていたタミエ・ツチヤマが報告しているように、最終決定権を有するのは厳密には集合所長であるが、実質的な責任者である広報部長が個人的に許可を与えていたので、主催者らはそれ以上の手続きは不要と判断してしまった。日系人の圧倒的多数が立ち退き・収容政策を無抵抗に受け入れ、また集合所に入ってからも規則等を遵守していたことを念頭に置けば、「私が知っている従順な日系人であれば、もし承認を得られなかったとしたら、わざわざ自治組織の建物で会議を開かなかったはずだ」というツチヤマの説明には十分な説得力がある。[43]

事前承認を得たつもりであったがゆえに、つまり隠そうとする意図がないために、集会は白昼、多くの住民によびかけて堂々と開催されている。指導的な地位にあった日系人をはじめ百人以上が参加し、ツチヤマも皮肉を込めて書いているように、「非常に広く知れわたった〈秘密会〉」であった。前段落のとおり広報部長にも断りを入れており、当局の目をあざむいて集まったわけではなく、そのつもりもなかった。にもかかわらず、所長から正式な許可を受けていなかったことがあだとなり、ツチヤマの言葉を借りれば、「文書で許しを得ていなかったがゆえに、係官は捜査時に都合よくそれ［口頭で許可したこと］を否定できた」。[44]

日本語の発言があったことや議事録が提出されなかった問題も、逮捕・連行するほど悪質な規則違反とはいえない。ツチヤマは実情をこう説明している。まず、どの参加者も最初は英語で話す努力をしており、かつ速記者も同席していた。しかし、内容が複雑になり議論が白熱するにつれ、より的確・迅速に考えを表現できる母語に切り替わってしまった。その結果、英語しか理解できない速記者が議事録を作成できなかった、というわけである。海軍情報部に協力していた別の日系人もほぼ同じ内容の記録を残しており、「本件の犠牲者［逮捕者］のなかには、完全に無罪の人々が多くいる。議事録がつくられていない、日本語が使われた……という理由で秘密会議と決めつけられてしまった」と報告している(45)。

もっとも肝心であるはずの語られた内容にしても、集合所の運営を不当に、かつ深刻におびやかすものとは考えられない。そもそも、待遇改善のための実地調査を在米スペイン大使館に求めたことは、少なくともアメリカ市民権をもたない（当時は帰化権を認められておらず、たとえ望んでも市民権をもちえない）圧倒的多数の一世にとっては、一九二九年のジュネーヴ条約にもとづく正当な行為である。ジュネーヴ条約は「戦争捕虜」の扱いについて定めた国際法であるから、本来、「移民」である一世とは無関係のはずである。しかし、日本をはじめ交戦国の手中にあるアメリカ人兵士らの身を案じたアメリカ連邦政府は、国内の収容施設にいる「敵性外国人」の一世にも同条約を適用する方針をとっていた(46)。

したがって、集会の参加者たち自身にも、規則を破っているという意識は皆無であった。スタンフォード大学卒の二世、カズユキ・タカハシ（Kazuyuki Takahashi）は、知人に送った手紙で次のように書いている。

逮捕容疑は馬鹿らしいものだ。集会が日本語でおこなわれたのは事実だ（参加者の大半は……英語よりも日本語を理解する成人だったのだから）。かといって、秘密など何もなかった。奥まで陽が差す木造バラックで開催され、窓は開放され、屋外には立ったままスピーチや議論に耳を傾ける多くの聴衆がいた。……反逆的な内容は一切なかった。そもそも、反逆的な言動をするような愚か者など、いるわけがない。

現実的に考えれば、有刺鉄線を張りめぐらされた上、監視塔から武装した兵士がつねに目を光らせている閉鎖環境において、所内の秩序を深刻におびやかす言論活動を、丸腰の日系人が大々的に（また秘密裡にも）おこなえるはずがなかったし、彼らにもその意図はなかった。[47]

実態と釣りあわぬ当局の処断を理解するための背景として、集会の二日前の六月十六日、陸軍から委託されたカモフラージュ・ネット（偽装網）製造に従事していた一千二百人もの日系人がストライキを起こしていた事実に触れておく必要がある。逮捕者のなかにストで中心的な役割をはたした者がおり、当局が彼らを排除する口実として集会を利用した可能性が高いからである。複数の史料から裏づけられるように、当局はそれ以前からスト主導者を反政府的な問題児と見ていた。とはいえ、スト自体は平和裡におこなわれ、工場の環境改善、労働時間の短縮、賃上げ、遅延なき賃金支給などを訴えたのち、問題の集会が開かれた翌日の六月十九日には、すべての労働者が職場に復帰している。その後、当局は賃金を月額八ドルから十二ドルに増やしている。[48]

これまで引用・参照してきた各種の一次史料を勘案すると、サンタ・アニタ当局が主導した規則「違反者」の処罰は、むしろ「示威行為」「見せしめ」の一種と理解するのが合理的である。ある日系人は憤りをあらわにして、こう書いている。「会議はオープンなものだった。……予測を越える危機を回避したいという当局の思惑によって、この事案の本当の問題・性質が見えにくくなっている。……スケープゴート［見せしめ］を見つけて、罪を負わせたのである」。この日系人はまた、アメリカ合衆国憲法が保障しているはずの「異議申し立てを呼びかけ、会議を開き、意見を表明し、そして政治について討論する権利（これらすべては当局によりタブーとされている）」がことごとく無にされている、と訴えている。[49]

ところが、すでに強く押さえ込んでいる日系人にさらなる追い打ちをかけるように、サンタ・アニタ当局は逮捕劇の直後に独自のルールを策定し、集会・会合・結社に関わる活動をよりいっそう制限する決定を下している。一九四二年六月二十五日に制定された「行政布告第十三号」（Administrative Notice No. 13）がそれである。[50]

この布告はサンタ・アニタだけで執行される行政令で、根幹部分はＷＣＣＡ（戦時民間人管理局）本部が定めた「集合所規則」を踏襲しながらも、いくつかの点ではそれを上回るものであった。一つとして、事前承認の手続きがより厳密化され、集会等の主催者は「細部を網羅した議事項目」を文書で提出しなければならなくなった。また、開催場所も当局が特別に指定したバラックに限定し、「すべての会合には当局を代表する白人のアメリカ人が一人以上出席し、オブザーバー役を務めなければならない」、そして「書き言葉であれ、話し言葉であれ、英語以外の言語は使ってはならない」と既存の規則をいっそう徹底させている。さらに事後には、「発言者全員の名前を含めた議事進行の完全な速記録」を二十四時間以内に提出することを義務づけている。[51]

前段落の手続きや形式に関する規制追加と同程度に重要な点として、布告は議論の「内容」に対する統制も強化している。すなわち、ＷＣＣＡが策定した「集合所規則」が単に「戦争や国際問題について議論することを目的とする会合は認められない」と命じているのに対し、サンタ・アニタではこの規定だけで「適正に禁止できるか疑問がある」という理由で、次のように規制対象を補強・拡大している。

本集合所の住民が後援、あるいは主催する会合で、
一　国際的な問題
二　国・州・郡、あるいは市政
三　現在の対日戦争
を主題として議論してはならない。

布告はかさねて、「これらの決まり・規則を厳守しなければ、サンタ・アニタ集合所ではいかなる会合も開催されない」と念を押している。[52]

しかし、所内の日系人はそれ以前からすでに「言論・報道の自由」をほぼ全面的に奪われていたのであり、布告による統制の徹底・強化により、それ以前は大目に見られていた行為が新たに禁じられたわけではない。ツチヤマが見抜いているように、布告は当局の「[強圧的]性格を具現化した意思表示（characteristic gesture）」にすぎず、「はっきりしなかった集合所内のいくつかの〈不文律〉に明確な形を与えたもの」でしかなかった。その意味では、前述した規則「違反者」の逮捕と同じく、「行政布告第十三号」も「示威行為」の一種と位置づけるのが妥当である。(53)

もっとも、布告について同程度に見逃せないのは、日系人に同情する外部の支援者たちからの批判を招いてしまい、最終的に当局が取り消しに追い込まれていることである。声をあげたのは、社会主義者として人権問題に取り組んでいたノーマン・トーマス、そして少数派の権利擁護団体として国内最大規模のＡＣＬＵ（アメリカ自由人権協会、American Civil Liberties Union）である。サンタ・アニタの日系人から布告の内容を知らされた彼らは、ヘンリー・Ｌ・スティムソン（Henry L. Stimson）陸軍省長官やジョン・Ｊ・マクロイ（John J. McCloy）陸軍省次官補に抗議の書簡を送り、たとえ立ち退き・収容政策自体に正当性があるとしても、収容施設内で日系人の市民的自由を過度に制限する行為までもが許容されるわけではなく、サンタ・アニタにおける一連の言論統制は明らかな憲法違反である、と訴えた。トーマスの異議申し立ての一部を引用すると、布告は「刑務所ではふさわしいかもしれないが、法的に有罪とされたわけでもない人々の施設ではまったく不適切」であった。(54)

実のところ、連邦政府内にも布告を疑問視する勢力が存在し、いくら軍部が統括する収容施設内とはいえ、行き過ぎた人権侵害だとする声があがっていた。たとえば、比較的にリベラルな文官が集まっていたＷＲＡ（戦時転住局）では、一九四二年七月二十八日付で法務部長が局長にあてた内部文書において、サンタ・アニタを含む集合所当局の施策をこう酷評している。

WCCAにこのような規制［布告］を発動する権限があるのかどうか、私にはきわめて疑わしく思えます。この規制は、［集合］所内の立ち退き者［日系人］が有する、集会を開き、自由に発言する権利を否定している。裁判所はそう判断するに違いありません。立ち退き・収容政策の軍事的必要性を支える事実が、立ち退き者、とくにアメリカ市民である立ち退き者の憲法的権利をこれほどまでに侵害するに十分であるか、相当に疑問です。

引用文中にある「アメリカ市民である立ち退き者」とは、日系人の約三分の二を占める第二世代の日系人（二世）をさしている。第一世代の日本人移民（一世）とは異なり、彼ら二世はアメリカでうまれ育ち、したがってアメリカ市民権をもつ、れっきとしたアメリカ人である。(55)

前段落で引用したWRA幹部も指摘しているように、政府内の懐疑派にとって最大の懸念の一つは、統制が度を過ぎることで裁判を起こされ、立ち退き・収容政策それ自体の正当性が揺らぐことであった。法務部長はこう注意を喚起している。「私が理解するところ、この規則［布告］の発令は一般に広く知られることとなり、立ち退き・収容政策の合憲性に対する訴訟を食いとめようとしている人たちを妨害する結果を招いています(56)」。

右のような政府内外の抗議や異論を受け、一九四二年八月十一日、サンタ・アニタ当局は「行政布告第十三号」を取り消し、ほぼ同時にWCCA本部も「戦争や国際問題」の討論を禁じた集合所規則を廃止してしまった。この事実は、たとえ第一義的な動機が内外の批判や提訴を避けるためであっても、集合所の管理者たち自身も統制の過剰さをある程度は自覚していたことを強く示唆する。少なくとも、所内における集会・会合・結社の統制が問題視されたのは、それがあまりに厳格だったためであり、その分「勇み足」であったことは確かである。(57)

既述のとおり、集会の中心人物として逮捕された日系人が立件されなかったのも、起訴が他の日系人に及ぼす影響に加え、憲法違反を問う裁判を起こされることを司法省と軍当局が恐れたからである。司法省の敵性外国人担当部局長が一九四二年八月十八日に発した文書は、WCCA局長のカール・R・ベンデッツェン（Karl R. Bendetsen）が「憲法問題を提起されることを回避するため、本件を無効化するよう要請してきて」おり、そして司法省も同じ懸念を共有することから、起訴を見送るよう現地の担当者に命じている。集合所内の言論統制が法的な問題をはらむことを認識しているがゆえに、それが明るみにでぬよう管理当局は注意を払っていたのである。[58]

かといって、当局が統制の手をゆるめたというわけではけっしてなく、布告の廃止（そして立件の見送り）はあくまで批判や訴訟をかわすための妥協的措置にすぎなかった。取り消しの決定を下したベンデッツェンWCCA局長自身が説明しているように、それらの規則を廃止したのちも事前承認・議事録提出などの義務は維持されたし、もちろん、当局職員が集会・会合に同席して直接的に「監督」することもできた。ベンデッツェンの言葉を借りれば、「アメリカ市民の自由な言論への権利を侵害しているという批判を排除」するための不承不承の対応でこそあれ、従来の統制方針を抜本的に変更・是正したわけではない。[59]

その証左として、サンタ・アニタの日系人は、「行政布告第十三号」の取り消し後も依然として自由に集会を開けないと不満を訴えつづけている。ある住民は外部の支援者にあてた書簡のなかで、「どのような目的であろうが［自由に］会合を開くことは現実的には不可能である。当局は、目的が何であれ、たった二人の人間が一緒になっただけで会合と解釈するのである」と抗議している。そして、こう根源的な疑問をぶつけている。「集会が否定され、唯一のキャンプ新聞までもが完全に統制されているなかで、どうして民主主義が機能するだろう？」[60]

萎縮効果

これまで論じてきた規則執行や処罰について看過できないのは、それらが収容者に恐怖心や無力感をいだかせ、つまり萎縮効果を生起させることで、当局の統制を循環的に強化していたことである。カリフォルニア州メアリーズヴィル（Marysville）集合所のミチコ・マチダ（Michiko Machida）が証言しているように、平均的な日系人は、「所内の環境について当局に異議を申し立てれば、軍から報復を受ける」と理解していた。ワシントン州ピュアラップの住民も、「それ［規則］は、現況にあっては当然だと考えている。……陸軍とその権力に盾突いても無益だという認識が、この心境の明らかな変化に結びついている」と書いている。当局に反論や抵抗をしても無駄であり、むしろ自分たち自身の首をしめる結果になる、と考えていたのである。陸軍省から依頼を受けて複数の集合所に立ち入り調査をしたアメリカ赤十字も、日本語の集会が禁じられたことに一世が「失望と憤り」を感じながらも、かといって規則に違反する者はほとんどいないと報告している。(61)

とくに逮捕者がでたサンタ・アニタでは、本心を明かしてはならないという心理的な圧迫が顕著で、当地の日系人は戦後も長らくその息苦しさを鮮明に記憶しつづけているほどである。たとえば、二世のメソジスト派牧師であるレスター・スズキ（Lester Suzuki）は、終戦から三十年以上も経った一九八一年、立ち退き・収容政策を全般的に調査するために連邦議会が設立したＣＷＲＩＣ（戦時民間人転住・抑留調査委員会、Commission on Wartime Relocation and Internment of Civilians）の公聴会で、次のように告白している。

私は、［ＷＤＣ（西部防衛司令部・第四陸軍、Western Defense Command and Fourth Army）のジョン・Ｌ・］デウィット（John L. DeWitt）将軍を批判する説法をしたかった。私は、［大統領のフランクリン・Ｄ・］ルーズヴェルト（Franklin D. Roosevelt）を糾弾したかった。……

［しかし、］サンタ・アニタ集合所で三千人を前に説教をすれば、［当局の］耳に入ってしまう。もし、私がデウィットやルーズヴェルトを批判すれば、翌日にはＦＢＩに連行されてしまうに決まっていた。だから、

私はそうはさせなかった。そのようなことは、させなかったのだ。

同じ公聴会でリン・オガワ（Lynne Ogawa）も、「政治的表現行為や集会・結社の権利は、萎縮どころか凍結させられた。一定数の日系人が集まると、それが市民グループであれ、文化的集会であれ、あるいは社交クラブであれ、指導者が逮捕されたり、会員が捜査されるなどして妨害された」と証言している。[62]

日系人たちにとってとくに衝撃的だったのは、真珠湾攻撃以来の強権的なふるまいで恐れられていたＦＢＩが直接的に捜査・逮捕にのりだした事実で、その萎縮効果はサンタ・アニタ以外の住民にも広く及んでいるほどである。カリフォルニア州タンフォラン集合所のフレッド・ホシヤマ（Fred Hoshiyama）は、「自分たちの意見を表明する機会を一世は与えられていない。まだＦＢＩがキャンプ内で捜査をしているのではないか、という噂に多くが恐れをなしている。彼らの沈黙の奥底には、不満が横たわっているように見える」と書いている。同じくタンフォランのドリス・ハヤシも日記にこう記している。

秘密の集会を開いたため、サンタ・アニタで五人の一世と六人ほどの二世が尋問・逮捕されたことが今日わかった。［タンフォランの当局職員は、逮捕された日系人を］他の住民を顧みない迷惑な人間だと考えている。しかし、秘密の集会とはどのようなものだろうか？　危険なたくらみだったのかもしれないが、単に無害なおしゃべりなのかもしれない。もし、私的な集まりがすべて禁止されているのなら、それはむしろ過剰であり、民主主義的な政府とはとてもいえない。

既述のとおり、連邦政府の絶大な権力を象徴するＦＢＩの直接介入は一種の「示威行為」「見せしめ」と理解できるが、その前提に立てば、当局は十二分に成果をあげていたことになる。[63]

本書の射程を越える問題ではあるが、政府官憲、ことにFBIに対する恐怖が日系人の心に深く刻まれていたことは、集合所の閉鎖後、恒久的な「転住所」で彼らを受け入れたWRA（戦時転住局）にも少なからず影響を及ぼしている。一例として、アリゾナ州ポストン（Poston）転住所のコミュニティ分析官、エドワード・H・スパイサー（Edward H. Spicer）は次のように指摘している。「FBIの荒っぽい話が知れわたり、第一世代の日系人［一世］の考え方の一部を占めるようになっている。FBIの捜査を前に完全に無力であったことが、FBI係官に対するきわめて苦々しい感情を起こさせ、それがそのまま他の白人にもむけられている」。同じことは二世にもあてはまる。この問題を含め、収容最初期の集合所における体験が日系人にもたらした長期的な影響は、将来の研究で探究されるべき重要な課題の一つである。(64)

外部訪問者に対する統制——「全国学生転住委員会」を中心に

本節を終えるにあたり、集会・会合・結社をめぐる一連の統制が、収容されている日系人ばかりでなく、外部から集合所を訪れる個人や団体にも同じように適用されていた点を検討しておく。いかなる訪問者も、規則の遵守を誓約する文書に署名をしなければ、入所許可証を取得できなかった。基本的に所内では、誰であれその言動は一定の枠にはめられている。(65)

当局は当初、外部者と日系人の接触・面会については消極的であるものの、確固とした方針を有していたわけではなかったが、二世の大学進学を援助する団体に対応するため、文書で明確に規則を策定することになった。立ち退き・収容が実施された一九四一～四二年の教育年度時点で、二世の平均年齢は十代後半でちょうど高等教育の適齢期にあたり、約二千五百～三千人がすでに大学に在籍、さらに約四千人が高校の卒業を控えていた。

その支援団体「全国学生転住委員会」（National Student Relocation Council、以後、学生転住委員会、または委員会）は、大学への進学年齢にある二世に継続的に教育を受ける機会を与えるため、一九四二年五月末に非営利の民間慈善組織として設立されている。中核をになったのは、アメリカ・フレンズ（フレンド派）奉仕団（The American Friends Service Committee）や世界的な人権・平和団体として知られる友和会（Fellowship of Reconciliation）など、反戦主義的なキリスト教団体である。彼らは全米各地の大学との交渉や入学手続きの支援・代行、さらには奨学金などを支給するための資金調達までおこなっている。ただし、その目的を成就するためには、集合所内に立ち入り、当事者である進学を希望する二世やその家族、また彼ら以外の日系人関係者に接見し、さまざまな問題について協議や調査をする必要があった。[66]

日系人を「潜在的に危険な敵性外国人」とみなしていた集合所当局は、彼らと外部者が交わること自体に否定的であったが、学生転住委員会は連邦政府・大学教育界の双方から一定の後ろ盾を得ており、相応の対応をする必要に迫られた。まず、委員会の活動は、軍を含む連邦政府から公的に承認されている。そもそも、委員会はＷＲＡ（戦時転住局）の要望を受けて設立され、ジョン・Ｊ・マクロイ陸軍省次官補など陸軍省の高官、さらには大統領夫人であるエレノア・ルーズヴェルト（Eleanor Roosevelt）なども支援・協力する意を文書で明確に表明している。一枚岩ではないものの、大学側も多くが好意的で、最終的に全国の六百を超す教育機関が日系人学生を収容施設から受け入れている。このように官・学から広くお墨つきを得ていた委員会に対し当局は、集合所内でさまざまな活動に従事すること――たとえば、活動内容の説明、調査の実施、進学希望者への個人面談、願書などの書類作成の助言や取りまとめ、その他の諸問題に関する協議――を認めざるをえなかった。[67]

その第一歩として当局は、学生転住委員会をはじめ外部の個人や団体が集合所の日系人と接見すること自体を許可している。一九四二年六月十八日、集合所を統括するＷＣＣＡ（戦時民間人管理局）の幹部は次のような提案をしている。「場合によっては、必要な情報を得たり、会議をしたりするために、特定の個人が集合所に入り、その種類や大きさはさまざまであるにせよ、会合を開くことを認める必要がある」。この提案は即座に受け入れ

られ、正式な政策となっている。(68)

とはいえ、学生転住委員会が何の制約も受けずに自由に活動できたわけでは、けっしてない。当局は集合所への立ち入りと日系人との接見を認める一方で、外部の人間であろうが日系人であろうが、所内では誰の言動に対しても一様に統制をしている。その実例は本項で順次、紹介していくが、大まかにいえば、立ち退き・収容期の二世の教育問題について研究したアラン・W・オースティン（Allan W. Austin）が総括しているように、「一九四二年中の集合所内では、委員会と［日系人］学生はともに、WCCA、そして過剰に警戒心の強いカール・ベンデッツェン［WCCA局長］による強度の介入に直面した(69)」。

もっとも象徴的、かつ重要な事実として、外部者と日系人の面会許可の提案がなされた翌日の六月十九日、WCCAはさっそく十九項目からなる規則を作成し、学生転住委員会の活動に対し細かな制限をもうけている。全体的に、彼らが日系人と接触することに対し、当局が内心では不承不承であったことがよくわかる内容である。前述のオースティンによれば、この文書は「実質的に委員会の憲法修正第一条の権利を放棄」させるものであったが、委員会側もできるだけ早く始動したいために受忍せざるをえなかった。(70)

主要な制約を紹介すると、委員会は事前に当局から入所許可証を得る必要があり、さらに入所後もつねに指図を受けながら行動せねばならず、臨機応変に移動したり、そのときどきの判断で二世の進学希望者たちと面会したりすることはできなかった。すなわち、「すべての面談は、集合所長の指示に従い、レセプション室、あるいは指定された集合所内の他の場所でおこなわなければならない」。さらに、委員会の代表者が「日系人の住居に立ち入ること」も禁じられている。(71)

関連して、委員会は面談の前に進学の意思などを確認するアンケート調査を実施しようとしていたが、前述のオースティンによれば、質問状の配布・回収などに関する日系人との協議は集合所ごとに一回しか認められなかった。両者の接触を最小限に抑えようとする当局の姿勢がうかがえる。後述するように、協議にもとづき作成し

た質問状も、事前に当局の査読を受けねばならなかった。(72)

加えて、面談の内容は進学に直接関係する事項に限られ、もちろん日本語の使用は禁止された上、規則違反がないことを確認するため当局の監視役が同席している。まず、話す内容については、「学生となる見込みがある者とのやりとりは、教育目的の出所を推薦するために必須の個人的な情報や学歴［・成績］に限定」され、それ以外の話題をもちだすことは許されていない。そして、「すべての会合や面談には各所の治安警察官が同席しなければなら」ず、彼らが会話内容を理解できるよう「すべての面談は英語だけ」でおこなうことが義務づけられている。教育的・人道的な活動であろうとも、所内での言動はつねに当局の監視下に置かれたわけである。(73)

この背後では、当局側の疑心暗鬼や所内の秩序維持への懸念のみならず、内部の様子をできるだけ外部に知らせまいとする意図が働いていた。別の箇所でWCCAの規則はこう命じている。学生転住委員会の代表者は「［進学の意思を尋ねるための］適正な教育的質問状の配布・回収を手助けするという唯一の目的」により入所を認められ、「WCCAの広報部を通す以外は、いかなる形であれ［所外の］報道機関や公衆にむけて情報を発表してはならない」。ベンデッツェンWCCA局長も委員会の支援者にあてた書簡のなかで、「貴委員会の計画や活動の成果に関する公的な議論は、最小限に抑えられるべきである。非好意的な社会的反応につながる可能性があるからである」と警告している。「潜在的に危険な敵性外国人」に大学進学の機会を与えることに対し、世論が反発することを憂慮していたことがわかる。また、第五・六章でも指摘したように、集合所当局は報道機関などを通して内部の状況が歪曲して外部に伝わり、ひいてはそれが日本政府の耳に入ることで、アメリカ人捕虜などが「報復」を受けることを恐れてもいた。(74)

付言すると、十九項目とは別に、委員会は日系人と同じく「集合所規則」にも服さなければならなかった。第四章で指摘したように、この規則は所内にいる誰もが従わなくてはならぬ「法律」であった。一例をあげれば、「禁制品」に指定された日本語文書一般のもち込みは禁止され、入所時には憲兵による所持品検査を受けることが義務づけられている。

実際に委員会が活動をはじめてからも、当局はあくまで規則にのっとり、官僚的で冷淡な対応に終始している。たとえば、WCCAのある担当者は委員会の事務長に次のように通告している。「貴会のコーディネーターが集合所に入ることができるのは、委員会の質問状に回答し、かつ第一・二軍事指定地域の境界外の大学に入学願書を提出した学生と面談をする場合だけである」。規則に明記された以外の行為はいっさい認めない、というわけである。WCCAはその後、集団にむけた講演・説明会や全般的な話しあいを目的とする会議でさえも禁止する決定を下している。(75)

すでに進学先が決まった二世に出所許可を発する段階においてもなお、当局は非協力的な態度をとりつづけ、委員会の活動を遅延・停滞させている。というのも、大学が受け入れに同意したのちも、実際の出所許可を与えるまでに、当局はいくつもの条件を満たすことを義務づけていたからである。すなわち、入学許可の証明に加えて、現地への移動費・一年分の生活費・学費を支払える資産があることの証明、当該地域が共同体として日系人学生を受け入れる旨を確約した文書（作成するのは現地の官憲）、そして進学先の教育機関に対する軍の情報部による調査と承認、である。しかも、その上で最後に、軍の情報部とFBI（連邦捜査局）による二世本人の履歴確認という作業が待っていた。この結果、学生転住委員会の献身的な支援にもかかわらず、全集合所が閉鎖される一九四二年十月末までに実際に出所許可を獲得できた二世は、わずか百人ほどにとどまっている。(76)

学生転住委員会からすれば、こうした何重もの制約は意図的な「妨害」としか映らなかった。委員長のロビンス・ウォルコット・バーストウ（Robbins Wolcott Barstow）は、カリフォルニア州立大学バークレー校の学長にあてた書簡でこう不快感をあらわにしている。

［陸軍省次官補である］マクロイ氏が計画を承認してくれているにもかかわらず、WCCAは当初から我々が期

待するほど同情的でも、協力的でもなかった。その態度を体現するように、我々が見るところ、学生との接見について示された十九項目の規則は、そのなかの複数はとくに、不必要なほど制約的である。

バーストウはコネティカット州ハートフォード神学校（Hartford Theological Seminary）の学長を務めるかたわら、委員会の長を引き受けていた(77)。

規則を厳格に執行するばかりか、当局が都合よく拡大解釈をする場合もあったようで、委員会の面々はそこに単なる官僚主義以上の、敵愾《てきがい》心のようなものを感じとっている。みずからの発意や工夫により臨機応変に活動できないことについて、集合所を訪問した委員会のある幹部は、「検閲」という言葉を用いてこう不満をぶつけている。

［当局の］広報部は、『日系人学生の転住』（*Japanese Student Relocation*）という表題の小さな冊子の利用さえ許してくれない。我々は、それを所内で使うつもりはないし、いつか他の場所で公開しようとも思っていないのに。つまり、その言葉は忌避され使われてはいないものの、「検閲されている」ということだ［傍点は原文では下線］。

この幹部はつづけて、問題の本質を次のように分析している。勉学のため二世を出所させようとする委員会の活動は当局にとって、連邦政府が決定した立ち退き・収容政策を否定し、「陸軍省、陸軍省長官、そして合衆国大統領の信用を傷つける」ものでしかない(78)。

当局が委員会を敵視し、意図して妨害していたというバーストウや右の幹部の見方は、実のところ的を射ていた。ベンデッツェンWCCA局長は部下にあてた書簡において、「［委員会には］当初から立ち退き政策全体の信用を傷つけようとする考えが存在」しており、「さらにけしからぬことに、陸軍それ自体の信用を失墜させようとしてさえいる」と嫌悪感をあらわにしている。集合所の閉鎖後に日系人を収容したWRAの分析官も、委員会の主要構成員が当初から政府の日系人政策に公然と異議をとなえていた事実をふまえ、それを理由にWCCAが反感をいだいていたと指摘している(79)。

当局の非協力的・敵対的な態度が、立ち退き・収容政策それ自体に対する委員会の批判的姿勢に起因していたことは、前述した『日系人学生の転住』(*Japanese Student Relocation*)という英文冊子をめぐるやりとりからもわかる。まず、集合所に閉じ込められた二世を大学に通わせようとしていた事実から容易に推察できるように、委員会は連邦政府の日系人政策に対しそもそも否定的で、その姿勢を冊子でも次のように率直に表明している。

> 戦時の緊急的措置という圧力のもと、彼ら［日系人］の基本的人権は停止させられ、財産はおびやかされ、そしてもっとも深刻なことに、アメリカの正義と民主主義の理想に対する彼らの信頼は、修復不可能なほどの打撃を受けたのです。……
>
> かようなときに示される寛大さと同情は、人種差別の長い歴史から現出したひどい不正の償いにつながるはずです。我々がこの問題にいかに取り組むかは、社会的正義と自由という理想に対し、我々がどれだけ真摯でいることができるかの試金石なのです。［傍点は引用者］

単に日系人に同情を示すだけでなく、政府の決定を「人種差別の長い歴史から現出したひどい不正」と断じている点が重要である(80)。

立ち退き・収容の実務を担当した当局が、かように明確な政府批判を含む冊子を排除しようとしたことは、それまでの行状を考えれば驚くにはあたらない。一九四二年七月二日付のWCCA指令は、委員会代表者と二世との面談を監視する所内治安警察に対し、「冊子が会議や面接中に立ち退き者の手にわたらぬよう」命じている。もちろん、委員会に対しても、「いかなる方法であれ、問題となっている冊子を配布することは〔十九項目の〕合意に真っ向から違反する。〔この合意に〕従うことは、信頼の問題であるばかりか、貴会が今後も運動を実行しつづけるために必要なことである」と強い調子で警告している。(81)

委員会、および冊子に対する当局のいらだちは、WCCA局長であるベンデッツェン自身の言葉からも明確に裏づけられる。陸軍省の高官に送った書簡で彼は、「全国学生転住委員会の代表者のほとんどを我々は信用していない」と断言し、こうつづけている。「彼らは学生の転出を彼ら自身の社会変革観と混合」しており、そうした考え方を反映した冊子を作成するなど、多くの面で「私を困らせている」。委員会の中心をなすアメリカ・フレンズ奉仕団や友和会が平和主義的立場から戦争に反対していたことにも不満であり、委員会には「はじめから立ち退き政策全体の信用を傷つけようとする考えがあった、というのが私の結論である」と言明している。(82)

その後もWCCAの憤慨はいっこうに収まらず、最終的には政府への批判を弱めるよう冊子の書き直しを迫ったほどである。活動を継続するために、委員会もこの要求を受け入れざるをえなかった。「修正」版では、『日系人学生の転住』(*Japanese Student Relocation*)という名称こそ変わらなかったものの、立ち退き・収容を「基本的人権」の侵害や「ひどい不正」(terrible wrongs)と断じる箇所は削除され、より婉曲・抽象的な「苦難」(hardship)という言葉に置き換わっている。また逆に、「集合所」の次に日系人が移された「転住所」を管理・運営したWRA(戦時転住局)については、収容施設内で「平常に近い生活」を実現しようとしていると好意的に評価する内容が盛り込まれている。(83)

委員会とて、まったくの無抵抗だったわけではない。一九四二年七月下旬、バーストウ委員長は理解者の一人であった政府高官に次のような書簡を送り、当局の冷遇に抗議している。

これら十九項目の背後にある哲学は疑心と敵意であり、我々の活動への理解が欠如しているように思えます。……我々がとくに困惑しているのは、ある集合所において、学生に対する［進学の希望を確認するための］質問状の内容が当局により査読された事実です。これは、［二世たち］若者や当委員会に対する介入であり、きわめて不愉快な気持ちを起こさせる、ほとんど裏切りに近い行為です。

この書簡の受けとり人は、農務省の官僚を経てＷＲＡの初代局長を務めたのち、新設されたＯＷＩ（戦時情報局、Office of War Information）に移っていたミルトン・Ｓ・アイゼンハワー（Milton S. Eisenhower）である。[84] しかし、当局が考え方をあらため、対抗姿勢を崩すことは最後までなかった。集合所を統括するベンデッツェンＷＣＣＡ局長による八月三日付の文書が示しているとおり、十九項目の規則をめぐる交渉は、委員会側が現行の規制に従うことに「いやいやながら同意」して終わっている。現実として立ち退き・収容が国家の「安全保障」政策として実行されてしまっている以上、委員会としては衝突しつづけるよりも譲歩・妥協をすることで、活動の継続・前進を優先せざるをえなかった。[85]

結局、委員会の活動がいくつもの障壁に阻まれたことで、集合所期間中に実際に大学進学できた二世は少数にとどまっている。すべての集合所が閉鎖される一九四二年十月末までに、約四千人もの二世が外部の大学に願書を提出し、当局に出所を申請しているが、既述のとおり許可を得ることができたのは百人程度にすぎない。集合所期を集中的に論じた数少ない研究書のなかでルイス・フィセットも指摘しているように、これは「大学で教育を受けることを希望した大半の二世が集合所に足どめされた、ということを意味した[86]」。

もっとも、より長い時間枠で見れば、委員会の努力がすべて水泡に帰したというわけではけっしてなく、むしろ困難な状況下で実現しえる最大限に近い成果をあげていたと評価できる。というのも、集合所が臨時施設としての役割を終え日系人の身柄がＷＲＡに移ると、委員会は格段に活動しやすくなり、最終的には約四千人もの二世を六百以上もの教育機関に送っているからである。文民組織であるWRAは、軍の組織であるWCCAほど日系人や委員会の言動を細かく統制しようとはせず、むしろ二世が外部社会へ進出できるよう積極的に支援している。その結果、日米開戦時にすでに大学に進学していた約二千五百〜三千人のほとんどが勉学を継続できている。[87] 集合所期の困難に耐え、努力しつづけたからこそ、委員会はその後に活動を開花させることができたわけである。

第二節　信仰・宗教活動の統制

第一節で論じた集会・会合、および結社に対する各種の統制は、必然的に信仰・宗教活動にも波及している。「集まる」「話す」「聞く・聴く」ことさえままならぬのでは、思うように「信じる」ことができるはずもない。「信教の自由」(freedom to worship) は、「言論・表現の自由」(freedom of speech and expression) とともにアメリカの戦争大義である「四つの自由」に列挙され、また合衆国憲法修正第一条にも保障される基本的人権である。しかし、いかなる市民的自由も、集合所では当局による制約から逃れることはできなかった。[88]

本節では、前節と同様にまず統制の基礎となった「集合所規則」の該当箇所をあらためて概説した上で、もっとも大きな打撃を受けた日本語を母語とする一世仏教徒を中心に、統制の実態、萎縮効果、補足としてクリスチャンの日系人が受けた統制を順次検討していく。

集合所規則

統制の実態を照射する前に、ＷＣＣＡ（戦時民間人管理局）が定めた「集合所規則」のなかで、信仰・宗教に関する部分をいま一度素描しておく。

まず、日本語の使用は、宗教的な目的であっても原則的に禁止されている。規則はこう定めている。「英語を使うことが催事の遂行をさまたげる場合を除いて、宗教的な催事や活動に際し日本語は使われない。日本語の使用は集合所長が許可した場合に限る」。「敵国語」の使用は、当局が特別に認めた場合のみ、あくまで例外的に、かつ「最小限度」しか認められていない。もちろん、許可を得るには、事前に内容を通知し、審査を受けなければならない。しかしながら、後述するように、この基本方針はかなり不自然な状況や混乱を招いている。

規則はまた、当局が了承しない限り、使用する言語によらず、宗教活動のために自由に集まり、また組織をつくることも許していない。「立ち退き者が、一人を超える秘密のクラブ・組織（ボーイ・スカウトは除く）・集会、もしくは寄りあいを形成すること、それに参加すること、あるいはその構成員になることを禁じる」というのである。例外は、「文書による集合所長の許可」を受けた「運動や宗教のクラブ」、そして「ボーイ・スカウト」だけである。確かに、「宗教のクラブ」は「例外」とされているが、あくまで当局の許可を得るという条件つきである。また、既述のとおり、日本語を使いたい場合は別に断りを入れる必要があった。なお、「ボーイ・スカウト」は当局による日系人の「アメリカ化」（アメリカナイゼーション）政策の一環として推奨されているが、そうした広義の「言論・表現の自由」に含まれる娯楽・文化・教育活動は、まとめて次の第三節で扱う。

宗教目的の集会・会合・結社が許可制であることに関連して、比較的に新興で小規模な宗教団体による布教や改宗の勧誘は禁止、もしくは極端に制限されている。規則として明文化されてはいないものの、信仰・宗教活動の許可は原則的に「団体」のみ、しかも当局が認める「主要」なものにしか与えられていない。カリフォルニア州テュレーリ（Tulare）集合所当局の内部報告書には、次のような記載がある。「ここでは……三種類の宗教団体が認められている。プロテスタント・仏教・カトリックである。礼拝はグループでおこなわなければならず、単独のセクトへの改宗の勧誘は許されない」。「単独のセクト」について具体的な記述はないが、本書執筆にあたり引用・参照した史・資料を総合的に勘案すると、教派神道の天理教や金光《こんこう》教、あるいは生長の家などの少数派集団が該当すると考えられる。この点についてはあらためて後述する。なお、使用言語が制約されていた事実は同じ報告書からも裏づけられ、「話されていることの理解をさまたげない限り、英語が使われなければならない。日本語は集合所長が同意した場合のみ使用される」とある。(89)

当局による現場の「監督」、事後の内容報告といった規制も、宗教目的ならば免除されたわけではなく、基本的に他の集会・会合と同じように適用されている。集合所の内情に光をあてた数少ない研究者であるルイス・フィセットも指摘しているように、「疑い深い当局者は、宗教的な催事がプロパガンダや住民の煽動につながることを恐れていた」。これまでも指摘してきたように、広範囲に及ぶ強度の統制は、理解不能な「敵国語」や「敵性文化」に対する疑心暗鬼と表裏一体であった。(90)

外部の宗教家が集合所を訪問すること自体は禁止されていないが、入所が許されるのは所内の日系人から「招待」を受けた場合のみ、かつ右で指摘した各種の制約に服すことを義務づけられている。このため実質的には、日米開戦以前から日系人社会に深く根を張っていた、ごく一部の聖職者しか宗教的な交流はかなわなかった。加えて、第四章で明らかにしたように、また本章の第一節で論じた「全国学生転住委員会」と同じように、日本語の文書や出版物など「禁制品」をもち込んでいないことを確かめるため、入所時には入念な所持品検査を受けなければならなかった。(91)

右に関連して、外部の宗教指導者が講演などをする場合には、事前に概要を当局に照会するよう求められ、その上で立ち退き・収容政策を含む連邦政府の戦時政策に触れることを禁じられている。これを命じた当局の指令は第一節で引用しているので省略するが、誰であれ、また使う言語や目的が何であれ、集合所で「言論・表現の自由」を無条件で享受することはできなかった。

集合所規則について最後に、当局が信仰・宗教活動を「狭義」でとらえていた点は軽視できない。これも第四章で指摘しているが、それが実現可能かは別として、当局は宗教的な活動を「純粋に宗教的な目的」に限定し、「娯楽・文化・教育活動」と峻別しようとしている。規則によれば、「教育的・娯楽的なプログラムはすべての……集合所で準備されているので、宗教的な活動の範疇にいかなる〔娯楽・文化・〕教育活動も含めてはならない」。つまり、憲法が保障する信仰・宗教活動はできるだけ狭い範囲でのみ認め（それでも統制はするが）、その範疇から外れる活動は別途、切り離して当局の政策と齟齬《そご》をきたさぬよう制限しようとしたのである。娯楽・文化・教育活動の統制については第三節で詳説する。(92)

このように、規則を概観しただけでも、集合所当局が信教の自由を特段、例外扱いせずに統制しようとしていたことがよくわかる。ふたたびフィセットの言葉を引くと、「ＷＣＣＡは宗教的な言論を権利ではなく、特権と認識していた」。信教の自由は、日系人が人民として原初的に有する「基本的人権」ではなく、当局が目をつぶる狭い範囲でのみ与えられる「恩恵」と化していたのである。(93)

日系人と仏教——その意義と社会的位置づけ

信仰・宗教活動においてもっとも大幅な制約を受けたのは、一世を中心とする日本語しか理解できない仏教徒たちである。日本うまれの移民第一世代である一世のほとんどは、大戦当時は帰化権を認められていない、文字どおりの「敵性外国人」であった。その大多数を占める仏教徒は当局にとって、日本語という「敵国語」を通じて連帯する「異教徒」であり、ことさらに理解が及ばぬ集団であった。本書がこれまで論じてきた他の領域についても同じことがいえるが、彼らはアメリカの「敵国」である日本でうまれ育ち、言語をはじめ生活様式や文化的特性においても「敵性」の要素に満ちた存在と見られたため、よりいっそう統制の対象にされやすかった。なお、比較的に少数ではあるが、アメリカで出生したものの日本で教育を受けた帰米二世のなかにも、日本語しか理解できない仏教徒は一定数いた(94)。

統制の実態を解明する前提として、日米開戦以前から仏教が日系人社会でもっとも一般的な宗教であり、かつその実践に際しては日常的に日本語が使われていた事実を確認しておく。一九三〇年にスタンフォード大学がおこなった調査では、カリフォルニア州の四千八百人以上の日系人のうち実に七三％強が仏教徒だと答えている。一世に限定すれば、その率はさらに高く七七％にのぼる。また、クリスチャンだと回答した一八％も含めて、圧倒的多数は日本語で活動をしていた。逆に、信仰に際して英語を選ぶと答えた一世は、仏教徒でわずか〇・七％、クリスチャンでも三・五％しかいない(95)。

当然、右の特徴は仏教の指導者たちにもあてはまり、ほぼ全員が日本うまれの一世であり、日本語こそが彼らの日常的言語であった。集合所の閉鎖後、恒久的な「転住所」で日系人を受け入れたＷＲＡ（戦時転住局）は、「立ち退き以前、ほとんどの宗派の僧侶は日本でうまれ、また教育を受けていた」と内部報告書に記している(96)。

基本的にアメリカでうまれ育ち、かつ公教育を受けている二世の様相はやや異なるが、それでも相当な人数が仏教徒であり、かつ日本語を使っている。ふたたびスタンフォード大学の調査を引くと、クリスチャンが過半数の五一％を占めるものの、仏教徒だと回答した三九％もけっして少なくない数字である。また、英語を選択した二世の割合はクリスチャンでは圧倒的多数の八九・二％であるが、仏教徒では五九・五％とかなり低下しており、一定数が日本語で宗教活動を営んでいたことがわかる(97)。

日米開戦にともない強制立ち退き・収容が実施された時点でも、日系人社会における仏教の優位性は揺らいでいない。アリゾナ州ヒラ・リヴァー（Gila River）転住所でＷＲＡのコミュニティ分析官をしていた文化人類学者のG・ゴードン・ブラウン（G. Gordon Brown）は、最終報告書で次のように指摘している。

最大の宗教グループは仏教徒である。彼らは構成員の一覧を作成しているわけではないので、信者の数を推測することは難しい。しかし、［WRAが配布・回収した］個人記録票では五八％が自分自身は仏教徒だと宣言している。［しかも、］ほとんどの内通者は、その数値は過少だと主張している。仏教徒の多くは、クリスチャンだと申告すればトラブルに巻き込まれないだろう、と考えてクリスチャンと自称しているという。

そう指摘した上でブラウンは、「もっとも確実な推測をすれば、日系人人口のうち仏教徒は五〇％を上回り、おそらく七五％は超えない」と結論づけている。先に引用した一九三〇年の調査と大きく変わらない。他のWRA転住所で実施された調査からも、戦前から戦中を通じて、日系人社会では仏教こそが多数派の宗教であった事実が裏づけられる。(98)

この背景として理解しておくべきは、日本語を使って仏教を信仰することが、多くの日系人にとってはみずからの出自やアイデンティティに直結する根源的な文化的基盤、もしくは深く身に染みついた生活習慣に近いものであった、ということである。前段落で引用したWRAのブラウン分析官も、「それ［仏教］は、日本との文化的な結びつきなのである。催事はすべて日本語でおこなわれ、仏教徒は全体としてクリスチャンよりも日本の文化に近い」と指摘している。仏教と日本語は、彼らが「日本人・日系人」であることに根ざす、自己の存在の本質をなす要素であった。(99)

同じく重要な点として、日系人にとって仏教は、主流社会から差別を受ける少数派集団として結束を維持・強化し、また仲間同士で安心して尊厳をはぐくめる社会的な装置でもあった。アメリカ本土の日系人と仏教の歴史を跡づけたテツデン・カシマ（Tetsuden Kashima）は、寺院が「宗教的慰安だけでなく、共同体としての民族的結束を守る社会的な集まりのための場所であった」と分析し、さらにこう論じている。日系人にとって仏教施設は、「敵視される環境における社会的な楽園」であった。アメリカにおける仏教の歴史や特質を総合的に論じたリチャード・ヒューズ・シーガー（Richard Hughes Seager）も、アメリカ一般社会の排他性が日系人を団結させ、そこで宗教が中心的な役割をはたしたと指摘している。(100)

したがって、立ち退き・収容を受ける以前、「仏教会」（Buddhist church）が純粋な宗教的活動のみならず、宗派などを越えて広く文化的・教育的な行事や娯楽をおこなう社交的空間としても機能していたことは驚くにあたらない。ＷＲＡ分析官のフォレスト・Ｅ・ラヴィオレット（Forrest E. LaViolette）は、「日系［仏］教会は幅広い活動プログラムを有している。日曜日の定例礼拝に加えて、委員会の集まり、パーティー、ピクニック、会議、スポーツ……などがある」と書いている。戦後、一九八〇年代初頭に連邦議会が設立したＣＷＲＩＣ（戦時民間人転住・抑留調査委員会）の公聴会で証言したリン・オガワも、「［仏］教会は宗教的な目的だけでなく、社会的、娯楽的、文化的、そして教育的な活動をするコミュニティの中心であった」と語っている。(101)

右の点に付言すると、仏教施設は日本を出自とする民族集団としてのアイデンティティの涵養地、換言すれば、日本語をはじめ祖国の文化・歴史・風習、あるいは礼儀・道徳といった価値観を次世代へと継承していく場所でもあった。世代間交流の場としての重要性についてＷＲＡの内部報告書は、「キリスト教の影響を受けてアメリカの仏教徒が講じた主要な変革は、教会がもつ本来の宗教的な目的にレクリエーションや若者に対する教育という機能をつけ加えたことである」と指摘している。カリフォルニア州ロサンゼルスの日系人に関するジョン・モデル（John Modell）の古典的な研究も、多くの仏教会が二世に日本語を教えていた事実について、「狭義の語学学校以上のものである。そこでは、日本の言語・地理・歴史の学習をとおして、日本のそれに比類する（かならずしも同一ではないにせよ）道徳心がはぐくまれている」と論じている。長年にわたり一般社会から冷遇されるなか、仏教、およびその関連施設は、日系人が世代を超えて民族的・文化的紐帯を保つための触媒となっていたわけである。[102]

他方、仏教会がアメリカ主流社会の価値観・生活習慣などに対する理解を助けていた側面も無視できない。前述した宗教学者のシーガーは、寺院が日本文化を保持する場所であると同時に、運動競技、ボーイ・スカウト、アメリカ式のダンスなどを取り入れることで「アメリカ化（Americanization）の媒体」にもなっていたと指摘している。このような、新旧の価値を両立するという意味での宗教の「二重の役割」は、ユダヤ教徒やカトリック教徒の移民にも共通して見られる。[103]

加えて留意しておくべきは、一般的に日系人の仏教が政治的な宣伝・煽動とは関係が薄く、たとえば、日本政府に代わり天皇制や軍国主義的な対外政策への賛同をうながしていたわけではなかったことである。前出のモデルは、仏教会が関与する日本語学校は「実際上も、また政治的な内容からも、［アメリカ政府に対し］まったく反逆的ではない」と分析している。文化人類学者としてWRA分析官を務めたエルマー・R・スミス（Elmer R. Smith）も同意見であり、日系人にとって仏教は「日本に対する政治的な忠誠を教え込むものではない」と結論づけている。実際に僧侶から日本語を習っていたサンフランシスコの二世も、「天皇に忠誠を誓わなければならない、とはけっしていわなかった。先生の多くはむしろ、我々［二世］はアメリカ市民なのだから、日本の文化のすぐれた側面を白人のアメリカ人に伝える義務がある、と強調していた」と回想している。[104]

とはいえ、仏教徒が多数派を占めていたのは日系人社会に限ったことで、アメリカ社会全体で見れば圧倒的に少数派であった事実を忘れてはならない。当時のアメリカ本土で仏教徒といえば、そのまま日系人と同義であったといっても過言ではない。一九四〇年の時点で、「合衆国には五万六千人の仏教徒がいると推測されるが、そのうち五万五千人は日系人である」とWRAの調査報告書は指摘している。[105]

そのため、日系人であるというだけで執拗な偏見・差別を受けていた彼らが、アメリカ社会の主流派から理解し難い「異教徒」として、さらなる不信の目をむけられたのは時代の必然であった。この点について前述のカシマは、「仏教の信者は、神道の信仰者とともに、日本に対するナショナリスティックな感情や反アメリカ的な心情をいだいていると疑われた」と指摘している。同じくシーガーも、日系人の団結に宗教的な側面があることを「多くの白人は……国粋主義（chauvinism）の証拠とみなした」と論じている。実際、日米開戦直後には多くの仏教指導者がＦＢＩ（連邦捜査局）に逮捕・連行されている（第一・三章）。この疑心暗鬼を背景として、これから順次検討するように、集合所において日本語を母語とする仏教徒の活動は、大幅に制限されることになった。[106]

統制の実態

本題である統制の実態に移ると、大多数の仏教徒にとって唯一の言語である日本語が使えないとなれば、活動がいちじるしく滞るのは自明の理であった。戦時中の日系人について幅広く解説した参考図書は、英語に通じた者が比較的に多かったクリスチャンと比較してこう総括している。「ほとんどの立ち退き者は仏教徒かプロテスタントだったので、集合所には教会があり、宗教活動もおこなわれた。プロテスタントの催事は英語で実施されたが、公共の場で日本語を話すことが禁止されたため、仏教の催事は困難であった。日本語でおこなわれれば、プロパガンダや反逆的な行為につながる。そうキャンプの当局者は恐れたのである[107]」。

規則に書かれているように、「英語を使うことが催事の遂行をさまたげる」と認定されれば集合所長から許可を得て日本語を使えたが、あくまで「最小限度」であり、また当局による現場の「監督」や事前・事後の内容報告も受忍しなければならなかった。複数の集合所に立ち入り調査をしたアメリカ赤十字の報告書は、日本語による法話には実際に所内治安警察官が同席していたと指摘している。たとえ日本語の使用が許されても、思うように信仰・宗教を実践できたわけではない。[108]

集合所長に対する事前の許可申請にしても、それ自体が実に手間のかかる作業であったことから、申し入れそのものを断念させられる場合が少なくなかった。カリフォルニア州タンフォラン集合所でJERS（日系アメリカ人立ち退き再定住研究）の調査員をしていたドリス・ハヤシは、「宗教」と題する報告書のなかで次のような事例を紹介している。

日本語で説法をするには、［集合所長の］F・デイヴィス（F. Davis）氏に草稿を提出し、翻訳をした上で承認を受けなければならなかった。しかし、わずか十分間の話を翻訳するだけで約四時間もかかり、多くの時間と労力が空費された。結局、関係者が苦労して準備や広報活動をしたにもかかわらず、会合が開かれることはなかった。

日本語で法話をするには事前に内容を英訳して当局に照会せねばならず、その労力があまりに膨大なため活動をあきらめていたことがわかる。既述のとおり、JERSはカリフォルニア州立大学バークレー校が組織した研究グループで、多くの日系人が収容施設で現地調査に従事し、貴重な一次史料を大量に残している。[109]

事前の許可申請が現実的でないため、それまでの人生をほぼ日本語だけで通してきた一世の僧侶が英語に挑戦せざるをえず、その結果として聞き手を困惑させたという記録も残っている。たとえば、タンフォランのある二世は日記のなかで、「若者むけの催事をしている［仏］教会に行ってきた。法話はひどく退屈だった。一世の英語は文法がめちゃくちゃで、冠詞の省略が非常に気になった」と書いている。話者の言語能力があまりにも低く、内容に集中できなかった様子がよくわかる。英語を母語とする二世でさえも理解しにくい僧侶の「英語」は、日本語しか理解できない一世の聴衆にとってはなおさら難解だったはずである。[110]

同様の混乱は各地で頻発しており、けっして例外的な現象ではなかった。前述したテュレーリ集合所の内部報告書にも次のような記述がある。

二世でさえ〔一世の仏教〕聖職者が英語でおこなう説教を理解することができない、という苦情があった。そこで……若者むけの〔英語の〕催事に一世を加えて、説教を大まかに日本語で要約する、という妥協策が講じられた。ここには、まともな英語を話せる仏教の僧侶は一人の二世しかいない。

この内容はジェイムズ・ミノル・サコダ（James Minoru Sakoda）の日記とも合致する。「日曜日の朝の法話を若者むけに英語でおこなうか、あるいは日本語に切り替えるべきか、という議論があった。しかし、耳慣れぬ言葉であるためだろう、若者でさえ英語での法話は理解し難い、という苦情があった。それに、僧侶自身も英語ではうまく考えを伝えられないのである」。そこで折衷案として、「まず英語で話をしてから、二百人を超す第一世代のために日本語で概要を伝えた」という。催事それ自体は英語でおこない、一世には個別に日本語で要点を示したわけである。(111)

それでも何らかの活動ができればまだましで、仏教徒がほとんど何もできない場合もあったようである。カリフォルニア州オーウェンズ・ヴァレー（Owens Valley）について、WRA（戦時転住局）の特別調査官がまとめた機密報告書は、公的に活動できたのはクリスチャン（プロテスタント・カトリック）だけ、しかも英語による催事しか許されなかったと記している。報告書はまた、一九四二年六月に同所の管轄がWCCA（戦時民間人管理局）からWRAに移ってから、ようやく仏教徒が始動できたと記録している。当局が力で押さえつけたというよりは、次項で検討するように、萎縮した日系人自身が「自粛」していたのかもしれない。いずれにせよ、クリスチャンに比べ、仏教徒のほうがはるかに難渋していたことは間違いない。(112)

第五章で検討した日本語書籍・印刷物等の統制も、日本語に頼らざるをえない仏教徒に追い打ちをかけている。カリフォルニア州フレズノ集合所で実地調査をしたアメリカ赤十字は次のように報告している。「日本語の書籍はすべて取り払うという決定が下されたとき、仏教徒たちの間には大きな懸念が広まった。すべての本が日本語で書かれていたからである」[113]。

集合所規則が定めているように、日本語で書かれていても「[当局に]承認された宗教書(聖書・賛美歌集)」は所持できるはずであったが、この「例外」規定が信教の自由を実質的に拡大させたわけではない。第五章で明らかにしたように、日本語書籍・印刷物に対する当局の対応は統一性・一貫性を欠き、規則と逆行することさえあったからである。タンフォランのJERS調査員であるハヤシは、「規則が日本語の印刷物を禁止し、また教会内でさえも日本語の使用を禁じているため、彼ら[仏教徒]の活動が制限されているのは間違いない」と指摘している[114]。

実際、日本語書籍の審査にあたり当局は、「異教」である仏教に対してはキリスト教よりも格段に高い基準を適用している。基本的にWCCA(戦時民間人管理局)は、信仰目的の日本語印刷物はサンフランシスコの本部に集め、知日派の白人クリスチャン牧師などに統一的に審査させていたが、キリスト教と仏教では大きく異なる対応につながっている。たとえば、タンフォラン当局がカトリックと仏教の書籍一覧をWCCAに提出した際には、前者は全十四冊が許可されているのに対し、後者では『仏教事典』の一冊だけしか認められていない。しかも、不許可とされた他の仏教書が「有害」だと認定されたわけではない。逆に、点検した牧師自身が、「書名だけからではあるが、それらはすべて仏教の教えに関するものであり、ナショナリスティック、あるいは反逆的な内容が含まれているようには思えない」と判断しているのである。にもかかわらず、唯一の審査者である牧師が難解な日本語本文まで十分に読みこなせないことを理由に、明らかに「無害」だと断定できるもの以外は一律に不許可にしていたのである[115]。

このように日本語しかできない仏教徒の活動がいちじるしく狭められる現状を受け、当局も一定期間後に多少の政策変更をした可能性はあるが、現時点で入手できている史・資料を読む限りでは、根本的な改善策がとられたとは考えにくい。アメリカ本土の日系人と仏教の関係について論じたテツデン・カシマは、おそらく一世の仏教指導者たちの証言をもとに、「集合所での催事は英語で実施された……。多くの一世が英語を理解できないことをＷＣＣＡが理解するまで、日本語による催事は許されなかった」と書いている。しかし、当局がどの時点でこの問題を把握し、またいつから、どの程度まで日本語の使用を許したのかについては具体的に記していない。同じくタンフォランのハヤシやシブタニらも、たとえ制約つきでも「日本語の催事が許されること自体が大きな譲歩であった。なぜならば、キャンプではその他のすべてのことが、きびしく検閲されているからである」と書いているが、やはり「譲歩」の時期や内容を具体的に記録しているわけではない[116]。

本書を執筆するため広範囲から集めた史・資料にそれ以上の記述が見あたらないこと、またこれまで明らかにしてきた一連の知見に照らせば、当局が仏教徒に対する統制を見直したとしても中・後期、それも実効性をともなう緩和に踏み切ったわけではない、と考えるのが合理的である。

萎縮効果——強いられた「自粛」「改宗」

集合所の仏教徒が置かれていた境遇を十全に理解するには、当局による統制もさることながら、日系人自身が萎縮して意欲を失い、恐怖心や無力感から信仰・宗教活動を「自粛」していた（させられていた）事実にも目をむける必要がある。カリフォルニア州テュレーリ集合所の内部報告書は、信者を鼓舞・牽引《けんいん》する立場にあるはずの僧侶たちが意気消沈している様子をこう記述している。「仏教徒も合唱など催事をおこなっているが、うまく組織化されていない。指導者の側に、積極的に仏教徒をまとめようとする意欲が欠けているように見える」。第六章で論じたキャンプ新聞の「強いられた『自己検閲』」、また本章の第一節で指摘した集会・会合・結社における萎縮効果と同じ現象が認められる。いわば、強いられた「自粛」である[117]。

ここで留意すべきは、集合所に収容される以前、日米開戦を契機に政府が講じた一連の政策が、すでに日系人、とくに仏教徒たちを心理的に追いつめていたことである。この点について、カリフォルニア州サンタ・アニタ集合所でＪＥＲＳ（日系アメリカ人立ち退き再定住研究）調査員をしていたタミエ・ツチヤマはこう指摘している。

仏教の催事への参加者は比較的に少なく、プロテスタントの集会の数千人に対して約五百人しかいない。この大きな差は、集合所に住んでいる仏教徒の多くが、ＦＢＩ係官に捜査されることを恐れて参加をためっている、という事実により部分的には説明できる。

ツチヤマはＪＥＲＳを主導するカリフォルニア州立大学教授にあてた書簡でも同じ問題を取りあげ、「所内でもっとも影響力のある仏教の僧侶の一人とじっくり話をしてみたところ、開戦を機に仏教団体の会員数が急激に低下したことを知らされました」と書き送っている。(118)

ツチヤマが見抜いているように、真珠湾攻撃直後にＦＢＩ（連邦捜査局）が宗教指導者を次々に逮捕・連行した事実は日系人に恐怖感をいだかせ、本来の信仰活動を躊躇させる主因となっていた。この反応について、リン・オガワは一九八一年の公聴会で次のように説明している。

それら日系［仏］教会は、［大多数のアメリカ市民にとって］外国の宗教であり、また日本語が使われているがゆえに、反逆的、かつ非合法的だと考えられてしまった。［そして実際に、仏］教会の指導者たちはスパイとして［ＦＢＩに］逮捕され、彼らの宗教は非アメリカ的だという烙印《らくいん》を押されてしまった。宗教の自由を侵害しただけでなく、その自由の奥深くに萎縮効果をもたらしたのである。

補足すると、連邦政府は日本との交戦を想定し、一九三〇年代から秘密裡に僧侶や新聞関係者など指導的地位にある日系人の身辺調査をすすめ、有事の際には敵国を利する危険人物として拘束する準備を整えていた（第一・三章）。対照的に、圧倒的多数の日系人にとって日米開戦は青天の霹靂《へきれき》であり、しかもＦＢＩが突如として強権を発動したことで、動揺はよりいっそう深まっていた。[119]

日系人のＦＢＩに対する恐れは収容施設に入ってからも収まらず、閉鎖空間ではむしろ増幅し、その影におびえるあまりみずからの信仰から距離を置く者があとをたたなかった。この現象について、二世仏教徒のなかで指導的立場にあったジョージ・ヤマグチ（George Yamaguchi）は次のように説明している。「立ち退きとＦＢＩによる一斉検挙が原因で、入所した時点で古い世代［一世］は仏教徒の活動に加わることを怖がるようになっていた。所内でふたたび捜査対象となり、家族と離ればなれにされることを恐れたのである」。つづけて彼は、「その不安はとても大きく、多くの人が仏教からキリスト教に改宗したほどである」と記している。これらはヤマグチがアリゾナ州ポストン転住所の研究員としてまとめた報告書からの引用であるが、集合所期にもあてはまる。第一節で指摘したとおり、サンタ・アニタで日本語集会を開いた収容者がＦＢＩに一斉に逮捕された事例では、その萎縮効果が他の集合所にも波及しているほどである。[120]

もちろん、集合所に入る以前に僧侶の多くがＦＢＩに連れ去られてしまい、宗教活動を主導できる人材自体が失われていたことも痛手であった。ルイス・フィセットも指摘しているように、「一九四一年十二月七日直後から、ＦＢＩは西海岸のほとんどの仏教会を閉鎖し、全員ではないにせよ多数の一世僧侶を拘束した。……［集合所に］収容された日系人のために職務をはたせる僧侶は、クリスチャンと比較してかなり少数しか残らなかった」。[121]

あらぬ疑いをかけられぬよう、仏教徒としての活動を「自粛」するどころか、クリスチャンのふりをする、もしくは「改宗」する者さえ少なくなかった。こうした「保身的な仏教離れ」について、ツチヤマは次のように報告している。

戦争が勃発したとき、多くの仏教徒がキリスト教会に通いはじめた。彼らは無邪気にも、「アメリカの」宗教を受け入れれば白人たちから親切にしてもらえる、と思ったのである。この説は、名のある日系人の［キリスト教］メソジスト派牧師から聞いた話からも確認できる。ＦＢＩによる大々的な逮捕・連行があった［一九四一年］十二月から［一九四二年］一月にかけて、彼の教会が満員になったというのである。

日米開戦後、社会的受難を避けようとした日系人が「日本」や「日本人」を連想させる所有物を破棄するなどした現象は広く知られるが、信教の領域でも同じような自己防衛反応が見られたわけである。[122]

強いられた「改宗」、もしくは「保身的な仏教離れ」については、かなりの具体性をともなう記録もある。ポストン転住所の分析官であるギョウスケ・イセダ（Gyosuke Iseda）は、聴きとり調査をした僧侶から次のような発言を引きだしている。「仏教徒の家庭の一五％がキリスト教に改宗するか、仏教から距離を置いた。政府が世帯主を［司法省・陸軍省管轄の］収容所（internment camps）に送致してしまうことを恐れたからである」。イセダはこの発言の信憑性を支える材料としてＷＲＡ（戦時転住局）の調査を引き、開戦前には約七〇％もあった仏教徒の比率が収容後には五五・五％（一世＝六八・五％、二世＝四八・五％）まで低下した事実を提示している。なお、この調査では、クリスチャンの日系人は全体の三一％、うち二八・九％がプロテスタント、二％がカトリックである。天理教など神道系と答えたのは〇・四％、生長の家は〇・〇五％弱、特定の宗教を信じていないと答えたのは一三・二％である。[123]

集合所当局の職員の大多数がクリスチャンであったことから、彼らから少しでも厚遇を得るために仏教から離れた者もいる。カリフォルニア州タンフォラン集合所でＪＥＲＳに参加していたチャールズ・キクチ（Charles Kikuchi）は、一九四二年八月十二日付の日記で次のようにつづっている。

［一般の日系人］住民と同様にほとんどの地区代表者も、当局と接触をもつ者ならば、［雇用部の職員が］所内の「大物」であることを知っている。……ここで何かを得るためには、［その大物職員に］自分が教会に通う人（church-goer）であることを知ってもらわなければならない。なぜここでは、カトリック教会だけがベンチを保有できて、他の宗派は食堂のテーブルを使わなければならないのか？

所内で権限を握るとされるカトリックの当局職員に気に入られようと、「教会に通う人」を演じる者がいたことがわかる。これも、強いられた「改宗」、あるいは「保身的な仏教離れ」の一種と位置づけられる。(124)

これまで論じてきた恐怖心や無力感は日系人の深層部分にまで達し、萎縮効果は彼らがＷＣＣＡの集合所からＷＲＡの転住所に移されてからも長く尾を引いている。カリフォルニア州マンザナー（Manzanar）転住所の分析官は、「［仏教徒であることを］批判されることへの恐れ」に加えて、「刑務所に入れられたような感覚」が深く胸に刻まれた結果、みずからの信仰・宗教を敬遠している者が多いと報告している。

マンザナーの年配者は批判を恐れて、自宅に仏壇や神棚……を置こうとしない。何人かの敬虔《けいけん》な仏教徒の婦人は、［キリスト教カトリックの］メリノール派教会に通ってさえいる。仏教の催事に参加することが批判を惹起し、立ち退き者［日系人］の状況がさらに悪化することを怖がっているのである。仲間の仏教徒に対して彼らは、心から信じてさえいれば、この［メリノール派教会に通う］ことを仏様は理解して下さる、と正当化している。

陸軍傘下のＷＣＣＡと比べると、文民政府機関であるＷＲＡには「信教の自由」をできるだけ尊重しようとする姿勢がより強く見られ、日本語による活動もほとんど制限していない。にもかかわらず、少なくない日系人は仏教徒としての活動を控えざるをえない心理状態に置かれつづけていたわけである[125]。

本書の射程外であるため簡潔な指摘にとどめるが、アメリカ本土全体を上回る十五万人強の日系人がいたハワイ諸島でも、一世を中心とする仏教徒は相対的により深刻な打撃を受けている。まず、日米開戦にともないハワイでも多数の寺院幹部がＦＢＩに逮捕・連行され、その後も長く抑留されつづけている。また、日本軍による真珠湾爆撃の直後に戒厳令（martial law）が宣言され、人身保護令状（writ of habeas corpus）の発令も停止されたことで、軍政知事が市民の活動を広範囲にわたり統制し、島田法子によれば、「日本的なもの」を象徴する仏教は「文化戦争の最大の敵」の一つとみなされ、「アメリカ化の圧力の下で仏教はその宗教活動を大幅に抑圧された」という。ハワイにおける排日運動の流れを跡づけたゲアリー・Ｙ・オキヒロ（Gary Y. Okihiro）も、ハワイの政府首脳がキリスト教を「親日的な言動を広める危険性は低い」と判断する一方、仏教については「反逆的な集まり」の隠れ蓑になりえると危険視し、さまざまな手段を使って活動を妨害したと指摘している[126]。

さらに補足すると、日本で独自に発展した民族信仰・儀礼といえる神道は、「宗教」というよりは天皇制と表裏一体をなす軍国主義的政治思想の一種とみなされ、集合所では組織的活動が「禁止」されていたと考えられる。確かに、本書の執筆にあたり収集した各種の政府文書からは、神道を名ざしして禁じた記録は見つかっていない。しかし同時に、集合所規則が命じているように、公的な信仰・宗教活動には事前の許可が義務づけられており、関連する史・資料を見わたす限り、当局が認めているのはキリスト教の主要な宗派と仏教だけである。キャンプ新聞を通読しても、クリスチャン（プロテスタント・カトリック）と仏教徒の活動を伝える記事は存在するが、神道、あるいは天理教や金光《こんこう》教といった教派神道に関する報道は見つからない。日米開戦前後、アメリカ政府の情報機関が天理教など神道系宗教をとくに危険視していたことは、この研究課題に取り組んだ数少ない研究者である山倉明弘も指摘している[127]。

日系人の側も、仏教と同程度、あるいはそれ以上に神道からは距離を置いていたと考えられる。前述した

ＪＥＲＳ調査員のツチヤマはカリフォルニア州立大学バークレー校の教授にあてた書簡で、「立ち退き以前から、神道の神官や日本語学校の教師のほぼ全員をＦＢＩ係官が調査していたため、神道のセクトや日本語について語ることに人々はいまだに慎重です」と報告している。アリゾナ州ポストン転住所のコミュニティ分析官であるエドワード・Ｈ・スパイサーも、「神道と仏教は白人［の当局係官］から疑いをかけられていた。宗教的営みが反逆的な思想や欲望と無関係であることをよく知っている者でも、彼らの宗教を隠す必要を感じていた。……その結果、白人は理解してくれない、という感情が多くの一世に植えつけられてしまった」と指摘している。[128]

天理教など、それでも何らかの活動をしていた教派神道もあったようであるが、いずれにせよ大々的には動けず、人目を忍び、細々とした営みを強いられていたと考えられる。ツチヤマは次のように書いている。

所内で天理教（現代的な神道の一派で、クリスチャン・サイエンスにとても似ている）の会合が秘密裡におこなわれていることは、疑う余地がありません。しかし、ほぼ毎日のように所内を巡回するＦＢＩ係官に対する恐怖心から、彼らは公共の場で会合を開くことができないのです。興味深いことをお伝えすると、ＦＢＩのロサンゼルス支部の一人が、日本の文化について教えを請うためによく私を訪ねてきます。

付言しておくと、天理教の信者はきわめて少数でもあり（既述のＷＲＡ調査では約〇・四％）、当局にとって実体的な害悪を及ぼす存在ではけっしてなかった。この点について、ＷＲＡの分析官はこう報告している。「［天理教の］人々の生活ぶりは静かで無害である。日本の文化に傾いてはいるが、ナショナリスティックには見えない」。前述の山倉も、一般的に天理教の指導者は政治的な活動からは距離を置いていたと論じている。[129]

ともあれ、神道、および神道系宗教に対する統制の詳細は現在入手できている史・資料からは十分に把握し切れず、本格的な探究は将来の研究に委ねざるをえない。参考までに、ハワイにおける戦時中の日系人と宗教を緻密に分析した島田法子によれば、「戦中の神道についてはほとんど記録が残っていない」という。同じくハワイ日系人の宗教史を体系的に跡づけた高橋典史《たかはしのりひと》も、「日系宗教のなかでも神社や神道の儀礼・習慣はＦＢＩにとくに警戒され、神社はその活動がほぼ不可能となり、壊滅的な打撃を受けた」と指摘する一方で、「〔大戦中の〕混乱およびその後の衰退により、ハワイの神社の歴史についての資料は散逸が多く、その詳細については不明な点も多い」と書いている(130)。同じ問題はおそらく、アメリカ本土にもあてはまる。今後、克服されるべき重要な研究課題の一つである。

クリスチャンが受けた統制

本節を終えるにあたり、英語を母語とするクリスチャンの日系人とて、統制と無縁でいられたわけではない点を追記しておく。相手が誰であれ懐疑的姿勢を崩さない当局の態度について、第二次大戦と日系人について総合的に解説した参考図書はこう簡潔に記している。「〔宗教的〕催事が英語でおこなわれても、集合所の係官はプロパガンダや反逆的な活動がおこなわれているのではないかと恐れていた」。現地調査をしたアメリカ赤十字も、信仰や言語にかかわらず、日系人の宗教活動全般が制限されていたと報告している(131)。

仏教が「敵国語」で実践される「異教」として統制の矢面に立たされたことは確かであるが、程度の差こそあれ、集合所ではあらゆる日系人のあらゆる言動が制約を受けている。集合所当局はそもそも、日系人全体を「潜在的に危険な敵性外国人」とみなしていた。いかなる目的・集団であれ、また使用する言語によらず、思うように市民的自由を享受させることはなかった。

統制の実像に目をむけると、日本語の禁止は仏教と同じく、キリスト教の催事にも適用されている。カリフォルニア州オーウェンズ・ヴァアレーの情報政策担当者は一九四二年五月中旬の内部報告書において、「〔プロテスタントの」牧師全員が、日本語による説教が許可されることを待ちかねている」と指摘している。クリスチャンの日系人からも言語統制の緩和を求める声があがっていたことがわかる。すでに紹介したスタンフォード大学による一九三〇年のカリフォルニア州での調査では、仏教徒に比べればかなり少ないものの、一世の一八％はクリスチャンで、その圧倒的大多数は日本語で信仰を実践していた。アメリカでうまれ育った二世の多くにとっては逆に英語が母語となるが、それでも約一〇％が日本語を使っていたと考えられ、日系人全体では相当数が日本語でキリスト教を信仰していた。仏教徒だけが信教の自由の行使を阻まれていたわけではない[132]。

また、使う言語にかかわらず、当局はクリスチャンが集まる場にも同席し、直接的な監視をおこなっている。一例として、一九四二年七月二日にカリフォルニア州サンタ・アニタで開催されたメソジスト派の合同年次集会がある。集会を発案し、かつ司会を務めたのは非日系人の司教であったが、二世でメソジスト派牧師のレスター・スズキによれば、集会は「軍の護衛つきで開催され、武装した兵士が入り口と出口を警護していた。さらには、司教にも護衛兵がつき添っていた。このような状況で、通常の議事がおこなえるはずがなかった」。必ずしもキリスト教の行事ではないが、ワシントン州ピュアラップ集合所で戦没者追悼記念日（Memorial Day）の式典がおこなわれた際にも、準備段階から機関銃で武装した兵士が監視にあたっている[133]。

前段落の事例が示しているように、外部から非日系人の宗教家を招待する場合でも、特段自由度が高まったわけではない。ある二世は外部の人権擁護派雑誌にあてた書簡で、「サンタ・アニタ集合所よりも天国に足を踏み入れるほうがたやすい」というカトリック神父の言葉を引用し、「外部の教育者や講演者が入所することを規則は許していない。そうしたことはすべて厳格にタブー視されている」と書き送っている。正確にいえば、外部者の訪問は不可能ではなかったが、第一節で検討した「全国学生転住委員会」がそうであったように、いくつもの障壁をのり越えなければならなかった。さらには、訪問を許されたキリスト教指導者が外部の出版物に日系人や所内の様子について書く場合も、事前に原稿を「検閲官」に提出することを同意させられている[134]。

当然、統制に対する不満の声は、クリスチャンの日系人からも発せられている。たとえば、サンタ・アニタで牧師をしていたチアキ・クズハラ（Chiaki Kuzuhara）は、個人的に作成していた謄写版のニューズレターでこう訴えている。「集合所における我々の宗教の自由は、痛々しいほどに制限されている。実のところ、数百人もの人々が精神的な飢餓に陥っている。別宅での会合、小さなグループによる日々の聖書学習、屋外での催事といったさまざまな宗教的な集まりが禁止されているからである」。クズハラは個人所有の宗教書が禁制品とされ、「本当に寂しい」とも書いている(135)。

前述のスズキも、一九七九年に刊行した自叙伝、および一九八一年に開かれたＣＷＲＩＣ（戦時民間人転住・抑留調査委員会）の公聴会において、信仰・宗教活動がいかに不自由であったかをくり返し強調している。まず、自叙伝においてスズキは、「サンタ・アニタ集合所での牧師活動は、歴史的にトラウマが残るものであった。それは、ときに困難で、腹立たしく、イライラさせられるものであった」と書いている。そして公聴会でも、「私は怒り、イライラした若い説教師であった。……激怒し、恨み、欲求不満であった」と語っている(136)。

皮肉なのは、これまで指摘してきた数々の制約とは裏腹に、突然の開戦で不可抗力的に収容施設に押し込められた日系人の間では、信教・宗教に対する潜在的需要がむしろ高まっていたことである。これは、仏教・キリスト教いずれにも共通する。カリフォルニア州ストックトン（Stockton）集合所の新聞『エル・ウォーキン』（*El Joaquin*）に掲載された論説は、当局に対する批判を避けながら次のように論じている。「仏教を促進するため、さらなる協力と関心が必要であることは論をまたない。……各種の活動がおこなわれているが、それ以上の力が宗教には注がれなければならない」。同種の指摘は、その後に日系人を受け入れたＷＲＡ（戦時転住局）の報告書にもある。「仏教の僧侶もキリスト教の牧師も、彼らに対する要望は絶大であった(137)」。

突然の開戦から強制的な立ち退き・収容まで、あまりに急激で理不尽な変転に見舞われた日系人が、精神的な助けを渇望したのも無理はない。この心情について、カリフォルニア州タンフォランのシブタニらがまとめた

JERS報告書はこう説明している。

キャンプの牧師たちは皆、以前よりも多くの人々が礼拝に訪れている、と声をそろえている。ある仏教の僧侶は、次のような考えをのべている。「現在、人々にはなすべきことがあまりなく、どこか行く場所を求めている。皆で集まるには好機なのである。私としては、他の理由で［仏］教会を訪れてほしいところであるが、足を運んでくれれば、彼らをよき仏教徒、またよきアメリカ市民となすよう努力したい」。

集合所の閉鎖後ではあるが、転住所のある分析官も、「混乱・不安・心痛に直面し、人々はいま、どのようなものでもいいから心理的に安心したいと願っている」と書いている。であるからこそ、他の市民的自由と同じく、信教の自由を奪われたことも、日系人の立ち退き・収容を理解する上でけっして看過できない重要な側面なのである(138)。

第三節　娯楽・文化・教育活動、その他の言論統制

本節では、娯楽・文化・教育活動など、これまで取りあげてこなかった領域における当局の統制を照射する。そうした諸活動も広義の「言論・表現の自由」に含まれる。より具体的には、娯楽・文化では演劇、芝居、盆踊り、音楽鑑賞、スポーツ、写真、その他の私的な活動、つづく教育では当局の「アメリカ化」（アメリカナイゼー

ション＝Americanization）政策を中心に検討する。これらの事象に対応する「集合所規則」は、前二節で概説した集会・会合・結社、および信仰・宗教活動のそれとほぼ重複するため、あらためて概説はせず、必要に応じて適宜、引用する。

娯楽・文化活動の統制

まず、もっとも基本的な前提をいま一度確認しておくと、集合所当局は言語・目的・形態・内容などによらず、およそあらゆる種類の日系人の言行を制限している。すでに第五章と本章のエピグラフで引用している発言であるが、一九四二年末にWCCA（戦時民間人管理局）が政策全体を総括した際、カリフォルニア州フレズノ集合所のE・P・プリアム（E. P. Pulliam）所長は組織の見解を集約して次のように断じている。「宗教であれ、娯楽であれ、教育であれ、何であれ、いかなる活動に対しても、きびしい検閲が必要なのである」。この言葉からも明らかなように、「潜在的に危険な敵性外国人」である日系人の市民的自由は尊重に値しない、という考え方が当然視されていた。[139]

したがって、公的な場からの日本語の排除など各種の統制は、娯楽・文化の面でも貫徹されている。一例として、カリフォルニア州タンフォランで余暇・教育活動を担当した日系人は、一九四二年七月二十四日付の内部文書で次のように報告している。

住民のための余暇・娯楽行事は、主に日系アメリカ市民［二世］のために、随時英語でおこなわれています。同じような行事を日本国民［一世］むけに日本語ですることは、［アメリカ政府に対して］反逆的な意味内容を含んでいるかもしれない、という理由で却下されています。

いかなる目的・形態・内容であれ、所内の行事を「敵国語」で実施することは原則的に許されていない[140]。日本語でなければ成立しない場合は事前の許可申請が必要となるが、娯楽・文化活動は行政的な必要性をともなう集会・会合や宗教目的の催事よりも軽視されがちで、当局の介入はより場あたり的、恣意的になる傾向があった。当時、数少ない日系人の擁護団体で、第一節で論じた「全国学生転住委員会」の主催組織でもあったアメリカ・フレンズ（フレンド派）奉仕団は、内部の報告書で次のように指摘している。「集合所はどこも過密状態で、レクリエーション活動のための場所や設備は不十分であった」。そもそも、集合所が一時的に日系人を収容するための臨時施設であったことを考えれば、余暇のための設備や政策があと回しにされたことも不自然ではない[141]。

集合所規則を見ても、娯楽・文化活動はほとんど顧慮されていない。日本語使用の例外規定から強いて該当する箇所をさがしても、「絶対的に必要となるその他の場合」としか書かれていない。あらためて引用すると、「集合所内のすべての会合は英語でおこなわれる。例外は［一部の宗教的会合と］大人むけの英語と公民の授業、そして集合所を適正に管理・運営するために絶対的に必要となるその他の場合である」。なお、「大人むけの英語と公民の授業」は「教育」に該当するため、本節の「アメリカ化」（アメリカナイゼーション）を検討する箇所で取りあげる[142]。

第四章、また本章の第二節でも指摘したように、実のところ当局は、娯楽・文化活動を憲法修正第一条が明示的に保障する信仰・宗教活動と切り離し、別個に扱おうとしている。それがどれほど現実的かは別として、規則は次のように命じている。「教育的・娯楽的なプログラムはすべての……集合所で準備されているので、宗教的な活動の範疇にいかなる［娯楽・文化・］教育活動も含めてはならない」。両者の峻別に加えて、「集合所で準備されている」という箇所からは、ある程度の娯楽・文化活動は当局が提供・支援するのであるから、日系人がそれ以上を求める場合にはそのたびに必要性・妥当性を見きわめる、という意図がうかがえる[143]。

言語規制に話を戻すと、娯楽・文化活動の場合、当局が判断のよりどころとしたのは、「敵国語」を使ってまで実施することが、「日系人」というよりも「当局」にとって「絶対的に必要」かどうか、すなわち、所内の士気を強化するなど実体的な利益をもたらすか否か、であった。前述したタンフォランの余暇・教育担当の日系人はこの点をよく自覚しており、日本語によるダンス・ショーや民謡大会や寸劇の開催許可を求める理由として、「そうした行事がプロパガンダや反逆的思想を含んでいるなどということは、けっしてあってはなりません。〔日本語の使用は〕士気と意欲の高揚のため、日本国民〔一世〕を楽しませる目的だけに限られます」と強調している。彼が提出した文書には、「悲しき子守唄」（"Sorrowful Lullaby Song"）、「若き娘」（"Song of a Maiden"）、「浮かれ獅子」（"The Merry Lion"）、「旅傘道中」（"Lovers' Journey"）、「赤い睡蓮」（"Red Water Lily"）といった曲目とその英訳が列挙されているが、いずれも政治・思想性はほぼ皆無である。詳しくは後述するが、対照的に「大人むけの英語と公民の授業」は、当局の「アメリカ化」政策の一環として実施するため、「敵国語」による教授を逆に規則で公式に認めている(144)。

日本語使用の許可後につづく各種の制約も、活動が娯楽・文化的だからといって減免されたわけではない。たとえば、タンフォランでの音楽演奏会に際し集合所長は、「歌〔詞〕を提出せよ。我々はそれを翻訳〔させる〕」と命令している。日本語による娯楽行事の許可申請をした日系人担当者も当局に恭順する意を示し、「行事は二時間の制限内に収めます。そして、行事の意味内容や、そのなかで使われた劇や歌の要旨も翻訳して提出します。一度許可を受けたら、行事内容の代替や追加はいたしません」、さらには「アンコールもしませんし、認可された行事に何ら変更も加えません」と誓約している。ある日系人は知人にあてた手紙で、「毎週、木曜の夜にタレント・ショーがあるが、台本は検閲を受けている」と書いている(145)。

カリフォルニア州ポモナ（Pomona）集合所でも、演劇の一種であるタレント・ショーで日本語使用が許された際には、事前の許可取得はもちろん、現場の「監督」や事後の内容報告が義務づけられている。エステル・イシゴウ（Estelle Ishigo）はこれを「検閲」とよび、自叙伝で次のように批判している。「あまりにも多くのお年寄りが

〔英語の〕台詞を理解できなかったので、当局は〔日本語の〕禁止令を解除した。しかし、通訳者を通して、話される一語一語を慎重に検閲した」。当局の担当者が「通訳者」とともに臨席し、内容をこと細かに確認していたことがわかる。イシゴウの前半の記述からは同時に、日本語しかできない僧侶が英語での説法を強いられ混乱を招いたという、前節で紹介したような事態が慰安の場でも起きていたことがわかる。[146]

こうした統制がいかに不自然、かつ不条理な状況を生起させていたかについては、タンフォランでJERS（日系アメリカ人立ち退き再定住研究）の調査員をしていたフレッド・ホシヤマが具体的な「検閲」の実例をあげて示している。文字どおり「レクリエーション」と題する報告書のなかで彼は、一九四二年七月十七日に開催された「単なる馬屋だと思うなよ」（"Horse's Stall and That Ain't All"）と題する演芸会の舞台裏について、次のように記録している。

台本や場面のほとんどは、上演の数時間前に検閲を受けた。数曲の歌（パロディー）も検閲を受けた。その一つは月光の下のラヴ・シーンで歌われるヴォーカル・ソロで、集合所での生活を日本語の歌詞に乗せたものである。これが検閲されたため、歌手はその旋律を口笛で吹いたり、鼻歌にしたりした。いかなる会合でも日本語の使用を禁止する命令を陸軍が発し、ショーも会合と考えられたため、このような対応が必要となった。

「検閲」により演芸会が不自然な変更を迫られていたことがわかる。[147]

すでにあげた事例も示しているように、各種の催しでかけられる「音楽」とて例外扱いされていない。一九四二年七月二十三日、フレズノ集合所当局は「演奏曲・歌謡音楽・演説などにかかわらず、すべての日本語レコード」を所内警察に提出させる命令を発している。同じ指令はカリフォルニア州マーセッド（Merced）集合所でも布告され、住民から集めた二千枚ものレコードの内容を警察が「一枚ずつ」あらためている。当地のキャンプ新聞は、「英訳を作成し、認可を受けるためWCCAに提出される。レコードの約二五%は軍の行進曲のような性質であるため、所内での再生は許されないであろう」と伝えている。[148]

音楽鑑賞の統制でもっとも象徴的なのは、「盆踊り」にかけるレコードの事前許可申請、さらに日本語歌詞の英訳提出が義務づけられた事例である。ワシントン州ピュアラップ集合所の担当官は日系人の代表者との会合で、「すべての日本語レコードをただちに没収」し、さらに「盆踊りでどのレコードを使うかを決定し、軍歌とともにそれらすべての翻訳［英語］を入手せよ」と命じている。これに対しある二世は、「何という自由の否定、強制収容所らしい、うんざりする規制か!!」と知人に書き送っている。[149]

盆踊りのように純粋に慰安を目的とした祭事にさえ口を挟んでいた事実は、これまでも指摘してきたように、偏見・差別や疑心暗鬼ゆえに当局が日系人の一挙手一投足に細心の注意を払い、過剰なまでに警戒していたことを如実に物語る。確かに、そもそも盆踊りは仏教に根ざした物故者の慰霊のための儀式であり、宗教的な背景をもつ。しかし、江戸時代にはすでに世俗的な民衆娯楽として定着し、アメリカの日系人社会でも夏の風物詩として宗派を問わず広く楽しまれていた。「クリスチャンがイースター［キリストの復活祭］でするようなふるまいを仏教徒たちはしているようだ。……多くにとって、その祝祭［盆踊り］は気晴らしであり、それ以外の何ものでもない」。のちにWRA［戦時転住局］のコミュニティ分析官が見抜いているように、あくまでも季節的な祭りにすぎない。宗教色でさえほぼ皆無であったことは、集合所でJERSに従事していたドリス・ハヤシやタモツ・シブタニも指摘している。ところが、当局はその社交的な本質を理解できず、あるいは理解した上でなお、「敵国」日本に対する愛国心を鼓舞する、政治・思想性を帯びた危険な宗教的・民族的集会となることを恐れて統制したのである。[150]

実際に検分を受けた祭事用レコードの曲目やその英訳を読むと、当局のふるまいがいかに見当はずれであったかがより実体的に理解できる。次に例示するのは、それぞれ「京の四季」（"Four Seasons in Kyo"）と「夕暮れ」（"Twilight"）という曲の英訳であるが（日本語の原文は残っていない）、宗教的であれ政治的であれ、「敵性」の要素はまったく見いだせない。

Spring has come. The blossoms are in full bloom. Come to see the well-known Higashiyama in Kyo. The persons who want to compete with blossoms are wild with joy. Samurai who wear two swords come here in spite of whether they are chic or not. Two tea boothes [sic], which are selling soy-beans cakes, in Gion are crowed with these people.

When it is twilight, we never get tired of looking at the Sumida River. The scenery of a sail passing on the Sumida River and having as its background, Mt. Machichichi [sic] with the moon, is the best. Oh! Birds are warbling. There are many famous places in the Capitol where the birds sing eternally.

これらは、オレゴン州ポートランド集合所の「盆コンサート」で流される予定だった曲目である。(151)

もう一例、カリフォルニア州マーセッド集合所で作成された歌謡曲の英訳を見ても、当局が押さえ込もうとしていた「プロパガンダや反逆的思想」とは無縁なものばかりである。具体的には、「酒と流浪」（"Liquor and Trip"）、「メキシコの乙女」（"Girl of Mexico"）、「歌で暮らせば」（"Spend the Days with Song"）、「夜霧に濡れて」（"Wet with Night's Mist"）、「一目会いたい」（"Like to Meet him for a Moment"）、といった曲が盆踊りに先立ち英訳され、点検を受けている。なお、この措置の根拠となった一九四二年七月二十五日付のＷＣＣＡ本部の指令は、次のように命じている。「翻訳の作成後は……明らかに反逆的な性質でないものを除き、唱歌か楽曲かにかかわらず、軍歌や演説のレコードを本部に送付すること。それぞれの翻訳、もしくは内容の説明もあわせて送ること」[152]。催しの実施それ自体が認められず、さらにレコードの所持が全面的に禁止されたと考えられる事例もある。カリフォルニア州サンタ・アニタでは盆踊りの開催が許可されず、これに対してJERS調査員のタミエ・ツチヤマが内部報告書において、「これは明らかに、集合所から日本文化を跡形もなく排除するための第一歩である」と批判している。さらに、同所では六月二十九日の所長令により、すべてのレコードが「ただちに」没収されている。これには「日本の軍歌」をはじめ、「日本語のスピーチ・演劇・詩・説話など、あらゆる録音」が含まれている[153]。

いくつかの史料は、演劇や盆踊りのような集団的な行事ばかりか、はるかに小規模で私的な領域にも統制が及んでいた事実を例証している。たとえば、ワシントン州ピュアラップでは「かるた」や「サイン帳」までもが英訳され当局に提出されている。一九四二年七月二十二日付の日系人代表者組織の議事録には、「カルタ・カードも検分のため提出されなければならない。日本語のサイン帳も宗教書と同じ分類であり、点検の対象となる」と記されている。また、この文書には、「現在のところ将棋は放免されているが、それもサンフランシスコ「のWCCA本部」から指示があるまでのことである」という記述がある。後述する別の史料には、実際に囲碁・将棋などの余暇の指南書が「禁制品」に指定されたことが記録されている[154]。

言語に依拠する度合が低いスポーツは比較的にさかんであったが、それでも相撲などのように「敵国」を連想させる競技の場合は、かなり神経を使わなければならなかった。一例として、ピュアラップ集合所の日系人「自治」組織で指導的な立場にあったジェイムズ・Y・サカモト（James Y. Sakamoto）は、「誤解を払拭するために、相撲の試合で使われる赤と白について［当局に］説明をした」という。「紅組・白組」が日本の国旗「日の丸」と無関係である旨を申し伝えたものと考えられるが、いずれにせよ、全方位的に監視・規制をめぐらせる当局に日系人がいかに苦慮していたかがわかる[155]。

「日本的」な競技であることを理由に、相撲が全面的に禁止されていた場所・時期もあったようである。一九四二年六月十日に講演のためカリフォルニア州タンフォランを訪れたＷＲＡ（戦時転住局）の幹部は、現地住民との質疑応答のなかで、「日本語を使った娯楽行事や会合をおこなうことができず、相撲（日本のレスリング）は禁じられている」と告げられたと報告している。この幹部はつづけて、「彼らが集合所を脱出し、［ＷＲＡが管理・運営する］転住所に入りたがっていることは実に明白である」と書いている[156]。

つかの間の楽しみさえも不自由となれば、当然、不平不満はつのるが、やはりここでも日本語を母語とする一世がとくに苦汁をなめさせられている。カリフォルニア州サンタ・アニタのある一世は、「先週から日本物レコードも一切所持を禁ぜられ、これで吾々《われわれ》の娯楽物はスッカリなくなった。別に思想的に悪影響を及ぼす様な物は収容される時に持参していない筈《はず》だが、いまは戦時だ、致し方はないと云《い》う人もある」と伝えている。この文章は、立ち退き命令の及ばないコロラド州の日本語新聞『ロッキー日本』に寄稿されたものである[157]。

気晴らし・息抜きさえもままならず、精神的に追いつめられるばかりの一世の様子は、はるかに若い二世に哀れみを感じさせるほどであった。サンタ・アニタのカズユキ・タカハシ（Kazuyuki Takahashi）は、「気の毒に、もはや年配の方々はお気に入りのフィクションを読んだり、日本語の歌や音楽を聴くことができない。現在の彼らには、することがなくなってしまった」と同情している。タンフォランのホシヤマもこう書いている。

> タンフォランのＷＣＣＡ当局は、一世むけの日本語による大々的な娯楽行事を許していない。日本語での歌謡、寸劇、あるいは曲芸……は所内全域で禁止されている。一世たちは、なぜレクリエーション活動を楽しむことができないのか、理解できずにいる。……彼らの不満は実に正当なものである。

ホシヤマによれば、「キャンプ中の一世から数多くの要望」がよせられたため、その後、当局は小規模な催事ならば日本語による実施を認めるようになったという。それでも、「公式な許可を得る必要があった。……そのためには、一週間前には行事内容を文書で提出しなければならなかった」[158]。

ただし、くり返し強調しているように、アメリカ市民権をもつ二世ならば、あるいは「公用語」である英語を用いれば自由を謳歌できた、というわけではけっしてない。前段落で引用したホシヤマは、「最初に検閲を受けなければ、二世むけのヴァラエティ・エンターテイメントの寸劇で口語調の日本語を使うこともできない。タンフォランでは公共的なものごとはすべて、英語のスピーチでさえも、検閲される」とつけ加えている[159]。

同じくタンフォランのＪＥＲＳ調査員であるドリス・ハヤシも、二世が企画した英語による娯楽行事が、当局に対する「多少の批判を含む」という理由で「禁止」「検閲」された事例を紹介している。若い女性収容者たちへの聴きとりにもとづき、ハヤシは次のような出来事を報告している。

ヴォードヴィル・ショー〔歌・踊り・劇・曲芸など多様な要素からなる演芸会〕を愛好する若者のグループが、集合所での生活に関する風刺劇を企画した。もちろん、当局の方針に対する多少の批判を含むものであった。しかし、当局はこのような活動をすぐさま禁止してしまった。最近開かれた演芸ショーでも、この集合所の当局、そしてこの国の政府にむけて多くのうまい冗談が飛ばされたが、すぐに検閲を受け、台本から消去されてしまった。

ハヤシは、かような統制はそれ自体に問題があるばかりか、冷笑主義につながるという点で、看過できない精神的悪影響を日系人に及ぼしていると訴えている。「たとえそれが楽しむためであろうと、意見の表明を許さないというのは、控え目にいっても過剰であるように見える。我々は皆、〈民主的〉という言葉に冷笑的になっている」[160]。

このように、程度の差はあれ、一世と同じく多くの二世も、当局による全面的で執拗な干渉にいら立ちを覚えていた。ワシントン州ピュアラップの二世の芸術家は、次のように辛辣な批判を口にしている。一部はすでに第六章で引用しているが、かなり率直に心情を吐露した言葉であるため、あらためて提示する。

〔集合所の職員は〕それ以前に、浮浪者か政治汚職でもしていたのではないか。美術・新聞部長はキャンプで一番の嫌われ者で、何も知らないくせに検閲ばかりして、日系人が反逆的なたくらみをしていないかと、いつも疑っていた。証拠をつかもうとして、我々美術部の夜のおしゃべりにまで探りを入れた。しかし、彼の耳に入るのは、女の子の話といったようなことばかりであった。

言葉の激しさから、憤りのほどがよくわかる。[161]

なお、ピュアラップの通称は「調和・協調」を意味する「キャンプ・ハーモニー」（Camp Harmony）で、当局の広報担当者が日系人の到着前に考案し、キャンプ新聞の題字に取り入れられるなど日常的に使われているが、この言葉がいかに実態とかけ離れていたかは数多くの関係者が指摘している。その一人、ビル・ホソカワ（Bill Hosokawa）は、「調和など微塵も存在しなかった」とふり返っている。同所の閉鎖後にWRAがまとめた報告書も、「極端に不愉快な場所であったと記憶されている……。集合所が存在した期間中、全体的な不調和と内面の敵対心は着実に増大していった」と指摘している。[162]

当局の婉曲表現を逆手にとり、娯楽・文化活動にさえこと細かに口を挟まれる実態をとらえ、「単調・退屈」（monotony）にかけて「キャンプ・ハーモノトニー」（Camp Harmonotony）、あるいは「不調和」を意味する「キャンプ・ディスハーモニー」（Camp Disharmony）と揶揄されることも多々あった。同様のあてこすりは日本語にもあり、小平尚道は「収容所の名は、キャンプ・ハーモニー（Camp Harmony）とつけられた。なにがハーモニー（調和）か、キャンプ・シャクニサワルとでもつければよいのにと思った」と述懐している[163]。

すでにいく度か指摘したように、日系人が統制の緩和を求める声をあげたこともあるにはある。たとえば、カリフォルニア州タンフォランの日系人代表者は当局に対し、「日本国民［一世］の大半は、娯楽の内容を理解できるほど英語の知識をもっていません。したがって、我々が知る限り、彼らの士気や意欲は低下する傾向にあります」と弊害を指摘し、あまりにも広範囲にわたる言語規制の見直しを訴えている[164]。

しかし、当局が彼らの意をくみ、多少なりとも実効的な事態改善にあたったことを示す史・資料はいまのところ見つかっていない。日系人側が当局に善処を求めたもう一つの例をあげると、一九四二年七月末、ワシントン州ピュアラップの住民代表者は次の品目を「禁制品から除外」するよう要望している。

薬学、外科医療、健康、栄養、看護、応急手当、農芸、純粋科学（数学・社会学・心理学・優生学・進化論など）、工学、経済学を主題とする技術専門的な書籍、また、その他の教育目的の教科書、日本語辞書、語源や辞書編纂に関する書籍。

手芸（編み物・縫い物・生け花など）、ゲーム（囲碁・将棋など）、楽器（琴・琵琶・三味線・尺八）、楽譜、書道、手紙の執筆などに関する指南書。

フィクション、著名人の自伝などのノン・フィクション、古典英文学の翻訳、子どもむけのおとぎ話、文化・道徳・倫理に関するエッセー、非ナショナリスティックかつ非軍国主義的なテーマの小説全般、スポーツに関するスクラップブック。

日本の民俗舞踊、冗談や滑稽話の独白・掛けあい、ナショナリスティックな性質を含まない歌詞の歌謡曲、アメリカのジャズの日本語版のレコード。

かるたなどのゲームや合衆国内で発行される日本語新聞。

列挙されている没収対象品がきわめて具体性に富むことが、かえって統制の徹底ぶりを浮きぼりにする。もちろん、たとえ一部でも、当局がこの要求を受け入れた形跡はない。[165]

もっとも、日系人を服従させる上でわずかな「楽しみ」「安らぎ」をも奪うことが「罰」として有効だと当局は確信していたのであるから、彼らの声に耳を貸さなかったのも当然である。すべての集合所が閉鎖した一九四二年末、WCCA（戦時民間人管理局）は各所の責任者を集めて政策全体を総括しているが、娯楽・文化活動の制限はすぐれた統治方法として評価されている。報告書は「既存の特権が制約されるという恐れは、日系人にかなりの影響を及ぼす。これは集団的な規律を守る上で好機となる」と指摘し、こう結論づけている。

立ち退き者はとくにレクリエーションを好んでいる。つまり、士気の観点から［レクリエーション］行事は望ましく、多少の支出があっても、できるだけ多数の人々の関心を引くような、よく練られた包括的な活動を開発するよう努めるべきである。そうした姿勢が定まれば、非協力的な行為に対する罰として［娯楽・余暇を］削減するよう示唆するだけで、有害な個人を同調させるよう集団化するのに十分である。

報告書は、「この集団コントロール法は［オレゴン州］ポートランド集合所において応用され、有効な結果をもたらした」とつけ加えている。[166]

娯楽・文化活動に関して参考までに、日系人が所内で写真を撮影することは全面的に禁止されている。カメラは強制立ち退きの当初から「禁制品」とされ、集合所にもち込むこと自体ができなかった。短波ラジオも同様である。定期的に実施される家宅捜索（第五章）などで所持が発覚すれば、即刻、没収された。

集合所内で写真撮影を許されたのは、政府に雇用された写真家、当局職員、当局の承認を受けたごく一部の報道関係者などに限られ、それもかなり例外的な措置であった。一例をあげると、あるフォトジャーナリストがカリフォルニア州タンフォランでの取材を申し込んだ際、対応について指示を求められたWCCA本部はこう回答している。「権限を与えられた政府機関が撮影した写真以外は認めない、という方針に変わりはない。終始一貫、その方針に従わなければならない」(167)。

特別に許可が下りた場合でも、思いどおりに撮影や作品掲載・発表ができたわけではない。誰であれ、所内での活動にはつねに何らかの制約が課され、また撮ったすべての写真は、立ち退き・収容政策全体を統轄したWDC（西部防衛司令部）が点検をした。早くも一九四二年四月九日、日系人の移送を開始するにあたり、WDCは次のような指令を全地域の職員に通知している。

集合所……に入る日系人の報道用写真はすべて吟味すること。不適切なのは、過度な力の行使、横柄・不親切に扱われる立ち退き者［日系人］、階級章・車両・作戦部隊などが特定できる写真である。［立ち退き・収容政策、および実施当局に］好意的な情報をできるだけ広めることが望ましい一方、点検を迅速化するため、［WDCの各地区］本部を通じてプリントを二枚ずつ提出するよう新聞や通信社に指示せよ。［原文はすべて大文字］

右の命令には、民間の報道機関はもちろん、WRA（戦時転住局）をはじめ他の連邦政府機関も従わなければなら

図22　ミネ・オオクボは画才を発揮し、カリフォルニア州タンフォラン（Tanforan）集合所内をスケッチして回っている。「キャンプはめちゃくちゃだった」。（Miné Okubo, *Citizen 13660* [New York: Columbia University Press, 1946], 48.）

なかった。これ以上は本書の射程を明らかに越えるため立ち入らないが、集合所だけでなくその次の転住所における実態を含め、写真の統制にはいまだ未解明の部分が多い。将来に残された重要な研究課題の一つである[168]。

娯楽・文化活動について最後に、日系人にとって多少なりとも思いどおりに自己表現・自己実現できる手段が残されていたとすれば、それは「敵国語」に頼る必要がなく、かつ私的領域のみで完結する絵画などの美術・芸術、あるいはごく少人数で秘密裡に営める文芸活動くらいであった。

美術・芸術的な方法で集合所の生活や人々の心情を描くことのできた数少ない日系人の一人に、画家のミネ・オオクボ（Miné Okubo）がいる（図22）。立ち退き・収容政策を調査するためにアメリカ連邦議会が設立したＣＷＲＩＣ（戦時民間人転住・抑留調査委員会）の一九八一年の公聴会において、彼女は次のように証言している。

カメラは没収され、写真撮影はどの集合所でも禁じられていました。しかし、芸術家として私は、集合所での体験のすべてを記録しようと決心しました。……初日から所内のあらゆる場所をスケッチして回りました。語られることのない苦労や悲しみ、そしてユーモアでさえ、あちこちに見つけることができました。すべては正気の沙汰でなかったのですから。

彼女のスケッチ画は戦時中（集合所の閉鎖後）からアメリカ各地のさまざまな媒体で紹介され、一九四六年にはコロンビア大学出版局から単行本化されている。以来、二十一世紀に入った現在にいたるまで、オオクボの作品は貴重な史料として頻繁に引用・参照され、そのいくつかはすでに第一・五章でも例示している。(169)

教育活動の統制

娯楽・文化と同様、教育活動についても当局は早くから入念に計画を立てていたわけではなく、したがって、集合所規則にも該当する記述はほとんどない。集合所は立ち退かされた日系人を一時的にとめ置くための臨時施設であるため、体系的な構想・準備を必要とする教育が後手に回るのは避け難かった。実際、当局は公的な教育施設を設置してはおらず、日系人は自主的に保育園や学校を運営せざるをえなかった。(170)

とはいえ、一定の教育活動は当局も関与して実施されており、ここでも「敵国語」である日本語の禁止は貫徹されている。カリフォルニア州タンフォラン集合所で初等教育政策の立案を担当したアーネスト・S・タカハシ（Ernest S. Takahashi）は、当局の方針を代弁する文脈で、「家庭で話される日本語を相殺するため、すべてのクラス活動は英語でおこなわれるべきである」と提唱している。(171)

「日本語を使った教育」が許容されないのであるから、「日本語の教育」は論外であった。カリフォルニア州サンタ・アニタのタミエ・ツチヤマはＪＥＲＳ（日系アメリカ人立ち退き再定住研究）を指揮する教授の一人にあてた文書で、「アメリカうまれの日系人［二世］の多くは自分たちを生粋のアメリカ人だと考え、［開戦以前は］日本語の勉強を毛嫌いしていたが、現在、キャンプ内では学ぶ意欲をもつようになっている。しかし、いまのところ日本語授業の開講は許可されていない」と報告している。その後に許可が下りた形跡もない。これまで再三のべてきたように、当局が日本語の駆逐に力を注いでいた事実を思い起こせば、この方針に何ら矛盾はない。(172)

「アメリカ化」（アメリカナイゼーション）政策の推進

集合所当局の教育政策で刮目《かつもく》すべきはむしろ、日本語をはじめ「敵性」要素を除去するのと同時に、あらゆる機会をとらえて日系人の「アメリカ化」（アメリカナイゼーション＝Americanization）を推進しようとしたことである。ワシントン州ピュアラップ集合所のある二世は、ＷＲＡ（戦時転住局）によるインタヴューに対し、集合所内の学校教育は「［日系人を］アメリカ化する授業で構成されていた」と答えている。(173)

当局自身が「アメリカ化」を統一的に定義しているわけではないが、関連する史料群を総合して大まかにとらえると、政府をはじめ主流社会で受け入れられている「民主主義」観など主要な価値観・生活習慣を浸透させ、アメリカのみに愛国心・忠誠心をいだくよう方向づける各種の運動、と理解できる。カリフォルニア州タンフォランで成人教育を担当した職員は、その目的を「ただ抽象的なものとして英語を教えるだけでなく、民主主義的な生活様式や考え方をも教授する。……機会があるたび、必ずアメリカ化を強調する」と説明している。(174)

前段落で引用した当局者の言葉も示しているように、「アメリカ化」は「民主主義」の涵養とわかち難く結びついていた。わかりやすい例をもう一つあげると、カリフォルニア州サンタ・アニタ当局が策定した「アメリカ化」政策の概要には、次のような目的が掲げられている。

強制収容とそのために生じる無為な時間は……民主主義的なアメリカについての新しい見通し、新しい観点、また新しい希望を彼ら［日系人］に授けるべく、最大限に活用されなければならない。そして、可能な限り、連合国の勝利を望む心を植えつけなければならない。

そもそも日系人の市民的自由を侵害している実態と根本的に矛盾する論理であるが、強制立ち退き・収容政策を逆手にとり、アメリカの「民主主義」の利点・優位性を内面化させる好機にする、というわけである[175]。

これまで本書が検討してきた各種の統制とあわせて考えれば、集合所は単に「潜在的に危険な日系人を物理的に閉じ込める」だけでなく、ある種の「民主主義」概念にもとづき彼らを「精神的・思想的に矯正する」場にもなっていたことがわかる。前段落で引いたサンタ・アニタの政策概要でも、「アメリカの民主主義」を日系人に受け入れさせる講演や授業、たとえば、「合衆国と軍国主義的な日本を客観的に比較させ、どちらがよりよい生活をもたらすかを彼ら自身に見定めさせる」教育活動が提唱されている。この文書は結論で「アメリカの民主主義」を再度もちだし、こう結んでいる。「我々はこの［アメリカ化］政策をきわめて重視している。アメリカの民主主義が十数万もの〈敵性外国人〉を味方につけられなければ、戦争の勝利は最終的なものにならないし、完成もしない。この意味で、我々はこの政策を重要であるばかりか、不可欠であると考えている[176]」。

「アメリカ化」政策のもっとも典型的な実践例として、子供・青少年むけの学校教育における国旗や愛国歌の意識的な利用があげられる。前述したタンフォランの初等教育政策立案者であるタカハシは、「若者の心にくすぶる苦渋を打ち消すために、明確な形のアメリカ化政策」が必要との判断から、各種の取り組みが考案された事実を記録している。具体的には、星条旗にむけた「忠誠の誓い」の日常的な実践、また「国旗制定記念日や独立記念日に、愛国的なテーマにもとづく全コミュニティ的な児童むけプログラム」を実施することが提唱されている。加えて、愛国心を鼓舞する国民歌――たとえば、「ゴッド・ブレス・アメリカ」（"God Bless America"、「神よアメリカに祝福あれ」)、「アメリカ・ザ・ビューティフル」("America the Beautiful"、「美しきアメリカ」)、「スター・スパングルド・バナー」("Star Spangled Banner"、「星条旗」)——を主要な学校行事や音楽の時間に合唱することも提案されている。同様の活動は他の集合所でもおこなわれている。[177]

実際にこうした教育を受けた日系人の一人に、当時タンフォランに収容され、のちに児童文学者となった二世のヨシコ・ウチダ(Yoshiko Uchida)がいる。一九四二年六月十四日の国旗制定記念日に所内の学校で「アメリカ・ザ・ビューティフル」を歌った体験について、ウチダは自叙伝でこう批判的に回顧している。「ある子供が聴衆の代表として、旗にむかって忠誠の誓いをしました。彼らが口にしていることの皮肉も知らずに。子供たちは熱心に台詞を暗唱しました。〔集合所〕外の学校でするのと同じように」。[178]

アメリカうまれの若い二世だけでなく、日本でうまれた一世や日本で教育を受けた帰米二世むけの成人教育でも、同じ趣旨の試みがなされている。サンタ・アニタのツチヤマは、「一世や日本から帰ったばかりの人々〔帰米〕のための、英語や民主主義の訓練の授業が非常に人気」であり、どちらにも四〜五百人が参加していると報告している。引用文中にある「民主主義の訓練」(Democracy Training)とは、アメリカの歴史や法・政治制度など、その名のとおりアメリカにおける「民主主義」の基礎を教える講義である。こうした成人むけの教育現場でも、「忠誠の誓い」や国歌斉唱は日常的に実施されている。第一節で検討したオレゴン州ポートランドの「二世フォーラム」やタンフォランの「タウン・ホール・ミーティング」も、「民主主義の訓練」の発展・応用形として位置づけられる。[179]

ここで留意すべきは、「アメリカ化」に資すると考えられるような場面では、むしろ当局はすすんで日本語の使用を認めていた点である。すでに複数の箇所で引用したように、集合所規則は「集合所内のすべての会合は英語でおこなわれる。例外は〔一部の宗教的会合と〕大人むけの英語と公民の授業、そして集合所を適正に管理・運営するために絶対的に必要となるその他の場合である」と定め、日本語を使える例外として「大人むけの英語と公民の授業」をあげている。前段落の「民主主義の訓練」は「公民」に該当する。「アメリカ化」を推進するためならば、徹底していた基本方針をまげて「敵国語」を使わせることも厭《いと》わなかったわけである。あらためて後述するように、「アメリカ化」は「非日本化」と表裏一体であった。

「アメリカ化」は狭義の「教育活動」にとどまらず、所内の各種の行事にも広く取り入れられ、当然、そこでも国旗や愛国歌が意図して用いられている。一例として、一九四二年五月二十四日のタンフォラン開所式にあたり、集合所全体を統括したＷＣＣＡ（戦時民間人管理局）は次のような指令を発し、参加者全員を星条旗に敬礼させるよう命じている。

> すべてのアメリカ人は、現在どこにいようとも、またいかなる状況にあろうとも、彼らの国旗の重要性を十分に認識すべきである。これ［開所式］は、我々が旗にむかって忠誠心を示すことのできるはじめての全所的な催しであり、すべての住人の参加が推奨される。

この指示にしたがい、開所式では「忠誠の誓い」、「スター・スパングルド・バナー」の斉唱、星条旗の歴史に関する講演などがおこなわれ、最後に約六千人の日系人が「ゴッド・ブレス・アメリカ」を合唱して閉幕している。タンフォランではその後も国旗敬礼や国歌斉唱が日常化しており、同じ現象は他の場所でも共通して見られている。(180)

「アメリカ化」を促進する当局とは別に、日系人のなかにも自発的にアメリカに対する愛国心・忠誠心を顕示しようとする者が一定数おり、双方が共鳴しあうことで、集合所では「アメリカ的」なシンボルがあちこちで認められている。サンタ・アニタのツチヤマは、本質的に尋常さを欠く収容施設で「典型的なアメリカの光景が無数」にある矛盾に着目し、次のように報告している。

どの情報センター［所内の相談・案内所］でも、巨大なアメリカ国旗がたなびいている。［競馬場だったサンタ・アニタの］特別鑑賞席の上段では、ボーイ・スカウトが毎日、国旗を上下させ、この儀式は実に印象的である。多くのバラックでは、赤・白・青の巨大なポスターが画びょうで窓にとめられ、「我が家は一〇〇%、アメリカの家庭です」「名前ではなく、何を信じ、何をなすかでアメリカ人となるのです」「アメリカ戦時公債を購入しましょう」などと書かれている。

なお、第四章、および本章の前二節で言及したとおり、あらゆる集会・会合・結社にしばりをかけていた当局も、引用文中にあるボーイ・スカウトは「アメリカ化」に資するとの判断から例外的に推奨している(181)。「潜在的に危険な敵国人」という政府や主流社会の日系人観と相いれないためか、愛国的なシンボルであふれる集合所は外部からの訪問者にも強い印象を残している。日系人をはじめ社会的少数派の権利擁護をしていた人権活動家のケアリー・マクウィリアムズ（Carey McWilliams）は、一九四二年六月にカリフォルニア州サンタ・アニタとポモナ集合所を訪れ、そこで見聞した内容を雑誌『ハーパーズ・マガジン』（*Harper's Magazine*）に寄稿し、こう書いている。「住居区の窓に、アメリカの国旗や一つ、二つ、あるいは三つの星を配した従軍旗をよく目にする」。従軍旗とは、戦地にむかった家族をたたえるために掲げる旗で、一般的に軍務に就いている者の数を星であらわす（写真9）。マクウィリアムズはまた、日系人が「十五人編成のオーケストラを結成し、講堂で国歌を斉唱し、国旗に敬礼する光景は感動的である」とも記している(182)。

「非日本化」と表裏一体の「アメリカ化」

「アメリカ化」について見過ごせないのは、それがつねに「非日本化」と表裏一体で実践されたことである。

写真9　従軍旗をもつ母親。この写真は「集合所」ではなく、日系人がその後に移送された「転住所」で撮影されたものであるが、写っているような従軍旗が収容期を通じてあちこちで見られた。（Maisie and Richard Conrat, with an introduction by Edison Uno and an epilogue by Tom C. Clark, photographs by Dorothea Lange and others, prefaces to the new edition by Michael McCone and Don T. Nakanishi, *Executive Order 9066: The Internment of 110,000 Japanese Americans* [Los Angeles, CA: Asian American Studies Center, University of California, Los Angeles, 1992], 101.）

アメリカやその「民主主義」を信奉する働きかけがなされる一方で、これまで本書が論じてきた数々の統制が例証しているように、日系人の出自国である日本への愛着や日本的な価値観・生活習慣を捨て去らせる施策が同時並行で、しかも強権的におこなわれているのである。

当局の教育政策が「アメリカ化」と「非日本化」を両輪としていたことは、タンフォランの中学校で起きたある事例が如実に物語る。生徒が校歌をつくり、スクール・カラーとして赤と白を選んだ際、当局はそれが日本の国旗である「日の丸」の紅白、つまり親日的思想を象徴していると疑い、FBIと連携して調査に着手しているのである。結局、疑惑を裏づける証拠は見つからずに終わっているが、子供たちが集う教室にさえ当局が目を光らせ、「アメリカ化」に励む一方で「非日本化」にも力を注いでいた実態を浮きぼりにする。(183)

また、「民主主義」を大義名分とした「アメリカ化」と「非日本化」の両立が根本的に撞着することを、少なくない日系人が看破していたことにも目をむける必要がある。カリフォルニア州タンフォランのドリス・ハヤシは、演芸会を鑑賞した際の不快感を一九四二年五月十四日付の日記でこう表現している。「すぐれた娯楽が存在しない。ことあるごとに、私たちに『ゴッド・ブレス・アメリカ』を歌わせるからだ。むしろ皮肉に聞こえる。……皆が国歌を歌うが、それが〔集合所という〕場にふさわしいとは感じられないのである」。同じくタンフォランのシブタニらも、第一節で論じた「タウン・ホール・ミーティング」を批判的に報告するなかで、日系人を疑い言動をことごとく制限しておきながら、所内の学校では子供たちに国旗敬礼や国歌斉唱をさせる当局の矛盾を指摘している。[184]

「非日本化」のための統制が厳格、かつ執拗であっただけに、国旗や国歌を通じて「民主主義」を標榜・喧伝する「アメリカ化」はなおさら偽善的に映っている。象徴的な例として、タンフォランで国旗掲揚の式典が挙行された際の参加者の反応を、シブタニらは次のように描写している。

皆が憤りを感じていた。若者の多くは、「ゴッド・ブレス・アメリカ」の代わりに「君が代」（日本の国歌）を歌おうかと冗談を飛ばしていた。当局があまりにファシスト的なので、「ヒトラー万歳」と叫ぶべきだと感じる者もいた。彼らが困惑したのは、もし本物のアメリカ人になることを期待されているのなら、国旗への敬礼を求められるよりも、権利を与えられるべきだ、と考えたからである。

罪を犯したわけでもないのに立ち退き・収容を強要された上、憲法が保障する市民的自由をもことごとく奪われた日系人にとっては、ごく自然にわき起こる感情であった。[185]

さらに皮肉なのは、ＪＥＲＳに関わった二世をはじめアメリカで教育を受けた、つまり「アメリカ化」している知識人ほど、「アメリカ化」政策の空虚さを見抜いていたことである。次に引用するサンタ・アニタのツチヤマの見解は代表例である。

キャンプ内でもっとも幻滅させられているのは、西洋的な文化をもっとも深く身につけた人たちである。彼らは、日系人のアメリカ化など理想主義的な空論だと感づいている——いくら「アメリカ化」しても、人種的な特徴がつねに障壁となり、白人たちから完全に受け入れてはもらえないからである。

偏見・差別をいだいたまま日系人を「アメリカ化」しようとする当局には限界と矛盾がつきまとった。(186)最後に補足しておくと、当局の「アメリカ化」政策には信仰・宗教色が加味されることもあったようである。タンフォランのシブタニらによれば、前述した国旗掲揚の式典は「スター・スパングルド・バナー」の斉唱ではじまっているが、そこには宗教家も参加している。

[斉唱後に]牧師が立ちあがり、愛国主義を煽動するような開会の祈りを捧げた。事実、その祈りは宗教的というよりは煽動的であった。すべては検閲されているのだから、それも当然だろう。……実際、この式典は住民の心に悪い後味を残した。……そこに偽善を見抜き、また立ち退き政策全般の民主主義的な手続きを問題視する程度の知性をもつ者は、集合所には数え切れないほどいるのである。

右の記述は、当局主導の「アメリカ化」「非日本化」が娯楽・文化・教育から信仰・宗教まで、あらゆる領域に広がっていたことを物語っている。(187)

本章のまとめ

集合所当局による自由の統制は、キャンプ新聞をはじめとする出版・印刷物の「読み」「書き」だけでなく、「集まる」「話す」「聞く・聴く」、さらには「信じる」「見る」「楽しむ」「学ぶ」といった表現行為にまで全般的に、かつ深く及んでいる。当局にとって理解不能な「敵国語」、つまり日本語が原則的に禁止されたことはもちろん、「公用語」である英語を使う場合でも、日系人は思うままに集い、語り、祈り、学び、互いに耳を傾けあい、また娯楽などに興じることを許されなかった。アメリカ合衆国憲法が保障しているはずの市民的自由は存在しないも同然であった。

まず、合計で十六あった集合所では、軍の下部組織らしく、全体を統括するWCCA（戦時民間人管理局）が定めた「集合所規則」が忠実、かつ厳格に執行されている。あらゆる集会・会合において日本語の使用が禁じられ、事前の許可申請が義務づけられ、必要と判断されれば直接的に「監督」され、事後には議事録の提出が命じられている。「全国学生転住委員会」など、外部からの訪問者にも同様の制約が課されている。

その結果、当局はおよそあらゆる集会・会合、また団体を自分たちが望む枠にはめることができた。実施に先立ち内容や形式を審査し、また実際の現場にも立ちあって目を光らせるのであるから、日系人の言動が当局の意向と合致するのは当然である。場合によっては、事前承認どころか企画段階から当局が直接的に関与し、議事進行の計画立案や議論内容を主導する日系人の選出などにも加わっている。

統制の実態をより具体的に理解できる好例がオレゴン州ポートランドの「二世フォーラム」やカリフォルニア州タンフォランの「タウン・ホール・ミーティング」で、「民主主義」を実践するという理想とは裏腹に、現実には当局の思惑どおりの行事に終始している。事前・事後、また形式・内容ともに監視下に置かれた結果、必然的に「当局にとって望ましい内容」になっている。

理想と現実のかい離に日系人の多くは不満をつのらせているが、規則に反する者を厳重に取り締まり処罰する当局に対し、なすすべがなかった。カリフォルニア州サンタ・アニタ集合所では、形式的な違反を理由に日本語集会の主催者たちがＦＢＩ（連邦捜査局）に逮捕・連行されている。各種の一次史料が示しているように、違反は意図的でも、悪質でもなかったが、当局は「示威行為」「見せしめ」としてあえて厳罰を下したと考えられる。

留意すべきは、疑心暗鬼にもとづく厳重な規則執行や処罰が収容者を萎縮させ、当局の統制をさらに強化するという循環が生じていたことである。とくにＦＢＩの存在は強烈な恐怖感を日系人に植えつけ、心理的な圧迫はサンタ・アニタ以外にも広く及び、かつ集合所の閉鎖後も長く尾を引いている。「示威行為」「見せしめ」は十二分に成果をあげていたわけである。同じことは、第二節で検討した信仰・宗教活動の統制についてもいえる。

アメリカの戦争大義である「四つの自由」の一つであり、かつ合衆国憲法修正第一条も保障する「信教の自由」とて、無傷でいられたはずがない。「集まる」「話す」「聞く・聴く」ことさえままならぬ状況では、思うように「信じる」ことができるわけもないからである。宗教目的の活動に対しても、第一節で指摘した集会・会合・結社の統制は同じように実施され、もちろん日本語の使用も当局の同意なしには認められていない。信教の自由は、日系人が人民として原初的に有する「基本的人権」というよりは、当局が目をつぶる範囲でのみ与えられる「恩恵」と化していた。

もっとも大きな打撃を受けたのは、日本語しか理解できない一世の仏教徒たちである。一律的な規則の執行に加えて、日米開戦以来つづく政府官憲に対する恐怖心が萎縮効果を引き起こし、活動がいちじるしく鈍っている。なかには、あらぬ疑いをかけられぬよう、あるいは当局の歓心を買おうと、仏教徒としての言動を「自粛」する、場合によってはクリスチャンのふりをする、もしくは「改宗」する者さえいた。こうした「保身的な仏教離れ」はけっしてめずらしくなかった。もちろん、英語を母語とするクリスチャンの日系人とて、統制を免れたわけではない。突如として財産や自由を奪われた日系人が精神的な助けをとくに必要としていたことを考えれば、他の領域と同じく、信仰・宗教活動に対する統制も日系人の立ち退き・収容を理解する上でけっして軽視できない。

広義の「言論・表現の自由」に含まれる娯楽・文化・教育活動に対する統制は、憲法に明記される「信教の自由」と比べると、いっそう場あたり的、恣意的になりがちであった。たとえば、日本語の使用を許可する判断基準は、「日系人」というよりも「当局」にとって「絶対的に必要」かどうか、すなわち、所内の士気を強化するなど実体的な利益をもたらすか否か、であった。したがって、当局が推進する「アメリカ化」(アメリカナイゼーション)政策に適合する「大人むけの英語と公民の授業」では、逆に「敵国語」による教授を規則で認めているし、同様の理由でボーイ・スカウトも推奨している。

ささやかな楽しみや息抜きでさえも押さえつけられるなかで、多少なりとも思いどおりに自己表現・自己実現できる手段が残されていたとすれば、「敵国語」に頼る必要がなく、かつ私的領域のみで完結する絵画などの美術・芸術くらいであった。

最後に、本章を含めたこれまでの知見を総合すると、集合所当局はある種の「民主主義」概念にもとづきながら、強権をもって日系人の「アメリカ化」と「非日本化」を同時に実現しようとし、そこに根本的な限界と矛盾がひそんでいた。まず、後者の「非日本化」について、当局は日系人を「潜在的に危険な敵性外国人」とみなし、彼らの言動を全方位的に監視・制限することで、「敵性」要素を一掃しようとしている。しかし、その反面で当局は「アメリカ化」を推進し、「民主主義」を誇るアメリカのみに愛国心・忠誠心をいだくよう彼らを「矯正」しようとしている。少なくない日系人が看破しているように、市民的自由を否定しながら「民主主義」への信奉を求める行為は、その本質において両立しえるものではなかった。

註

(1) Committee of Center Managers to Emil Sandquist, Chief, Assembly Center Branch, Wartime Civil Control Administration (WCCA), "Report on the Study of Certain Aspects of Japanese Evacuation," November 20, 1942, Albert Hubbard Moffitt Papers, Box 6, Folder Report on the Study of Certain Aspects of Japanese Evacuation, Hoover, Stanford.

(2) WCCA, "Center Regulations," July 18, 1942, Japanese American Evacuation and Resettlement Records, BANC MSS 67/14c, Reel 12, Folder B1.09, Bancroft, UCB.

(3) WCCA, "Center Regulations."

(4) WCCA, "Center Regulations."

(5) WCCA, "Center Regulations."

(6) WCCA, "Center Regulations."

(7) WCCA, "Center Regulations."

(8) Sandquist to all Center Managers, "Outside Speakers," July 30, 1942, Margaret Cosgrave Sowers Papers, Box 2, Folder Material from Fresno Assembly Center, July-November, 1942, Hoover, Stanford.

(9) Louis Fiset, *Camp Harmony: Seattle's Japanese Americans and the Puyallup Assembly Center* (Urbana and Chicago, IL: University of Illinois Press, 2009), 103.

(10) Audrie Girdner and Anne Loftis, *The Great Betrayal: The Evacuation of the Japanese-Americans during World War II* (Toronto, Canada: Macmillan, 1969), 184. 司法省が管轄した施設に関する文献は、第二章の註7で示してある。

(11) Frank E. Davis, Center Manager, Tanforan Assembly Center, "Information Bulletin No. 20: The Use of the Printed Japanese Language and Japanese Speech," July 3, 1942, Reel 14, Folder B3.04, Bancroft, UCB.

(12) Davis, "Information Bulletin No. 20."

(13) "We at the Assembly Center...," *Utah Nippo* English Section August 5, 1942.

(14) Kikuo H. Taira, Testimony to the Commission on Wartime Relocation and Internment of Civilians (CWRIC), San Francisco, CA,

August 11, 1981, in Patsy Sumie Saiki Papers（Archival Record 18）, Box 3, Folder 35, Resource Center, JCCH; Ben Iijima's Diary, June 20, 1942, Japanese American Evacuation and Resettlement Records, BANC MSS 67/14c, Reel 17, Folder B12.10, Bancroft, UCB.

（15）Japanese Advisory Council, Puyallup Assembly Center, "Minutes of Headquarters Staff Meeting," July 21, 1942, Evacuation Internment Collection, Box 1, Folder Albert Ichihara #4, NJAHS.

（16）WCCA, "W.C.C.A. Operational Manual," revised ed., August 1, 1942, Japanese American Evacuation and Resettlement Records, BANC MSS 67/14c, Reel 12, Folder B1.11, Bancroft, UCB. 集合所における限定的な「自治」制度については、Brian Masaru Hayashi, *Democratizing the Enemy: The Japanese American Internment*（Princeton, NJ: Princeton University Press, 2004）も実例をあげながら論じている。

（17）Tamie Tsuchiyama, Santa Anita Assembly Center, "Attitudes," October 3, 1942, Japanese American Evacuation and Resettlement Records, BANC MSS 67/14c, Reel 16, Folder B8.05, Bancroft, UCB.

（18）Davis, "Information Bulletin No. 20."

（19）Hideo Hashimoto, Fresno Assembly Center, to Norman Thomas, Post War World Council, August 6, 1942, Norman Thomas Papers, Reel 13, LC.

（20）Doris Hayashi, Tanforan Assembly Center, "Religion," n.d., Japanese American Evacuation and Resettlement Records, BANC MSS 67/14c, Reel 16, Folder B8.15, Bancroft, UCB.

（21）Newton K. Uyesugi, Portland Assembly Center, to Carl R. Trowbridge, Director, Service Division, Portland Assembly Center, "North Portland Assembly Center Forum," n.d., Record Group（RG）338, Entry 27A, Box 20, Reel 375, NA.

（22）Trowbridge to Sandquist, "Nisei Forum in North Portland Assembly Center," n.d., RG 338, Entry 27A, Box 20, Reel 375, NA.

（23）Trowbridge to Sandquist, "Nisei Forum in North Portland Assembly Center."

（24）Trowbridge to Sandquist, "Nisei Forum in North Portland Assembly Center."

（25）Trowbridge to Sandquist, "Nisei Forum in North Portland Assembly Center."

（26）W. F. Durbin, Major, Q.M.C., Assistant to the Assistant Chief of Staff, Civil Affairs Division, Western Defense Command and Fourth Army（WDC）, to Sandquist, "Forum in Assembly Centers," August 15, 1942, RG 338, Entry 27A, Box 20, Reel 375, NA.

(27) Durbin to Sandquist, "Forum in Assembly Centers."

(28) Frank E. Kilpatrick, Jr., Director of Education, Tanforan Assembly Center, "Education at Tanforan Assembly Center, San Bruno, California," July 1, 1942, Japanese American Evacuation and Resettlement Records, BANC MSS 67/14c, Reel 14, Folder B4.01, Bancroft, UCB.

(29) Ernest S. Takahashi, Chairman, Tanforan Town Hall, Tanforan Assembly Center, "Tanforan Town Hall," n.d., Reel 1, Folder Assembly Centers, Records of the WRA; Tamotsu Shibutani, Haruo Najima, and Tomika Shibutani, Tanforan Assembly Center, "The First Month at the Tanforan Assembly Center for Japanese Evacuees: A Preliminary Report," n.d., Japanese American Evacuation and Resettlement Records, BANC MSS 67/14c, Reel 16, Folder B8.31, Bancroft, UCB.

(30) Ernest S. Takahashi, "What may We Do Here at Tanforan in Preparation for an Educational Program in the W.R.A. Centers?" June 27, 1942, Japanese American Evacuation and Resettlement Records, BANC MSS 67/14c, Reel 14, Folder B4.01, Bancroft, UCB.

(31) Ernest S. Takahashi, "Tanforan Town Hall."

(32) Ernest S. Takahashi, "Tanforan Town Hall."

(33) Shibutani, Najima, and Shibutani, "The First Month at the Tanforan Assembly Center for Japanese Evacuees."

(34) Ernest S. Takahashi, "Tanforan Town Hall"; Kilpatrick, "Education at Tanforan Assembly Center, San Bruno, California."

(35) Edwin E. Ferguson, Regional Attorney, San Francisco Regional Office, War Relocation Authority (WRA), to E. R. Fryer, Regional Director, WRA, "Report on Town Hall Meeting at Tanforan, June 10," June 12, 1942, RG 210, Entry 38, Box 3, Folder 102, Meetings & Itineraries, 1942, NA; "Tanforan Town Hall: Questions to be Asked of Mr. Ferguson Concerning War Relocation Policies," n.d., RG 210, Entry 38, Box 3, Folder 102, Meetings & Itineraries, 1942, NA.

(36) Ferguson to Fryer, "Report on Town Hall Meeting at Tanforan, June 10"; "Tanforan Town Hall: Questions to be Asked of Mr. Ferguson Concerning War Relocation Policies." とはいえ、ＷＲＡとして言論・報道統制とまったく無縁だったわけではない。「転住所」における「言論・報道の自由」については、第二章の註６で列挙した先行研究が参考になる。

(37) Doris Hayashi's Diary, May 27, 1942, Japanese American Evacuation and Resettlement Records, BANC MSS 67/14c, Reel 17, Folder B12.00, Bancroft, UCB.

（38）Doris Hayashi's Diary, June 3 and June 20, 1942, Japanese American Evacuation and Resettlement Records, BANC MSS 67/14c, Reel 17, Folder B12.00, Bancroft, UCB.

（39）Shibutani, Najima, and Shibutani, "The First Month at the Tanforan Assembly Center for Japanese Evacuees"; Tamotsu Shibutani's Diary, June 29, 1942, Japanese American Evacuation and Resettlement Records, BANC MSS 67/14c, Reel 182, Folder R21.00, Bancroft, UCB.

（40）この集会と関係者の処罰を論じるにあたり、本書は次に示す史料を総合的に参照・引用している。A Confidential Report, G-3, Civil Affairs Division, WCCA, June 19, 1942, RG 338, Entry 2, Box 66, Folder 370.61, NA; John Edgar Hoover, Director, Federal Bureau of Investigation（FBI）, to Francis Biddle, Attorney General, June 23, 1942, RG 107, Entry 183, Box 159, Folder Defense Command, Western, Bendetsen, NA; WCCA, WDC, Press Release 6-16, June 23, 1942, RG 210, Entry 16, Box 243, Folder 35, 442, NA; William Fleet Palmer, United States Attorney, Southern District of California, Los Angeles, to Attorney General, June 25, 1942, Japanese American Evacuation and Resettlement Records, BANC MSS 67/14c, Reel 14, Folder B3.05, Bancroft, UCB; Ted A. Stephenson, Santa Anita Assembly Center, to H. Russell Amory, Center Manager, Santa Anita Assembly Center, August 6, 1942, Reel 7, Papers of the CWRIC; D. M. Ladd, FBI, to Hoover, "Conditions at Assembly Centers and Internment Camps," September 8, 1942, Reel 30, Papers of the CWRIC; Tsuchiyama, "Attitudes"; FBI, "War Relocation Authority – Riots, Strikes, and Disturbances in Japanese Relocation Centers," June 16, 1943, Reel 14, Papers of the CWRIC; FBI, "Summary of Information: War Relocation Authority and Japanese Relocation Centers," August 2, 1945, FBI File Number: 62-69030-710, RG 65, FBI: 62-69030-710 WRA, NA（by the courtesy of Aiko Herzig）.

（41）A confidential report, G-3, Civil Affairs Division, WCCA, June 19, 1942.

（42）FBI, "Summary of Information: War Relocation Authority and Japanese Relocation Centers." その数日後の六月二十四日にも、正式な事前許可なく集会を開いたこと、日本語を使ったこと、また日本語新聞発行の請願の働きかけをしたという理由で、ＦＢＩがさらに六人の収容者を逮捕している。彼らもロサンゼルスの郡刑務所に送られている。

（43）Tsuchiyama, "Attitudes."

（44）Tsuchiyama, "Attitudes."

（45） Tsuchiyama, “Attitudes”; WDC’s informal check slip, File No. (CIB) 8199.42 (7-21-42), under the subject “Santa Anita Assembly Center,” Reel 7, Papers of the CWRIC.

（46） Dillon S. Myer, *Uprooted Americans: The Japanese Americans and the War Relocation Authority during World War II* (Tucson, AZ: The University of Arizona Press, 1971), 235; David Trask, Testimony to the CWRIC, Washington, D.C., July 14, 1981, Reel 1, Public Hearing of the CWRIC.

（47） Kazuyuki Takahashi, Santa Anita Assembly Center, to Alice H. Hays, July 31, 1942, Alice H. Hays Papers, Box 1, Folder Takahashi, Kazuyuki: 1942-45, Hoover, Stanford.

（48） ストライキ、およびその主導者に対する当局の捜査について参考となる史料・文献として、次のようなものがある。“Where Do We Stand?” *Manzanar Free Press* June 18, 1942; Ray Ashworth, Chief, Interior Security Branch, WCCA, to Lt. Col. W. A. Boekel, “Developments [at] Santa Anita,” June 22, 1942, RG 338, Entry 2, Box 66, Folder 370.61, NA: Tsuchiyama to Robert H. Lowie, Professor, University of California, Berkeley, June 24, 1942, Japanese American Evacuation and Resettlement Records, BANC MSS 67/14c, Reel 18, Folder B12.47, Bancroft, UCB; Karl R. Bendetsen, Assistant Chief of Staff, WDC, to John L. DeWitt, WDC, “Strike of Camouflage Net Workers at Santa Anita and Related Incidents,” June 25, 1942, RG 338, Entry 2, Box 5, Folder 000.91, NA; John T. Bissell, Colonel, General Staff, Assistant Executive Officer, MIS, to Assistant Chief of Staff, G-2, Department of War, March 15, 1943, RG 107, Entry 180, Box 14, Folder 230.2223, NA; FBI, “Summary of Information: War Relocation Authority and Japanese Relocation Centers”; Donald H. and Matthew T. Estes, “Further and Further Away: The Relocation of San Diego’s Nikkei Community 1942,” *Journal of San Diego History* 39 (Winter-Spring 1993): 1-31.

（49） A letter of an anonymous evacuee, n.d., RG 210, Entry 16, Box 156, Folder 22220#3, NA.

（50） Santa Anita Assembly Center, “Administrative Notice No. 13: Procedure Governing Meetings Held within the Santa Anita Assembly Center,” June 25, 1942, RG107, Entry 183, Box 31, Folder 254, NA.

（51） Santa Anita Assembly Center, “Administrative Notice No. 13.”

（52） WCCA, “Center Regulations”; David J. McFadden, Captain, Infantry, Santa Anita Assembly Center, to Durbin, July 31, 1942, RG 338, Entry 2, Box 5, Folder 001, NA; Santa Anita Assembly Center, “Administrative Notice No. 13.”

(53) Tsuchiyama, “Attitudes.”

(54) Norman Thomas, Chairman, Executive Committee, Post War World Council, to Henry L. Stimson, Secretary of War, August 4, 1942, RG 107, Entry 183, Box 60, Folder ASW 383.7, Interned Persons, T through Z, NA; Thomas to John J. McCloy, Assistant Secretary of War, Department of War, August 24, 1942, RG 107, Entry 183, Box 60, Folder ASW 383.7, Interned Persons, T through Z, NA; “National Board Criticises Rules at Santa Anita Center,” *The Open Forum* (weekly newsletter published by the American Civil Liberties Union in Los Angeles) August 22, 1942, in Carey McWilliams Papers, Box 2, Folder Evacuation – Public Comment, Hoover, Stanford; A. L. Wirin, Los Angeles Branch, American Civil Liberties Union (ACLU), to Clifford Forster, Staff Counsel, ACLU, July 18, 1942, Reel 207, Vol. 2398, ACLU Papers, Princeton; Assistant Solicitor, WRA, to Philip M. Glick, Solicitor, WRA, July 24, 1942, RG 210, Entry 38, Box 2, Folder 006.3, Claims, NA.

(55) Glick to Dillon S. Myer, Director, WRA, “Memorandum for the Director,” July 28, 1942, Reel 7, Papers of the CWRIC.

(56) Glick to Myer, “Memorandum for the Director.”

(57) Santa Anita Assembly Center, “Administrative Notice No. 22: Revision of Center Regulations,” August 11, 1942, RG 338, Entry 27A, Box 29, Reel 484, NA; Durbin to Sandquist, “Revision of W.C.C.A. Operation Manual,” August 1, 1942, RG 338, Entry 2, Box 86, Folder 461, NA; Bendetsen to Ralph H. Tate, G.S.C., Executive Officer, Office of the Assistant Secretary of War, August 1, 1942, RG 107, Entry 183, Box 31, Folder 254, NA.

(58) Edward J. Ennis, Director, Alien Enemy Control Unit, Department of Justice, “U.S. v. Kawada, et al,” August, 18, 1942, Reel 9, Papers of the CWRIC.

(59) Bendetsen to Tate, August 1, 1942.

(60) “Some Thoughts of a Santa Anitan on Reading ‘Moving the West-Coast Japanese’ by Carey McWilliams,” September 3–6, 1942, Norman Thomas Papers, Reel 82, LC.

(61) Michiko Machida, Testimony to the CWRIC, Los Angeles, CA, August 6, 1981, RG 220, Box 75, NA; Kenji Okuda, Puyallup Assembly Center, to Eleanor Ring, July 26, 1942, Ring Family Papers (Accession #4241-001), Box 1, Folder 13, Special Collections, UW; American National Red Cross, “Report of the American Red Cross Survey of Assembly Centers in California, Oregon, and

Washington," August 1942, Reel 10, Papers of the CWRIC.

(62) Lester Suzuki, Testimony to the CWRIC, San Francisco, CA, August 13, 1981, Reel 3, Public Hearing of the CWRIC; Lynne Ogawa, Testimony to the CWRIC, San Francisco, CA, August 12, 1981, Reel 3, Public Hearing of the CWRIC.

(63) Fred Hoshiyama, Tanforan Assembly Center, "Tanforan Political Activities," June 16, 1942, Japanese American Evacuation and Resettlement Records, BANC MSS 67/14c, Reel 16, Folder B8.25, Bancroft, UCB; Doris Hayashi's Diary, June 24, 1942, Japanese American Evacuation and Resettlement Records, BANC MSS 67/14c, Reel 17, Folder B12.00, Bancroft, UCB.

(64) Edward H. Spicer, Community Analyst, Poston Relocation Center, "Self-Government in Poston," March 1943, Reel 9, WRA Community Analysis Reports.

(65) Fiset, *Camp Harmony*, 135.

(66) なお、委員会は一九四三年三月に組織をペンシルヴァニア州フィラデルフィアに集約し、名称も「全国日系人学生転住委員会」（National Japanese American Student Relocation Council）に変更している。その後、立ち退き・収容政策の終了にともない、一九四六年六月に解散している。最終的に、委員会は四千人以上の二世に教育の機会を与えることができた。収容施設における教育活動、施設から大学に進学した二世、および委員会の活動に関しては、次に示す文献が参考になる。Robert W. O'Brien, *The College Nisei*（Palo Alto, CA: Pacific Books, 1949）; Thomas James, "'Life Begins with Freedom': The College Nisei, 1942-1945," *History of Education Quarterly* 25（Spring/Summer 1985）: 155-174; Thomas James, *Exile Within: The Schooling of Japanese Americans, 1942-1945*（Cambridge, MA: Harvard University Press, 1987）; Gary Y. Okihiro, *Storied Lives: Japanese American Students and World War II*（Seattle, WA: University of Washington Press, 1999）; "National Japanese American Student Relocation Council," in Brian Niiya, ed., *Encyclopedia of Japanese American History: An A-to-Z Reference from 1868 to the Present* updated ed.（New York: Facts on File, 2001）, 297-298; Allan W. Austin, *From Concentration Camp to Campus: Japanese American Students and World War II*（Urbana, IL: University of Illinois Press, 2004）.

(67) Austin, *From Concentration Camp to Campus*, 32-33.

(68) Ira K. Evans, Lt. Col., C.S.C., Assistant, Assistant Chief of Staff, Civil Affairs Division, WDC, to Col. Boekel, "Meeting in Assembly Centers," June 18, 1942, RG 338, Entry 2, Box 5, Folder 001, NA.

(69) Austin, *From Concentration Camp to Campus*, 162.

(70) Austin, *From Concentration Camp to Campus*, 46.
(71) Rules for the National Student Relocation Council, WCCA, June 19, 1942, RG 338, Entry 2, Box 4, Folder 000.8, NA.
(72) Austin, *From Concentration Camp to Campus*, 46.
(73) Rules for the National Student Relocation Council, WCCA, June 19, 1942.
(74) Rules for the National Student Relocation Council, WCCA, June 19, 1942; Bendetsen to Robert G. Sproul, President, University of California, Berkeley, November 6, 1942, quoted in Austin, *From Concentration Camp to Campus*, 48.「報復」を強く示唆する日本のプロパガンダ、およびそれを懸念するアメリカ政府内部の動きに関する先行研究などは、第五章の註127で示してある。
(75) Herman P. Goebel, Jr., Major, Cavalry, Chief, Regulatory Section, WCCA, to Joseph Conard, Executive Secretary, National Student Relocation Council, June 25, 1942, RG 338, Entry 2, Box 4, Folder 000.8, NA; Norman Beasley, Major, A.U.S., Chief, Public Relations Division, WCCA, to Evans, "Supplement No. 1 to Instructions Covering Interviews by National Student Relocation Council," July 10, 1942, RG 338, Entry 2, Box 4, Folder 000.8, NA.
(76) Austin, *From Concentration Camp to Campus*, 49.
(77) Robbins W. Barstow, National Director, National Student Relocation Council, to Sproul, July 27, 1942, Japanese American Evacuation and Resettlement Records, BANC MSS 67/14c, Reel 80, Folder T2.063, Bancroft, UCB.
(78) Tom Bodine, National Student Relocation Council, ca. July 1942, National Japanese American Student Relocation Council Records, Box 38, Folder West Coast Office, II 4:35, Hoover, Stanford.
(79) Bendetsen to Tate, August 3, 1942, RG 338, Entry 2, Box 4, Folder 000.8, NA; Anne O. Freed, Community Analysis Section, WRA, "Summary of Available Data on Assembly Centers," July 14, 1943, Reel 3, WRA Community Analysis Reports.
(80) National Japanese American Student Relocation Council, "Japanese Student Relocation," June 1942, RG 338, Entry 2, Box 4, Folder 000.8, NA.
(81) Evans to Chief, Property, Security and Regulations Division, "Pamphlet Entitled 'Japanese Student Relocation,'" July 2, 1942, RG 338, Entry 2, Box 4, Folder 000.8, NA; Bendetsen to Tate, August 3, 1942.
(82) Bendetsen to Tate, August 3, 1942.

（83）Austin, *From Concentration Camp to Campus*, 47.

（84）Barstow to Milton S. Eisenhower, Office of War Information, July 25, 1942, RG 208, Entry 1, Box 1, Folder Asian（Japanese Americans）1942-1944, NA. アイゼンハワーについては、自叙伝であるMilton S. Eisenhower, *The President is Calling*（Garden City, NY: Doubleday, 1974）がもっとも詳しい。陸軍の最高幹部の一人で、のちに第三十四代大統領となるドワイト・D・アイゼンハワー（Dwight D. Eisenhower）の弟である。

（85）Bendetsen to Tate, August 3, 1942.

（86）Fiset, *Camp Harmony*, 118.

（87）Austin, *From Concentration Camp to Campus*, 1; National Japanese American Student Relocation Council, "From Camp to College: The Story of Japanese American Student Relocation,"（Philadelphia, PA: National Japanese American Student Relocation Council, ca.1945）, in Romanzo Adams War Research Laboratory（RASRL）Records, Confidential Research Files, Box 16, Folder 16, Hamilton, UH.

（88）「四つの自由」については、第一章の本文と註４で説明してある。集合所での統制を集中的に論じているわけではないが、大戦時の日系人仏教徒の体験を総合的に描いた研究書として、Duncan Ryūken Williams, *American Sutra: A Story of Faith and Freedom in the Second World War*（Cambridge, MA: The Belknap Press of Harvard University Press, 2019）がある。

（89）"Tulare Assembly Center Report #4," May 31, 1942, Japanese American Evacuation and Resettlement Records, BANC MSS 67/14c, Reel 14, Folder B4.02, Bancroft, UCB.

（90）Fiset, *Camp Harmony*, 135.

（91）Commission on Wartime Relocation and Internment of Civilians（CWRIC）, *Personal Justice Denied: Report of the Commission on Wartime Relocation and Internment of Civilians*（Washington, D.C.: The Government Printing Office, 1982）, 145.

（92）WCCA, "Center Regulations."

（93）Fiset, *Camp Harmony*, 135.

（94）CWRIC, *Personal Justice Denied*, 40.

（95）Edward K. Strong, Jr., *Japanese in California: Based on a Ten Per Cent Survey of Japanese in California and Documentary Evidence from Many Sources*（Stanford, CA: Stanford University Press, 1933）, 168–169, 174.

(96) Community Analysis Section, WRA, "Buddhism in the United States," Community Analysis Report No. 9, May 15, 1944, Reel 1, WRA Community Analysis Reports.

(97) Strong, *Japanese in California*, 168–169, 174.

(98) G. Gordon Brown, Community Analyst, Gila River Relocation Center, "Final Report: War Relocation Authority, Gila River Project, Rivers, Arizona, Community Analysis Section: March 12 to July 7, 1945," reprinted in *Applied Anthropology* 4 (Fall 1945): 36. たとえば、ヒラ・リヴァーと同じアリゾナ州のポストン（Poston）転住所でも、一万八千人の住民の七三％が仏教徒であると報告されている。（George Yamaguchi [Bussei leader], Bureau of Sociological Research, Poston Relocation Center, "Buddhist Organization," January 1943, Reel 9, WRA Community Analysis Reports.）

(99) Brown, "Final Report," 37.

(100) Tetsuden Kashima, *Buddhism in America: The Social Organization of an Ethnic Religious Institution* (Westport, CT: Greenwood Press, 1977), 114, 132; Richard Hughes Seager, *Buddhism in America* (New York: Columbia University Press, 1999), 55.

(101) Forrest E. LaViolette, *Americans of Japanese Ancestry* reprint ed. (New York: Arno Press, 1978), 47; Ogawa, Testimony to the CWRIC, San Francisco, CA, August 12, 1981.

(102) Community Analysis Section, WRA, "Buddhism in the United States"; John Modell, *The Economics and Politics of Racial Accommodation: The Japanese of Los Angeles, 1900–1942* (Urbana and Chicago, IL: University of Illinois Press, 1977), 159–160.

(103) Seager, *Buddhism in America*, 55. 日系人コミュニティにおける宗教の社会的機能について、参考文献とともに要領よくまとめているものとして、Arthur Nishimura, "Religion and its Social Function in the Japanese American Community," in Xiaojian Zhao and Edward J. W. Park, eds., *Asian Americans: An Encyclopedia of Social, Cultural, Economic, and Political History* Vol. 3 (Santa Barbara, CA: Greenwood, 2014), 955–958 もあげておく。

(104) Modell, *The Economics and Politics of Racial Accommodation*, 160; Elmer R. Smith, "A Discussion of the Degree of Assimilation among Persons of Japanese Ancestry in the United States," an unpublished paper prepared for the Anti-Discrimination Committee of the Japanese American Citizens League (JACL), 16–Appendix; quoted in Dorothy Swaine Thomas, *The Salvage: Japanese American Evacuation and Resettlement* (Berkeley and Los Angeles, CA: University of California Press, 1952), 537.

（105）Community Analysis Section, WRA, "Buddhism in the United States."

（106）Kashima, *Buddhism in America*, 47; Seager, *Buddhism in America*, 55.

（107）Wendy Ng, *Japanese American Internment during World War II: A History and Reference Guide*（Westport, CT: Greenwood Press, 2002）, 36.

（108）Anne Carter, American National Red Cross, "Japanese Assembly Center, Fresno, California," July 21, 1942, Reel 6, Papers of the CWRIC.

（109）Doris Hayashi, "Religion."

（110）Ben Iijima's Diary, June 21, 1942, Japanese American Evacuation and Resettlement Records, BANC MSS 67/14c, Reel 17, Folder B12.10, Bancroft, UCB.

（111）"Tulare Assembly Center Report #4"; James Minoru Sakoda's Diary, May 29 and May 31, 1942, Japanese American Evacuation and Resettlement Records, BANC MSS 67/14c, Reel 176, Folder R20.81, Bancroft, UCB.

（112）George H. Dean, Senior Information Specialist, WRA, "Conditions at Manzanar Relocation Area," June 1, 1942, RG 210, Entry 16, Box 396, Folder 65,430A, Manzanar Incident, June 1 - Dec. 31, 1942, NA.

（113）Carter, "Japanese Assembly Center, Fresno, California."

（114）Doris Hayashi, "Religion."

（115）Executive Officer, Operations Division, WCCA, "Japanese Print Religious Publications, Tanforan Assembly Center," September 15, 1942, RG 338, Entry 27A, Box 23, Reel 410, NA; Rev. H. Kuyper to Capt. L. E. Wellendorf, WCCA, July 15, 1942, RG 338, Entry 2, Box 66, Folder 350.03, NA.

（116）Kashima, *Buddhism in America*, 53; Doris Hayashi, untitled memorandum, n.d., Japanese American Evacuation and Resettlement Records, BANC MSS 67/14c, Reel 16, Folder B8.15, Bancroft, UCB; Shibutani, Najima, and Shibutani, "The First Month at the Tanforan Assembly Center for Japanese Evacuees."

（117）"Tulare Assembly Center Report #4."

（118）Tsuchiyama, "A Preliminary Report on Japanese Evacuees at Santa Anita Assembly Center," July 31, 1942, Japanese American Evacuation and Resettlement Records, BANC MSS 67/14c, Reel 16, Folder B8.05, Bancroft, UCB; Tsuchiyama to Robert H. Lowie,

Professor of Anthropology, University of California, Berkeley, June 24, 1942, Records of the Department of Anthropology, CU-23, Box 148, Folder Tsuchiyama, Tamie, Bancroft, UCB.

(119) Ogawa, Testimony to the CWRIC, San Francisco, CA, August 12, 1981.

(120) George Yamaguchi (Bussei leader), Bureau of Sociological Research, Poston Relocation Center, "Buddhist Organization," January 1943, Reel 9, WRA Community Analysis Reports.

(121) Fiset, *Camp Harmony*, 105. 日米開戦前のＦＢＩによる日系人の調査、および開戦後の一斉逮捕・連行に関する文献は、第一章の註10で示してある。

(122) Tsuchiyama, "A Preliminary Report on Japanese Evacuees at Santa Anita Assembly Center."

(123) Gyosuke Iseda, Research Assistant, Community Analysis Section, Poston Relocation Center, "Buddhism in Poston," Poston Community Analysis Report No. 14, n.d., Reel 9, WRA Community Analysis Reports; United States War Relocation Authority, *The Evacuated People: A Quantitative Description* (Washington, D.C.: Government Printing Office, 1946), 79.

(124) Charles Kikuchi, *The Kikuchi Diary: Chronicle from an American Concentration Camp: The Tanforan Journals of Charles Kikuchi* John Modell, ed. (Urbana and Chicago, IL: University of Illinois Press, 1973), 220-221.

(125) John Embree, Chief, Community Analysis Section, WRA, "Manzanar: Sept. 11-13, 1942," n.d., Reel 3, WRA Community Analysis Reports; CWRIC, *Personal Justice Denied*, 173.

(126) 島田法子『戦争と移民の社会史――ハワイ日系アメリカ人の太平洋戦争』(現代史料出版、二〇〇四年)、九、一三四、Gary Y. Okihiro, *Cane Fires: The Anti-Japanese Movement in Hawaii, 1865-1945* (Philadelphia, PA: Temple University Press, 1991), 230. 戦時中のハワイにおける日系人仏教徒、また日系人の宗教活動全般を知る上で有用な文献として、Linda Nishigaya and Ernest Oshiro, "Reviving the Lotus: Japanese Buddhism and World War II Internment," *Social Process in Hawai'i* (Breaking the Silence: Lessons of Democracy and Social Justice from the World War II Honouliuli Internment and POW Camp in Hawai'i) 44 (2014): 173-198、高橋典史『移民、宗教、故国――近現代ハワイにおける日系宗教の経験』(ハーベスト社、二〇一五年)、をあげておく。

(127) Akihiro Yamakura, "The United States-Japanese War and Tenrikyo Ministers in America," in Duncan Ryūken Williams and Tomoe Moriya, eds., *Issei Buddhism in the Americas* (Urbana, Chicago, and Springfield, IL: University of Illinois Press, 2010), 141-163.

(128) Tsuchiyama to Lowie, June 24, 1942; E. H. Spicer, Community Analyst, Poston Relocation Center, "Self-Government in Poston," March 1943, Reel 9, WRA Community Analysis Reports.

(129) Tsuchiyama to Lowie, June 24, 1942; Brown, "Final Report," 38; Yamakura, "The United States-Japanese War and Tenrikyo Ministers in America," 142.

(130) 島田『戦争と移民の社会史』一七一、高橋『移民、宗教、故国』一〇九、一〇六。「転住所」(relocation centers)でのＷＲＡによる国家神道の禁止については、次の史料が参考になる。Roy Nash, Project Director, Manzanar Relocation Center, "Manzanar from the Inside," July 31, 1942, Reel 75, Folder Miscellaneous Reports, Records of the WRA.

(131) Ng, *Japanese American Internment during World War II*, 36; Carter, "Japanese Assembly Center, Fresno, California." 本書が主題とする集合所よりも、むしろその後継施設である転住所に着目してはいるが、日系人立ち退き・収容とキリスト教との関係を総合的に論じた研究として、Anne M. Blankenship, *Christianity, Social Justice, and the Japanese American Incarceration during World War II* (Chapel Hill, NC: University of North Carolina Press, 2016) がある。

(132) Information Office No. 1, Manzanar Relocation Center, "Report No. 42," May 14, 1942, Box 7, Folder 4, Manzanar War Relocation Center Records (122), Young, UCLA; Strong, *Japanese in California*, 168-169, 174.

(133) Suzuki, *Ministry in the Assembly and Relocation Centers of World War II*, 20; Lefty Ichihara, Puyallup Assembly Center, to James Y. Sakamoto, "Placement of Armament within Area D," May 30, 1942, Hiroyuki Ichihara Papers (Accession #4761-001), Reel 2, Special Collections, UW.

(134) Mary Oyama Mittwer, Santa Anita Assembly Center, to *Common Ground*, June 27, 1942, Common Council for American Unity Papers, Box 222, Folder 9 (Japanese – Correspondence, Minutes, Press Releases, Clippings, Pamphlets, etc., 1942 [1 of 2]), IHRC, UM; "Memorandum on Sunday Services in Reception Centers: Presented by the Protestant Commission at the Request of Capt. Wollendorf," May 6, 1942, Church Council of Greater Seattle Records (Accession #1358-007), Box 15, Folder 31, Special Collections, UW.

(135) Rev. Chiaki Kuzuhara, *The Tidings*, n.d., in Emery E. Andrews Papers (Accession #1908-001), Box 4, Folder 38, Special Collections, UW.

(136) Suzuki, *Ministry in the Assembly and Relocation Centers of World War II*, 75; Lester Suzuki, Testimony to the CWRIC, San Francisco, CA, August 13, 1981, Reel 3, Public Hearing of the CWRIC.

(137) Sammie Chikaraishi, "American Buddhism," *El Joaquin* Literary Section September 28, 1942; WRA, "The Center Way of Life," n.d., Japanese American Relocation and Internment: The Hawai'i Experience, 1981–1983（Archival Record 19）, Box 10, Folder 24, Resource Center, JCCH.

(138) Shibutani, Najima, and Shibutani, "The First Month at the Tanforan Assembly Center for Japanese Evacuees"; Community Analysis Section, Topaz Relocation Center, "Notes on Some Religious Cults at Topaz," Project Analysis Series No. 7, June 15, 1943, Reel 8, WRA Community Analysis Reports.

(139) Committee of Center Managers to Sandquist, "Report on the Study of Certain Aspects of Japanese Evacuation."

(140) Chairman of Recreational Directors, Tanforan Assembly Center, to LeRoy Thompson, "Entertainment for Japanese-Speaking Evacuees," July 24, 1942, Japanese American Evacuation and Resettlement Records, BANC MSS 67/14c, Reel 14, Folder B3.04, Bancroft, UCB.

(141) Homer L. and Edna W. Morris to the Board of Directors of the American Friends Service Committee, "Memorandum on Problems Caused by Evacuation Orders Affecting Japanese and Problems of Organization of the American Friends Service Committee Work on the Pacific Coast," October 5, 1942, Records of the American Friends Service Committee, Midwest Branch, Advisory Committee for Evacuees, 1942–1963（Accession #4791-001）, Box 1, Folder 14, Special Collections, UW.

(142) WCCA, "Center Regulations." 集合所規則の例外規定には、その後の補正で「組織的かつ当局の承認を受けたレクリエーション活動」も加えられているが、結局、当局が是認・推奨する目的以外の日本語使用が禁止されたことに変わりはない。（WCCA, "Supplement No. 7 to W.C.C.A. Operation Manual," July 30, 1942, Kaoru Ichihara Papers［Accession #1839-001］, Box 1, Folder 13, Special Collections, UW.）

(143) WCCA, "Center Regulations."

(144) Chairman of Recreational Directors to Thompson, "Entertainment for Japanese-Speaking Evacuees"; "Adult Program," n.d., Japanese American Evacuation and Resettlement Records, BANC MSS 67/14c, Reel 14, Folder B3.04, Bancroft, UCB.

(145) “Minutes of the Advisory Council,” June 22, 1942, Japanese American Evacuation and Resettlement Records, BANC MSS 67/14c, Reel 14, Folder B4.10, Bancroft, UCB; Chairman of Recreational Directors to Thompson, “Entertainment for Japanese-Speaking Evacuees”; an anonymous letter written at the Tanforan Assembly Center, n.d., Japanese American Evacuation and Resettlement Records, BANC MSS 67/14c, Reel 18, Folder B12.51, Bancroft, UCB.

(146) Estelle Ishigo, *Lone Heart Mountain* (Los Angeles, CA: Anderson, Ritchie & Simon, 1972), 14.

(147) Hoshiyama, Tanforan Assembly Center, “Recreation,” n.d., Japanese American Evacuation and Resettlement Records, BANC MSS 67/14c, Reel 16, Folder B8.21, Bancroft, UCB.

(148) E. P. Pulliam, Center Manager, Fresno Assembly Center, “Notice,” July 23, 1942, Japanese American Evacuation and Resettlement Records, BANC MSS 67/14c, Reel 13, Folder B2.06, Bancroft, UCB; “‘No Fun’ Says Disc Censors,” *Mercedian* July 28, 1942.

(149) Japanese Advisory Council, Puyallup Assembly Center, “Headquarters Staff Meeting,” July 24, 1942, Evacuation Internment Collection, Box 1, Folder Albert Ichihara #4, NJAHS; Tom Kobayashi, Chief Chaplain, Puyallup Assembly Center, to Lefty Ichihara, Area D Supervisor, July 24, 1942, Hiroyuki Ichihara Papers (Accession #4761-001), Reel 1, Special Collections, UW; Okuda to Ring, July 26, 1942.

(150) A. T. Hansen, Community Analyst, Heart Mountain Relocation Center, to M. O. Anderson, “Weekly Report for July 14-20, 1944,” July 21, 1944, Reel 17, WRA Community Analysis Reports; Doris Hayashi, “Religion”; Shibutani, Tule Lake Relocation Center, “Bon Odori,” September 15, 1942, Japanese American Evacuation and Resettlement Records, BANC MSS 67/14c, Reel 183, Folder R21.03, Bancroft, UCB.

(151) “Translation of Japanese Songs and Music,” August 6, 1942, RG 338, Entry 27A, Box 21, Reel 379, NA.

(152) Ray Ashworth, Major, AUS, Chief, Interior Security Branch, WCCA, to Chief, Interior Police, Merced Assembly Center, July 25, 1942, RG 338, Entry 27A, Box 7, Reel 216, NA.

(153) Tsuchiyama, “A Preliminary Report on Japanese Evacuees at Santa Anita Assembly Center.”

(154) Japanese Advisory Council, Puyallup Assembly Center, “Minutes of Headquarters Staff Meeting,” July 22, 1942, Hiroyuki Ichihara Papers (Accession #4761-001), Reel 2, Special Collections, UW; Hiroyuki Ichihara, Area D Director, Puyallup Assembly Center, to

James Sakamoto, Chief Supervisor, Japanese Advisory Council, "List of Books and Other Printed Matter and Phonograph Records Requested for Exemption from Custody," July 27, 1942, Hiroyuki Ichihara Papers (Accession #4761-001), Reel 1, Special Collections, UW.

(155) Japanese Advisory Council, Puyallup Assembly Center, "Headquarters Staff Meeting," July 29, 1942, Hiroyuki Ichihara Papers (Accession #4761-001), Reel 2, Special Collections, UW. 対照的に、アメリカの「国民的娯楽」(national pastime) といわれる野球は各所で活発におこなわれている。永田陽一『日系人戦時収容所のベースボール――ハーブ栗間の輝いた日々』(刀水書房、二〇一八年) は、カリフォルニア州フレズノ集合所を事例としてその経緯を論じている。なお、同書が明らかにしているように、フレズノには「禁制品」であるカメラをもち込んだ者がいたようで、優勝チームの記念写真が撮影されている。

(156) Ferguson to Fryer, "Report on Town Hall Meeting at Tanforan, June 10."

(157) 森邦雄「サンタニタチャット」『ロッキー日本』一九四二年八月三日。

(158) Kazuyuki Takahashi to Hays, July 31, 1942; Hoshiyama, "Recreation."

(159) Hoshiyama, "Recreation."

(160) Doris Hayashi, Tanforan Assembly Center, "A Progressive Group (Girls)," n.d., Japanese American Evacuation and Resettlement Records, BANC MSS 67/14c, Reel 16, Folder B8.13, Bancroft, UCB.

(161) Quoted in Thomas, *The Salvage*, 522.

(162) "William Hosokawa, Heart Mountain," in John Tateishi, *And Justice for All: An Oral History of the Japanese American Detention Camps* (New York: Random House, 1984), 19; Community Analysis Section, WRA, "Report on an Unorganized Relocation Center," Project Analysis Series No. 6, June 1943, Reel 1, WRA Community Analysis Reports.

(163) Fiset, *Camp Harmony*, 66; "Local Paper Praises Center: Art Staff's Posters Lauded...," *Camp Harmony News-Letter* July 18, 1942; Camp Harmony Exhibit, University of Washington Libraries, www.lib.washington.edu/exhibits/harmony/exhibit/default.htm (二〇一九年一月九日アクセス)、小平尚道『アメリカ強制収容所――戦争と日系人』(玉川大学出版部、一九八〇年)、一〇三～一〇四。

(164) Chairman of Recreational Directors to Thompson, "Entertainment for Japanese-Speaking Evacuees."

(165) Ichihara to Sakamoto, "List of Books and Other Printed Matter and Phonograph Records Requested for Exemption from Custody."

(166) Harry L. Black, Center Manager, Merced Assembly Center, to Sandquist, "Report of Center Managers," November 10, 1942, RG 319, Entry 47, Box 391, Folder 291.2 Japanese, 1-1-43 through 1-19-43, NA.

(167) Sandquist to Davis, July 30, 1942, RG 338, Entry 27A, Box 7, Reel 216, NA.

(168) A teletype instruction of the WDC, April 9, 1942, RG 338, Entry 2, Box 4, Folder 000.77, NA; Beasley to Edwin Bates, Chief, Information Service Division, WRA, "Clearance of Pictures and Negatives," June 9, 1942, Japanese American Evacuation and Resettlement Records, BANC MSS 67/14c, Reel 13, Folder B2.091, Bancroft, UCB.

立ち退き・収容の記録写真、および撮影者に対する統制などについては、次に示すような文献が参考になるが、その多くは写真の内容・表象を分析している。Karin Becker Ohrn, "What You See is What You Get: Dorothea Lange and Ansel Adams at Manzanar," *Journalism History* 4 (Spring 1977): 14-22, 32; Karin Becker Ohrn, *Dorothea Lange and the Documentary Tradition* (Baton Rouge, LA: Louisiana State University Press, 1980); Linda A. Morris, "A Woman of our Generation," in Elizabeth Partridge, ed., *Dorothea Lange: A Visual Life* (Washington and London: Smithsonian Institution Press, 1994), 13-33; Roger Daniels, "Dorothea Lange and the War Relocation Authority: Photographing Japanese Americans," in Partridge, ed., *Dorothea Lange*, 45-55; Marita Sturken, "Absent Images of Memory: Remembering and Reenacting the Japanese Internment," *Positions: East Asia Cultures Critique* 5 (1997): 687-707; Gerald H. Robinson, introduction by Archie Miyatake, *Elusive Truth: Four Photographers at Manzanar (Ansel Adams, Clem Albers, Dorothea Lange, Toyo Miyatake)* (Nevada City, CA: Carl Mautz Publishing, 2002); Elena Tajima Creef, *Imaging Japanese America: The Visual Construction of Citizenship, Nation, and the Body* (New York: New York University Press, 2004); Dolores Flamiano, "Too Human for *Life*: Hansel Mieth's Photographs of Heart Mountain Internment Camp," *Visual Communication Quarterly* 11 (Summer-Autumn 2004): 4-17; Linda Gordon and Gary Y. Okihiro, eds., *Impounded: Dorothea Lange and the Censored Images of Japanese American Internment* (New York: W. W. Norton, 2006); Anne Hammond, "Ansel Adams at Manzanar War Relocation Center, 1943-1944," *History of Photography* 30 (Autumn 2006): 245-257; Thy Phu, "The Spaces of Human Confinement: Manzanar Photography and Landscape Ideology," *Journal of Asian American Studies* 11 (October 2008): 337-371; Jasmine Alinder, *Moving Images: Photography and the Japanese American Incarceration* (Urbana and Chicago, IL: University of Illinois Press, 2009); Linda Gordon, *Dorothea Lange: A Life beyond Limits* (New York: W. W. Norton, 2009); Lane Ryo Hirabayashi with Kenichiro Shimada, *Japanese American Resettlement through the Lens: Hikaru Carl Iwasaki and the WRA's Photographic Section, 1943–1945* (Boulder, CO: University Press of Colorado, 2009); Dolores Flamiano, "Japanese American Internment in Popular Magazines: Race, Citizenship, and Gender in World War II Photojournalism," *Journalism History* 36 (Spring 2010): 23–35; Bill Manbo, *Colors of Confinement: Rare Kodachrome Photographs of Japanese American Incarceration in World War II* (Chapel Hill, NC: University of North Carolina Press, 2012); Arielle Emmett, "Silent Soliloquy: An Unknown Photographer Chronicles the 'Inscrutable Laughter' of Japanese American Internment," *Visual Communication Quarterly* 20 (April-June 2013): 75–90; Berkley Hudson, "Commentary: A Troublesome Melting Pot Documented by Photographers," *Visual Communication Quarterly* 20 (April-June 2013): 62–63.

(169) Miné Okubo, Testimony to the CWRIC, New York, November 23, 1981, RG 220, Entry CWRIC, NA; Miné Okubo, *Citizen 13660* (New York: Columbia University Press, 1946); Lynne Horiuchi, "Miné Okubo's *Citizen 13660* and her *Trek* Artwork: Space, Movement, Image, Text, and their Sites of Production," in Greg Robinson and Elena Tajima Creef, eds., *Miné Okubo: Following her Own Road* (Seattle, WA: University of Washington Press, 2008), 111–130. アジア系アメリカ人研究の専門誌『アメラジア・ジャーナル』(*Amerasia Journal*) は、二〇〇四年にオオクボの特集号を発刊し、本文で引用した本人の公聴会証言を含め、多数の史料や論考を掲載している。(*Amerasia Journal* [A Tribute to Miné Okubo] 30 [2004].)

(170) 島田法子「第二次世界大戦下の二世教育」、吉田亮編・著『アメリカ日本人移民の越境教育史』(日本図書センター、二〇〇五年)、二七七～三〇二。

(171) Ernest S. Takahashi, Tanforan Assembly Center, Director of Elementary Education at Tanforan, "Outline of Elementary Education – Tanforan," n.d., Reel 1, Folder Assembly Centers, Records of the WRA.

(172) Tsuchiyama to Lowie, June 24, 1942.

(173) "Private Voluntary Interview with Miss D. Concerning Puyallup Assembly Center, Held on 4/17/43," n.d., Reel 1, Folder Assembly Centers, Records of the WRA.

(174) Kilpatrick, "Education at Tanforan Assembly Center, San Bruno, California."

(175) Teiji Koide, Santa Anita Assembly Center, "Outline of Americanization Program for Nisei," June 20, 1942, Reel 1, Folder Assembly Centers, Records of the WRA.

(176) Koide, "Outline of Americanization Program for Nisei."

(177) Ernest S. Takahashi, "Outline of Elementary Education – Tanforan"; "Elementary School Program," n.d., Japanese American Evacuation and Resettlement Records, BANC MSS 67/14c, Reel 14, Folder B4.01, Bancroft, UCB.

(178) Yoshiko Uchida, *Desert Exile: The Uprooting of a Japanese American Family* (Seattle, WA: University of Washington Press, 1982), 90.

(179) Tsuchiyama to Lowie, June 24, 1942; Tsuchiyama, "A Preliminary Report on Japanese Evacuees at Santa Anita Assembly Center"; Thomas J. Mahan, Director of Education and Recreation, WCCA, and Lester K. Ade, Consultant, U.S. Office of Education, "A Suggested Informal Program of Education and Recreational Activities for WCCA Assembly and Reception Centers for the Summer Months," May 7, 1942, RG 210, Entry 38, Box 1, Folder 001, Organization (June, July and August), NA.

(180) W.C.C.A. Assembly Center Notice, Tanforan Assembly Center, "Camp-Wide Flag Raising Ceremony and Official Opening of Center, Sunday, May 24, 2:30 p.m.," n.d., Japanese American Evacuation and Resettlement Records, BANC MSS 67/14c, Reel 14, Folder B3.04, Bancroft, UCB; H. L. Thompson, Director of Recreation, Tanforan Assembly Center, "Tanforan Recreation Program, 1942," n.d., Japanese American Evacuation and Resettlement Records, BANC MSS 67/14c, Reel 14, Folder B4.01, Bancroft, UCB.

(181) Tsuchiyama, "A Preliminary Report on Japanese Evacuees at Santa Anita Assembly Center."

(182) Carey McWilliams, "Moving the West-Coast Japanese," *Harper's Magazine* September 1942: 361, 362.

(183) Kikuchi, *The Kikuchi Diary*, 243; James, *Exile Within*, 32.

(184) Doris Hayashi's Diary, May 14, 1942, Japanese American Evacuation and Resettlement Records, BANC MSS 67/14c, Reel 17, Folder B12.00, Bancroft, UCB; Shibutani, Najima, and Shibutani, "The First Month at the Tanforan Assembly Center for Japanese Evacuees."

(185) Shibutani, Najima, and Shibutani, "The First Month at the Tanforan Assembly Center for Japanese Evacuees."

(186) Tsuchiyama, "Attitudes."

(187) Shibutani, Najima, and Shibutani, "The First Month at the Tanforan Assembly Center for Japanese Evacuees."

第三部　結論

Part 3: Conclusion

終章　戦時民主主義の「限界」と「矛盾」

集合所……は、同じ人口のアメリカの都市に匹敵する生活必需品を備えた、うまく組織された共同体でした。立ち退き者［日系人］は、彼らなりの社会的生活を楽しんでいました。……信教の自由を行使し、立ち退き者たち自身が望んだとおり、仏教の僧侶やキリスト教の牧師が宗教的催事をつかさどりました。彼らは専用の図書館、新聞、ホビー・ショー、そして野球場を有していました。これらの便宜は、日本国民［一世］も、日系のアメリカ市民［二世］も、平等に享受しました。人によるわけ隔てはありませんでした。

ジョン・L・デウィット（John L. DeWitt）(1)、WDC（西部防衛司令部・第四陸軍、Western Defense Command and Fourth Army）司令官

なにもしない、なにもできない日本人を、このように警戒するのは、「少し、しつこいぞ！」と怒鳴ってやりたい気持で、いらいらした。まな板に乗ったイワシを、日本刀で切るような感じだった。

小平尚道、ワシントン州ピュアラップ（Puyallup）集合所収容者(2)

今日、［強制立ち退き・収容政策は］、政府がその市民に対して市民的・憲法的権利を侵害した、もっとも深刻な事例の一つと考えられている。

レイン・リョウ・ヒラバヤシ（Lane Ryo Hirabayashi）(3)、ジェイムズ・A・ヒラバヤシ（James A. Hirabayashi）、日系人史研究者

はじめに

本章では、これまでに得た知見を総括し、結論を示す。そのためにまず、当初に設定した目的に立ち返る。第一章では、次のような目的を提示した。

連邦政府当局が日系人の市民的自由、とくに「言論・報道の自由」をいかに統制し、それが日系人にどのような影響を及ぼしていたのかを、最初期の収容施設である「集合所」(assembly centers) に焦点をあてて努めて多領域的、かつ実証的に解明する。……本書が照射する「言論・報道の自由」には、アメリカ合衆国憲法修正第一条 (First Amendment) に明記される諸権利が含まれる。

多少の補足をすると、第三章で概説した先行研究が示しているように、日米開戦から立ち退きにいたる段階での政府の基本方針は、「不均衡な相互依存関係」を背景として、力ずくで発行停止や検閲に訴えるのではなく、ある程度の統制を加えながら日系人のジャーナリズムを巧みに「利用」することであった。ではその後、日系人を居住地から追いたて、有刺鉄線で包囲してからは、彼ら「敵性外国人」の言論・報道活動に対して政府はどのような政策を講じたのか。この課題に本書は取り組んできた。

本章では以後、まず第一節「知見の総括」において、右の問題に対する本書の解答を簡潔にまとめる。その上で第二節「知見の位置づけと歴史的教訓」では、より広範で普遍的な研究課題、すなわち、アメリカ連邦政府の日系人政策全体における位置づけ、戦時下の市民的自由と統制のありよう、そして将来に引き継ぎえる教訓について、本書の知見から導きだすことのできる考察や示唆を提示する。

第一節　知見の総括

本節では、研究課題に取り組む過程で得た主要な知見を、アメリカ合衆国憲法修正第一条（First Amendment）が列挙する市民的自由・権利に則しつつ、簡潔にまとめる。

まず、修正第一条は次のように定めることで、「言論・報道の自由」をはじめとする基本的人権を保障している。

連邦議会は、国教を定める、自由な宗教活動を禁止する、言論、または報道の自由を制限する、ならびに人民が平和的に集会をし、苦痛の救済を求めて政府に異議申し立てをする権利を制限する法律を、つくってはならない。

Congress shall make no law respecting an establishment of religion, or prohibiting the free exercise thereof; or abridging the freedom of speech, or of the press; or the right of the people peaceably to assemble, and to petition the Government for a redress of grievances.

この条文は、一七九一年の成立から一九四一年の日米開戦時、そして二十一世紀に入った現在にいたるまで、一字一句たりとも変わっていない。

しかし、集合所を統括した軍当局は、憲法が明示的に列挙するこれらの自由をことごとく否定していた。

「敵国語」の徹底的な排除

はじめに、集合所における統制のもっとも基本的、かつ顕著な特徴の一つは、「集合所規則」にもとづき、当局にとっては「敵国語」といえる日本語を徹底的に排除しようとしたことである。特定の言語それ自体の禁止は、少なくともその言葉しか理解できない人々（大多数の一世や帰米、全体で五万人強）にとっては、およそあらゆる自由・権利を無効化することを意味した。

連邦政府内には日本語の使用に寛容な勢力もあったが、こと集合所においては、統括権を占有する軍の意向がすべてであった。比較的にリベラル、かつ現実的な考えをもつ文民組織の幹部たちは、たとえば、アメリカ本土の西海岸を中心に発行されていた日本語新聞をあえて存続させ、国策に利用する意向をもっていた。ところが、集合所を統括した肝心の陸軍の幹部は、一様に「敵国語」を危険視し、日本語新聞に対しても発行の全面停止を望んでいた。彼らにとってはまったく理解不能な言語であることが疑心暗鬼を深め、プロパガンダなど反逆的な言動を惹起《じゃっき》する害悪の温床としか理解しなかった。もちろん、その背後には日系人に対する根強い偏見・差別が存在した。

その結果、集合所では日本語による出版・印刷物、また集会・会合はほぼ全面的に禁じられ、信仰・宗教活動、その他の諸活動においても日本語の使用は大幅に制限されている。「読み」「書き」「集まる」「話す」「聞く・聴く」、さらには「信じる」「見る」「楽しむ」「学ぶ」など、あらゆる領域で「敵国語」の使用が封じられている。日本語の禁止は、集合所期全体を通じて日系人の言論・報道活動を根源的に抑圧しつづけた、いわば通奏低音をなす統制政策である。

なお、当局は日本語の情報が「外部」から流入する、あるいは「内部」から「外部」へ流出することをも忌避し、郵便物を検閲し、また訪問者の言動に対しても日系人収容者と同程度の制約を課している。集合所の日系人は、アメリカ社会から物理的に引き離された上、さらに精神・文化的なつながりまで断ち切られていたわけである。集合所は文字どおりの「陸の孤島」であった。

言論・報道の自由

では、当局が「公用語」とみなす「英語」ならば統制が緩和されたかというと、けっしてそうではない。もちろん、日本語ほど徹底して押さえつけられたわけではないが（でなければ、当局自身も職務を遂行できない）、たとえ英語であっても、憲法に保障されているはずの市民的自由・権利はことごとく制限を受けている。言語によらず、当局は日系人の言動全般に深く介入・干渉している。

以後、憲法修正第一条が列挙する一つひとつの市民的自由・権利に照らしあわせながら、集合所当局の政策を総括する。

まず、「言論・報道の自由」は、「キャンプ新聞」に対する厳重な検閲が象徴しているように、言語を問わずほぼ完全に否定されている。確かに、当局は当初から、キャンプ新聞の発行自体には肯定的であった。しかし、日本語による報道を禁止したことはもちろん、発行の前・後ともに検閲官が細かく紙面に目を通し、また特定の情報の排除・提供、印刷・配布の停止、回収など、必要と判断するあらゆる措置を躊躇なく講じている。当局と日系人記者・編集者は終始、「検閲する側」と「検閲される側」というほぼ垂直的、かつ一方向的な主従関係にあった。優位に立つ政府が日系人の報道機関を統制・利用する構図は日米開戦と同時に確立していたが、その不均衡な関係は集合所に引き継がれた上、極端に前者に傾いていた。

そもそも、集合所当局はキャンプ新聞を彼ら自身の「道具」、政策全般を支える「基盤」（インフラストラクチャー）としか認識していない。発行を許可したのはあくまで、日系人に伝えたい情報を迅速、かつ正確に知らせ、彼らの心を落ち着かせるために有用だと判断したからである。戦争大義である「民主主義の防衛」や憲法が保障する「言論・報道の自由」を尊重したからではない。新聞に与えられた役割は、あくまで情報の「メッセンジャー」であり、「ジャーナリズム」ではなかった。

その反面で着目すべきは、強権的な検閲が、迅速な情報の周知、また人心の安定と士気の維持という、当局自身が意図した新聞発行の本来の目的にさえ逆行する結果を招いていたことである。恣意的、かつ執拗な検閲は、単なる不平・不満にとどまらず、編集作業の遅延・停滞、統一性・一貫性の欠如による混乱、その結果としての萎縮効果と強いられた「自己検閲」、精神的な打撃といった数々の弊害をうんでいる。検閲は公然とおこなわれ、したがって周知の事実であり、同様の問題は編集部だけでなく、集合所の日系人全体に波及している。

集会・会合・結社の自由

集合所における統制は、「言論・報道の自由」とならび憲法修正第一条が掲げる「集会・会合・結社の自由」にも深く及んでいる。当局はあらゆる集会・会合について日本語の使用を禁じ、事前の許可申請を義務づけ、必要と判断すれば直接的に「監督」し、事後には議事録の提出まで命じている。「全国学生転住委員会」(National Student Relocation Council)など、外部からの訪問者に対しても同様の制約を課している。その結果、当局はおよそあらゆる集会・会合、また団体を自分たちが望む枠にはめることができた。

当局は「示威行為」「見せしめ」に訴えることもあった。カリフォルニア州サンタ・アニタ(Santa Anita)集合所では、形式的な規則違反を理由に、日本語集会の主催者たちがＦＢＩ(連邦捜査局、Federal Bureau of Investigation)に逮捕・連行されている。

新聞検閲などについても同じことがいえるが、こうした厳格な規則執行や処罰は日系人を萎縮させ、当局の統制をさらに補強するという循環をうんでいる。

信仰・宗教の自由

憲法修正第一条に明記され、また「言論・表現の自由」とともにアメリカの戦争大義「四つの自由」（Four Freedoms）にも列挙される「信教の自由」とて例外ではなく、大幅な縮減を迫られている。「集まる」「話す」「聞く・聴く」ことさえままならぬ状況では、思うように「信じる」ことができるわけがない。宗教目的であろうとも、集会・会合・結社に対する規則は同じように適用され、もちろん日本語の使用も当局の同意なしには認められていない。他の市民的自由についても同じことがいえるが、信教の自由は、日系人が人民として原初的に有する「基本的人権」ではなく、当局が目をつぶる範囲でのみ与えられる「恩恵」と化していた(4)。

とくに大きな打撃を受けたのは、日本語しか理解できない一世の仏教徒たちである。規則の一律的な執行に加えて、日米開戦以来つづく政府官憲（とくにＦＢＩ）に対する恐怖心が萎縮効果を引き起こし、キリスト教への表面的な「改宗」など「保身的な仏教離れ」につながっている。

その他の言論・表現の自由、異議申し立てをする権利など

広義の「言論・表現の自由」に含まれる娯楽・文化・教育活動も、既述の領域と同様、あるいはそれ以上の制約を受けている。集合所当局による市民的自由の統制は、キャンプ新聞をはじめとする出版・印刷物の「読み」「書き」から、「集まる」「話す」「聞く・聴く」、さらには「信じる」「見る」「楽しむ」「学ぶ」といった行為にまで全般的に、かつ深く及んでいる。

独立した章・節を設けて論じなかったが、憲法修正第一条が保護する「苦痛の救済を求めて政府に異議申し立てをする権利」(the right of the people ... to petition the Government for a redress of grievances) も、実質的には存在しないも同然であった。

確かに、いくつかの章であげた事例が示しているように、統制の減免を求める組織的な運動が複数の集合所で起きてはいる。個人的に苦情や交渉を当局にもちかける者もいた。その他、より上位の政府機関や影響力をもつ個人に規制緩和を働きかける、さらには当局の一連の政策を憲法違反として裁判所に提訴することなども、形式的には不可能ではなかった。

しかし、だからといって実効性のある異議申し立てをする機会が日系人にあったとは、とてもいえない。有刺鉄線と武装した監視兵が包囲する閉鎖的な空間では、規則を制定・執行する権限は当局がほぼ完全に掌握していた。本書を執筆するために広範囲から集めた史・資料を見わたしても、日系人の請願が受け入れられた事例はほとんど記録されていない。また、多くの収容者は恐怖心や無力感から、反論や抵抗はむしろ彼ら自身の首をしめる結果につながる、と考えていた。ある日系人は匿名の手紙で、「いかなる印刷物も、回覧する前に［当局に］わたさなければならない、異議申し立てでさえも」と書いている。加えて、集合所はあくまで臨時施設（平均滞在期間は約百日）であり、手続きに時間のかかる異議申し立ては実質的に無意味であった。(5)

最後に、集合所で随時おこなわれた家宅捜索と「禁制品」の没収は、憲法修正第一条をさらに越えた自由・権利を侵害している。まず、「不合理な捜索、および押収」(unreasonable searches and seizures) からの保護を約束する修正第四条 (Fourth Amendment) に真っ向から抵触している。より広い観点では、「法による適正な手続きによらずに……人民の生命・自由・財産を奪う」([to deprive any person of] life, liberty, or property, without due process of law) ことを禁じる修正第五条 (Fifth Amendment)、および第十四条 (Fourteenth Amendment) にも明らかに反している。これは、生殺与奪の権を握る集合所当局が、「言論・報道の自由」はもとより、アメリカ合衆国憲法全体が保障する、お

よそあらゆる個別的な市民的自由・権利を根底からくつがえしていた事実を如実に物語っている。(6)

第二節　知見の位置づけと歴史的教訓

本節では、第一節で集約した一連の知見を、より広範で普遍的な研究課題に関連づけて検討し直す。より具体的には、アメリカ連邦政府の日系人政策全体における位置づけ、戦時下の市民的自由と統制のありよう、そして民主的国家・社会の将来にむけた教訓について、本書の成果から導きえる考察や示唆を提示する。

戦時日系人政策全体における位置づけ

本章の冒頭であげたエピグラフの一つが指摘しているように、第二次世界大戦時の日系人の強制立ち退き・収容は、憲法が保障する市民的自由を政府自身が公的な政策により蹂躙《じゅうりん》した、アメリカ史のなかでも最大級の失政の一つである。この歴史的評価は、とくに一九八〇年代以降、立ち退き・収容を受けたすべての存命の日系人に対し連邦政府が大統領名で謝罪し、補償金を支払って以来、ほぼ全社会的に浸透・定着している。(7)

しかし、一部は一九四六年までつづく立ち退き・収容全体のなかでも、その最初期にあたる「集合所」(assembly centers)は、日系人の基本的人権が個別的な観点で最小化された段階として位置づけられる。そもそも、彼らは罪を犯したわけでもないのに居住地から集団で立ち退かされた上、遠隔地に隔離されているのであるから、巨視的には集合所に押し込められた時点ですでに平時の自由を大幅に奪われていた。本書が解明したのはその次の段階、つまり、立ち退き命令により大規模、かつ全般的な打撃を受けたのち、日常的な生活が営まれた収容施設においても、より個別具体的な領域で市民的自由を剝奪されつづけていた、ということである。集合所における言論・報道統制の厳格性・網羅性・非寛容性は特筆に値する。いわば、「最悪のなかの最悪」である。

右の位置づけは、その後に文民組織のＷＲＡ（戦時転住局、War Relocation Authority）が管理・運営した「転住所」（relocation centers）と対比すると、より鮮明に浮かびあがる。本書が照射した「集合所」は陸軍の下部組織が統括した臨時施設であり、日系人は平均して約百日間の滞在を経て、恒久的な「転住所」に移されているが、そこでの統制は相対的にゆるやかなのである。

言語規制の濃淡は象徴的な一例で、ＷＲＡは日本語を「敵国語」として排除してはいない。むしろ、集合所当局によるほぼ全面的な禁止は過剰で、違憲の疑いもあると問題視しており、一定の条件をつけながらではあるが、日本語によるキャンプ新聞や文芸誌の発行も許可している（第五・六章）。詳細な比較検討は今後の研究に委ねざるをえないが、日本語の問題に限らず日系人の扱い全般において、文民組織のＷＲＡと軍が管轄した集合所当局との間に、大きなかい離があったことは確かである[8]（第四章）。

両者の差異を生じさせた主因として、比較的にリベラルで現実主義的な文官が集まっていたＷＲＡが、限りなく外部一般社会に近い「モデル・コミュニティ」を塀のなかに建設すること、換言すれば、「民主的な収容」を理想として掲げていた事実をあげることができる。日系人史研究者の島田法子が指摘しているように、ＷＲＡの転住所では「日系人をアメリカ化してアメリカ民主主義を教育する」ことが根本的な目標とされていた。その基本理念のもと、キャンプ新聞の発行をはじめ、信仰・宗教活動、学校教育、就労、日系人による「自治」などにおいて、戦争大義である「民主主義の防衛」や日系人の「自由」「権利」を多少なりとも意識した政策が遂行されている[9]。

もちろん、WRAの「モデル・コミュニティ」構想自体も不可避的に矛盾をかかえていたが、集合所当局はそうした「民主的な体裁・装い」を考慮しようとさえしなかった点で根本的に異なる。両者は日系人の「アメリカ化」(アメリカナイゼーション=Americanization)を意図した点では共通するものの、その方法では好対照をなす。前者が比較的に穏健といえる「民主的な収容」を志向したのに対し、後者は強権による「非日本化」によりそれを達成しようとした。日系人を「潜在的に危険な敵性外国人」とみなし、彼らの言動を全方位的に監視・制限することで、日本語を含めた「敵性」要素を一掃し、精神的・思想的に「矯正」しようとしたのである。本章の冒頭で引用したジョン・L・デウィット(John L. DeWitt)将軍の言葉が示すように、アメリカ社会全般、あるいは交戦国である日本を含む国際社会など、「外部」に対して「適切な待遇」を印象づける必要性はある程度認識していた。しかし、本書を執筆するために検討した膨大な量の文献や一次史料を見わたしても、実際の集合所運営において、WRAのように「民主主義の防衛」「四つの自由」といった戦争大義との整合性を意識した形跡はほとんど見られない。

考察をもう一歩すすめれば、軍部がほぼ独断で権力を行使し、憲法による歯止めをさほど顧慮せずに言論・報道統制をした点で、集合所は「戒厳令」(martial law)下に置かれた戦時中のハワイ諸島に匹敵する状況にあったといえる。一九四一年十二月七日(日本では八日)、真珠湾攻撃の数時間後に発令された戒厳令を契機に、軍が単独支配をすすめ、アメリカ史上もっとも深刻に市民的自由を無効化したことは、先学が一様に指摘している。もちろん、言論・報道の自由とて例外ではない。たとえば、ジャーナリズム史研究者のヘレン・ジェラシマス・チェイピン(Helen Geracimos Chapin)は、「軍政府が……ハワイ諸島で実施した検閲は、これまで合衆国でおこなわれたものとして、もっとも徹底していた」と論じている。憲法史学者のハリー・N・シェイバー(Harry N. Scheiber)とジェーン・L・シェイバー(Jane L. Scheiber)も、「憲法修正第一条の自由に対する常軌を逸した制限は、植民地時代以来、実質的に前例のないものであった」と結論づけている。陸軍自身が刊行した第二次大戦史でさえ、「ハワイ諸島の多数の日系人を扱う上で、陸軍に法的な障害はなく、思いどおりにできた」と認めているほどである[10]。

これも詳細な比較検討には独立した研究を要するが、憲法をも凌駕する権力を軍に与えるような戒厳令が宣言されなかったにもかかわらず（第五章で指摘したように、当局は郵便物の検閲を理由に発令を求めてはいた）、集合所では直接的に爆撃を受けたハワイと同等、あるいはそれ以上の強度で基本的人権が抑圧されていたのである[11]。

戦時下の市民的自由と統制

「自由」はアメリカの国是ともいえる高位理念であるが、その実際のありようはけっして静的・均一ではなく、時代・場所・集団・個人などにより大きく変動する。基本的人権を集約した権利章典（Bill of Rights）は、一七九一年にアメリカ合衆国憲法に追加されて以来、一字一句たりとも変わっていない。そこには本書の中核をなす修正第一条も含まれる。しかし、たとえ法律の条文は不変でも、現実社会に連動して、長期的にも短期的にも、人々が享受しえる自由は絶え間なく振幅をくり返す。

あまたの先行研究が実証しているように、こと戦争など非常時には、社会的少数派・弱者に対する寛容性が低下し、言論・報道の自由をはじめ基本的人権の侵害が見過ごされる危険性が高まる。第二次世界大戦時の日系アメリカ人は典型的な事例である。

だからこそ、危機下における憲法的自由、およびその統制に関する考察は、アメリカの民主主義の本質を理解する上で不可欠である。第二章で概説したように、安定時の「自由」よりも不安定時の「不自由」に着目した研究のほうがはるかに優勢なのは、それゆえである。もちろん、本書もその流れに連なる一事例研究である。

とくに、第二次大戦は「民主主義の防衛」「四つの自由」を掲げて参戦した「よい戦争」であるにもかかわらず、その大義に明らかに逆行する国策が公然と遂行された事実に、戦時下の市民的自由、および民主主義について回る重大なジレンマを見出すことができる。アメリカの根元的な戦争目的は、人権を蹂躙《じゅうりん》するファシズム勢力を打倒すること、つまり、世界の民主主義と自由を守ることであった。ときとして大戦が「よい戦争」と表現されるゆえんである。なかでも、憲法修正第一条が保障する「言論・表現の自由」は、大統領をはじめ政府高官が戦時標語としてくり返し言及した「四つの自由」の筆頭に置かれる、もっとも核心的な国家理念である。ところが、そのアメリカ政府自身が、たとえ人口比ではごく少数が対象ではあれ、自国内で前例のないほど徹底した言論・報道統制を断行する、という逆説を体現することになった。日系人の集合所こそ、アメリカの戦時国家体制の「限界」と「矛盾」を集約的に示す事例である。(12)

もっとも、有事に際して国家・社会全体の利益と各成員の市民的自由をいかに調整・両立するかという問題は、「民主主義」が「民主主義」であるがゆえに背負う、宿命ともいえる永遠の課題である。「自由」に至高の価値を置く国家でさえ回避できなかった失政は、他の民主国家・社会でも十分に起こりえるし、実際に起きている。そして、今後も形を変えながらくり返されるはずである。平時にはとても可能と考えられない行為も（たとえ憲法が明確に禁止していても）、突発的な事変による混乱と興奮、それまで潜伏・堆積していた偏見・差別や無知がもたらす疑心暗鬼などの相乗効果で、いとも簡単に実現してしまう。むしろ、このパラドックスにこそ民主主義と市民的自由の本質、換言すれば、特定の国家・社会を超越した人類全体に共通する普遍的な課題が凝縮されている。

将来にむけた教訓

おそらく完全には解決困難なその難問に立ちむかう上で必須なのは、危機時に民主主義の不完全性が顕在化してきた歴史的経緯から、できるだけ汎用性のある教訓を引きだし、将来に活用しえる判断材料を少しでも多く蓄えることである。ある時点で現出した「最低値」の一つを克明に記録し分析することで、いつかまた過酷な状況に直面してもなお、市民的自由の平均値を可能な限り高く保つ方途を探ることができる。これは、日米に限らず、民主的国家・社会全般の将来にとって必須の作業である。

本書を締めくくるにあたり、日系アメリカ人集合所の事例から導きえる、三つの主要な教訓を提示する。それぞれ、文民統制（civilian control）、諸条件の限定性、他者に対する無理解に関する事項である。

第一に、言論・報道統制という極度に複雑で繊細な行為は文民の領域であり、軍に白紙委任することには重大な危険がともなう。安全・秩序の維持と自由・人権を両立させるには、互いに衝突する多種多様な利害を総合的に比較衡量し、細心の注意を払いながら謙抑的に判断を下す必要がある。追いにくい二兎を、あえて追わなければならない。この作業は、もっぱら「軍事的必要性」を優先する組織とは相いれず、本質的に文民がになうべき事案である。どのような権力機関についてもいえるが、とくに戦闘能力をもつ組織については、それ自身に自制・自重を期待すべきではない。危機時に軍事的な観点を重視することは当然としても、だからといって全権を委譲するのではなく、近代的な民主主義の根幹をなす文民統制（civilian control）の原則をまげず、いかなる状況でもつねに「抑制と均衡」（checks-and-balances）を機能させなければならない。

第二に、比較的に小規模、閉鎖的で孤立した空間、短期間での政策立案・実施、一時的、などの限定的な要素がかさなると、かえって過剰な統制を招き、さらにはその実態を不可視化しかねない。集合所でのほぼ際限のない自由侵害を可能にした背景として、日系人がアメリカの全人口の〇・一％以下（日本語を母語とする一世はさらにその半分以下）であり、施設が一般社会からほぼ完全に遮断され、わずかな期間で政策が立案・実施され、かつ平均滞在期間が約百日と短かった事実は看過できない。第一の教訓と関連するが、外部者の目に触れにくい環境で軍がほぼ単独で権力行使すれば、市民的自由はなおさら脆弱になる。終戦から七十年以上にわたり体系的な研究が実施されてこなかったことも、同じ理由で十分に説明がつく。実情が解明されなければ、歴史的に「なかったこと」とされかねず、教訓も得られない。

最後に、むしろ統制する側こそが学ぶべき教訓といえるが、他者に対する偏見・差別・無知・疑心暗鬼を背景とした強権の発動は、とくに長期的に見れば、国家権力それ自体にとっても効果的で賢明な政策とはなりにくい。力まかせに抑えつければ、短期的にはある程度の安全確保・秩序維持が可能かもしれない。とくに相手が言語・宗教・生活習慣などを大きく異にする場合、「理解できない・しにくい」がゆえに猜疑心・恐怖心が高まり、即効性のある抑圧に走りがちになる。突発的な事態や準備不足がかさなればなおさらである。しかし、無理解にもとづく強引な手法は法的問題をはらむばかりか、悪循環を引き起こし、最終的には本来の意図と逆行する結果を引き起こしやすい。集合所においても、一連の政策は数々の弊害をうみ、少なくとも当局が望んだ日系人の「アメリカ化」と「非日本化」を達成できたとはとてもいえない。

人間による人間の統制は、一方向的な主従関係としては成立しえず、必然的に「統制する側とされる側」の相互的・双方向的な行為となる。たとえ有刺鉄線で身体や口を封じても、人の内面までは制御できない。そこにこそ、力のみにたよる統制の限界がある。

註

(1) John L. DeWitt, Lieutenant General, U.S. Army, to John J. McCloy, Assistant Secretary of War, Department of War, December 1, 1942, Record Group (RG) 107, Entry 183, Box 60, Folder ASW 383.7, Japanese Government Protests, NA.

(2) 小平尚道『アメリカ強制収容所――戦争と日系人』(玉川大学出版部、一九八〇年)、一〇三。

(3) Lane Ryo Hirabayashi and James A. Hirabayashi, "American-Style Concentration Camps," in Xiaojian Zhao and Edward J. W. Park, eds., *Asian Americans: An Encyclopedia of Social, Cultural, Economic, and Political History* Vol. 1 (Santa Barbara, CA: Greenwood, 2014), 47.

（4）「四つの自由」については、第一章の本文と註４で説明してある。

（5）An anonymous letter written at the Tanforan Assembly Center, n.d., Japanese American Evacuation and Resettlement Records, BANC MSS 67/14c, Reel 18, Folder B12.51, Bancroft, UCB.

（6）憲法修正第四条、第五条、および第十四条（第一項）の全文とその日本語訳は、第五章の註87で示してある。

（7）この歴史的評価が固まる一連の経緯については、第一章・第一節「本書の目的と背景」で説明してある。

（8）「転住所」のキャンプ新聞の日本語版に対する当局の政策立案過程、および報道内容に関する先行研究は、第五章の註19で示してある。

（9）島田法子『日系アメリカ人の太平洋戦争』（リーベル出版、一九九五年）、五九。ＷＲＡ（戦時転住局）が描いた「モデル・コミュニティ」「民主的な収容」の特徴とその矛盾は、水野剛也『「自由の国」の報道統制——大戦下の日系ジャーナリズム』（吉川弘文館、二〇一四年）も具体例をあげて指摘している。

（10）Helen Geracimos Chapin, *Shaping History: The Role of Newspapers in Hawaiʻi*（Honolulu: University of Hawaiʻi Press, 1996）, 174; Harry N. Scheiber and Jane L. Scheiber, *Bayonets in Paradise: Martial Law in Hawaiʻi during World War II*（Honolulu: University of Hawaiʻi Press, 2016）, 66; Stetson Conn, Rose C. Engelman, and Byron Fairchild, eds., *Guarding the United States and its Outposts: United States Army in World War II: The Western Hemisphere*（Washington, D.C.: Center of Military History, United States Army, 1964）, 207.

（11）なお、ハワイではアメリカ本土西海岸のような大規模な日系人立ち退き・収容は回避されているが、軍事政府による日本語新聞の発行停止、および検閲が実行されている。この問題については、本章の註10、および第三章の註４で示した文献が参考になる。また、ハワイでも開戦直後に数百人の日系人が危険人物として逮捕・抑留されており、彼らが入れられた収容施設でも日本語による読み書き、および会話はきびしく制限されている。（Gail Honda, ed., *Family Torn Apart: The Internment Story of the Otokichi Muin Ozaki Family* [Honolulu: Japanese Cultural Center of Hawaiʻi, 2012], 33-34.）

（12）「よい戦争」という形容については、第一章の註４、第二章の註32で説明してある。

あとがき――謝辞にかえて

「学問をこころざす者として、かねてよりめざしている目標は、最低三冊の本格的な研究書を上梓することです。……少なくともあと一冊をものにしなければなりません」。二〇一一年に刊行した前著の「あとがき」で、そう宣言しました。

それから丸八年、ようやく、一つの区切りをつけることができました。

もちろん、周囲の「協力」(亡き父の口癖)あってこその宿願成就です。独力ではとても達成できなかったでしょう。

誰よりもまず、日々の生活で筆者を支え、力になってくれた最愛の家族に感謝の言葉を捧げます。妻・智江、亡き父・康宏、母・春子、妹・佳世子の存在なくして、本書を完成させることはできなかったし、何よりも、自分の人生そのものが意味をなしません。

とくに、冒頭の献辞に智江の名を刻めたことは、無上の喜びです。これまでのように原稿に幾度も目を通し、誤字・脱字などの指摘はもとより、夫婦だからこその遠慮のない助言を実に数多く授けてくれました。この程度で報恩できたとはとても思えませんが、せめてもの感謝の印です。

さて、前著にひきつづき本書でも、謝辞はあえて最小限にとどめます。お世話になった方々の名前すべてを列挙し、一人ひとりに頭を下げたいところですが、これまでの経験から、感謝すべき名を網羅することの難しさを痛感しているからです。もちろん、直接的、あるいは間接的に筆者とかかわった数多くの方々の助力あってこそ、本書を刊行できたことに変わりはありません。

まず、ほぼ無制限の「学問の自由」を保障してくれる東洋大学(とくに社会学部)に、深甚の敬意を表します。

即効的で、目に見えやすい「実用」に直結する研究・教育ばかりが脚光を浴びがちな昨今、一抹の不安や後ろめたささえ感じることなく、本書のような人文社会学的考究に全力を尽くせたのは、同大の「懐の深さ」のおかげです。本書の刊行にあたっては、井上円了記念研究助成金（二〇一八年度）まで支出してもらいました。内面からわき起こる好奇心や探究心に身を委ね、いかなる制約も受けず、いつでも、誰でも、存分に知的冒険に挑める。これこそが、大学を大学たらしめる本質だと信じています。現在ではむしろ少数派に追いやられてしまったものの、いやだからこそ、これからも永遠に「真っ当」な最高学府でありつづけてほしい。そう切に願います。

また、本書の執筆に要した十数年間にわたり、科学研究費補助金を受けることができた幸運にも触れないわけにはいきません。加えて、前述した井上円了記念研究助成金とは別に、研究成果公開促進費（課題番号＝18HP5099）も授与していただきました。

表舞台には登場しませんが、研究成果を形にしてくれる出版社の尽力がなければ、我々の活動は絵に描いた餅でしかありません。法政大学出版局の皆様にも、厚く御礼申しあげます。

最後に、当初のささやかな目標をはたせたからといって、研究者としての歩みを緩めるつもりはありません。永遠に終わることのない学問という営みを天職とした以上、その途方もない苦しみ、そしてほんのわずかではあるけれど、たとえようもなく濃厚で甘美な達成感に身を賭していく覚悟です。これからも、「自分にしかできない」独創的な研究に邁進していくつもりです。

亡き父なら、こう背中を押してくれるはずです。まだ、まだ、まだ、稽古はつづくでぇ！

時の経過につれ、以前よりもさらに座り心地が悪くなっている気がする自室の椅子の上で

二〇一八年十二月

水野剛也

人名索引

あ行

アイゼンハワー、ドワイト・D（Eisenhower, Dwight D.） 396
アイゼンハワー、ミルトン・S（Eisenhower, Milton S.） 338, 396
アキヤ、カール・イチロー（Akiya, Karl Ichiro、秋谷カール一郎） 174, 223
浅野七之助（あさの・しちのすけ） 95, 109, 175, 223
アベ、ヨシオ（Abe, Yoshio） 170
イイジマ、ベン（Iijima, Ben） 272, 275, 276, 287, 307, 309
イイヤマ、アーネスト・S（Iiyama, Ernest S.） 184
池添一馬 91
石垣榮太郎 72
イシゴウ、エステル（Ishigo, Estelle） 23, 202, 249, 364, 365
イセダ、ギョウスケ（Iseda, Gyosuke） 354
イチハシ、ヤマト（Ichihashi, Yamato） 168
イノウエ、ジョー（Inoue, Joe） 89
ウチダ、ヨシコ（Uchida, Yoshiko） 197, 379
オオクボ、ミネ（Okubo, Miné） 22, 23, 165, 183, 195, 196, 375, 376, 405
オガワ、リン（Ogawa, Lynne） 329, 345, 352
オキヒロ、ゲアリー・Y（Okihiro, Gary Y.） 356
オシキ、カズ（Oshiki, Kaz） 298
オースティン、アラン・W（Austin, Allan W.） 332
オダ、ジェイムズ（Oda, James） 93, 109, 244
小山巖（おやま・いわお） 81
オヤマ、ジョー（Oyama, Joe） 170

か行

カシマ、テツデン（Kashima, Tetsuden） 344, 350
カタヤマ、タロウ（Katayama, Taro） 267, 269, 275
加藤新一 80
ガードナー、オードリー（Girdner, Audrie） 49
川脇無一 210
キクチ、チャールズ（Kikuchi, Charles） 162-164, 169, 171, 185, 197, 246, 267, 269-279, 286, 354, 355
キド、サブロー（Kido, Saburo、城戸三郎） 75, 83
クズハラ、チアキ（Kuzuhara, Chiaki） 360
クニタニ、ミチオ（Kunitani, Michio） 271
クーパー、ピーター（Cooper, Peter） 113
小平尚道 92, 144, 199, 371, 409
兒玉初一郎（こだま・はついちろう） 89
ゴトフリード、アレックス（Gottfried, Alex） 9
コレマツ、フレッド（Korematsu, Fred） 24

さ行

サイキ、バリー（Saiki, Barry） 242, 251
サカモト、ジェイムズ・Y（Sakamoto, James Y.） 126, 143, 182, 368
サコダ、ジェイムズ・ミノル（Sakoda, James Minoru） 204, 220, 249, 349

シェイバー、ジェーン・L（Scheiber, Jane L.） 419
シェイバー、ハリー・N（Scheiber, Harry N.） 419
塩木貞治（しおぎ・さだじ） 74
シーガー、リチャード・ヒューズ（Seager, Richard Hughes） 345-347
シーバート、フレドリック・シートン（Siebert, Fredrick Seaton） 55
シブタニ、タモツ（Shibutani, Tamotsu）『流言と社会』も参照 165, 171, 185, 198, 204, 205, 245, 246, 271, 275, 277, 314, 316, 319, 351, 360, 366, 383, 384
島田法子 46, 52, 53, 115, 243, 356, 358, 418
シマノ、エディー（Shimano, Eddie） 212, 214, 234, 236, 281, 284, 285
シュレル、エルマー・L（Shirrell, Elmer L.） 205
昭和天皇 「天皇・天皇制」も参照 134
白井昇 86
スウィーニー、マイケル・S（Sweeney, Michael S.） 57
スエモト、リー（Suyemoto, Lee） 196
スズキ、レスター・E（Suzuki, Lester E.） 265, 328, 359, 360
スティーヴンス、ジョン・D・（Stevens, John D.） 298
スティムソン、ヘンリー・L（Stimson, Henry L.） 325
ストーン、ジョフリー・R（Stone, Geoffrey R.） 57
スパイサー、エドワード・H（Spicer, Edward H.） 330, 357
スミス、エルマー・R（Smith, Elmer R.） 346
相賀安太郎（そうが・やすたろう） 72
ソネ、モニカ（Sone, Monica） 176

た行

タイラ、キクオ・H（Taira, Kikuo H.） 307
タカハシ、アーネスト・S（Takahashi, Ernest S.） 314, 315, 317, 322, 376, 378
タカハシ、カズユキ（Takahashi, Kazuyuki） 322, 369
高橋典史（たかはし・のりひと） 358
ターケル、スタッズ（Terkel, Studs） 35
タジリ、ラリー（Tajiri, Larry） 252, 253, 293
タテイシ、ジョン（Tateishi, John） 45, 46
ダニエルズ、ロジャー（Daniels, Roger） 43, 54
田村紀雄 51
チェイピン、ヘレン・ジェラシマス（Chapin, Helen Geracimos） 72, 419
ツチヤマ、タミエ（Tsuchiyama, Tamie） 117, 118, 168, 171, 203, 286, 309, 314, 321, 322, 325, 352, 353, 357, 368, 377, 379, 380, 384
デイヴィス、フランク・E（Davis, Frank E.） 178, 185, 186, 270, 276, 348
テイラー、サンドラ・C（Taylor, Sandra C.） 51, 52, 117, 118
デウィット、ジョン・L（DeWitt, John L.） 100, 101, 116, 117, 123, 125, 127, 141, 160, 184, 201, 328, 409, 419
天皇・天皇制 「昭和天皇」も参照 87, 134, 135, 145, 346, 356
テンブロック、ジェイコブス（tenBroek, Jacobus） 49
時田亀吉 73, 74
トーマス、ドロシー・スウェイン（Thomas, Dorothy Swaine） 171, 267, 269, 270, 272
トーマス、ノーマン（Thomas, Norman） 211, 234, 254, 256, 293, 309, 325

な行

ナカタニ、ロイ・Y（Nakatani, Roy Y.）　75, 166
ナカニシ、ヤス（Nakanishi, Yas）　72
ニイヤ、ブライアン（Niiya, Brian）　46
ニムラ、タク・フランク（Nimura, Taku Frank）　242

は行

ハシモト、ヒデオ（Hashimoto, Hideo）　309
バーストウ、ロビンス・ウォルコット（Barstow, Robbins Wolcott）　334, 335, 337
ハマナカ、キヨシ（Hamanaka, Kiyoshi）　253, 254, 256, 293
ハヤシ、ドリス（Hayashi, Doris）　183, 195, 197, 198, 204, 274, 310, 318, 329, 348, 350, 351, 366, 370, 383
ハヤシ、ブライアン・マサル（Hayashi, Brian Masaru）　149
東元春夫　227
ビドル、フランシス（Biddle, Francis）　91, 230, 391
平賀重昌（ひらが・じゅうしょう）　86
フィセット、ルイス（Fiset, Louis）　53, 54, 63, 207, 250, 305, 338, 341, 342, 353
フィッシャー、ギャレン・M（Fisher, Galen M.）　108, 179
藤井周而（ふじい・しゅうじ）　167, 168, 221
プライス、バイロン（Price, Byron）　66
ブラウン、G・ゴードン（Brown, G. Gordon）　344
ブラウン、ボブ（Bob Brown）　253
プリアム、E・P（Pulliam, E. P.）　215, 254, 256, 301, 362
ベンデッツェン、カール・R（Bendetsen, Karl R.）　114, 115, 117, 119, 127, 128, 134, 140, 141, 145, 158, 160, 167, 201, 213, 214, 263, 327, 332, 333, 335, 337, 338
ホシヤマ、フレッド（Hoshiyama, Fred）　184, 190, 329, 365, 369, 370
ホソカワ、ビル（Hosokawa, Bill）　119, 243, 371
ホリ、サム（Hohri, Sam）　252, 253, 292

ま行

マイヤー、ディロン・S（Myer, Dillon S.）　119, 122, 280
マクウィリアムズ、ケアリー（McWilliams, Carey）　9, 170, 184, 201, 202, 232, 252, 286, 381
マクガヴァン、J・J（McGovern, J. J.）　182
マクロイ、ジョン・J（McCloy, John J.）　254, 256, 325, 331, 334
マサオカ、マイク（Masaoka, Mike）　101
マチダ、ミチコ（Machida, Michiko）　202, 328
松井秋水（まつい・しゅうすい）　209
マンソン、カーティス・バートン（Munson, Curtis Burton）　38
村井蛟（むらい・こう）　80
モデル、ジョン（Modell, John）　345, 346
森邦雄　147, 173, 174

や行

ヤマグチ、ジョージ（Yamaguchi, George）　353
山倉明弘　356, 357
ユゴー、ヴィクトル（Hugo, Victor）　178
ヨネダ、カール・G（Yoneda, Karl G.）　164, 190
米山裕（よねやま・ひろし）　88

ら行

ルーズヴェルト、エレノア（Roosevelt, Eleanor）　331
ルーズヴェルト、フランクリン・D（Roosevelt, Franklin D.）　「大統領」も参照　9, 15, 16, 18, 35, 56, 100, 328
レヴィー、レオナード・W（Levy, Leonard W.）　64
ローソン、ウィリアム・R（Lawson, William R.）　184
ロビンソン、グレッグ（Robinson, Greg）　46
ロフティス、アン（Loftis, Anne）　49

事項索引

あ行

愛国歌　「アメリカ化」「アメリカ・ザ・ビューティフル」「ゴッド・ブレス・アメリカ」「スター・スパングルド・バナー」も参照　378, 380
愛国主義　「アメリカ化」も参照　317, 319, 384
アメリカ化（アメリカナイゼーション＝Americanization）　「アメリカニズム」「非日本化」も参照　131, 135-137, 203, 303, 317, 340, 346, 356, 361, 363, 364, 377-384, 387, 418, 419, 423
　愛国歌　378, 380
　愛国主義　317, 319, 384
　星条旗　「国籍」「スター・スパングルド・バナー」も参照　378, 380
　忠誠の誓い　378, 380
アメリカ原住民（インディアン）保護区　「インディアン」「OIA」も参照　40
アメリカ国立公文書館（National Archives and Records Administration）　30, 31, 151, 240, 257
「アメリカ・ザ・ビューティフル」（"America the Beautiful"、「美しきアメリカ」）　「愛国歌」「アメリカ化」「ゴッド・ブレス・アメリカ」「スター・スパングルド・バナー」も参照　30, 31, 151, 240, 257
「スター・スパングルド・バナー」（"Star Spangled Banner"、「星条旗」）　379, 380, 384
アメリカ赤十字（American National Red Cross）　44, 165, 175, 328, 347, 349, 358
アメリカナイゼーション　「アメリカ化」を参照
アメリカニズム（Americanism）　「アメリカ化」「非日本化」も参照　314, 317
アメリカのプレスのための戦時下活動準則（Code of Wartime Practices for the American Press）　「プレス・コード」も参照　66
アメリカ・フレンズ（フレンド派）奉仕団（The American Friends Service Committee）　22, 87, 331, 337, 363
アメリカ歴史家学会（Organization of American Historians）　39
アメリカ歴史博物館（Museum of American History）　17
アメリカ連邦議会図書館（Library of Congress）　30, 31, 214
アリゾナ州　15, 19-21, 39, 120, 163, 238, 287, 330, 343, 353, 357, 397
萎縮効果　「自粛」も参照　289, 302, 327, 328, 329, 339, 351, 352, 353, 355, 386, 414, 415
イスラエル　56
イタリア（系）　305
一世　「帰化不能外国人」も参照　12, 13, 15, 17, 31, 32, 36, 46, 50, 72, 73, 80, 86-89, 91, 92, 101, 109, 127, 131, 133, 139, 150, 162-167, 169, 170, 173-176, 178, 179, 184, 191, 193, 194, 197, 198, 209, 215, 257, 260, 307, 314, 315, 320-322, 326, 328-330, 339, 342, 343, 348-351, 353, 354, 356, 357, 359, 362, 364, 369, 371, 372, 379, 386, 409, 412, 415, 422
インディアン　「アメリカ原住民保護区」「OIA」も参照　40
『ヴィレッジ・クライアー』（*Village Crier*）　「サリナス集合所」も参照　183, 241

受入所（reception centers）　32, 39
噂　164-166, 175, 202, 203, 274, 276, 281, 329
英語　13, 32, 34, 41, 50, 72, 82, 83, 88, 89, 92, 103, 108, 111, 127, 131-133, 135, 136, 138-140, 150, 151, 155, 158, 160-166, 170-173, 175, 177, 178, 181, 184, 186, 188, 194, 202, 210, 211, 215, 216, 225, 237, 240, 248, 253, 266, 280, 287-290, 302-304, 306, 307, 309, 314, 315, 322, 324, 333, 340, 341, 343, 347-349, 351, 358, 359, 362-366, 370, 372, 376, 377, 379, 385-387, 413
ACLU（アメリカ自由人権協会、American Civil Liberties Union）　9, 293, 325
英訳提出命令（対敵国通商禁止法による）　82-84
『エヴァキュアゼット』（*Evacuazette*）　『江波時報』、「ポートランド集合所」も参照　155, 237, 241, 244
エスニック・ジャーナリズム　93
『江波時報』　『エヴァキュアゼット』、「ポートランド集合所」も参照　155-158
FBI（連邦捜査局、Federal Bureau of Investigation）「司法省」を参照
『エル・ウオーキン』（*El Joaquin*）　「ストックトン集合所」も参照　51, 241, 242, 251, 360
婉曲表現　219, 371
演劇　361, 364, 368
OIA（インディアン事務局、Office of Indian Affairs）　「アメリカ原住民保護区」「インディアン」も参照　40
オーウェンズ・ヴァレー（Owens Valley）（カリフォルニア州）　「マンザナー転住所」も参照　19, 20, 21, 27, 29, 39, 127, 151, 164, 189, 190, 211, 239-241, 252, 290, 349, 358
　『マンザナー・フリー・プレス』（*Manzanar Free Press*）　151, 239-241, 244, 252, 253, 287, 288
『央州日報』（オレゴン州ポートランド）　76, 81, 82
『櫻府（おうふ）日報』（カリフォルニア州サクラメント）　77
OFF（事実統計局、Office of Facts and Figures）　17, 30
OWI（戦時情報局、Office of War Information）　30, 221, 338
オレゴン州　12, 15, 19-21, 28, 74, 76, 81, 155, 237, 241, 244, 310, 367, 373, 379, 385
音楽・音楽鑑賞　361, 364-366, 369, 379

か行

絵画　375, 387
海軍　82
海軍情報部（Office of Naval Intelligence）　322
戒厳令（martial law）　105, 200, 201, 232, 356, 419, 420
改宗　340, 341, 351, 353-355, 386, 415
外出禁止令　「点呼」も参照　309
『格州時事』（コロラド州デンヴァー）　77, 99, 130, 191, 193
拡声装置　169, 181, 186, 216
隔離所（segregation center）　「テューリ・レーク転住所」も参照　120
『加州毎日新聞』（カリフォルニア州ロサンゼルス）　76, 82, 91, 109
家宅捜索　「禁制品・禁制品の没収」も参照　130, 169, 174, 194, 195, 198, 199, 216, 374, 416
学校　14, 45, 52, 180, 242, 335, 345, 346, 357, 376-379, 382, 383, 418
活字（日本語新聞の）　14, 45, 52, 180, 242, 345, 346, 357, 376-379, 383, 418
カトリック　「キリスト教」「クリスチャン」「プロテスタント」も参照　341, 346, 349, 350, 354-356, 359
カメラ　91, 130, 374, 376, 403
カモフラージュ・ネット（偽装網）　213, 323

カリフォルニア州　12, 15, 19-23, 27, 38, 46, 51, 52, 71, 76-78, 94, 113, 115, 117, 120, 122, 127, 129, 131, 147, 148, 150-152, 155, 162-164, 166-171, 174, 178, 182, 183, 189-191, 193-195, 197, 201-205, 208, 211, 213, 218, 219, 238-240, 242, 245, 247, 249-252, 260, 261, 264, 266, 280, 284, 285, 301, 306, 307, 309, 313, 320, 328, 329, 343, 345, 348, 349, 351, 352, 354, 355, 358-360, 362, 364, 365, 367-369, 372, 374-377, 381, 383, 385, 386, 403, 414
カリフォルニア州立大学バークレー校（University of California, Berkeley）「JERS」も参照　31, 118, 168, 171, 203, 205, 222, 245, 267, 281, 286, 289, 307, 334, 348, 357
カリフォルニア州立大学ロサンゼルス校（University of California, Los Angeles）　111
看板　169, 181, 183, 216
帰化（権）　13, 87, 229, 322, 342
帰化不能外国人　「一世」も参照　13, 31
紀元二千六百年　81, 106
偽装網　「カモフラージュ・ネット」を参照
帰米（帰米二世）　「二世」も参照　12-14, 32, 37, 89, 127, 164, 167, 170, 174, 190, 307, 314, 343, 379, 412
基本的人権　26, 174, 305, 336, 337, 339, 342, 386, 411, 415, 417, 420
「君が代」　383
逆説（パラドックス）　278, 289, 421
キャンプ新聞　各紙の項目を参照
『キャンプ・ハーモニー・ニューズ＝レター』（*Camp Harmony News-Letter*、創刊号のみ *Camp Harmony News-Letters*）「ピュアラップ集合所」も参照　152, 153, 207, 233, 241, 247, 250, 256, 259, 265, 288
教育　13, 28, 32, 34, 45, 52, 72, 89, 127, 131, 136, 160, 164, 170, 203, 215, 242, 301, 307, 314, 319, 330-334, 338-340, 342, 343, 345, 359, 361-364, 372, 376-380, 382-384, 387, 394, 415, 418
共産主義　93, 167, 210, 284
強制収容所（concentration camp）　23, 46, 266, 293, 366
強制立ち退き・収容　「立ち退き・収容」を参照
行政命令　15, 18, 66, 98, 119, 142
　第8985号（Office of Censorship、検閲局）　66
　第9066号（日系人の立ち退き・収容）　15, 18, 98, 142
　第9102号（WRA=War Relocation Authority、戦時転住局）　119
恐怖からの自由（freedom from fear）「四つの自由」も参照　11
キリスト教　「カトリック」「クリスチャン」「プロテスタント」も参照　108, 177, 179, 199, 331, 345, 350, 353-356, 358-360, 400, 409, 415
禁制品・禁制品の没収　「家宅捜索」も参照　128, 130, 151, 169, 170, 174, 176, 178, 185, 192, 194-200, 216, 333, 341, 360, 368, 372, 374, 403, 416
グラナダ（Granada）転住所（コロラド州）　120, 121, 209, 210
クリスチャン　「キリスト教」「プロテスタント」「カトリック」も参照　172, 176, 339, 343, 344, 347, 349, 350, 353, 354, 356, 358-360, 366, 386
クリスチャン・サイエンス　357
軍歌　135, 366, 368
軍事指定地域　19, 99, 129, 188, 334
軍事的必要性　16, 18, 44, 101, 123, 139, 201, 317, 326, 422
軍法会議　246
警察・警察官　83, 109, 126, 130, 132, 150, 162, 167, 170, 180, 185, 192, 195-197, 198, 210, 263, 303, 306, 307, 321, 333, 337, 347, 365, 366
掲示板・掲示物　129, 169, 178, 181, 183-186,

190, 193, 216
芸術　178, 210, 291, 371, 375, 376, 387
検閲
　自己検閲　243, 251, 252, 265, 277-279, 283, 284, 289, 351, 414
　事後検閲　260-262, 274
　事前検閲　82, 248, 249, 252, 253, 256, 260, 261, 264, 269, 282
　自発的な検閲　56, 213, 235, 253, 292
　郵便検閲　201, 203-205, 207, 208, 232
検閲局（Office of Censorship）　30, 56, 57, 66, 210, 213, 232, 235, 253, 292
憲兵　130, 132, 198, 199, 306, 333
憲法（アメリカ合衆国）　9, 12, 13, 28, 40, 54-57, 64, 94, 101, 122, 123, 132, 133, 135, 140, 174, 194-196, 200, 216, 228, 229, 244, 248, 250, 267, 286, 288, 289, 305, 323, 325-327, 332, 339, 342, 363, 383, 385-387, 409-411, 413-417, 419-421
憲法修正第一条（First Amendment）　12, 28, 40, 54, 64, 94, 122, 132, 133, 135, 140, 216, 244, 305, 332, 339, 363, 386, 410, 411, 413-416, 419-421
　異議申し立ての権利　28, 41, 411, 415, 416
　会合の自由　135, 138, 140, 303, 414
　結社の自由　133, 135, 138, 140, 303, 414
　言論・報道の自由　3, 5, 12, 18, 24-28, 33, 43, 45, 54, 55, 57, 61, 64, 65, 94, 96, 99-101, 122, 124, 128, 133, 135, 138-140, 163, 194, 244, 248, 250, 251, 260, 265, 267, 269, 277, 279, 286, 288, 289, 297, 325, 390, 410, 411, 413, 414, 416, 419, 420
　集会の自由　133, 135, 138, 140, 303, 414
　宗教の自由　135, 136, 138, 352, 360, 415
　信仰の自由　135, 415
憲法修正第五条（Fifth Amendment）　「法による適正な手続きによらずに……人民の生命・自由・財産を奪う」（[to deprive any person of] life, liberty, or property, without due process of law）ことの禁止　195, 216, 228, 229, 416
憲法修正第十四条（Fourteenth Amendment）「法による適正な手続きによらずに……人民の生命・自由・財産を奪う」（[to deprive any person of] life, liberty, or property, without due process of law）ことの禁止　195, 216, 229, 230, 416, 424
憲法修正第四条（Fourth Amendment）　「不合理な捜索、および押収」（unreasonable searches and seizures）から守られる権利　194, 216, 228, 416, 424
権利章典（Bill of Rights）　9, 122, 420
言論・表現の自由（freedom of speech and expression）　「四つの自由」も参照　11, 123, 280, 305, 339, 340, 342, 361, 387, 415, 421
言論・報道の自由　3, 5, 12, 18, 24-28, 33, 43, 45, 54, 55, 57, 61, 64, 65, 94, 96, 99-101, 122, 124, 128, 133, 135, 138-140, 163, 194, 244, 248, 250, 251, 260, 265, 267, 269, 277, 279, 286, 288, 289, 297, 325, 390, 410, 411, 413, 414, 416, 419, 420
号外　72-74, 91, 93, 105, 109, 238, 242
広告　87, 184, 247
購読（新聞）　39, 72, 75, 76, 100, 164, 166, 188-193, 200, 208, 209, 214, 217, 247, 253, 288
公法第503号（Public Law 503）　142
国籍（アメリカの）　「アメリカ化」「スター・スパングルド・バナー」「星条旗」も参照　13
国務省（Department of State）　257
『コースト時報』（オレゴン州ポートランド）　76
国旗　134, 368, 378-384
国旗制定記念日　「ゴッド・ブレス・アメリカ」「愛国歌」「アメリカ化」「アメリカ・

ザ・ビューティフル」「スター・スパングルド・バナー」も参照　378, 379
コミュニティ分析官（WRA）　166, 209, 330, 343, 357, 366
娯楽・文化活動（演劇・芝居・盆踊り・音楽鑑賞など）　「余暇」「レクリエーション」も参照　28, 34, 136, 182, 278, 279, 301, 340, 342, 361-364, 366-368, 371, 373-376, 384, 387, 415
コロラド州　71, 77, 89, 99, 110, 120, 129, 143, 164, 176, 183, 188, 190, 191, 193, 209, 369
コロラド・リヴァー（Colorado River）転住所　「ポストン転住所」を参照
金光（こんこう）教　341, 356

さ行

最高裁判所（連邦）　17
財務省（Department of the Treasury）　81, 94, 111
サクラメント（Sacramento）集合所（カリフォルニア州）　20, 77, 152, 160, 162, 189, 241
　『和羅我新聞』　160, 161
　『ワレーガ・ワスプ』（*Walerga Wasp*、創刊号のみ *Walerga Press*）　152, 154-156, 158, 160, 162, 189, 241
サーチライト（投光照明）　23, 266
サリナス（Salinas）集合所（カリフォルニア州）　20, 21, 183, 241
　『ヴィレッジ・クライアー』（*Village Crier*）　183, 241
サンタ・アニタ（Santa Anita）集合所（カリフォルニア州）　19, 20, 27, 46, 51, 115, 117, 118, 127, 131, 147, 150, 167, 168, 170-173, 183, 189-192, 194, 197, 198, 201-203, 208-210, 212-214, 230, 241, 238, 280-287, 306, 309, 314, 319, 320, 324, 325, 327-329, 352, 353, 359, 360, 368, 369, 377-381, 384, 386, 414
　行政布告第12号（Administrative Notice No.12）（掲示物の規制）　183
　行政布告第13号（Administrative Notice No.13）（集会・会合・結社の規制）　319, 323, 325-327
　『サンタ・アニタ・ペースメーカー』（*Santa Anita Pacemaker*）　51, 212, 214, 236, 238, 241, 252, 267, 280-287, 289, 298
　ストライキ　323, 392
賛美歌集　「聖書」も参照　128, 135, 137, 169, 175, 176, 178, 179, 196, 350
サンフランシスコ（カリフォルニア州）　「桑港（そうこう）」も参照　52, 71, 75, 77, 78, 81, 82, 89, 91, 94, 101, 108, 111, 122, 126, 129, 138, 148, 155, 158, 165, 167, 176, 177, 181, 182, 186, 189-191, 194, 208, 239, 257, 260-263, 284, 309, 311, 313, 346, 350, 368
『サンフランシスコ・エグザミナー』（*San Francisco Examiner*）　191, 194
『サンフランシスコ・クロニクル』（*San Francisco Chronicle*）　190, 191, 194
『サンペドロ・ニューズ＝パイロット』（*San Pedro News-Pilot*）　213
シアトル（ワシントン州）　53, 71, 73-76, 85, 91, 100, 108, 111, 143
『シアトル・ポスト＝インテリジェンサー』（*Seattle Post-Intelligencer*）　111
示威行為　「見せしめ」も参照　84, 323, 325, 329, 386, 414
JERS（日系アメリカ人立ち退き再定住研究、Japanese American Evacuation and Resettlement Study）　31, 171, 183-185, 195, 198, 202, 222, 223, 245, 249, 264, 267, 269-272, 274, 275, 277, 281, 286, 289, 295, 307, 309, 310, 314, 318, 319, 321, 348, 350, 352, 354, 357, 361, 365, 366, 368, 370, 377, 383
JACL（日系市民協会、Japanese American Citizens League）　31, 75, 83, 101, 111, 143, 243, 253

母国語プレスをコントロールする小委員会（Control of the Vernacular Press Committee）　83
シエラ・ネヴァダ山脈　263
ジェローム（Jerome）転住所（アーカンソー州）　120
「仕方がない」　100, 111
自己規制　「検閲」も参照　4, 84, 86, 87, 88, 102, 212
資産の凍結　81
自粛　「萎縮効果」も参照　91, 253, 265, 278, 349, 351, 353, 386
辞書　128, 169, 175, 176, 178, 216, 372
CWRIC（戦時民間人転住・抑留調査委員会、Commission on Wartime Relocation and Internment of Civilians）　18, 22, 39, 44, 45, 50, 51, 118, 123, 174, 202, 328, 345, 360, 375
自治　45, 52, 63, 126, 133, 144, 149, 178, 242, 270, 271, 307, 309, 312, 320, 321, 368, 389, 418
芝居　361
死亡・死亡者　242, 275
司法省（Department of Justice）　15, 30, 32, 62, 69, 81, 85, 87, 88, 91, 109, 122, 200, 210, 211, 232, 305, 313, 321, 326, 327, 354, 388
FBI（連邦捜査局、Federal Bureau of Investigation）　14, 15, 30, 37, 62, 65, 80, 81, 83, 85, 86, 89, 94, 107, 167, 171, 200, 211, 221, 222, 230, 231, 263, 305, 313, 320, 328-330, 334, 347, 352-354, 356-358, 382, 386, 391, 392, 399, 414, 415
特別戦争政策課（Special War Policies Unit）　210
市民権（アメリカ）　13, 14, 31, 32, 37, 80, 89, 118, 122, 125, 133, 134, 164, 243, 257, 286, 322, 326, 370
市民的自由　3, 5, 11, 12, 25, 26, 30, 33-35, 43, 45, 47, 50, 54, 55, 57, 58, 114, 122-124, 133, 136, 138, 194, 198, 201, 207, 266, 286, 293, 297, 301, 325, 339, 358, 361, 362, 378, 383, 385, 387, 410, 411, 413, 415, 417-422
市民的自由法（Civil Liberties Act）　18
写真　105, 214, 361, 374-376, 403, 404
ジャーナリズム　3, 105, 107, 110, 111, 122, 141-143, 221, 226-228, 232, 245, 281, 288, 291, 294, 298, 410, 414, 419, 424
『ジャパニーズ・アメリカン・クーリア』（*Japanese American Courier*）（ワシントン州シアトル）　85, 107, 143
宗教　「信仰」も参照　14, 28, 34, 40, 45, 52, 113, 116, 124, 126, 128, 131-133, 135-140, 145, 169, 170, 172, 175-177, 179, 215, 216, 242, 301-303, 305, 309, 339-348, 350-360, 362, 363, 366-379, 384, 386, 387, 397, 399, 400, 409, 411, 412, 415, 418, 423
従軍旗　381, 382
集合所（assembly centers）　5, 10, 12, 15, 16, 18-34, 39, 40, 43-54, 57, 58, 62, 63, 67, 69, 70, 97, 99, 102, 104, 113-119, 123-140, 144, 145, 147-152, 155, 158-160, 162-171, 173, 175-186, 188-194, 196, 198-209, 211-219, 232, 237-254, 256, 257, 260, 261, 263-267, 270, 271, 273-277, 279, 280, 282-285, 287-289, 298, 301-318, 320-322, 324-343, 347-356, 358-371, 373-387, 389, 396, 400, 401, 403, 409-423
集合所規則（center regulations）　34, 113-140, 147-149, 151, 158, 169, 173, 175, 176, 178, 192, 196, 200, 201, 215, 216, 302, 303, 305-307, 314, 315, 320, 324, 326, 333, 339, 340, 342, 350, 356, 362, 363, 376, 379, 385, 401, 412
集合所長　48, 49, 114, 131-134, 137, 138, 148-150, 158, 160, 170, 177, 178, 180, 182-186, 192, 215, 239, 247, 249, 250, 254, 256, 264, 270, 271, 273-278, 282, 288, 301, 303, 306, 307, 309, 312, 313, 315, 320, 321, 332, 340, 341, 347, 348, 362, 364

自由民権運動　71
収容所（internment camps）　32, 46, 62, 63, 81, 200, 210, 224, 225, 232, 242, 290, 292, 354, 371
出産　242
ジュネーヴ条約　213, 322
情報源　72, 103, 189–191, 194, 242, 276
所持品検査・没収　130, 194, 195, 197, 199, 230, 333, 341
書籍　28, 34, 128, 147, 166, 169, 170, 172–180, 185, 188, 194, 195, 197, 198, 200, 216, 235, 301, 349, 350, 372
信教の自由（freedom to worship）　「四つの自由」も参照　11, 132, 135, 136, 138, 140, 177, 309, 339, 342, 342, 350, 355, 359, 361, 386, 387, 409, 415
信仰　「宗教」も参照　28, 34, 45, 52, 113, 124, 126, 135, 136, 138–140, 145, 176, 177, 216, 242, 301, 305, 339, 340, 342–344, 347, 350–353, 355, 356, 358–360, 362, 363, 384, 386, 387, 412, 415, 418
真珠湾（攻撃）　11, 13, 14, 29, 33, 56, 57, 69, 72, 73, 75, 78, 80, 81, 83, 85–88, 94, 95, 103, 305, 329, 352, 356, 419
人身保護令状（writ of habeas corpus）　356
『新世界朝日新聞』（カリフォルニア州サンフランシスコ）　81
神道　341, 347, 354, 356–358, 400
枢軸国　11, 58, 84, 123
「スター・スパングルド・バナー」（“Star Spangled Banner”、「星条旗」）　「愛国歌」「アメリカ化」「アメリカ・ザ・ビューティフル」「ゴッド・ブレス・アメリカ」も参照　379, 380, 384
スタンフォード大学　111, 168, 322, 343, 359
ストックトン（Stockton）集合所（カリフォルニア州）　20, 51, 241, 242, 251, 360
　『エル・ウオーキン』（*El Joaquin*）　51, 63, 290
スペイン（アメリカ本土における日本の利益代表国）、在米スペイン大使館　320, 322
スポーツ　「相撲」「野球・野球場」も参照　242, 345, 361, 368, 369, 372, 403
相撲　「スポーツ」「野球・野球場」も参照　278, 368, 369
聖書　「賛美歌集」も参照　128, 135, 137, 169, 175, 176, 178, 179, 196, 350, 360
星条旗　「アメリカ化」「国籍」「スター・スパングルド・バナー」も参照　378–380
生長の家　341, 354
選挙　134, 178, 293, 378
全国学生転住委員会（National Student Relocation Council）　200, 330–339, 341, 359, 363, 385, 414
　全国日系人学生転住委員会（National Japanese American Student Relocation Council）　394
　『日系人学生の転住』（*Japanese Student Relocation*）　335–337
セントラル・ユタ（Central Utah）転住所　「トパーズ転住所」を参照
戦没者追悼記念日（Memorial Day）　272, 359
桑港（そうこう）　「サンフランシスコ」も参照　189
ソルト・レイク・シティー（ユタ州）　77, 82, 99, 111, 129, 191, 253, 306

た行

第一次世界大戦　83, 84
第五列（スパイ・反逆的）行為　17
『大衆』（ワシントン州シアトル）　85
対敵国通商禁止法（Trading-with-the-Enemy Act）　82
大東亜共栄圏　88
大統領　「ルーズヴェルト、フランクリン・D」も参照　9, 11, 15, 16, 18, 35, 38, 44, 56, 62,

88, 98, 114, 119, 142, 293, 328, 331, 335, 396, 417, 421
タイプライター　246, 247, 266
『太平洋時代』（カリフォルニア州サンフランシスコ）　77
『大北日報』（ワシントン州シアトル）　74, 76, 85, 91, 109
『タコマ週報』（ワシントン州タコマ）　76
立ち退き・収容　3-5, 10-12, 14-19, 22-25, 27-34, 37-39, 41, 43-50, 53, 57, 59, 60, 63, 69, 70, 73, 87, 91, 92, 97-103, 111, 114-119, 122, 123, 125, 129-136, 139, 142, 150, 162, 165, 169, 171, 174, 177, 179, 183, 188, 190, 194, 195, 198, 202, 207, 208, 212, 213, 222, 232, 239, 243, 245, 249, 253, 261, 263, 264, 266, 267, 281, 289, 291, 293, 303, 304, 306, 307, 311-317, 319, 321, 325, 326, 328, 330, 332, 335-338, 340, 341, 343, 345, 347, 348, 352, 353, 355, 357, 360, 361, 365, 369, 373-375, 377, 378, 383, 384, 387, 394, 400, 404, 409, 410, 417, 418, 424
WRA（戦時転住局、War Relocation Authority）　20, 30, 40, 119, 122-124, 127, 149, 150, 166, 177, 199, 203-205, 209, 210, 215, 221, 240-242, 252, 272, 279, 280, 290, 297, 298, 317, 318, 325, 326, 330, 331, 336-339, 343-346, 349, 354, 355, 357, 360, 366, 369, 371, 374, 377, 390, 418, 419, 424
WCCA（戦時民間人管理局、Wartime Civil Control Administration）　29, 30, 45, 48, 50-52, 114-119, 123, 124, 127-129, 133, 134, 137-139, 147-152, 155, 158, 160, 161, 167, 176, 177, 179, 181-183, 186, 192-195, 198, 199, 201, 204, 207, 208, 212-216, 239, 240, 242, 245, 248-250, 254, 256, 257, 260, 261, 263, 264, 267, 270, 279, 284, 286, 290, 297, 302, 304, 305, 307, 309, 311-313, 324, 326, 327, 331-340, 342, 349-351, 355, 362, 366-369, 373, 374, 380, 385
WDC（西部防衛司令部・第四陸軍、Western Defense Command and Fourth Army）　29, 30, 87, 100, 114, 116, 117, 119, 123, 124, 126, 127, 134, 139, 147-149, 160, 184, 201, 212, 245, 328, 374, 409
ターミナル島（カリフォルニア州ロサンゼルス南方の）　77, 81, 86
タレント・ショー　242, 364
ターロック（Turlock）集合所（カリフォルニア州）　20, 21, 163, 241
ダンス　242, 346, 364
短波ラジオ　91, 130, 163, 235, 374
タンフォラン（Tanforan）集合所（カリフォルニア州）　20, 22, 28, 51, 52, 113, 117, 162, 164, 169, 171, 174, 178, 179, 182-185, 190, 195-197, 199, 202, 204, 214, 238, 241, 245, 246, 252, 261, 266-283, 286, 289, 306, 307, 309, 310, 313-319, 329, 348, 350, 351, 354, 360, 362, 364, 365, 369, 370, 372, 374-380, 382-385
　情報公示第20号（Information Bulletin No. 20）（集会・会合における日本語の禁止）　306, 309
　タウン・ホール・ミーティング（Town Hall Meeting）　313-319, 379, 383, 385
　『タンフォラン・トータライザー』（*Tanforan Totalizer*）　51, 52, 238, 241, 252, 261, 266-282, 286, 289
『中加時報』（カリフォルニア州フレズノ）　77, 78, 86, 89
忠誠の誓い　「アメリカ化」も参照　378, 379, 380
敵国語　「日本語」も参照　4, 5, 27, 33, 34, 71, 78, 80, 82, 83, 90, 93, 94, 96-103, 123, 128, 129, 132, 133, 139, 147, 149, 160, 169, 170, 179-181, 188, 192, 207, 215-217, 219, 237, 240, 248, 288, 289, 303, 306, 320, 340-342, 358, 363, 364, 375, 376, 380, 385, 387, 412, 418
「敵国語」新聞　「日本語新聞」も参照　4, 5, 27, 33, 71, 78, 80, 82, 90, 93, 94, 96-104

敵性外国人　5, 13, 14, 17, 30, 58, 78, 85, 101, 116, 125, 133, 135, 136, 139, 149, 180, 200, 215, 217, 263, 301, 305, 322, 326, 331, 333, 342, 358, 362, 378, 387, 410, 419
敵性文化　94, 341
テューリ・レーク（Tule Lake）転住所（カリフォルニア州）　120, 203-205, 207, 218
テュレーリ（Tulare）集合所（カリフォルニア州）　20, 163, 193, 241, 247, 249, 250, 261-264, 341, 348, 351
　『テュレーリ・ニューズ』（*Tulare News*）　20, 163, 193, 241, 247, 249, 250, 261-264, 341, 348, 351
デンヴァー（コロラド州）　77, 89, 99, 129, 164, 176, 183, 190, 191, 193, 209
点呼　「外出禁止令」も参照　306, 308, 309
転住所（relocation centers）　16, 18, 19, 20, 24, 27-30, 32, 40, 45-47, 61, 70, 99, 119-121, 123, 124, 127, 148-150, 163, 164, 166, 175, 193, 203-205, 209, 210, 215, 218, 220, 221, 240, 241, 272, 279, 290, 297, 298, 318, 330, 337, 343, 344, 353-355, 357, 361, 369, 375, 382, 390, 397, 400, 418, 424
電信　131, 134, 145, 200, 201, 232
天皇・天皇制　81, 87, 134, 135, 145, 346, 356
天理教　341, 354, 356, 357
電話　72, 131, 208, 212, 232
ドイツ語（系）　83, 84
謄写機・謄写版　75, 101, 151, 155, 185, 238, 239, 246, 256, 264, 266, 274, 280, 283, 285, 288, 360
『同胞』（カリフォルニア州ロサンゼルス）　51, 73, 77, 93, 167, 221
特別戦争政策課（Special War Policies Unit）　「司法省」を参照
独立記念日　182, 225, 378
トパーズ（Topaz）転住所（ユタ州）　120, 121, 175

な行

内務省（Department of the Interior）　40, 46
ナショナリズム　134, 263
ナチス　173
『南加時報』（カリフォルニア州ロサンゼルス）　77
二世　「帰米」も参照　12-14, 22, 31, 32, 36, 53, 63, 72, 75, 80, 83, 85, 88, 89, 101, 115, 118, 119, 122, 123, 127, 133, 134, 143, 162, 164, 166, 170, 171, 174, 176, 190, 194, 197, 198, 202, 203, 205, 207, 213, 243, 252, 253, 257, 265-267, 274, 278, 286, 291, 307, 310, 313-316, 321, 322, 326, 328-332, 334-339, 343, 345, 346, 348, 349, 353, 354, 359, 362, 366, 369-371, 377, 379, 383, 385, 394, 409
二世作家・芸術家民主主義動員団（Nisei Writers and Artists Mobilization for Democracy）　291
『日米』（カリフォルニア州サンフランシスコ）　3, 77-79, 82, 89, 91, 94, 95, 101, 106, 108, 109, 112, 122, 123, 142, 155, 189-191, 226, 227
『日米時報』（ニューヨーク州ニューヨーク）　78, 81
日系アメリカ人（日系人）　「一世」「二世」「帰米」を参照
『日布（にっぷ）時事』（ハワイ・ホノルル）　『布哇（ハワイ）タイムス』も参照　72, 105
日本（国）　10-14, 26, 31, 32, 35, 57, 71, 78, 81, 84-89, 107, 116, 123, 127, 134, 135, 139, 162-164, 172, 194, 213, 235, 257, 260, 263, 265, 278, 294, 307, 320, 322, 342-347, 352, 354, 356, 357, 366, 368, 369, 373, 378, 379, 382, 395, 419
日本語　「敵国語」も参照　3-5, 13, 14, 27, 30-34, 37, 40, 45, 50, 51, 53, 57, 69-76, 78, 80-103, 110, 113, 116, 122-124, 126-135, 137-140, 147-156, 158, 160, 162-200, 204, 205, 207-210, 215-217, 219-221, 225, 237, 239, 240,

243, 248, 249, 253, 257, 261, 288-290, 302-307, 309, 310, 314, 315, 319-322, 328, 333, 339-353, 355, 357-359, 362-373, 376, 377, 379, 385-387, 391, 401, 412-415, 418, 419, 422, 424
日本語学校　14, 346, 357
日本語新聞　「敵国語新聞」、また各紙の項目も参照　3-5, 27, 30-34, 37, 51, 53, 57, 63, 69-73, 75, 76, 78, 80-108, 111, 116, 122, 123, 127, 129, 130, 155, 163, 164, 166, 167, 176, 188-194, 196, 200, 207-210, 216, 217, 223, 226, 243, 289, 291, 369, 373, 391, 412, 424
日本人会　14, 81
ニュース　34, 48, 49, 71, 74, 75, 88, 101, 106, 127, 147, 148, 152, 155, 162-166, 169, 173, 185, 188-191, 194, 210, 212, 216, 240, 242, 251, 257, 270, 276, 278, 281, 282, 284, 285, 288
『紐育（ニューヨーク）新報』（ニューヨーク州ニューヨーク）　78, 81
『ニューヨーク・タイムズ』（*New York Times*）　278
『ニュー・リパブリック』（*New Republic*）　3, 260, 294
『ネーション』（*Nation*）　3

は行

配達　73, 74, 82, 84, 130, 160, 191, 193, 203, 217, 256
パインデール（Pinedale）集合所（カリフォルニア州）　20, 21, 241
パーカー・ダム（Parker Dam）（アリゾナ州）「ポストン転住所」も参照　39
『パシフィック・シチズン』（*Pacific Citizen*）　111, 252, 253, 293
ハートフォード神学校（Hartford Theological Seminary）　335
ハート・マウンテン（Heart Mountain）転住所（ワイオミング州）　120, 121
『ハーパーズ・マガジン』（*Harper's Magazine*）　201, 285, 381
バプティスト派（キリスト教）　199
ハワイ（布哇）　11, 36, 38, 71, 72, 81, 105, 107, 223, 232, 356-358, 399, 419, 420, 424
『布哇（ハワイ）タイムス』（ハワイ・ホノルル）『日布（にっぷ）時事』も参照　105
『布哇（ハワイ）報知』（ハワイ・ホノルル）　105
番犬機能（ジャーナリズムの）　3
パンフレット　128, 170, 193
『PM』　17
美術　250, 371, 375, 387
非日本化　「アメリカ化」「アメリカニズム」も参照　131, 135, 136, 380-384, 387, 419, 423
日の丸　368, 382
ピュアラップ（Puyallup）集合所（ワシントン州）　19, 20, 28, 54, 126, 144, 152, 170, 171, 176, 177, 179-182, 186, 187, 193, 199, 204-207, 225, 241, 247, 250, 256-260, 265, 307, 308, 328, 359, 366, 368, 371, 372, 377, 409
　キャンプ・ハーモニー（Camp Harmony）　152, 219, 371
　『キャンプ・ハーモニー・ニューズ＝レター』（*Camp Harmony News-Letter*、創刊号のみ*Camp Harmony News-Letters*）　152, 153, 207, 233, 241, 247, 250-260, 265, 288
標識　129, 169, 181-183, 216
ヒラ・リヴァー（Gila River）転住所（アリゾナ州）　120, 121, 163, 166, 343, 397
貧困からの自由（freedom from want）　「四つの自由」も参照　11
ファシスト・ファシズム　57, 58, 170, 173, 277, 287, 383, 421
不均衡な相互依存関係　4, 5, 57, 90-97, 99, 102, 104, 289, 410
不在投票（集合所内からの）　134

富士山　263
仏教　170, 176, 179, 265, 341-347, 349, 350, 352-358, 360, 361, 366, 409
　仏教会（Buddhist church）　263, 345, 346, 353
　仏教徒　339, 342-347, 349-356, 359, 361, 366, 386, 396, 397, 399, 415
　保身的な仏教離れ　353-355, 386, 415
プレス・コード　「アメリカのプレスのための戦時下活動準則」も参照　56, 235, 249, 289, 292
フレズノ（Fresno）集合所（カリフォルニア州）　19-21, 27, 77, 78, 86, 150, 155, 172, 211, 215, 219, 240, 250, 253, 256, 301, 307, 309, 349, 362, 365, 403
　『フレズノ・グレープヴァイン』（*Fresno Grapevine*）　158, 240, 250, 253-256
　『フレスノ集合所新聞』　158, 159
　『フレズノ・センター・ニューズ』（*Fresno Center News*）　155, 158, 240
プロテスタント　「クリスチャン」「カトリック」も参照　176, 341, 347, 349, 352, 354, 356, 358
プロパガンダ　30, 82, 123, 138, 172, 213, 235, 261, 263, 294, 341, 347, 358, 364, 367, 395, 412
文化人類学（者）　118, 168, 171, 203, 286, 343, 346
文芸活動（俳句・短歌・詩・川柳・散文・随筆・小説など）　72, 170, 178, 191, 210, 221, 368, 372, 375
文芸雑誌　166
焚書　173
文民統制（civilian control）　422
『米國產業日報』（カリフォルニア州ロサンゼルス）　73, 77, 80, 88, 89
ボーイ・スカウト　75, 132, 136, 137, 303, 340, 346, 381, 387
『北米時事』（ワシントン州シアトル）　74-76, 85, 100, 111
『北米評論』（カリフォルニア州オークランド）　77
ポストン（Poston）転住所（アリゾナ州）　40, 120, 330, 353, 354, 357, 397
ポートランド（オレゴン州）　19, 74, 76, 71, 82
ポートランド（Portland）集合所（オレゴン州）　15, 20, 21, 28, 155, 158, 237, 241, 244, 310-313, 315, 367, 373, 379, 385
　『エヴァキュアゼット』（*Evacuazette*）　155, 237, 241, 244
　『江波時報』　155, 157, 158
　二世フォーラム（Nisei Forum）　310-313, 315, 379, 385
ポモナ（Pomona）集合所（カリフォルニア州）　20, 21, 23, 27, 191, 194, 201, 202, 241, 249, 364, 381
　『ポモナ・センター・ニューズ』（*Pomona Center News*）　241, 249
捕虜　147, 213, 235, 235, 261, 294, 322, 333
ホワイトハウス　38
盆踊り　182, 278, 279, 361, 366-368

ま行

マス・メディア　11, 38, 55-57, 84, 207, 208, 212, 213, 217, 261
マーセッド（Merced）集合所（カリフォルニア州）　20, 21, 150, 166, 240, 247, 365, 367
　『マーセディアン』（*Mercedian*）　240, 247
マンザナー（Manzanar）転住所（カリフォルニア州）　「オーウェンズ・ヴァレー」も参照　19, 20, 27, 29, 46, 120, 121, 218, 240, 290, 292, 355
　『マンザナー・フリー・プレス』（*Manzanar Free Press*）　151, 239-241,

244, 252, 253, 287, 288, 290
『万葉集』 176
見せしめ 「示威行為」も参照 221, 323, 329, 386, 414
『南沿岸時報』（カリフォルニア州ロサンゼルス南方のターミナル島） 77, 81, 86
ミニドカ（Minidoka）転住所（アイダホ州） 120, 121
民主主義 4, 10, 11, 26, 34, 56-58, 96, 98, 101, 122, 123, 232, 243-245, 265, 267, 281, 286-288, 291, 297, 310, 312, 314, 318, 319, 327, 329, 336, 377-380, 382-385, 387, 409, 414, 418-422
民主主義の防衛（戦争大義としての） 4, 56, 57, 58, 101, 122, 123, 244, 267, 288, 414, 418-420
メアリーズヴィル（Marysville）集合所（カリフォルニア州） 20, 21, 202, 240, 242, 328
明治政府 71
メイヤー（Mayer）集合所（アリゾナ州） 19-21, 238, 287
メソジスト派（キリスト教） 265, 309, 328, 354, 359
メッセンジャー 5, 90, 91, 93, 94, 100, 103, 104, 122, 288, 414
メリノール派（キリスト教カトリック） 355
面会（外部の訪問者と日系人の） 47, 130, 199, 200, 330, 332
「モデル・コミュニティ」構想（WRAによる） 418, 419, 424

や行

野球・野球場 「スポーツ」「相撲」も参照 197, 242, 403, 409
有刺鉄線 5, 11, 23, 245, 266, 288, 323, 410, 416, 423
郵政省（Post Office Department） 30
郵便 34, 56, 84, 130, 147, 164, 179, 188, 192, 194, 200-208, 213, 216, 217, 232, 412, 420
郵便局 82, 201, 205, 208, 219, 261
郵便検閲 130, 147, 164, 179, 188, 192, 194, 200-208, 216, 217, 232, 412
郵便特権 84
郵便配達 84, 203
友和会（Fellowship of Reconciliation） 331, 337
ユタ州 71, 77, 82, 99, 110, 120, 129, 143, 175, 188, 191, 193, 253, 306
『ユタ日報』（ユタ州ソルト・レイク・シティー） 77, 82, 99, 110, 129, 188, 191-194, 209-211, 227, 228, 253, 293, 306
サンタ文藝 191, 209, 210
「よい戦争」 11, 26, 35, 58, 66, 123, 142, 420, 421, 424
用紙（新聞） 246, 247, 266
余暇 「娯楽・文化活動」「レクリエーション」も参照 45, 52, 170, 175, 177, 242, 362-364, 368, 373
「抑制と均衡」（checks-and-balances） 422
四つの自由（Four Freedoms） 9, 11, 35, 55, 56, 64, 101, 111, 123, 135, 142, 286, 209, 339, 386, 396, 415, 419-421, 424
恐怖からの自由（freedom from fear） 11
言論・表現の自由（freedom of speech and expression） 11, 123, 280, 305, 339, 340, 342, 361, 387, 415, 421
信教の自由（freedom to worship） 11, 132, 135, 136, 138, 140, 177, 309, 339, 342, 342, 350, 355, 359, 361, 386, 387, 409, 415
貧困からの自由（freedom from want） 11
世論調査 11, 17

ら行

ラジオ　17, 72, 91, 130, 162, 163, 194, 232, 235, 374
『羅府（らふ）新報』（カリフォルニア州ロサンゼルス）　72-74, 77, 83, 88, 89, 91, 96, 100, 101, 105, 108, 111, 239
陸軍（Army）　19, 20, 24, 29, 30, 34, 40, 45, 62, 70, 87, 97-99, 101, 103, 113-115, 119, 122, 124, 129, 136, 139, 142, 147, 149, 162-164, 175, 176, 185, 194, 195, 201-204, 212, 213, 215, 241, 245, 252, 257, 263, 270, 274, 277, 279, 281, 284, 285, 302, 304, 309, 323, 328, 336, 355, 365, 396, 409, 412, 418-420
陸軍省（Department of War）　15, 32, 48-50, 81, 160, 165, 175, 200, 201, 232, 242, 249, 254, 325, 328, 331, 334, 335, 337, 354
リトル・トウキョウ　71-74
リドレス（redress）運動　18, 39, 44, 50
リベラル　3, 101, 122, 149, 240, 260, 318, 325, 412, 418
『流言と社会』（*Improvised News: A Sociological Study of Rumor*）「シブタニ、タモツ」も参照　165
令状　195, 228, 321, 356
レクリエーション「娯楽・文化活動」「余暇」も参照　131, 345, 363, 365, 369, 373, 401
レコード（音楽）　175, 195, 199, 365, 366, 368, 369, 373
ロサンゼルス（カリフォルニア州）　51, 71-73, 76, 77, 80-83, 88, 89, 91, 93, 100, 108, 167, 239, 321, 345, 357, 391
『ロサンゼルス・エグザミナー』（*Los Angeles Examiner*）　191, 194
『ロッキー日本』（『ロッキー新報』）（コロラド州デンヴァー）　77, 89, 99, 130, 163, 176, 183, 188, 191, 209, 210, 369
ローワー（Rohwer）転住所（アーカンソー州）　120, 121

わ行

YMCA（Young Men's Christian Association）　185
ワシントン州　12, 15, 19, 20, 28, 53, 54, 71, 73, 75, 76, 106, 126, 143, 144, 152, 170, 171, 176, 179, 181, 186, 193, 199, 204-207, 241, 247, 250, 256, 265, 307, 308, 328, 359, 366, 368, 371, 372, 377, 409
ワシントン州教会・宗教教育協会（Washington Council of Churches and Religious Education）　179
ワシントンDC　17, 30, 151, 214, 256
『和羅我新聞』『ワレーガ・ワスプ』「サクラメント集合所」も参照　160, 161
『ワレーガ・ワスプ』（*Walerga Wasp*、創刊号のみ *Walerga Press*）『和羅我新聞』「サクラメント集合所」も参照　152, 154-156, 158, 160, 162, 189, 241

水野剛也（みずの・たけや）
1970年、東京都生まれ。アメリカ・ミズーリ州立大学、スクール・オブ・ジャーナリズム博士課程修了。現在、東洋大学社会学部教授。著書に『日系アメリカ人強制収容とジャーナリズム——リベラル派雑誌と日本語新聞の第二次世界大戦』（春風社、2005年）、『「敵国語」ジャーナリズム——日米開戦とアメリカの日本語新聞』（春風社、2011年）、『「自由の国」の報道統制——大戦下の日系ジャーナリズム（歴史文化ライブラリー381）』（吉川弘文館、2014年）、共訳書にM. エメリー、E. エメリー、N. L. ロバーツ『アメリカ報道史——ジャーナリストの視点から観た米国史』（松柏社、2016年）がある。

有刺鉄線内の市民的自由
日系人戦時集合所と言論・報道統制

2019年1月25日　初版第1刷発行
著　者　水野剛也
発行所　一般財団法人　法政大学出版局
〒102-0071 東京都千代田区富士見2-17-1
電話03（5214）5540　振替00160-6-95814
組版：HUP　印刷：日経印刷　製本：誠製本

Printed in Japan
ISBN 978-4-588-37715-0